轮机
综合训练与操作

于　群　主　编
段树林　主　审

大连海事大学出版社

© 于 群 2014

图书在版编目(CIP)数据

轮机综合训练与操作 / 于群主编 . —大连 : 大连海事大学出版社，
2014. 11
ISBN 978-7-5632-3104-1

Ⅰ. ①轮… Ⅱ. ①于 Ⅲ. ①轮机—高等学校—教学参考资料
Ⅳ. ①U676. 4

中国版本图书馆 CIP 数据核字(2014)第 265207 号

大连海事大学出版社出版

地址:大连市凌海路1号 邮编:116026 电话:0411-84728394 传真:0411-84727996
http://www.dmupress.com E-mail:cbs@dmupress.com

大连美跃彩色印刷有限公司印装 大连海事大学出版社发行

2014 年 11 月第 1 版 2014 年 11 月第 1 次印刷
幅面尺寸:185 mm×260 mm 印张:21
字数:518 千 印数:1～1250 册

出版人:徐华东

责任编辑:华云鹏 责任校对:刘长影 杨 洋
封面设计:王 艳 版式设计:海 大

ISBN 978-7-5632-3104-1 定价:45.00 元

前　　言

　　《轮机综合训练与操作》是根据大连海事大学轮机管理专业本科教学大纲,轮机综合实验室的实验设备、系统及操作管理规范编写的配套实验教材。本教材适用于轮机管理专业相关课程实验教学,轮机管理专业毕业前综合训练实操,海事局轮机管理实操评估培训;也可供其他相关专业及生产试验参考。

　　本教材紧密结合轮机管理专业各门课程的实际技能要求,同时又加深对各门课程的基本理论和基本知识的理解,通过实验实施和整理实验结果,进一步提高学生分析问题和解决问题的能力。本教材对实验课程中所涉及的实验仪器、设备的结构原理等内容尽量概括,各部分实验内容具有相对的独立性,以照顾不同层次要求的适应性。

　　本教材共分五部分。

　　第一部分介绍了船舶柴油机动力装置系统实验室,该实验室围绕一台 960 kW 四冲程柴油机安装组成船舶推进、燃油、滑油、海水、淡水、压缩空气、供电、自动控制、污水处理、余热利用、机舱通信等相关系统以及与上述船舶动力装置系统相关的实验内容。

　　第二部分介绍了与本教材相关实验室里 α – LAVAL 船用设备的结构原理、拆装操作方法及与其相关的实验内容。

　　第三部分介绍船舶四冲程柴油机拆装实验内容,包括:柴油机拆装过程中专用工具、量具的使用;拆装程序及安全规则;柴油机零部件的测量与检修等。

　　第四部分介绍船用柴油机调速器的结构原理、拆装操作方法,通过调速器试验台对调速器的动态测试完成调速器特性实验内容。

　　第五部分介绍船舶柴油机增压器结构原理与拆装、测量实验内容。

　　本教材由于群主编,曲宏飞、赵龙文、陈刚、王德春等参编,马忠民、李敬阳参与了部分文字、图表整理工作,段树林教授主审。

　　由于本教材涉及内容较多,编者学识、水平有限,教材中的错误在所难免,恳请使用本教材的师生及读者批评指正!

编者
2014 年 7 月

目　录

第一部分　船舶动力装置系统综合实验

第五部分　船舶柴油机增压器结构与拆装

附　录

第一部分

船舶动力装置系统综合实验

第一章 船舶柴油机动力装置系统介绍

第一节 船舶推进系统

一、船舶推进装置概述

船舶推进装置也称主动力装置,是专为保证船舶航行速度而设置的所有设备的总称。其中包括:主机、传动设备、轴系和推进器。主机发出动力,通过传动设备及轴系驱动推进器产生推力,使船舶克服阻力以某一航速航行,图1-1-1示出了其组成框图。

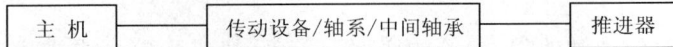

图 1-1-1 船舶推进系统

船舶推进装置根据功率传递方式不同,主要可分为:直接传动、间接传动、Z形传动和电力传动等。

二、动力装置实验室主要设备简介

动力装置综合实验室船舶动力装置属于间接传动。图1-1-2示出了其组成框图。

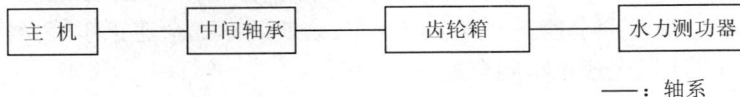

图 1-1-2 动力装置实验室推进装置

1. 主机

主机是船舶推进装置中产生动力的设备,它的工作性能直接决定整个机舱的工作情况。

主机制造厂家:镇江船用柴油机总厂。

基本参数:见表1-1-1。

表 1-1-1 主机基本参数

型号	缸数	缸径	冲程	功率	转速
L23/30A	6	225 mm	300 mm	960 kW	900 r/min
活塞平均速度	压缩比	平均有效压力	最高爆发压力	增压压力	燃油消耗率
9.0 m/s	12.5	1.79 MPa	13.5 MPa	0.31 MPa	194 g/kW·h

1

特点：四冲程、直列、增压、中冷、不可逆转、右旋、中速柴油机。

2. 中间轴承

中间轴承起到支撑和定位中间轴的作用。其型号为 A220，其润滑油的工作温度在 40 ~ 60 ℃范围内。

3. 齿轮箱

（1）齿轮箱的作用

汇集或分配主机的功率；把主机转速改变为所需要的转速；使主机和螺旋桨离合；使不可反转的主机所带的螺旋桨实现正倒转；减振和消除螺旋桨对主机的冲击作用。

（2）本系统齿轮箱的型号及特点

本系统中的减速齿轮箱是四川齿轮箱厂生产的"永进 – 纳维勒斯（NAVILUS）GWC"系列，型号是：GWC3235。具有两级减速（输入级和输出级）和换向级，且输入和输出是同心的特点。正常运行时滑油温度在 40 ~ 60 ℃之间，压力在 0.1 ~ 0.3 MPa 范围内。

本系统的齿轮箱（GWC3235），是由圆柱斜齿轮和多片式离合器构成的。轴向的推力是由轴向自位滚子轴承承受的。输入端是标准锥度为 1∶10 的轴，输出轴与输出法兰锻为一体，以传递螺旋桨扭矩。操纵装置是通过直流 24 V 电磁换向阀的控制来实现遥控操作的，也可以通过机械手柄实现机旁操作。手柄操作的具体方法是：

空车操纵：将电磁阀两端的手柄向外拉出。

正（倒）车操纵：将正（倒）车电磁换向阀两端的手柄分别向里推进。

注意：在遥控时，电磁换向阀两端的手柄必须放在空车操纵的位置，否则遥控系统操作不起作用。

齿轮箱的供油系统由油池（齿轮箱的底部）、管系、机带齿轮泵构成。齿轮箱底部设有油液防溅板，即使齿轮箱有相当大的倾斜时，也能保证吸油时不带入气体。齿轮箱滑油的冷却是由低温淡水来完成的。为避免冷却系统渗漏时水进入油箱内，引起运行故障，冷却水的压力应低于滑油压力。

（3）齿轮箱控制系统的操作程序

为了确保柴油机调速器、齿轮箱离合器和齿轮箱制动器三者之间的协调工作（如全速正车到倒车、全速倒车到正车、全速正车到全速倒车、全速倒车到全速正车等操作），控制系统应按如下操作程序进行（以全速正车到全速倒车为例）：

①控制装置转换到低速位置，使推进器转速至少下降到额定转速的 60%。

②脱开离合器 5 s 后，完成各个相应位置的操作。

③推进器轴制动器开始制动。

④推进器停止转动。

⑤推进器轴制动器脱开。

⑥接上离合器，离合器接合 1 s 后，齿轮箱输出端开始升速。

4. 水力测功器

水力测功器是吸收功率型柴油机输出轴扭矩测量设备。调整水力测功器摆动外壳内工作水的容量，可调整水力测功器吸收功率的大小。其与柴油机不同控制方式相结合，可使柴油机按需要工作在多种模式下，如：按负荷、推进和调速等特性运行。可实现对柴油机不同运行模式的试验和评估。柴油机动力装置实验室的水力测功器的型号为 SW3000，详细介绍见第十二节。

第二节 主机燃油系统

一、主机燃油系统概述

燃油系统一般由注入、储存、驳运、净化、供给和计量六个部分组成。根据各部分的不同功能,又可将其划分为三个单元,即:①燃油的注入和储存单元,在此单元中,燃油从舷外经船上的加油管路注入到油舱存储起来作为船舶航行的燃料;②燃油的驳运和净化单元,在此单元中,燃油经燃油驳运泵先从油舱被驳进燃油沉淀柜,经过适当时间的加温沉淀净化后,由分油机对其进行离心净化,然后驳入燃油日用柜以备主机使用;③燃油的供给和计量单元,在此单元中,燃油从燃油日用柜经燃油供给泵泵出,经粗滤器和流量计进入燃油混合柜,燃油混合柜中的燃油经燃油增压泵(循环泵)泵出,一般经加热器、自动冲洗滤器、黏度计、高压油泵和喷油器后喷入燃烧室进行燃烧。图1-1-3给出了主机燃油系统框图。

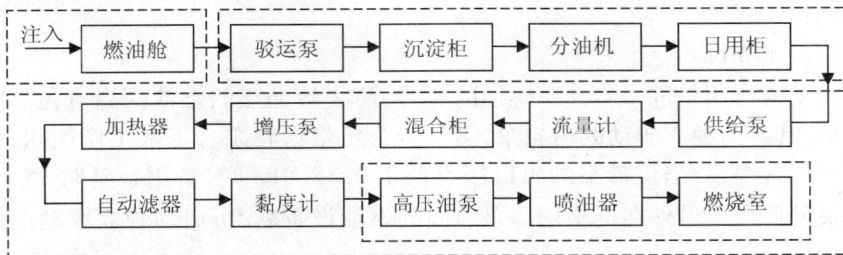

图 1-1-3 主机燃油系统框图

二、动力装置综合实验室主机燃油供给单元简介

详见系统原理图:主机燃油日用系统(M/E F. O. SERVICE SYSTEM):

1. 燃油供给泵(SUPPLY PUMP)

燃油供给泵是由江阴液压泵厂生产的 2CY－0.5/0.4 型齿轮泵。该泵的主要技术数据如下:

工作流量:0.5 m³/h;

工作温度:90 ℃;

工作压力:0.4 MPa。

燃油供给泵有两台,一台工作,一台备用,当工作泵出现故障造成出口压力低于 0.2 MPa 时,备用泵延时 15 s 自动启动,并投入工作。原工作泵停止工作并发出声光报警信号。

2. 燃油流量计

燃油流量计是上海光华仪表厂生产的 LC－15C 型椭圆齿轮流量计。该流量计具有较高的精度,受黏度变化的影响较小。其主要技术数据如下:

流量范围:0.12～1.8 m³/h;

工作温度:60～120 ℃;

最大工作压力:1.6 MPa;

燃油黏度范围:2～75 MPa·s。

燃油流量计对燃油的计量是以体积消耗为基准,但船舶燃油的加装和消耗却都是以质量为基准。因此必须将流量计的体积消耗转换为质量消耗。燃油的密度是在 15 ℃时真空状态下在实验室测出的,当加油温度不是 15 ℃时应对燃油的密度进行修正,温度的平均修正因数为0.00065/℃。所以在计量燃油流量计读数的同时还应记录燃油的加热温度。以便更精确计算燃油的质量消耗。

3. 燃油混合柜

燃油混合柜主要作用是完成轻重油转换的预混合功能。当由轻油换用重油时,由供给泵泵出的重油首先进入混合柜,与其中的轻油混合,使供油的温度缓慢升高,避免高压油泵和喷油器的偶件由于温度的突变而卡死;当由重油换用轻油时则相反。另外,燃油混合柜还有压力缓冲和积存气体的作用。其正常工作压力与供给泵的调定压力基本相同。

4. 燃油增压(循环)泵

燃油增压泵是由江阴液压泵厂生产的 2CY - 0.8/0.8 型齿轮泵。该泵的主要技术数据如下:

工作流量:0.8 m³/h;

工作温度:150 ℃;

工作压力:0.8 MPa。

燃油增压泵的作用是进一步提高燃油的压力,防止被加热的燃油高温汽化。本系统有两台燃油增压泵,其一为独立驱动的齿轮泵,另一台为机带齿轮泵。正常工作期间,独立驱动的燃油增压泵作为备用泵,当机带泵的出口压力低于 0.35 MPa 时,备用泵延时 15 s 自动启动,并发出声光报警信号。另外在拆检增压泵后面的燃油设备后,可启动独立驱动的燃油增压泵进行系统驱气。

5. 燃油加热器

燃油加热器的作用是用于加热燃油,提高燃油的温度,降低被加热重油的黏度,满足燃油喷射的要求。本系统的加热器为电加热方式。

燃油电加热器有温控和自动控制两种控制方式,当控制开关置于温控位置时,系统可对加热温度进行自动控制。系统燃用柴油时,当出口温度达到 50 ℃时,燃油加热器停止工作,当出口温度降到 48 ℃时,燃油加热器自动启动投入工作;燃油电加热器管表面设有超高温保护温度传感器,当电加热管表面温度达 180 ℃时停止加热,等到电加热管表面温度降到 155 ℃则自动启动;另外,当加热器内的燃油压力低于 0.2 MPa 则停止工作。当燃油电加热器控制手柄置于自动位置时,燃油加热器受黏度控制系统控制。

6. 燃油自动反冲洗滤器

燃油自动反冲洗滤器是由南通航海机械厂生产的,型号为南通 - 波尔 6.24.4 - 40。其主要技术数据如下:

工作流量:3.5 m³/h;

工作温度:150 ℃;

工作压力范围:0.2 ~ 1.6 MPa;

工作空气压力:0.4 ~ 1.0 MPa。

燃油自动反冲洗滤器的作用是滤出系统中的颗粒物,并将滤出物自动地排入燃油渣油柜。自动反冲洗滤器有两个滤筒,一个具有自动反冲洗功能,另一个没有。正常工作时,自动反冲洗滤筒工作,另一个备用。当工作的自动反冲洗滤筒的压差达到设定值时,转换三通阀将备用滤筒切入到工作状态,自动反冲洗滤筒进行自动反冲洗。冲洗完后,转换三通阀重新将自动反冲洗滤筒切入到工作状态。

7. 燃油黏度计

燃油黏度计是由无锡市船用电器厂生产的 VAF - V12 型全自动控制黏度计。黏度计主要技术数据如下:

控制空气压力:0.14 MPa;

黏度传感器最高工作温度:180 ℃。

燃油黏度计的作用是通过调整燃油加热器加热量的大小,获得不同的燃油温度,满足燃油雾化的黏度需要。其控制方式有手动和自动两种。当控制手柄置于手动位置时,可手动调节燃油加热器的加热程度。当控制手柄置于自动位置时,燃油黏度计将自动控制,其黏度应基本稳定在设定值附近。一般在进行轻油到重油的转换后,启动黏度计并将其控制手柄置于手动控制位置,手动调节燃油的黏度,当黏度达到 8 cSt 后,将燃油黏度手柄转到自动位置,进行自动控制工作。燃油黏度低于 6 cSt 和高于 16 cSt 时,黏度调节系统发出报警信号。

8. 主机燃油供给单元的基本工作情况

本单元有一个轻油日用柜(D. O. SERVICE TK.)和一个重油日用柜(F. O. SERVICE TK.)。轻重油转换三通阀分别与轻油日用柜、重油日用柜和燃油供给泵(SUPPLY PUMP)相连。主机在启停或机动操作期间,三通阀使燃油供给泵与轻油日用柜相通,主机燃用轻油;反之三通阀使燃油供给泵与重油日用柜相通,主机燃用重油。

从轻重油三通阀来的燃油流进燃油供给泵(SUPPLY PUMP)。燃油供给泵为双泵设计,正常工作期间,一台工作,一台备用,当工作泵出现故障,备用泵能自动投入工作。其进口阀为截止阀,出口阀为截止止回阀,一般常开。其进口处装有吸入真空表,当吸入压力低于 -0.05 MPa时应清洗泵前的燃油滤器,清洁后应排气。其出口处装有出口压力表,调定压力为 0.35 ~ 0.45 MPa,由于振动、机械磨损等原因可能造成调定压力发生变化,因此应经常检测其出口压力,并注意调整。泵出口接两路,一路进入流量计的入口,供主机燃油;另一路经一个压力调节阀返回重油日用柜,其返回量随主机负荷不同而不同。

燃油供给泵出口与流量计(FLOW METER)相连。流量计进出口及旁通管路都装有截止阀,正常情况下,其进出口截止阀常开,旁通截止阀常闭。

流量计出口与混合油柜相通(BLENDING BARREL)。从混合油柜开始构成一个燃油供给循环的起点,混合油柜的燃油经滤器、燃油增压泵(BOOSTER PUMP)、燃油加热器、黏度计到高压油泵侧燃油总管供主机使用,同时剩余的燃油又经回油三通阀流回混合油柜,回油三通阀的另一路与重油日用柜相连。回油三通阀正常情况下使来自高压油泵侧回油流回混合油柜,当其与重油日用柜相通后,能使燃油管路的存油直接回到重油日用柜,应急停车情况下经常进行此项操作。

燃油增压泵有两台,其一为独立驱动,另一台为机带泵。一般使用机带泵,独立驱动泵备用,其进出口阀常开,其出口阀为截止止回阀,可避免燃油倒流。另外在燃油管路检修后,经常驱动独立驱动的燃油增压泵进行系统驱气。

燃油增压泵的出口与燃油加热器相连,本实验室的加热器为电加热器。一般情况,其进出口的截止阀均常开。

从燃油加热器流出的燃油进入燃油自清洗滤器。自清洗滤器冲洗出的脏油排入燃油渣油柜(F. O. SLUDGE TK.)。自清洗滤器的进出口截止阀一般常开。

从燃油自清洗滤器流出的燃油进入燃油黏度控制系统。黏度计进出口及旁通管路上的截止阀一般常开。

从黏度计流出的燃油都进入了高压油泵侧的燃油总管供主机使用。剩余的燃油经回油三通阀回到混合油柜。

第三节　燃油存储、驳运和净化系统

本实验室使用的燃油有两种:轻油和重质燃油。燃油在系统中的存储、驳运和净化过程,详见系统图:燃油加装、驳运和净化系统(F. O. FILLING, TRANSFERRING & PURIFYING SYSTEM)。

一、轻油的存储、驳运

本系统的轻油存储在轻油储存柜中(在室外地下),由轻油驳运泵直接驳运至轻油日用柜。具体工作流程是:打开阀018V、012V,通过1S滤器,经过轻油驳运泵、排出阀031V,驳至轻油日用柜。轻油日用柜上设有溢流管、放残阀、速闭阀及透气管等各种附属设备。

二、重油的存储、驳运和净化

1. 系统的组成

本系统主要由重油存储柜、驳运泵、重油沉淀柜、分油机、重油日用柜以及相应的加热单元组成。

2. 系统中各个主要设备的功能

(1)重油驳运泵

重油驳运泵的作用是将重油由重油储存柜驳至重油沉淀柜,进行沉淀、澄清处理。本系统的具体工作流程:重油从重油储存柜,经过019V、015V、013V和2S滤器,通过重油驳运泵,排出阀032V、009V、034V驳至重油沉淀柜。

(2)重油的净化处理设备

重油的净化通常采用沉淀、分离和滤器过滤等净化措施及设备。

沉淀需要在沉淀柜中进行,按有关规定至少沉淀12 h以上。为提高净化效率,沉淀柜中的重油应加热到50~60 ℃,此外沉淀柜应定期放水、排污。

过滤由系统中的多个粗、细滤器来完成。

净化处理的核心环节是离心分离,其主要设备是分油机。本系统所使用的分油机是α-LAVAL MMPX-304型。从系统图中可以看出:通过沉淀柜上的004V、057V、027V以及3S滤器,用分油机供给泵将重油驳至加热器加热,使得燃油在进机前保证其分离温度,从而达到良好分离的效果。从加热器出来的热油经过三通阀进入分油机分离,分离后的净油送至重油日用柜,分离出来的杂质和水分送至中间柜,然后排至污油柜。在这里应注意的有两点:一是三通阀,它是一个气动两位三通阀,当分油机处于跑油、启动、排渣等非正常进油情况下,使燃油旁通回重油沉淀柜,实现机外循环;二是连通阀028V,此阀是控制两台分油机的串、并联使用的阀。若打开阀029V,关闭阀028V,则两台分油机并联使用;若关闭阀029V,打开阀028V,则两台分油机串联使用,使燃油得到进一步净化,提高燃油的净化质量。

燃油加热单元:

本实验室无锅炉蒸汽系统。因此,设置了一套热水单元,用于给各个油柜加热。本单元是一个热水柜。它的补水系统来自自来水系统,由一个电磁阀控制,压力水柜的加热由一组电加热器来完成。加热后的水由循环泵泵出,去给各个油柜加温,再到压力柜。待主柴油机正常运行后,使压力水柜的水通过循环泵进入废气锅炉盘管中,打开烟门挡板,利用主柴油机的排气余热进行加热,这样就节约了能源,提高了经济性。详见系统原理图:废气锅炉水循环系统(ECONOMIZER CIRCULATING WATER SYSTEM)。

第四节　滑油循环系统

滑油循环系统是由三个单独的循环系统构成,详见系统原理图:主机滑油循环系统(M/E. L. O. CIRCULATING SYSTEM),系统包括主机滑油循环系统、中间轴承滑油循环系统、齿轮箱滑油循环系统。

一、主机滑油循环系统

润滑油对柴油机轴承、气缸、活塞及活塞环的运动部件起润滑作用,有助于减小磨损;同时还对轴承、活塞等起到冷却的作用,带走一部分热量,以保证柴油机处于正常的热状态。本系统所用的滑油为40#润滑油。

1. 系统组成

本系统是由滑油循环柜、滑油泵(两台螺杆泵,其中一台为备用)、滑油冷却器(壳式)、温度控制阀(由 PID 调节器和气动薄膜三通阀组成)、粗滤器、细滤器及相应的管路组成。

2. 循环过程

滑油泵将滑油从主机滑油循环柜中(主机为干式油底壳),通过 001V、002V 阀和粗滤器(1S、2S)吸入,经过细滤器和滑油进机管路,分配到主机各个润滑部件。为了保证滑油进机温度(本系统设定滑油温度不超过 55 ℃),在滑油进机细滤器前设置了一个温度控制阀,当滑油进机温度超过 55 ℃时,由温度控制阀旁通一部分热油去滑油冷却器,在滑油冷却器中被低温淡水冷却后,再回到细滤器的进口,与原来的热油混合,从而保证了滑油进机温度,使主柴油机运行可靠。润滑后的润滑油回到主机滑油循环柜。

3. 主机滑油循环系统的维护和管理

(1)滑油压力和温度调节

本系统滑油压力在 0.4 MPa 左右,滑油进机温度应保持在 50~55 ℃之间,最高温度不允许超过 65 ℃,冷却器进、出口温差一般在 10~15 ℃之间。

(2)备车暖机

备车时应对主机滑油循环柜中的滑油进行预热,具体做法见系统图:滑油加装、驳运和净化系统(L. O. FILLING, TRANSFERRING & PURIFYING SYSTEM),打开阀 014V、滑油分油机的循环泵进出口阀 029V 和 030V、加热器进出口阀 015V 和 017V,气动三通阀在分油机没有分油的情况下与滑油循环柜接通,开启滑油分油机的循环泵,观察是否建立起压力,待压力建立起来之后,开启电加热器,使滑油在主机滑油循环柜和加热器之间进行循环加热,当滑油温度预热到 38 ℃左右,即可启动主机滑油循环泵,使滑油在系统中循环,给各个需要润滑的主机运动部件进行预热和布油,以减小热应力,同时防止主机启动时的干摩擦。

(3)经常检查滑油循环柜油位

主机在启动前,如油位过低,应适当补油;在主机运转过程中,油位突然降低可能是油底壳、油柜或管系泄漏所引起,油位突然升高可能是冷却系统漏水所致,均必须查明原因,加以排除。

（4）检查滑油细滤器前后的压力差

若前后压力差增大,说明滤器脏堵,应及时清洗滤器;若压差过小,则滤器破损。

二、中间轴承的滑油循环系统

1. 系统组成

本系统主要是由滑油油箱、齿轮泵、液位控制器、空气滤清器、冷却水管、滤器、温度计及其相关的管路及阀件组成。

2. 中间轴承的滑油循环系统的维护和管理

（1）检查滑油油箱油位。如油位过低,应适当补油。

（2）在中间轴承运转前,应先启动滑油冷却箱上的齿轮泵向中间轴承加注滑油。同时,中间轴承的冷却水路也应接通,然后才能使用。中间轴承的滑油温度应保持在 45 ℃ 左右,最高不能超过 65 ℃。

（3）启动滑油冷却箱上的齿轮泵后,应注意其出口压力。在冷油状态下,若压力太高,中间轴承就会发生漏油现象,这时应适当开大齿轮泵出口旁通阀,待油温升高后,再将旁通阀调回,使滑油压力保持在 0.3～0.4 MPa。

三、齿轮箱的滑油循环系统

1. 组成和循环过程

本系统的齿轮箱是由四川齿轮箱厂生产的 GWC 型齿轮箱。这种齿轮箱不需单独设立油箱,而是将其下箱体的底部作为油池,并设有油液防溅板,通过自带的主滑油泵,将齿轮箱的工作油吸入,经过滤器送至冷却器,通过低温淡水冷却后的工作油再送到离合器。此外,为了保证齿轮箱正常运行,还设立一个备用滑油泵,当主滑油泵出现故障后,由备用滑油泵投入工作。

2. 齿轮箱的滑油循环系统管理和维护

（1）检查滑油油箱油位。如油位过低,应适当补油。

（2）在齿轮箱工作后应经常检查:冷却水压一定要低于油压,以免泄漏时,水进入油箱中引起运行故障;注意检查滤器前后的压差,不允许超过 0.2 MPa,以免引起滤器破损。

第五节　滑油的储藏、驳运和净化系统

1. 系统的组成

本系统主要由滑油储藏柜、滑油驳运泵、滑油日用柜、主柴油机滑油循环柜、滑油油渣柜和滑油分离机、加热单元以及相应管路和阀件组成。详见系统原理图:滑油加装、驳运和净化系统（L. O. FILLING TRANSFERRING & PURIFYING SYSTEM）。

2. 系统各主要设备的作用及工作流程

（1）滑油储藏柜、日用柜

滑油储藏柜和日用柜都是用于加装和储存滑油的。

（2）滑油驳运泵

滑油驳运泵的作用是用于加装和调驳滑油的。在本系统中,它的工作流程是:在加装滑油过程中,打开 007V、008V,通过 2S 滤器,滑油驳运泵经过 022V、023V 将滑油加入滑油储藏柜或日用柜。在调驳过程中可以打开 001V、009V，通过 2S 滤器，滑油驳运泵，经过 023V 将滑油储藏柜中的滑油驳至滑油日用柜。此外，本系统为了使滑油更纯净，还设置了一套从滑油储存柜，通过分油机净化后，再驳入日用柜的管系。具体工作流程为：打开 001V、012V，经过 1S 滤器，由滑油分油机本身的机带泵吸入，送至加热器加热，再经过分油机净化后，送至滑油日用柜，准备为主柴油机滑油系统补油。

（3）滑油的净化

滑油的净化处理单元的核心环节是滑油分油机。本系统的滑油分油机是 α – LAVAL MAB206 型。因为主柴油机的滑油都是循环使用的，它和空气接触的机会多，再加上气缸中的污物的落入以及燃烧产品的颗粒等因素，都会加速滑油的变质，为了延长滑油的使用寿命，所以需要设置滑油分油机。它可以在柴油机运转中连续对滑油循环柜中的滑油进行分离、净化处理，排除滑油中混入的各种杂质和氧化沉淀物。在本系统中，滑油分油机的具体工作流程为：主柴油机的滑油循环柜中的滑油，经 014V、1S 滤器被滑油分油机的机带泵吸入，经过 015V 送入加热单元加热，通过 017V、气动控制三通阀进入分油机。离心分离以后，再经 020V，送回到滑油循环柜，使主柴油机的滑油不断得到净化。气动控制三通阀的作用是：当滑油分油机出现非正常的进油工作时（排渣、启动、跑油等），三通阀旁通打开，将滑油送回主机循环柜，以保证主柴油机的正常、可靠运行。此外，应注意滑油循环柜的油位，当滑油循环柜中的滑油减少时，可以通过 002V、011V，从滑油日用柜向其补油。

第六节　海水冷却系统

海水冷却系统是用海水在中央冷却器中冷却低温淡水。在这个系统中有三台海水泵，海水被海水泵从冷却水池中吸入，经过阀 008V、009V、010V，滤器 1S、2S、3S，送至中央冷却器，冷却后回到冷却水池。本系统的中央冷却器是板式热交换器，其最大工作压力为 0.3 MPa，换热面积 50 ㎡。在这个系统中，我们应注意海水泵的脏堵问题。若海水滤器脏堵就会造成海水泵的吸入真空增大，吸不上水，达不到冷却的效果，因此我们必须经常检查、清洗海水滤器，以保证泵的正常工作，详见系统原理图：海水冷却系统（SEA WATER COOLING SYSTEM）。

此外应注意的是，本系统中三台主海水泵都是离心泵，而离心泵本身无自吸能力，因此，在 NO.1 主海水泵上安装了一套喷射型抽气装置使 NO.1 主海水泵依靠抽气装置而具有了自吸能力。NO.1 主海水泵和抽气装置的型号：天津工业泵总厂生产的 PSA – C 型。

基本原理与操作方法如下：

（1）关闭 NO.1 主海水泵的出口阀。

（2）供压缩空气给抽气装置。

（3）将切换开关置自动"AUTO"位置。

（4）按下 NO.1 主海水泵启动按钮，电磁阀 1 通电打开。压缩空气通过电磁阀 1 流入喷射泵 2 形成负压区，同时压缩空气进入气控阀 3 把该阀打开，喷射泵按虹吸原理开始对泵 7 及泵前吸入管抽气及液体。当浮子水位计 6 达到规定的水位时，泵 7 启动。当泵的排出压力达到 0.15 MPa 时，压力开关 4 动作，气源被切断，气控阀关闭，抽气工作结束。同时 NO.1 主海水泵自动启动。

（5）NO.1 主海水泵排出压力上升到 0.2 MPa 时，慢慢开启排出阀，保证其排出压力在

0.12 MPa左右,完成了泵的自吸,投入工作。

第七节 淡水冷却系统

中央淡水冷却系统是一种比较先进的设计,它包括两个主要回路:高温淡水系统和低温淡水系统。详见系统原理图:中央冷却水系统(CENTRAL COOLING WATER SYSTEM)。

高温淡水冷却主柴油机缸头、缸套;低温淡水冷却为主柴油机服务的一些附属设备。高温淡水在冷却器中被低温淡水冷却,而低温淡水在中央冷却器中又被海水冷却。

本系统中,低温淡水泵有两台(其中一台为备用),低温淡水泵出后去冷却主柴油机的滑油(滑油冷却器)、高温淡水(缸套水冷却器)、中间轴承、齿轮箱冷却器以及中间轴承的冷却油柜和空冷器。高温淡水也有两台淡水泵(其中一台为备用),高温淡水泵出后去冷却主柴油机缸套、缸头。

本系统的高温淡水(缸套水)的出口温度是通过一个 PID 调节器控制三通阀,使高温淡水保持在 85 ℃左右。例如:当淡水温度高于设定温度时,通过 PID 调节器控制,使部分或全部高温淡水进入缸套水冷却器进行冷却,以保证其温度在设定值附近。另外,本系统还设有高、低温淡水转换阀020V、022V。若打开阀020V、022V,低温淡水就会进入到高温淡水系统中,使高、低温淡水混合,来达到控制高温淡水温度的目的。在这期间,只有一小部分的低温淡水进入高温淡水系统,其余大部分仍回冷却器冷却高温淡水。

启动主柴油机前,若高温淡水的温度较低时,可以通过打开 037V、038V 两个阀,关闭阀 025V,使其到缸套水预热器进行加热(电加热器),以提高淡水进机的温度,达到预加热的目的,从而实现"暖机",以便启动柴油机。

保证冷却水的温度在正常范围内,对保证柴油机的正常工作有着相当重要的意义。首先,冷却可以保持受热件的工作温度不超过材料的允许极限值,从而保证在高温状态下受热部件的足够强度;其次,冷却可以保证受热件内外壁面是当地温差,减少受热件热应力;此外,冷却还可以保证运动部件的正常间隙和滑油油膜的正常工作状态。在日常的管理中,应兼顾两个方面的要求:既不能过冷,也不能过热。由此可见,必须使柴油机的冷却水温度保持在正常范围内,才能使柴油机正常可靠地运行。

本系统的高低温淡水都是由膨胀水柜供给的。因此,膨胀水柜的位置需要有一定的高度,这样才能保证高温淡水的吸入压力。另外,本系统还设有一个高温淡水压力柜(0.5 m³、0.5 MPa)以保证高温淡水进机前的压力。由于系统的淡水不可避免的泄漏和蒸发,因此,我们必须十分注意膨胀水柜的液位,及时补水和检查,以防水位下降太快,导致系统压力下降,造成主柴油机的故障(降速或停车)。

第八节　废气锅炉及循环水系统

一、废气锅炉及循环水系统概述

采用废气锅炉回收柴油机排气的热量是船舶柴油机动力装置主要的余热利用形式。由于废气锅炉只能在船舶主机工作以后才能工作,因此废气锅炉不能单独工作,一般与船舶辅锅炉联合工作,船舶在停航时,由船舶辅锅炉工作,开航后废气锅炉工作并提供主要的加热能量。图 1-1-4 示出了辅锅炉和废气锅炉联合工作的框图。

辅锅炉和废气锅炉主要有三种工作方式,如图 1-1-4 所示:

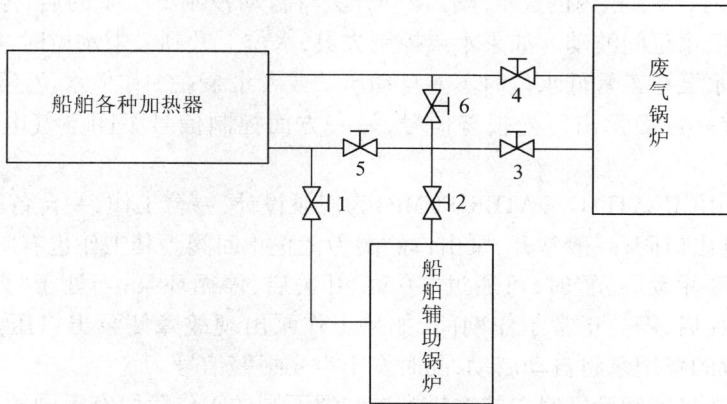

图 1-1-4　辅锅炉和废气锅炉联合工作的框图

（1）打开阀 1、2、6 并关闭阀 3、4、5,船舶辅锅炉单独工作。

（2）打开阀 3、4、5 并关闭阀 1、2、6,废气锅炉单独工作。

（3）打开阀 1、2、3、4 并关闭阀 5、6,二者共同工作,此时,废气锅炉作为船舶辅锅炉的一个加热面。

二、动力装置综合实验室主机废气锅炉及循环水系统简介

1. 废气锅炉

废气锅炉本身具有水位计、低水位报警信号、烟气进出口温度指示、炉内高温报警（≥360 ℃）和热水温度超值切换功能。

废气锅炉烟气进口和烟筒叉口安装了一套连动烟气挡板装置,可进行"手动"和"自动"控制。"自动"控制时,当锅炉内热水温度大于或等于 90 ℃时,自动关闭进入废气锅炉的烟气,使烟气直排大气;当废气锅炉内热水温度小于或等于 90 ℃时,烟气挡板自动打开,使高温烟气进入废气锅炉,使热水升温。

2. 热水柜

热水柜的工作参数如下:

工作容积:1 m³;

工作压力:0.4 MPa。

热水柜是循环水加热的一个环节,在备车期间其内部的电加热器将对循环水进行加热,从而满足各油柜加热保温的需要。另外其还具有储水、蓄压、缓冲等功能,通过在热水柜上部充

入压缩空气,可保证系统的循环水具有一定的工作压力,因此它又是压力热水柜。由于工作空气的损失,应根据实际情况经常补充其压缩空气的损失。

3. 系统的基本工作情况:

本实验室未设置辅锅炉,而用热水柜代之,构成热水柜和废气锅炉联合工作的循环水系统。废气锅炉及热水循环系统详见系统图:废气锅炉水循环系统(EXHAUST BOILER CIRCU-LATING WATER SYSTEM)。

阀 035V 和 042V 分别为热水柜给水泵(WATER SUPPLY PUMP)的进、出口阀。其中阀035 为截止阀,一般常开;阀 042 为截止止回阀,确保补水的单向性,一般常开。热水柜补水泵有"手动"和"自动"两种控制方式:当处于"手动"位置时,可通过"手动"开关启、停给水泵;当处于"自动"位置时,热水柜内的高低水位微动开关将自动控制给水泵的启、停,保证热水柜的水位在设定的高低水位间波动。如果水泵控制失灵,水位上升到极限水位时,能自动发出声光报警信号。如果水泵在正常低水位时不能自动启动或者水泵在工作但水位还继续下降至极限低水位,控制系统一方面发出声光报警信号,另一方面控制信号关闭空气电磁阀,切断压缩空气。

循环水泵(CIRCULATING WATER PUMP)为双泵设计,一台工作,一台备用。与给水泵相似,也分别装有进出口阀,一般常开,泵出口的阀为截止止回阀。其工作也有"遥控"和"手动"两种方式,当处于"手动"位置时,可通过"手动"开关启、停循环泵,当处于"遥控"位置时,可在集控室对其遥控启、停。正常工作期间,如果工作泵出现故障使泵出口压力低于 0.5 MPa 时,处于遥控位置的备用泵将自动启动,同时发出声光报警信号。

热水柜的电加热器和废气锅炉的主机推进装置不同的工作阶段有不同的工作方式。在主机备车期间,单独由热水柜的电加热器加热循环水,完成暖机和备车期间的其他加热需要;在主机启动初期,虽然废气锅炉已投入工作,但由于此时废气的能量较少,其加热量不能满足需要,因此热水柜的电加热器和废气锅炉共同工作;当主机负荷增加,废气锅炉的加热量能满足需要的时候,电加热器自动停止工作,由废气锅炉单独工作。

燃油储存柜(F. O. STORAGE TK.)加热器的出口阀为截止止回阀,一般常开,通过开关进口截止阀决定是否对燃油储存柜加热。其他具有加热器的各油柜,加热器进出口阀工作状态与燃油储存柜相同。

第九节　压缩空气系统

压缩空气系统由两台空气压缩机(一台主压缩机、一台副压缩机)、两个启动空气瓶、一个控制空气瓶组成。

两台空气压缩机的启动和停止都是自动控制的。启动、停止的工作压力可以通过装在主供气管路上的压力控制器来控制。两台空气压缩机也可以通过控制箱上的转换开关选择为"手动"控制。在"手动"控制方式下,空压机的启动、停止可根据实际的供气要求来人工操作。

启动空气系统(设定空气压力为 2.6 MPa)是通过空气压缩机将高压空气送至两个启动空气瓶。该部分的管路设计是:空压机的出口可分别送到两个空气瓶,每个空气瓶上都安装了独立的进、出口截止阀、放残阀和安全阀。当外部用空气量减少时,可关闭一个空气瓶保压,用一只空气瓶来供气。主启动空气瓶的出口分两路,一路是供给主机启动用的启动空气,另一路是供给控制空气瓶作为控制空气,到控制空气瓶的压缩空气是经过减压阀减压后的压缩空气(一般控制空气压力设定在 0.7~0.8 MPa)。通过减压阀前后的截止阀可以选择两减压阀中的任一个作为常用,而另一个可以作为备用或互换使用。

控制空气系统通过控制空气瓶向机舱各用气设备提供气源,控制空气的质量是保证用气设备正常工作的关键,特别是自动控制系统必须保证气源无水、无杂质。在本系统中,对一些重要的自动控制设备必需的空气是经过空气干燥除湿装置处理后的清洁空气。通过阀 013V 为主机遥控系统提供气源;通过阀 006V 为滑油、低温淡水自动控制阀的阀门定位器提供气源;通过阀 004V 为燃油净油机、滑油净油机提供气源。

作为控制空气,还为下列设备提供气源,这些气源是没有经过空气除湿干燥装置直接由空气瓶供给的:

通过阀 012V 向机舱速闭阀控制箱供气。

通过阀 010V 向废热循环柜及高温淡水压力水柜供气。

通过阀 008V 向机舱日用杂气管路供气。

机舱压缩空气补充管路及设备布置可见图:控制空气系统和启动空气系统(CONTROL AIR SYSTEM AND STARTING AIR SYSTEM)。

第十节　主机遥控系统

一、主机遥控系统概述

SB-98K-Ⅳ 主柴油机遥控装置能在驾驶台或机舱集控室直接控制主柴油机动力装置的启动、停车、接排、脱排、换向和调速。

该遥控装置能与主机安全保护装置、监控报警装置和车钟自动记录仪相连接。

为了满足驾驶人员单手柄的操纵习惯和稳定的调速和脱接排要求,同时又要适应船员的管理和维修水平,本装置采用高集成、高整体组合式,简单、可靠,将组件减少到了最小限度。

二、主机遥控系统组成

图 1-1-5 所示为 SB-98K 型遥控装置系统组成图。

1.遥控操纵器

遥控操纵器(也称主车钟,见图 1-1-6):分别安装在驾驶室控制台和机舱集控室控制台上,用于在驾驶室驾控台或机舱控制室集控台上直接遥控主机和齿轮箱。

遥控操纵器的车令共分为九挡:空车(STOP)、进一(AH. D. S.)、进二(AH. S.)、进三(AH. H.)、进四(AH. F.)、退一(AST. D. S.)、退二(AST. S.)、退三(AST. H.)、退四(AST. F.)。遥控操纵器(车钟)左侧的平面上设有九个大平面发光二极管,显示所发出的车令。

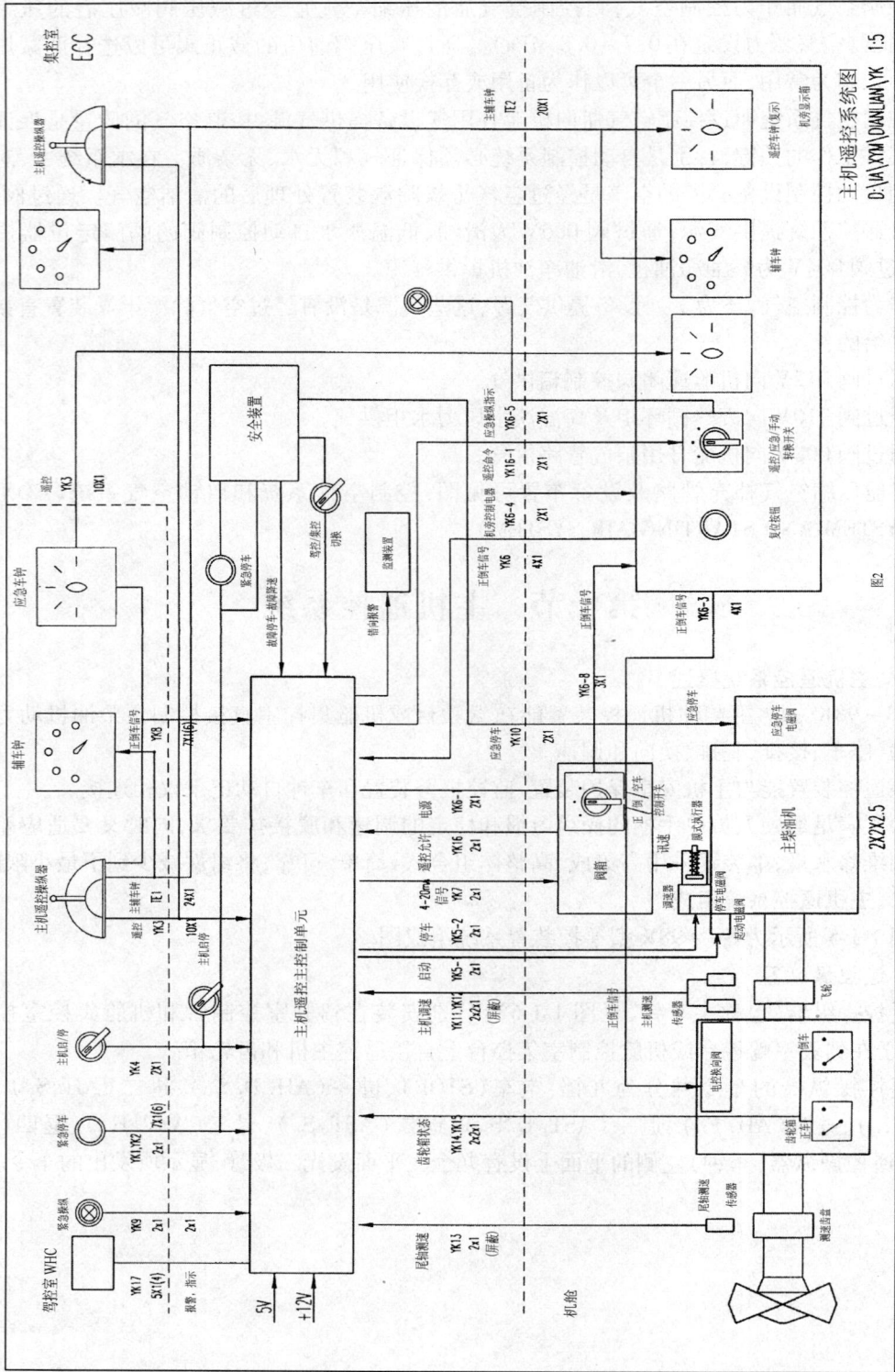

图 1-1-5　SB-98K 型遥控装置系统组成图

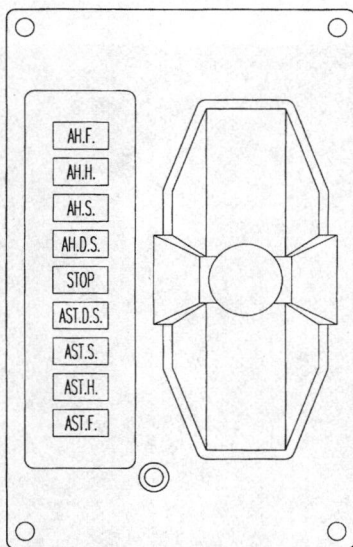

图 1-1-6　主车钟平面图

2．启动/运行、停车控制开关

启动/运行(START)、停车(STOP)控制开关用于控制主柴油机的启动和停止。

3．辅车钟及控制按钮

(1)辅车钟(见图 1-1-7)用来作为三个操作位置转换:即驾驶台、机舱集控室和机旁。进行"完车(F. W. E)"、"备车(ST－BY)"、"驾控(BRIDGE)"、"集控(E. C. R)"和"机旁(LO-CAL)"五种工况的通信联络。辅车钟一台装于驾驶室控制台,一台装于机舱控制室集控台上,另一台装于机旁显示箱上。

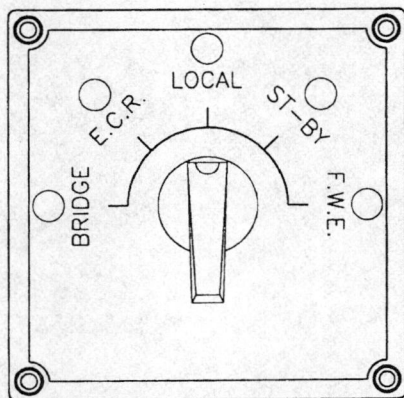

图 1-1-7　辅车钟平面图

(2)组合板报警指示板(见图 1-1-8)用于显示动力装置状态和报警指示。

(3)应急停车按钮(EMERGENCY STOP)用于发送应急停车信号给安全装置,进行应急停车。

(4)应急操纵按钮(CANCEL LIMIT)用于发送应急操纵信号给主控制单元,使本装置按特定要求对动力装置进行控制。

(5)声响器

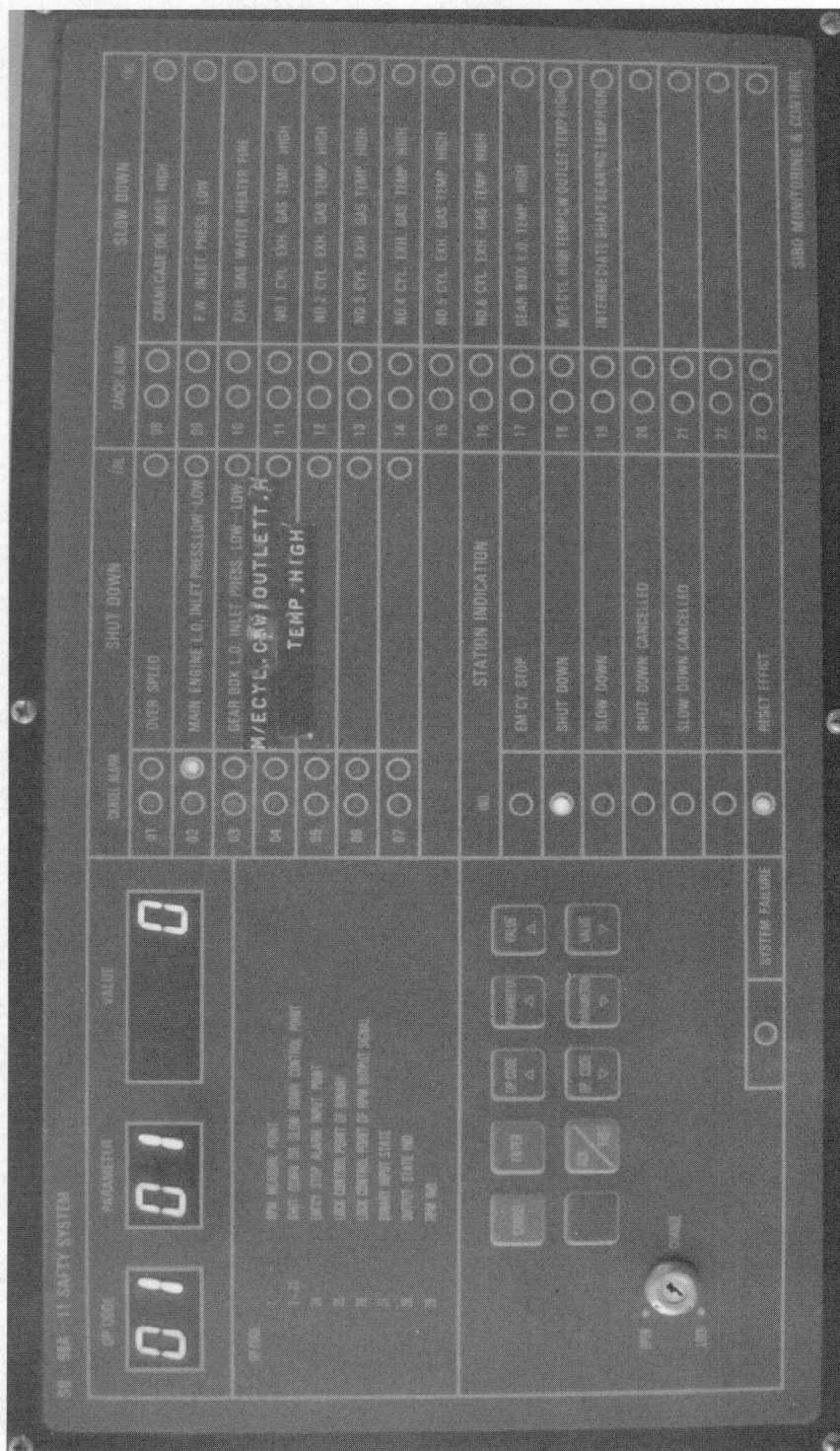

图 1-1-8　主机安全保护及组合报警指示

4. 主机遥控主控单元

主控制单元安装在一个控制盒内，是遥控装置的核心部分。它由单片微机、存储电路和输入输出接口电路等组成。

主控制单元用来接收遥控操纵器发来的给定指令信号、主柴油机状态信号、齿轮箱状态信号、主柴油机的转速反馈信号、齿轮箱的转速反馈信号以及安全装置信号等，进行逻辑反馈判断后输出控制信号使主柴油机启动、停车、增速、减速，齿轮箱的接排、脱排或换向。

5. 驱动单元

由继电器组成，用于遥控状态切换和控制各种电磁阀等。

6. 转速磁探头

测速磁探头是以非接触方式工作，测量主柴油机转速和艉轴转速。该信号用于输入主控制单元作为反馈信号。

7. 操作过程显示面板

操作过程显示面板（见图1-1-9）用于指示模拟动力装置状态、控制状态和报警指示，并用于调整遥控装置的控制参数。

三、主机遥控系统的功能

该主机遥控系统的基本功能是能在驾驶室或机舱集控室直接操纵主柴油机的启动、停车、变速，齿轮箱的接排、脱排和换向。

1. 遥控主柴油机改变转速

在驾驶室和集控室可以直接用遥控操纵器（主车钟）改变主柴油机的转速，遥控操纵器为有级操纵，共分为九挡，每挡的相应设定转速见表1-1-2。

表1-1-2　遥控操纵器各挡位的车令和转速

序号	车令	转速	序号	车令	转速
1	空车（STOP）	500 r/min	6	退一（AST. D. S.）	500 r/min
2	进一（AH. D. S.）	500 r/min	7	退二（AST. S.）	600 r/min
3	进二（AH. S.）	600 r/min	8	退三（AST. H.）	700 r/min
4	进三（AH. H.）	700 r/min	9	退四（AST. F.）	800 r/min
5	进四（AH. F.）	800 r/min			

为方便驾驶人员遥控主机，不管操纵人员扳动手柄多快，遥控装置要按一定的逻辑和时间要求控制主机的转速，不使主机的热负荷变化过于剧烈。

遥控装置对主柴油机的转速控制为闭环控制，即根据遥控操纵器所给出的转速指令和主柴油机的转速反馈进行比较，当实际转速与指令转速偏差超出允许范围时，通过输出控制电路、驱动电路、气控单元、膜式执行器，调整主机调速器的速度给定，使主机转速达到规定的范围内。

2. 主柴油机的启动、停车、接排、脱排及换向

（1）启动

当柴油机处于备车完毕状态下，操纵手柄放置空车（STOP）位置，将启动/停车（START/STOP）控制开关扳至启动位置，遥控装置根据柴油机状态进行判断进入启动控制状态，打开启动电磁阀，并预供油门。

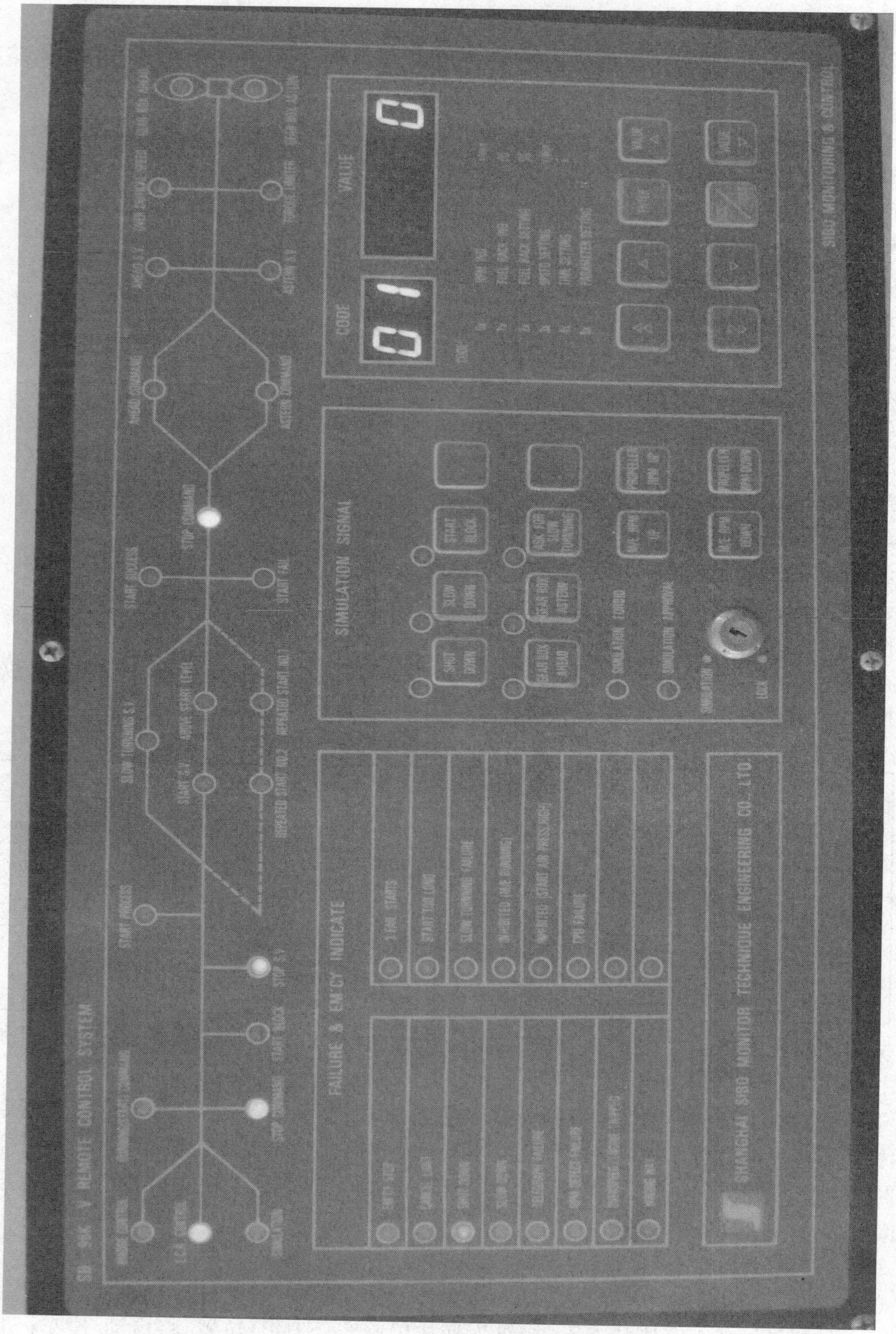

图 1-1-9 操作过程显示面板

当柴油机转速高于启动转速后,关闭启动电磁阀,并调整给定输出,当柴油机转速高于启动成功转速之后进入转速调节控制状态,并根据操纵器命令控制主机转速和齿轮箱的接排、脱排。启动控制中有三次启动功能。当第一次启动失败后,遥控装置自动进行第二次启动,假如第二次启动也失败,遥控装置将进行第三次启动。如果三次启动均告失败,遥控装置将发出三次启动失败报警并停止启动。若要重新启动,操作人员必须将开关手柄从启动扳至停车位置后再扳至启动位置,遥控装置将重新进入启动程序。遥控装置在启动过程中,还设置启动时间过长报警,在启动过程中,柴油机在规定时间内未达到启动转速,遥控装置将发出启动时间过长报警,若要重新启动,操作人员必须将开关手柄从启动扳至停车位置后再扳至启动位置,遥控装置将重新进入启动程序。

(2)停车

当遥控装置接到停车指令后,根据当前主机、齿轮箱状态直接进入停车运行控制或进入降速、脱排、停车分阶段运行控制。控制停车电磁阀动作,最终停止供油,使主机处于停车状态。

(3)接排

当操纵手柄从"空车"扳至正车(或倒车)时,遥控装置判别舵轴转向、转速、脱排间隔时间,在接排最大允许时间范围内,控制齿轮箱啮合,并逐渐调整主机转速至操纵器所要求的转速。

(4)脱排

当操纵器手柄从正车(或倒车)扳至"空车"时遥控装置判别并控制主机转速处于允许脱排的范围内,在脱排最大时间范围内控制齿轮箱脱排,并调整主机转速至空车设定转速。

(5)换向

遥控装置能满足将遥控操纵器手柄从前进一直接扳至后退一,后退一直接扳至前进一或港内全速(一般为进三)直接扳至后退的功能要求。

当将遥控操纵器手柄从前进扳向后退时(或从后退扳向前进时),遥控装置控制主柴油机转速使之降到允许脱排范围之内,控制齿轮箱脱排,再调整主柴油机转速至允许接排范围内,同时判别舵轴转向、转速、脱排间隔时间,在接排最大允许时间内,控制齿轮箱啮合,并逐渐调整主机转速至操纵器所要求的转速。

3.自动避开临界转速值

遥控装置能使主柴油机在运行过程中,自动避开临界转速值,并可以根据船舶试验结果设定临界转速值。

4.最高转速限制

为了使轮机人员根据主机的状态,保护主机,避免驾驶人员遥控主机时使主机超负荷运行,故可以设定最高转速,以限制主机的负荷。

5.主机转速变化的增减速速率控制

为了防止驾驶人员遥控主机时,使主机的热负荷变化过于剧烈,故设置增减速率限制功能,分为一般正常情况下的主机增减速速率和紧急操纵情况下的主机增减速速率。紧急情况下,主机增减速速率比一般情况下的速率快一倍。

6.给定油门限制

为了保护柴油机在遥控时不致超负荷,根据主机不同转速,设定该转速下的最大的主机油门给定限制。

7. 故障降速

当主机的一些重要参数越线后,独立于遥控装置的监测报警装置或安全装置便发出"故障降速"信号送至遥控装置,当遥控操纵器给定的车令大于故障降速设定值时,遥控装置自动使主机转速降至故障降速设定值,并发出声光报警,当这些参数恢复正常,监测装置或安全装置停止发出"故障降速"信号,主机给定转速自动恢复到遥控操纵器所要求的转速。

8. 故障停车

当主机的一些重要参数越过危险值时,独立于遥控装置的安全装置,便发出"故障停车"信号并立即驱动停车电磁阀使主机停车,并将该信号输向遥控装置,遥控装置立即送给主机的转速信号变为最小,同时使齿轮箱脱排并发出声光报警,故障停车后要重新使遥控系统工作,必须满足一下条件:"故障停车"信号消失,操纵器放在空车位置,START/STOP 控制开关扳至 STOP 位置,遥控装置重新进入遥控状态。

9. 应急停车(EMERGENCY STOP)

在应急情况下,需要主机立即停车,只要按下"应急停车"按钮,独立于遥控装置的安全装置接到该信号后,立即驱动停车电磁阀使主机停车,遥控装置接收了"应急停车"信号后,立即将送给主机转速给定信号变为最小并使齿轮箱脱排并发出报警声光。重新使遥控装置工作好,必须满足以下条件:"应急停车"消失,操纵器放在空车位置,START/STOP 控制开关扳至 STOP 位置,遥控位置重新进入遥控状态。

10. 应急操纵(CANCEL LIMIT)

应急操纵功能是为了让驾驶人员在驾驶过程中出现紧急状态时,取消某些对主机的安全保护限制,以服从驾驶时的应急需要。因此,在驾驶室设有"应急操纵"按钮,按下按钮时,则能实现如下功能:

(1)主机的增减速速率增快;
(2)取消最大油门限制;
(3)给定油门限制比一般情况下增加5%;
(4)取消故障降速控制;
(5)取消最高转速控制。

第十一节　机舱巡回检测报警系统

一、系统技术、规格

(1)系统供电电源:AC 220 V,DC 24 V。
(2)通信方式:主机与各分站通信采用 485 标准。
(3)测量精度:±0.5%(不含传感器、变送器)。
(4)测量点与反应灵敏度:约 1 s。
(5)系统采用传感器种类:
①热电阻
＊铂电阻:#Pt100,Pt10。
＊铜电阻:#Gu50,Gu100。
②热电偶

* 镍铬—镍硅 #K。
* 镍铬—康铜 #E。
* 铜—康铜 T。
* 铂铑 10—铂 S。
* 铂铑 30—铂铑 B。
* 铂铑 13—铂 R。
* 铁 3—康铜 J。

③压力、液位位移电流、电压、功率等变送器(传感器)

* 电阻信号。
* 电流信号:1～20 mA,0～20 mA,1～10 mA。
* 电压信号:0～5 V,1～5 V,0～10 V。

④开关量传感器

* 不带电的触点信号。
* 带直流电压的触点信号。

⑤测速传感器

* 磁电式传感器。

二、系统功能及特点

主机软件在 WIN95 或 WIN98 环境下运行,仅使用轨迹球(鼠标)就能进行一切操作。

1. 显示功能

具有彩色图形显示功能;具有模拟仪表显示功能;具有柱状图显示功能;具有常规列表显示功能;具有用户自定义列表内容显示功能;具有报警列表显示功能;具有当天报警历史显示功能;具有报警历史存档内容显示功能。

2. 打印功能

具有中文打印记录功能;具有用户自定义定时打印列表内容的功能;具有选择列表打印功能;具有报警列表打印功能;具有当天报警历史打印功能;具有报警历史存档显示内容打印功能。

3. 操作功能

现场可选择是否需要定时打印;定时打印间隔时间可现场修改;现场可选择是否需要报警打印记录;现场可选择是否需要报警恢复打印记录;每天可自动将当天报警历史内容存档在硬盘中;用户可在现场自由定义模拟仪表显示的内容;用户可在现场自由定义柱状图显示的内容;CRT 上无论显示任何内容,一旦有新的报警,则报警速显窗口会自动出现;用户可在现场选择是否需要报警速显窗口;根据设定的条件点,当条件点产生报警时,自动将监测点的当时状态全部存档于硬盘;人工将监测点的当时状态全部存档于硬盘中;任何时候可以查看上述存盘的内容。

三、正常操作说明

1. 图像显示

CRT 显示从列表显示状态转换为图标显示状态的按钮,在任何列表显示方式下按此按钮均立即转换为图形显示。图形显示画面上翻按钮,在图形显示时,用于选择画面。图形显示画面下翻按钮,在图形显示时,用于选择画面。模拟仪表显示选择按钮,模拟仪表显示画面共有

2 幅。进入模拟仪表显示状态用此按钮。柱状图显示选择按钮,柱状图显示画面共有 2 幅。进入柱状图显示状态用此按钮。

2.常规列表显示

从图形显示状态或其他列表显示状态中切换到常规列表显示状态用此按钮,显示内容的变换则需使用滚动条。用户自定义表示。从图形显示状态或其他列表显示状态中切换到用户定义显示状态用此按钮,显示内容的变换则需使用滚动条。显示格式同上。

3.报警列表显示

从图形显示状态或其他列表显示状态中切换到报警列表显示状态用此按钮,显示内容的变换则需使用滚动条。当天报警历史显示。从图形显示状态或其他列表显示状态中切换到当天报警历史显示状态用此按钮,显示内容的变换则需使用滚动条。显示格式同上。报警历史存档内容显示,从图形显示状态或其他列表显示状态切换到报警历史存档内容显示状态用此按钮,显示内容的变换则需使用滚动条。显示格式同上。

此按钮后,首先出现一个对话框,在目录框内显示所有历史记录的目录。

目录代表的含义为日期,排列从左到右分别是年(4 位)月(2 位)日(2 位),只要根据要求,选定日期后,按下 < OK > 按钮,在屏幕上立即显示,那一天报警历史记录的内容。

四、菜单操作说明

主菜单共有 File、Print、Setup、Emergency、Check 和 Help。

(1)在文件下面的子菜单只有 < Exit >,每次关机时都须从 Exit 中退出。执行退出后,监控程序自动完成一些文件的存档处理,自动退出 Windows,直至关机状态。

(2)在打印下面子菜单有 Record、Function setup、List's print set 和 Cancel print。

①Record 是列表记录,在打开 Record 之后,出现对话框。可有 6 种打印选择:

a."Select Print"是按常规列表中的一个块进行打印。首先,点中"Select Print",然后用上下箭头按调整起始点和终止点。再按 < Print > 按钮,计算机从起始点一直到终止点打印编号、名称、设定值 1、设定值 2、测量值、单位和是否处在报警状态。

b."Print User's List"是打印在"List's Print Set"中设定的内容。打印具体数据是编号、名称、设定值 1、设定值 2、测量值、单位和是否处在报警状态。

c."Print Alarm List"是打印当前报警的内容。编号、名称、设定值 1、设定值 2、测量值、单位和报警时间。

d."Print Today's History"是打印当天所有报警或恢复正常的测量点、名称、设定值 1、设定值 2、测量值、单位和时间。

e."Print History Record"是打印正在显示器上显示的已经存档的某一天的历史内容。

f."Print Em. Record"是打印正在显示器上显示的应急记录的内容。

②Function Setup 是打印方式和定时打印间隔时间设定。打开"Print Setup"之后,出现对话框。

a."Online Print"否,小方框内打"√",是需要定时打印,无"√"则不需要定时打印。

b."Alarm Print"否,小方框内打"√",是进行实时报警打印,无"√"则不需要实时报警打印(无论是否打印,这些报警点的内容还是存在当天历史中,在需要时选择当天历史打印)。

c."Restore Print"否,小方框内打"√"是进行实时报警恢复打印,无"√"则不需要实时报警恢复打印(无论是否打印,这些内容仍然存在当天历史中)。

d. 定时打印间隔时间是按小时计算,如每天 24 小时被设定值除后没有余数时,就进行定时打印,打印内容是用户设定的内容。按下＜OK＞按钮,这些参数就储存在计算机内,以后开机时就按这些设定值运行。

③List's Print Set 是设定用户列表打印和定时打印的内容,打开"List's Print Set"之后出现对话框。

a. "Selected Num."是指当前是否要选择该项的编号、名称。

b. "Setup Num."是指当前如果按下＜Add＞按钮,被选择项则要插在该项后面。

c. "Current Num."是指插入位置显示的内容是第几条。

d. "Sum."是指实际已经选择了多少条。

e. ＜Previous＞按钮是选择"Selected Num."或"Setup Num."当前显示内容的前面一条。

f. ＜Next＞按钮是选择"Selected Num."或"Setup Num."当前显示内容的后面一条。

g. U/L 是控制 Previous 按钮和＜Next＞按钮对"Selected Num."有效还是对"Setup Num."有效,在小方框内打"√",这两个按钮对"Selected Num."有效,否则反之。

h. F/S 是控制＜Previous＞按钮和＜Next＞按钮变化的快慢,小方框内不打"√",每次选择前面一条或后面一条。如果打"√",每按一次按钮就选择前面的第 10 条或后面的第 10 条。

i. ＜Add＞按钮是选择了当前显示的"Selected Num.",并插在"Setup Num."的后面,"Current Num."自动加 1,"Sum."自动加 1。

j. ＜Delete＞按钮是删除"Setup Num."显示的内容,并对"Current Num."和"Sum."自动进行调整。

k. ＜Save＞按钮是对打开的对话框之后,修改的内容进行确认,并存入硬盘,以后计算机就按新的用户列表内容进行打印。

l. ＜Cancel＞按钮是对打开对话框之后,对修改的内容的否定。

④Cancel Print 是对正在进行的 List's Print 内容的取消。

3. 系统中的 Setup、Emergency、Check 和 Help 等是专用功能,如操作需应根据《SB－2001 监测报警系统说明书》完成,在此不做详细叙述。

五、系统操作说明

工控机操作说明(集控室)如下:

(1)打开工控机电源,计算机进行自检、启动程序。计算机自动进入自启动程序,启动 SB－2001 监测报警程序,启动完毕。

(2)关机必须按以下步骤进行:打开菜单文件,按下退出,计算机自动进行退出 SB－2001 监测报警程序前的文件储存。SB－2001 监测报警程序自动退出。计算机自动进入 Win95/98 关机程序。出现"现在可以安全地关闭计算机了"文字,然后关闭工控机电源。

第十二节　水力测功器及工作水系统

水力测功器是本实验室主动力装置的重要组成部分,通过调节水力测功器的排水量可以调整主机的负荷,同时可以测量主机发出的功率。

一、水力测功器(DYNAMOMETER)

1.主要结构及工作原理

水力测功器主要由机体部件、进水阀部件、排水阀部件、测功部件、保险装置部件组成,另外还配有校正附件作静态校正用。

水力测功器在测功时,主机通过齿轮箱联轴器带动测功器主轴组件旋转,此时有一定的水经管道进入测功器工作腔内,由于转子旋转所产生的离心力,水在工作腔内产生了强烈的水涡流,它给外壳一转动力矩传动给拉压传感器,通过标定好电子数显装置显示其制动的大小,其吸收功率的大小由排水阀的开度大小而定。

2.技术参数

技术参数见表1-1-3。

表1-1-3 技术参数表

最大吸收功率	3000 kW
扭矩测试精度(F.S)	±0.3%
测试精度(F.S)	±0.5%
主轴最高转速	0~2500 r/min
主轴旋转方向	双向
制动力测定范围	0~18000 N
最大制动力矩	0~17200 N·m
最大耗水量	57000 L/h
排水最高温度	70 ℃
测功器外形尺寸	1935×1050×1540
测功器净重	3.5 t
转动惯量	18.15 kg·m²

二、水力测功器工作水系统(DYNAMOMETER WORKING WATER SYSTEM)

1.工作水系统组成

工作水系统主要是由水塔(WATER TOWER)、水力测功器供水泵(DYNAMOMETER SUPPLY WATER PUMP)、水力测功器回水泵(DYNAMOMETER RETURN WATER PUMP)、冷却水池(COOLING WATER RESERVOIR)、水力测功器回水池(DYNAMOMETER WATER RESERVOIR)、阀及管路组成(见系统图 DYNAMOMETER WORKING WATER SYSTEM)。

2.各部分作用

水塔:向水力测功器提供高位稳压的水源。

水力测功器供水泵:从冷却水池汲水供给水塔。

冷却水池:提供整个系统水源及对水力测功器回水散热。

水力测功器回水池:汇聚水力测功器的回水。

水力测功器回水泵:从回水池汲水供到室外冷却水池上方冷却水管。

三、水力测功器操作步骤

1.开机前

(1)转动主轴,检查转子与其他部件是否有碰撞和转动不灵活现象。

（2）合上水力测功器电源开关（在配电盘 380 V 供电屏上），合上功率测量仪开关（在集控台上，AC 220 V）。检查功率测量仪的数值是否为零，如果仪表显示不为零，在仪表面板上"零点"按两次后，即可清零。

（3）点动集控台水力测功器面板上排水阀"DOWN"按钮；也可以通过手动，手动之前需脱开齿轮连接（在机上），然后按"减载"方向摇动手轮，使排水阀全开。

（4）水力测功器电动进水阀在关闭位置。

（5）打开阀号为 016V 的蝶阀（阀位在 2/3 处），启动水力测功器供水泵向水塔供水。

2. 加载/减载

（1）确定旋转方向，向水力测功器注水。

①如果正车（顺时针）旋转，按集控台水力测功器面板上"WATWE IN（→）"按钮，一直等到按钮灯亮（绿灯）为止。

②如果倒车（逆时针）旋转，按集控台水力测功器面板上"WATWE IN（←）"按钮，一直等到按钮灯亮（红灯）为止。

此时，水力测功器的电动进水阀已按方向（顺时针或逆时针）全开，水力测功器开始注水。

（2）确认水力测功器有水排出，然后开始加载。

点动集控台水力测功器面板上排水阀"UP"按钮，开始加载（调节排水阀开度大小，获得所需要的制动转矩，排水阀开度越小，所获得制动转矩越大）；也可以通过手动加载，在手动之前需脱开齿轮连接（在机上），然后按"加载"方向摇动手轮，获得所需要的制动转矩。

（3）点动集控台水力测功器面板上排水阀"DOWN"按钮，开始减载（调节排水阀开度大小，获得所需要的制动转矩）；也可以通过手动减载，在手动之前需脱开齿轮连接（在机上），然后按"减载"方向摇动手轮，获得所需要的制动转矩。

3. 结束

（1）点动排水阀"DOWN"按钮，使排水阀全开（或手动），将负荷降至最小。

（2）关闭水力测功器供水泵，停止向水塔供水。

（3）待水力测功器排水基本放尽后，按下集控台水力测功器面板上"STOP"按扭，关闭水力测功器进水阀。

（4）待水力测功器回水池中的水放尽后，断开回水泵控制箱的电源。

（5）关闭阀号为 016V 的蝶阀。

四、水力测功器操作时注意事项

（1）在实验过程中，如发生强烈振动，应立即停止实验，检查原因并排除故障。

（2）测功器在使用时，必须在运转状态下给水，即先启动后给水，先停水后停机。

（3）在实验过程中，如果由正车旋转转为倒车旋转（或相反），这时应在方向改变之前，点动排水阀"DOWN"按钮，使其功率降为最低值，然后在方向改变之后，在按"WATER IN"按钮（逆时针或顺时针），重新加载。

（4）在实验过程中，应经常检查供水泵、回水泵运行状况。

第十三节　柴油发电机系统

一、柴油发电机系统组成

柴油发电机系统是由柴油机、发电机、机旁控制箱、联轴器、散热水箱（闭式循环）、蓄电池组及公共底座等基本组件组成。柴油机的飞轮壳与发电机前端盖采用凸肩定位直接连接，并通过圆柱销型弹性联轴器使飞轮直接驱动发电机旋转。柴油机的启动方式为电启动。

柴油发电系统有关参数和特性介绍

1. 柴油机（2 台）

柴油机型号:6135Acaf　　　　厂家:上海柴油机股份有限公司

标定功率:110.3 kW　　　转速:1500 r/min　　　最高空转转速:1540 r/min

最低怠转速:470 r/min　　最低怠转速时机油压力:0.17 MPa

标定功率时各项参数

燃油消耗率:228.4 g/kW·h　　机油温度:79 ℃　　　　　出水温度:81 ℃

排气温度:450 ℃　　　　　机油压力:0.35 MPa

2. 发电机（2 台）

无刷三相交流同步发电机是由主发电机、带旋转整流器的三相交流励磁机、静止的电压调节器及出线箱组成。其有关参数及其特性如下:

（1）交流同步发电机

型号:MP－H－75－4　容量:75 kW　　相数:3　　　　频率:50 Hz

接法:Y　　　　电压:400 V　　电流:135.3 A　转速:1500 r/min

（2）交流励磁机

电压:40 V　　　　电流:1.8 A

（3）绝缘电阻等级及最高允许温升

交流同步发电机:

电枢绕组 F 级 95K　　　励磁绕组 H 级 120K

交流励磁机:

电枢绕组 F 级 95K　　　励磁绕组 H 级 95K

（4）绕组直流电阻测定（室温 9 ℃）

电枢绕组:NU　0.0475 Ω　　NV 0.0472 Ω　　NW 0.0473 Ω

励磁绕组:F_1F_2　20.41 Ω

（5）交流发电机空载特性

表 1-1-4　交流发电机空载特性（在额定转速下）

电枢电压（V）	440	420	400	380	360
激磁电流（A）	0.70	0.58	0.50	0.46	0.41

（6）交流发电机短路特性

表 1-1-5 交流发电机短路特性

短路电流(A)	140	135.2	120
激磁电流(A)	0.98	0.93	0.82

（7）交流发电机稳态电压调整率测定

表 1-1-6 交流发电机稳态电压调整率测定

发电机冷态时电压调整率测定 $\cos\varphi = 0.8$ $\quad \Delta U = -0.175\%$								
负载(%)	100	75	50	25	0	25	50	75	100
端电压(V)	399.3	399.6	400.2	400.2	400.2	399.9	400.2	399.6	399.3
线电流	137.7	102.5	68.55	34.02		34.20	68.47	102.6	137.7
功率(kW)	75.25	56.07	37.59	18.75		18.88	37.40	56.23	75.25
场电流(A)	1.345	1.055	0.825	0.6	0.4	0.605	0.845	1.07	1.345
频率(Hz)	50	50	50	50	50	50	50	50	50

三、柴油发电机组运行及管理

1. 开机前准备工作

（1）机组表面务必保持清洁。

（2）检查柴油机油底壳，润滑油位是否在正常位置。

（3）散热水箱应充满（在水箱 2/3 位置即可）冷却淡水。

（4）活络调速器连接油门手柄。

（5）打开供油阀、回油阀。打开柴油机油泵放气阀，放气后旋紧。

（6）检查柴油发电机组启动电瓶电压（应在 24～26 V 之间）。

2. 启动

（1）机旁起车

①将机旁控制箱"电源开关"旋至"通"位置，将"机旁/遥控"开关旋至"机旁"位置。

②旋转钥匙开关至"ON"位置，按下启动按扭，使柴油机启动，如在 10 s 内启动失败，则 1 min 后再次启动，若连续三次启动失败，应查明故障原因。

③启动后转速应控制在 1000 r/min 左右，并注意滑油压力表读数，如滑油压力表不指示，应立即停车检查。

④若机组运行正常，按下机旁控制箱"升速"按扭将转速逐渐增加到 1300 r/min 左右，柴油机预热 3～5 min，当出水温度达到 55 ℃，滑油温度达到 45 ℃时，滑油压力在 0.3～0.4 MPa，再将转速增加到 1500 r/min，若完全正常（频率在 50 Hz，电压在 400 V），可进行并网操作，如有问题，应立即停机检查。

（2）手动遥控起车

①将机旁控制箱"电源开关"旋至"通"位置，将"机旁/遥控"开关旋至"遥控"位置，旋转钥匙开关至"ON"位置。

②将配电屏 D 屏（SYN. P.）中"MAN&AUTO. SELECT"（自动/手动电站转换开关）旋至"MAN"位置，将"ST. BT E. G SEL."（备用机组选择开关）旋至"1#"机位置（或"2#"机位置）。

③将配电屏 C 屏中（NO1. G. P.）或 D 屏中（NO2. G. P.）"DIESEL GENERATOR"（柴油机

启动/停止旋钮)旋至"START"位置约10 s(松开后自动回位),使柴油机启动。

④若机组运行正常,通过配电屏D屏中"1#"机(或"2#"机)调速手柄(NO1. GOVERN. /NO2. GOVERN.)将柴油机转速升到1300~1400 r/min(频率在43~46 Hz),柴油机预热3~5 min,当出水温度达到55 ℃,滑油温度达到45 ℃时,滑油压力在0.3~0.4 MPa,再将柴油机转速增加到1500 r/min(频率在50 Hz,电压400 V),若完全正常,可进行并网操作。

3. 运行

(1)检查柴油机运转是否平稳。

(2)定时检查柴油机油底壳润滑油位,检查滑油压力应在0.3~0.4 MPa。

(3)检查柴油机冷却水出口温度低于90 ℃。

(4)检查机旁控制箱各指示灯是否正确。

4. 停车

(1)机旁

①解列发电机负载,断开配电屏断路器开关。

②按下机旁控制箱"降速"按扭,降低柴油机转速至1000 r/min左右。

③空转3~5 min后,按下机旁控制箱"停机"按扭,待柴油机完全停车后松开。

(2)手动遥控

①解列发电机负载,断开配电屏断路器开关。

②通过配电屏D屏中"1#"机(或"2#"机)调速手柄(NO1. GOVERN. /NO2. GOVERN.)将转速降到1300~1400 r/min(频率在43~46 Hz)。

③空转3~5 min后,将配电屏C屏(或D屏)中"DIESEL GENERATOR"(柴油机启动/停止旋钮)旋至"STOP"位置,待柴油机完全停车后松开。

应急停车:当机器或电气系统发生突发故障时,应扳动应急停车拉杆进行应急停车。注:非到紧急时刻,不得采用应急停车方式。

四、柴油机安全保护点介绍

(1)当冷却水温度高至92 ℃时,机旁控制箱"水温高"指示灯亮;当冷却水温过高至98 ℃时,机旁控制箱"水温过高"指示灯亮并停车。

(2)当滑油温度高至92 ℃时,机旁控制箱"油温高"指示灯亮。

(3)当滑油压力低至0.15 MPa时,机旁控制箱"油压低"指示灯亮;当滑油压力过低至0.12 MPa时,机旁控制箱"压力过低"指示灯亮并停车。

(4)当蓄电池组电压低于19 V时,机旁控制箱"电压低"指示灯亮。

(5)当冷却水压力低至0.02 MPa时,机旁控制箱"水压低"指示灯亮。

(6)当柴油机超速运行至1700 r/min时,机旁控制箱"超速"指示灯亮并停车。

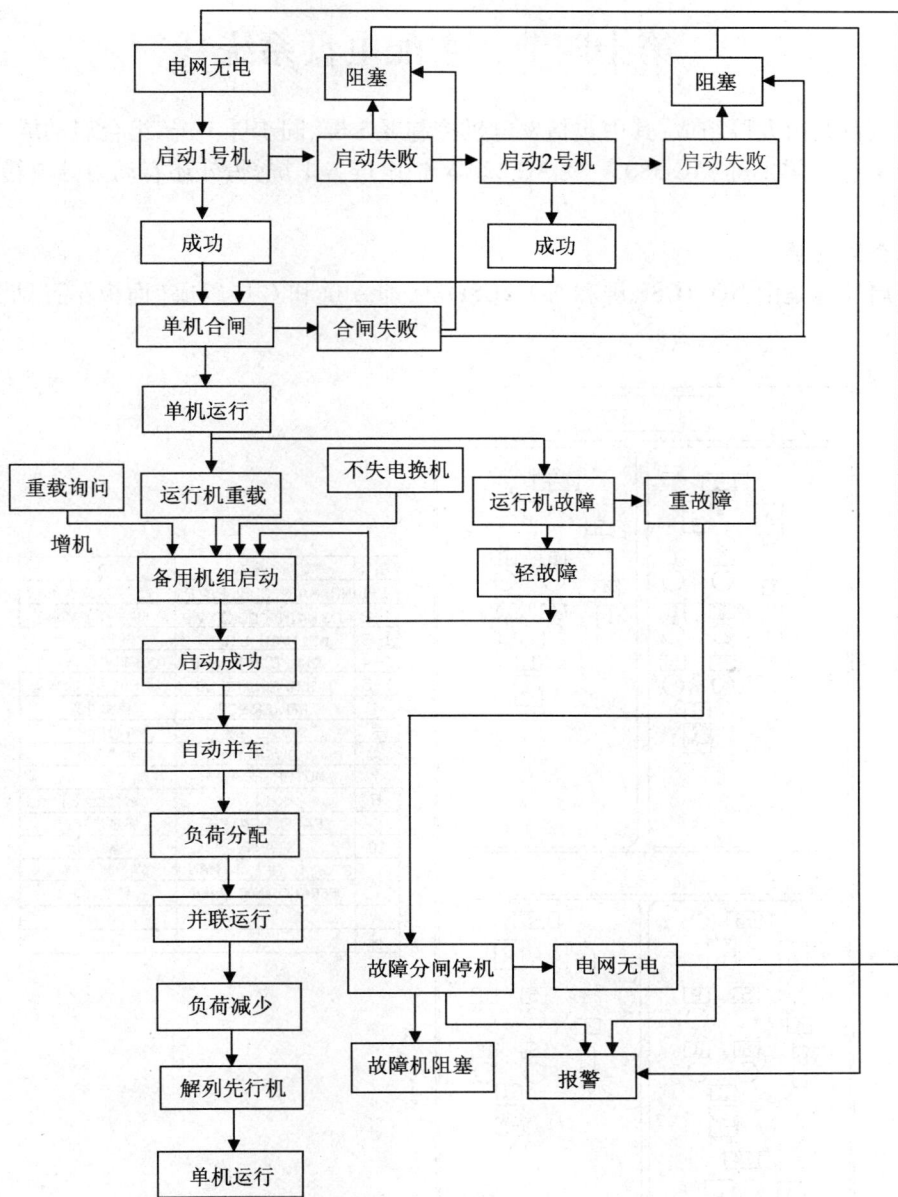

图 1-1-10　两台发电机组自动并车工作流程图

第十四节　主配电盘系统

主配电盘共由九屏组成,其中包括发电机控制屏3屏、同步屏1屏、组合启动屏2屏、岸电及DC 24 V应急屏1屏、AC 380 V及AC 220 V馈电屏各1屏,另外还有动力分电箱和照明分电箱。

1. 组合启动屏

组合启动屏是由NO.1GSP屏和NO.2GSP屏,即A屏和G屏组成(面板布置见图1-1-11,图1-1-12)。

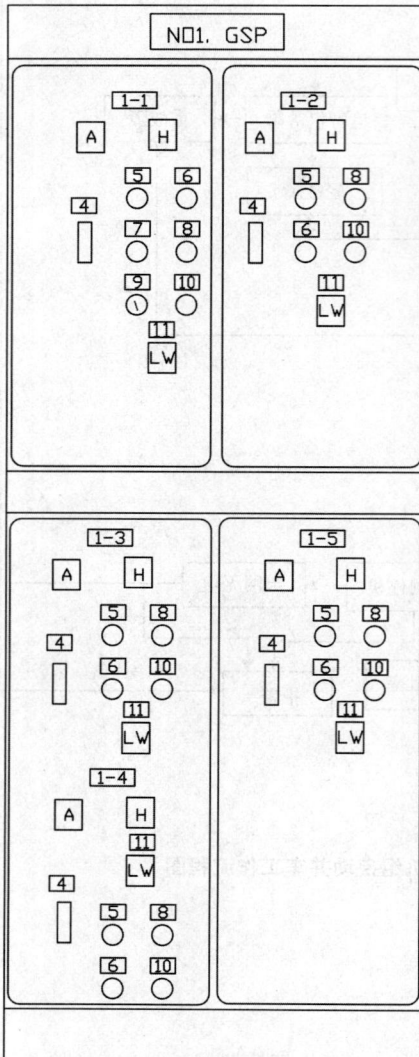

序号	铭牌(英文)	中文
1-1	NO1.MAIN COOL.F.W.P.	1#主冷却水泵
1-2	NO3.MAIN COOL.F.W.P.	3#主冷却水泵
1-3	NO1.MAIN L.O.P.	1#主滑油泵
1-4	NO1.M/E H.T.F.W.P	1#主机高温淡水泵
1-5	NO1.M/E L.T.F.W.P	1#主机低温淡水泵
4	POWER.MCB	电源开关
5	STAND BY	备用指示灯
6	POWER ON	电源指示灯
7	MOTOR HEATER	加热器指示灯
8	RUN	运行指示灯
9	SPACE HEATER	加热器开关
10	START	启动按钮
11	ST.BY OFF MAN	备用/断开/手动
	OPERAT.CHANGE OVER	转换开关
A		电流表
H		计数器

图 1-1-11　组合启动屏(A屏)

这两个屏共由9个独立控制电路组成,每个控制电路再由接触器、继电器、时间继电器、空

30

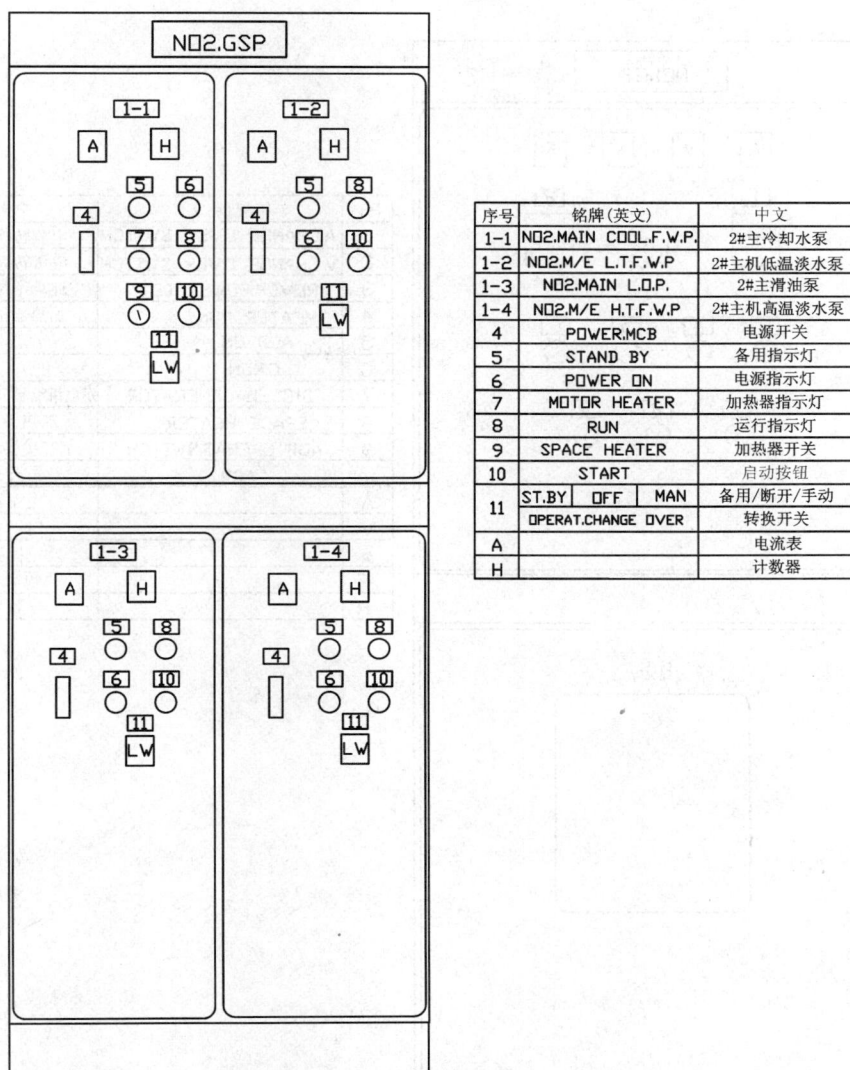

序号	铭牌（英文）	中文
1-1	NO2.MAIN COOL.F.W.P.	2#主冷却水泵
1-2	NO2.M/E L.T.F.W.P	2#主机低温淡水泵
1-3	NO2.MAIN L.O.P.	2#主滑油泵
1-4	NO2.M/E H.T.F.W.P	2#主机高温淡水泵
4	POWER.MCB	电源开关
5	STAND BY	备用指示灯
6	POWER ON	电源指示灯
7	MOTOR HEATER	加热器指示灯
8	RUN	运行指示灯
9	SPACE HEATER	加热器开关
10	START	启动按钮
11	ST.BY OFF MAN OPERAT.CHANGE OVER	备用/断开/手动 转换开关
A		电流表
H		计数器

图 1-1-12　组合启动屏（G 屏）

气开关、热继电器、按钮等元器件组成，它能完成功能如下：

（1）主冷却水泵（3 台）、主滑油泵（2 台）、主机高温淡水泵（2 台）、主机低温淡水泵（2 台）的启动和停止，过载和短路的保护；

（2）主/备用泵自动转换，即主泵在出现故障时，备用泵能够自动投入运行；

（3）在配电盘失电又恢复供电后各泵能按顺序自动启动。

2. 发电机控制屏

发电机控制屏共 3 屏，分别是 NO.1G.P.、NO.2G.P.、NO.3G.P. 即 C、E、F 屏（面板布置见图 1-1-13），其中 F 屏为空屏（备用屏）。发电机控制屏是由发电机主开关及其指示操作部分、发电机保护部分和量测部分组成，该屏可实现柴油发电机组遥控手动起车、停车和单机投入电网。

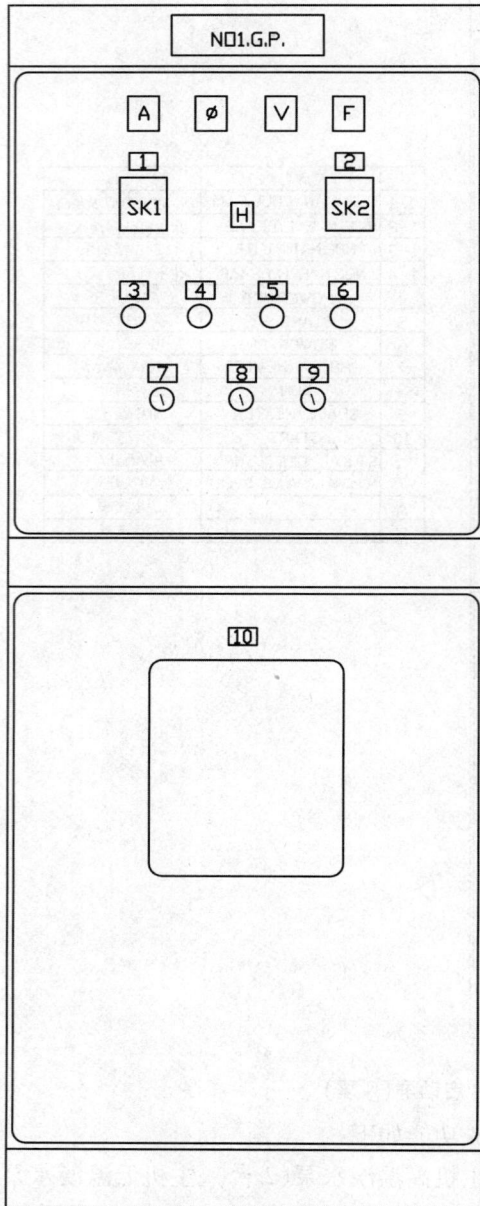

图 1-1-13　发电机控制屏（C、R、F 屏）

序号	铭牌(英文)	中文
1	A.CHANGE OVER SWITCH	电流转换开关
2	V.CHANGE OVER SWITCH	电压转换开关
3	REVER.POWER DET.	逆功率指示灯
4	HEATER RUN	加热器指示灯
5	ACB ON	合闸指示灯
6	G.RUN	发电机运行指示灯
7	DIESEL GENERATOR	发电机组起车停车开关
8	SPACE HEATER	加热器开关
9	ACB OPERAT.SWITCH	主开关操作开关
10	ACB	主开关
A		电流表
V		电压表
∅		功率因数表
F		频率表
H		计数器

　　发电机主开关采用瑞士 ABB 公司意大利生产的 FLS1250 型低压空气断路器,其释放机构额定电流为 250 A。该空气断路器可实现手动、电动储能,手动机械合闸、分闸,旋钮电磁操作合闸、分闸,脉冲同步合闸和自动并车合闸、分闸。

　　发电机保护部分是由空气断路器所提供 PR1/P 型保护装置和逆功率继电器两部分组成。PR1/P 型保护装置具有以下功能:对发电机过载起反时限长延时保护;短路短延时保护;短路瞬时保护。逆功率继电器主要功能是当发电机出现逆功率时,利用空气断路器失压脱扣线圈将发电机从电网中切除。另外,利用空气断路器的辅助触点及失压脱扣线圈可与岸电实现不同时供电联锁,利用过电流脱扣辅触点可实现远距离报警指示。

发电机保护参数整定值:

空气断路器:过载反时限长延时整定值 $I_H \times 1.35 = 182.25$ A 延时 10~45 s 动作;

短路短延时整定值 $I_H \times 2.5 = 337.5$ A 延时 0.3~0.5 s 动作;

短路瞬间跳闸整定在 $\geq I_H \times 5$ 以上;

IH 为发电机额定电流 $I_H = 135$ A;

逆功率继电器:75 kW $\times$ 10% = 7.5 kW 延时 7 s 动作。

测量部分由转换开关、仪用互感器和测量仪表组成。通过电流表和转换开关可以测量任意一相的负载电流,通过电压表和转换开关可以测量发电机二线间电压,另外还有频率表和功率因数表。

3. 同步屏

同步屏为 SYN. P 即 D 屏。同步屏上装有准同步并车装置和自动并车装置,面板上有功率表、频率表、同步表、调速手柄、操作按钮及指示灯等(其面板布置见图 1-1-14)。在这一屏上可以操纵任意一台发电机调速、投入、切除、准同步或自动并车、负载分配和解列等。

自动并车部分是由可编程序控制器、脉冲合闸继电器、功率变送器、频率变送器、电压变送器、蓄电池、转换开关及报警指示灯等部件组成。该部分可实现柴油发电机组自动启动、自动换机、自动整步、自动并车、自动负载分配、自动解列,大功率询问、优先脱扣及启动阻塞报警等功能。

4. 岸电及 DC24 应急屏

岸电及 DC24 应急屏为 S. P. & L. V. P. 屏即 H 屏,其面板布置见图 1-1-15。该屏是由岸电控制电路和 DC24V 整流装置两部分组成。

岸电控制电路是由岸电主开关、岸电主开关操作旋钮、岸电相序表、岸电相序指示灯、岸电电压表、岸电电流表、岸电电度表等组成。岸电相序表、岸电相序指示灯用于监测接入岸电的相序。岸电主开关采用电磁合闸、电磁脱扣,并且利用中间继电器触点与发电机主开关实现不能同时供电的连锁。

DC 24 V 整流装置采用三相半控桥式整流,利用触发控制板对可控硅进行触发,该板具有电流反馈稳流充电功能,同时亦具有电压反馈放大控制的定点(26 V)稳压供电功能,两者是相互独立的,所以利用该整流装置可以对蓄电池充电,同时也可以提供 DC 24 V 电源。

5. 馈电屏

馈电屏由两屏组成,分别是 AC380F. P. 屏即 B 屏和 AC220VF. P. 屏即 J 屏,其面板布置见图 1-1-16、图 1-1-17。B 屏为 AC 380 V 馈电屏,J 屏为 AC 220 V 馈电屏,在 AC 220 V 馈电屏面板上装有绝缘表、绝缘指示灯和蜂鸣器,用于监测 A、B、C 三相绝缘情况,当三相中的任意一相绝缘低于设定值时,即刻发生报警。

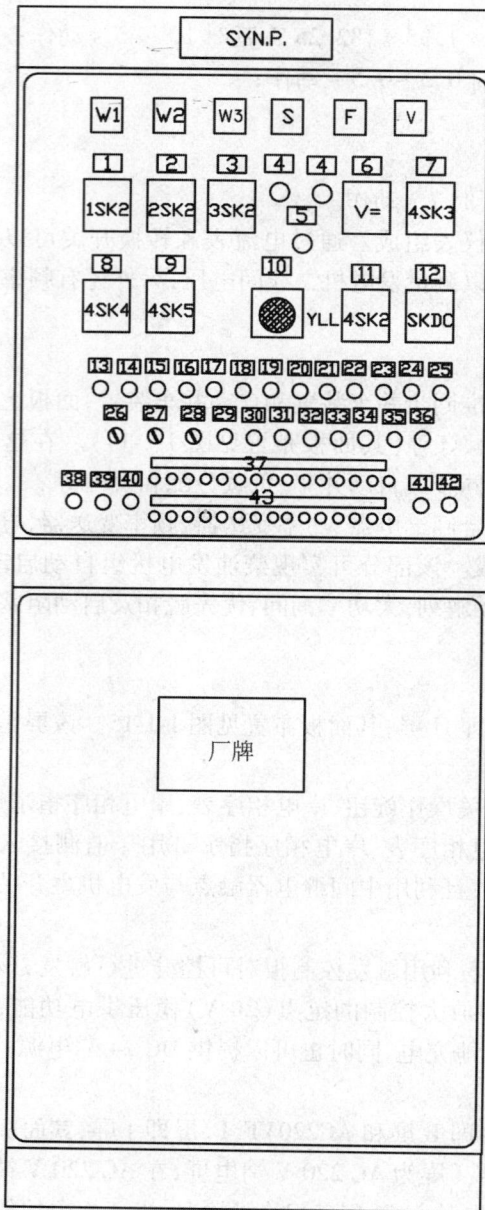

序号	铭版(英文)	中文
1	NO1.GOVERN.	1#机组调速手柄
2	NO2.GOVERN.	2#机组调速手柄
3	NO3.GOVERN.	3#机组调速手柄
4	SYNCHRO LIGHT	同步指示灯
5	SYN.PULSE BUT.	同步按扭
6	POWER MANAGEMENT SOURCE	自动电站控制电源电压表
7	V&HZ	电压及频率转换开关
8	MAN&AUTO.SELECT	自动/手动电站转换开关
9	ST.BY E.G SEL.	备用机组选择转换开关
10	POWER MANAGEMENT BUZZ.	自动电站报警蜂鸣器
11	SYN.DET.	同步指示转换开关
12	AUTO.CONT.SOURCE	自控电源转换开关
13	NO1.G.RUN	1#机组运转指示灯
14	NO1.G.SUPPLY	1#机组供电指示灯
15	NO2.G.RUN	2#机组运转指示灯
16	NO2.G.SUPPLY	2#机组供电指示灯
17	NO3.G.RUN	3#机组运转指示灯
18	NO3.G.SUPPLY	3#机组供电指示灯
19	ALARM	故障报警
20	NO1.REV.POW.TRIP	1#发电机逆功脱扣指示灯
21	NO2.REV.POW.TRIP	2#发电机逆功脱扣指示灯
22	NO3.REV.POW.TRIP	3#发电机逆功脱扣指示灯
23	PHASE A INSUL.DET.	A相绝缘指示灯
24	PHASE B INSUL.DET.	B相绝缘指示灯
25	PHASE C INSUL.DET.	C相绝缘指示灯
26	OFF←NO1.ACB→ON	1#主开关合/断操作旋钮
27	OFF←NO2.ACB→ON	2#主开关合/断操作旋钮
28	OFF←NO3.ACB→ON	3#主开关合/断操作旋钮
29	EM'CY STOP	应急停车指示灯
30	NO1 D/G ST.BY	1#发电机备用指示灯
31	NO2 D/G ST.BY	2#发电机备用指示灯
32	NO3 D/G ST.BY	3#发电机备用指示灯
33	NO1 D/G START	1#发电机起动指示灯
34	NO2 D/G START	2#发电机起动指示灯
35	NO3 D/G START	3#发电机起动指示灯
36	INSUL.DETE.BUT.	绝缘检测按扭
37		自动部分报警指示灯
38	A.STOP	自动停机按钮
39	FAILURE RETURN	故障复位按钮
40	EM'CY STOP	应急停车按钮
41	SELF CHECK	自检按扭
42	BUZZ.STOP	消音按扭
43		自动部分报警指示灯
S		同步表
F		频率表
V		电压表
W1、W2、W3		功率表

图 1-1-14　同步屏(D 屏)

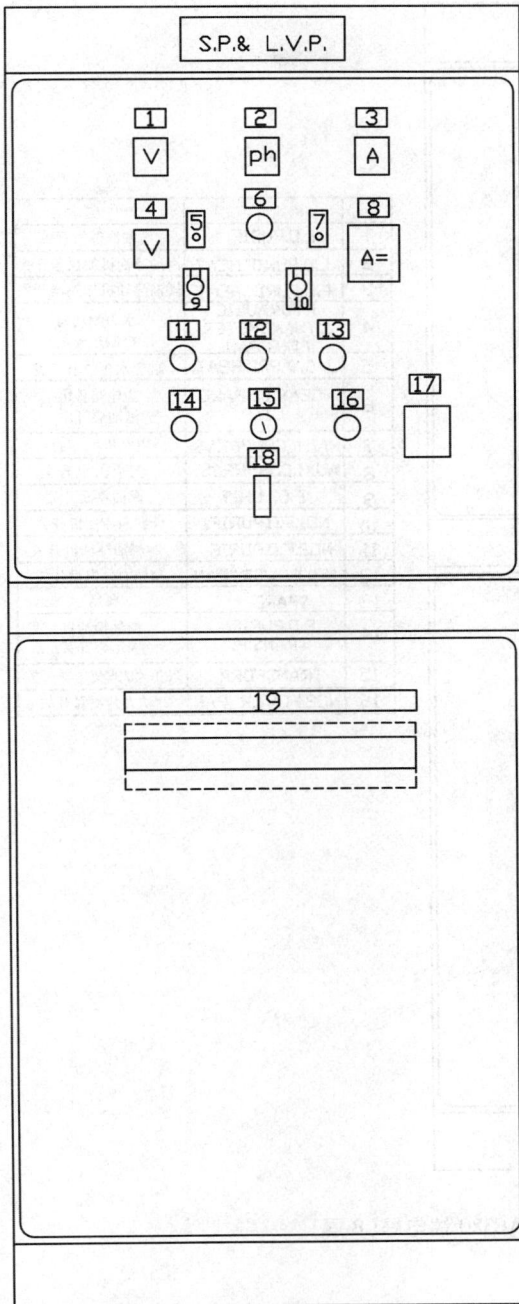

序号	铭牌（英文）	中文
1	SHORE.POW.V	岸电电压表
2	SHORE.POW.PHA.DET.	岸电相序表
3	SHORE.POW.A.	岸电电流表
4	L.V.S.V.MBT.	直流电压表
5	LOW VOLT.SYSTE VOLTAGE REGUL	充放电板电压调节器
6	RECTIF.POWER	整流电源指示灯
7	OVER CURRE.DET.	过流显示指示灯
8	L.V.S.A.MET.	直流电流表
9	RUN/STOP TRIG.	触发器控制开关
10	CHARGE/DISCHARGE	充放电转换开关
11	SHORE POR. PHAS.RIGHT	相序正确指示灯
12	SHORE POE. PHAS.CHECK.DET.	相序检测按扭
13	SHORE POW. PHAS.REVERS	相序错误指示灯
14	SHORE POW. SOURC.DET.	岸电电源指示灯
15	SHO.POW.CONT. CHANG.OVERSWITCH	岸电主开关操作旋钮
16	SHORE POW.RUN	岸电运行指示灯
17	SHORE POW.KWh	岸电电度表
18	RECTIF.POWER MCB.	充放电板主开关
19	ACB OPERAT.SWITCH	充放电板负荷端

图 1-1-15　岸电及 DC24V 应急屏（H 屏）

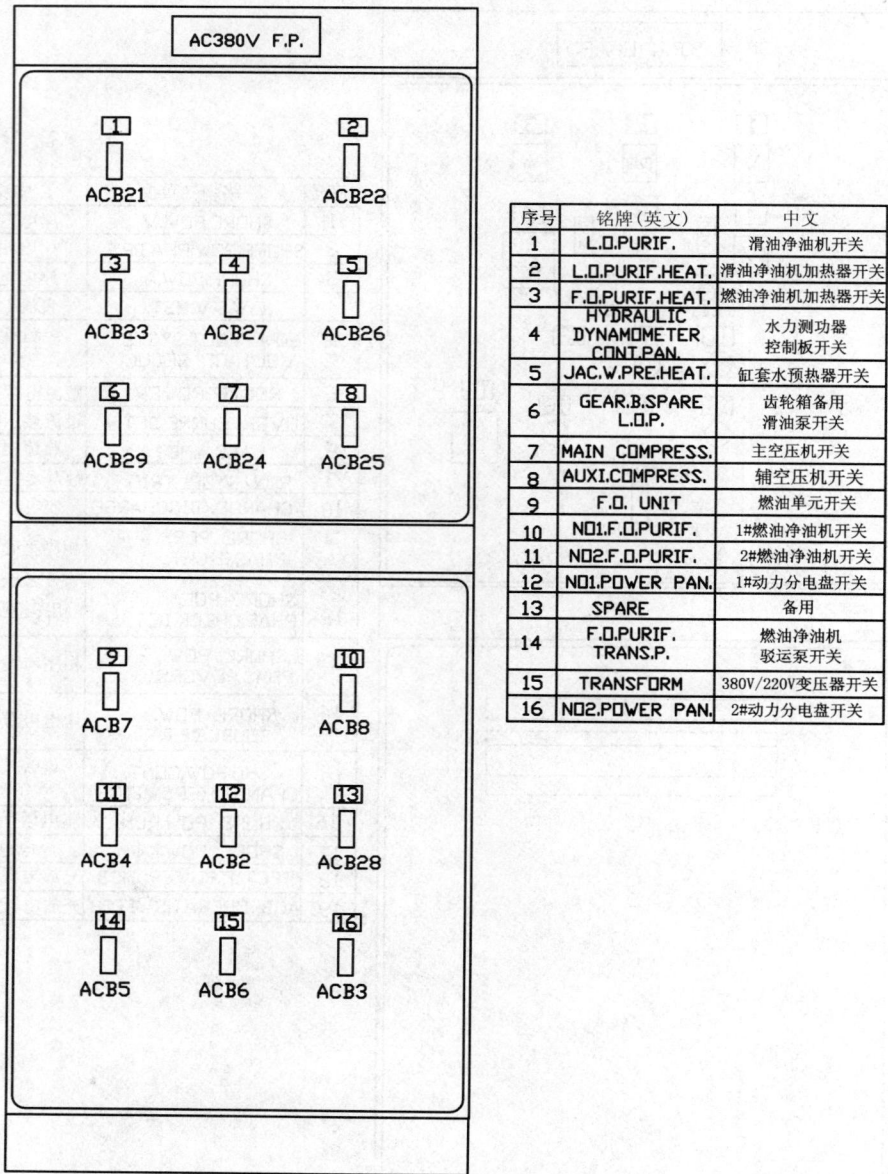

图 1-1-16　AC380 馈电屏(B 屏)

序号	铭牌(英文)	中文
1	L.O.PURIF.	滑油净油机开关
2	L.O.PURIF.HEAT.	滑油净油机加热器开关
3	F.O.PURIF.HEAT.	燃油净油机加热器开关
4	HYDRAULIC DYNAMOMETER CONT.PAN.	水力测功器控制板开关
5	JAC.W.PRE.HEAT.	缸套水预热器开关
6	GEAR.B.SPARE L.O.P.	齿轮箱备用滑油泵开关
7	MAIN COMPRESS.	主空压机开关
8	AUXI.COMPRESS.	辅空压机开关
9	F.O. UNIT	燃油单元开关
10	NO1.F.O.PURIF.	1#燃油净油机开关
11	NO2.F.O.PURIF.	2#燃油净油机开关
12	NO1.POWER PAN.	1#动力分电盘开关
13	SPARE	备用
14	F.O.PURIF. TRANS.P.	燃油净油机驳运泵开关
15	TRANSFORM	380V/220V变压器开关
16	NO2.POWER PAN.	2#动力分电盘开关

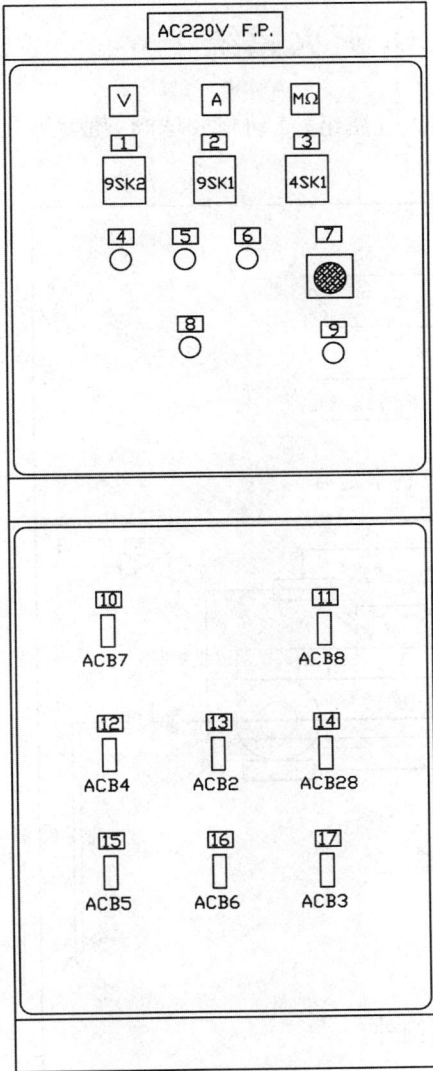

序号	铭牌（英文）	中文
1	V.CHANGE OVER SWITCH	电压转换开关
2	A.CHANGE OVER SWITCH	电流转换开关
3	INSUL.DET.CHANGE OVER SWITCH	绝缘监测转换开关
4	A.INSUL.	A相绝缘指示灯
5	B.INSUL.	B相绝缘指示灯
6	C.INSUL.	C相绝缘指示灯
7	INSUL.LOW BUZ	绝缘报警蜂鸣器
8	INSUL.DET.BUTTON	绝缘检测按扭
9	BUZ.STOP	鸣音切断
10	AC220V POWER	AC220V电源开关
11	ECC	集控台开关
12	BCC	驾控台开关
13	NO1.DISTR.BOARD	1#分电盘开关
14	NO2.DISTR.BOARD	2#分电盘开关
15	SPARE	备用
16	SPARE	备用
17	SPARE	备用
V		电压表
A		电流表
MΩ		绝缘表

图 1-1-17　AC 200 V 馈电屏（J 屏）

第十五节 CO₂灭火系统

CO₂灭火系统主要是由遥控施放控制箱、CO₂气瓶组、气动施放球阀、喷嘴等几部分组成，其系统见图 1-1-18。

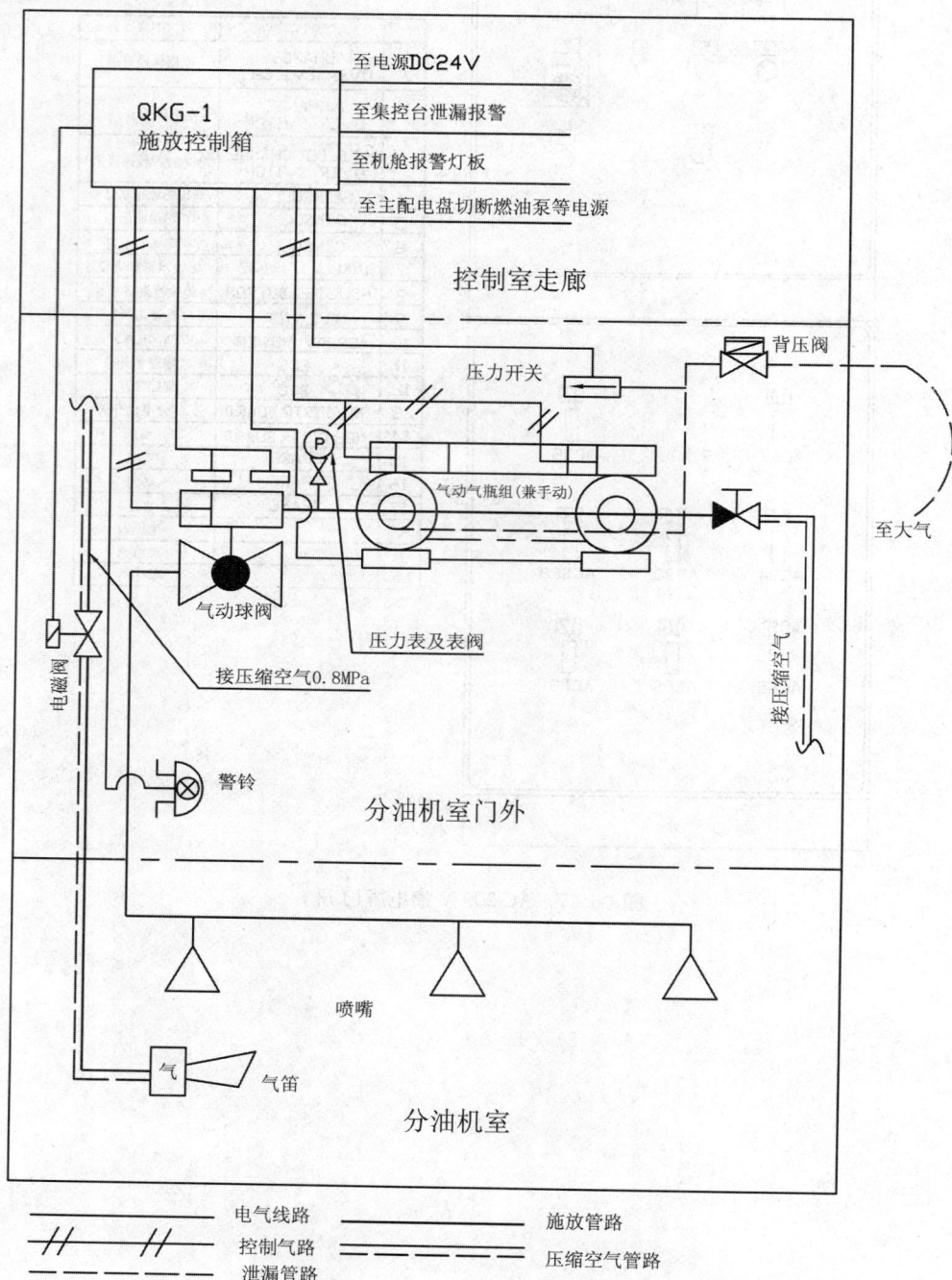

至电源DC24V
至集控台泄漏报警
至机舱报警灯板
至主配电盘切断燃油泵等电源

QKG-1
施放控制箱

控制室走廊

压力开关
背压阀

气动气瓶组（兼手动）
至大气

气动球阀
压力表及表阀

电磁阀
接压缩空气0.8MPa
接压缩空气

警铃

分油机室门外

喷嘴

气笛

分油机室

电气线路   施放管路
控制气路   压缩空气管路
泄漏管路

图 1-1-18   CO₂灭火系统原理图

一、CO_2 灭火系统施放控制原理

本系统的用途是一旦发生火灾时,用气动遥控的办法以最快的速度打开储气瓶的瓶头阀,把 CO_2 气体施放到发生火灾的场所。因此,本系统的控制原理分控制气路、施放管路和电气线路三个部分。

控制气路是在施放控制箱内用 0.5 ± 0.1 MPa 的气压(两个 4 L 氮气瓶)遥控打开气动施放球阀和气动瓶头阀,放出 CO_2,同时使 CO_2 快速通向被保护场所。

施放管路是将 CO_2 气瓶组的集气管连接起来,再经气动球阀通至分油机间等场所,最后由喷嘴喷出 CO_2。

电气线路是把施放控制箱的门打开后,将切断油泵电源,还能将施放延时报警信号、瓶头阀打开信号以及施放气动球阀打开的信号在施放控制箱内进行显示。

CO_2 灭火施放控制箱操作:

(1)确认保护场所发生火灾时,用榔头敲碎钥匙盒上的玻璃面板,取出钥匙,打开施放控制箱的箱门,如箱门无法打开,则敲碎箱门玻璃面板。

(2)箱门打开后,箱内电源即接通(如敲碎玻璃面板,则必须用手扳动应急钮子开关至通的位置),电源指示灯亮。同时向保护场所发出施放报警信号,箱内蜂鸣器响,施放指示灯亮,并延时 30 s,警告火灾现场人员立即离开。关闭保护场所燃油泵和分油机。

(3)用手逆时针旋转两个气源瓶之一的瓶头阀手轮,观察减压阀上面的压力表读数,如果低于 10 MPa,再打开另一个气源瓶,用手顺时针转动减压阀的手柄,观察减压阀中的另一个低压表,直至读数为 0.5 MPa 为止。

(4)确认火灾现场确实无人时,先打开"打开分配球阀"开关,球阀打开指示灯即亮,电控二位三通阀即自动打开,然后打开"打开 CO_2 瓶头阀"开关,CO_2 瓶头阀即打开,瓶头阀打开指示灯亮,CO_2 气体向需保护场所施放。如瓶头阀打开指示灯不亮,应检查下面压力表是否有压力显示,如无压力,则将电磁阀的应急开关向上扳,手动打开电磁阀。

第二章 船舶柴油机动力装置系统及特性实验

实验一 船用柴油机操作运行管理综合实验

一、实验目的、意义

船舶动力装置是船舶动力输出中心,熟知船舶动力装置各相关设备功能,了解各设备的性能,正确地操作各设备,对于船舶的安全操纵和航行是至关重要的。其中,船舶主推进装置是船舶动力装置的核心,轮机人员通过正确的管理和操纵其中的相关设备,可实现从备车到完车的所有操作,以满足船舶航行、靠离码头和应急操纵等各种需要,确保船舶和人员的安全和环保的需要。

二、实验设备、仪器

MAN& BW L23/30A 四冲程、直列、增压中冷和不可逆转中速柴油机及主机遥控系统。
SW3000 水力测功器。
动力系统:主机启动系统、冷却系统、燃油系统和润滑系统。
船舶系统:废气锅炉和热水系统。

三、实验内容

(1)完成备车、冲车、试车、启动、操作位置转换的操作。
(2)完成主机操纵、轻油换重油的操作。
(3)完成重油换轻油、完车的操作。

四、实验要求

以实船操纵为基础,通过对实验室设备的正确操作,熟知并掌握以下操作:
(1)船舶主推进装置的备车启动的操作过程和基本操作方法。
(2)船舶离港至定速过程中主推进装置的操作过程及操作方法。
(3)船舶到港完车过程中主推进装置的操作过程和操作方法。

五、实验步骤

1.备车操作

机舱接到驾驶台发出"备车"指令后,机舱应立即通知轮机长、值班轮机员和有关人员进行备车工作,由值班轮机员回车令备车,进行对车钟、对时钟,操作如下:

(1)检查主机膨胀水柜水位,检查高温淡水系统管路中的各阀门是否在正常的工作位置,启动主机高温淡水泵,合上主机缸套水电加热器电源开关,加热缸套水,暖机。为了加快高温淡水的循环暖机效果,可将高温淡水压力水柜投入使用。

(2)检查循环热水压力柜水位,启动热水循环泵,合上热水柜电加热电源开关,打开主机滑油循环柜加热阀,加热主机系统滑油。

(3)主机缸套水温度达到 50~60 ℃,主机滑油循环柜温度达到 35~40 ℃后,检查冷却水系统管路中各阀门是否在正常的工作位置。启动低温淡水泵,使泵的出口压力保持在正常工作压力范围内。正确启动主海水泵(该泵是带有抽气装置的自吸泵),待冷却水池有循环水喷出,表征海水系统正常,此时海水泵出口压力应达到 0.25 ~ 0.28 MPa。

(4)检查启动空气系统:检查主空气瓶压力,压力应达到 2.5 ~ 3.0 MPa,如果压力低,应启动空压机给空气瓶补气至规定值,打开空气瓶出口阀,打开机旁主启动阀前的截止阀。检查控制空气瓶压力,打开空气瓶出口阀,向控制空气瓶供气。

(5)检查主机燃油系统:轻油日用柜出口阀打开,将集控室轻重油转换开关转到轻油位置;检查主机燃油单元各阀门是否在正常工作位置,加热器、混油筒是否在正常工作状态。启动主机燃油供给泵,检查其出口压力应达到 0.3 ~ 0.4 MPa 之间,打开主机燃油增压泵,检查其出口压力应达到 0.6 ~ 0.7 MPa 之间。如用机带泵,可将该泵旁路掉。检查燃油自动清洗滤器的工作状态,使其处于自动工作状态。将燃油单元控制箱上的各控制开关放在正常工作位置。

(6)检查主机润滑系统:检查滑油循环柜液位是否正常,滑油系统管路及阀门是否在正常工作位置。启动主机滑油循环泵,其出口压力应达到 0.35 ~ 0.5 MPa。启动中间轴承滑油泵;检查调速器、废气涡轮增压器、齿轮箱油位是否正常。检查油头冷却滑油柜液位,开启油头冷却滑油泵。

(7)在飞轮端人工用盘车杠盘车 3 ~ 5 圈,保证机器不受任何卡阻即可。检查各缸示功阀是否打开及排气情况,检查机舱其他运转设备运转情况,正确后停止盘车并放好盘车杠。

2. 冲车操作

在机旁短时间(3 ~ 5 s)启动主机而不向主机供油,观察各缸示功阀排气颜色,判断是否有水分冲出,检查主机启动系统是否工作正常,一切正常后关闭各缸示功阀,将机旁的主机操作位置转换手柄转到遥控位置。

3. 试车操作

在集控室启动主机,低速运转 1 ~ 2 min 后停车。试车结束后,机舱集控室"启动"开关转到"停车"位置。

4. 启动和操作位置转换操作

关闭主机滑油循环柜加热阀,打开重油沉淀柜和日用柜的加热阀,在集控室启动主机,保持主机在最低稳定转速低速运转 3 ~ 5 min 后,将操作位置转换手柄转到"驾控"位置,这时"驾控"显示按钮闪烁并伴有声音,当驾驶台确认"驾控"后"驾控"按钮变为平光,声音消失,此时主机由驾驶台控制;操作位置从驾驶台转回到集控室,情况反之。一般在操作位置转换操作期间,应保持主机负荷为零。

5. 主机操纵操作

(1)启动水力测功器的供水泵(DYNAMOMETER SUPPLY WATER PUMP),向水塔(WATER TOWER)注水。

(2)按图 1-2-1 的加速曲线 abc 调整主机的负荷,并按系统表格中要求表记录下各工况点稳定后的参数填写在记录表格中。

(3)按图 1-2-1 的减速曲线 cde 减主机至空载运行状态,在减速过程中注意观察主机各参数的变化情况。

6. 主机换油(轻油换重油)操作

操作主机至全负荷下运行,在热水柜温度达到 90 ℃,重油日用柜的温度达到 70 ℃,混合油柜的温度达到 45 ℃后,转动轻重油转换三通阀至重油工作位置,打开燃油加热器的加热阀,

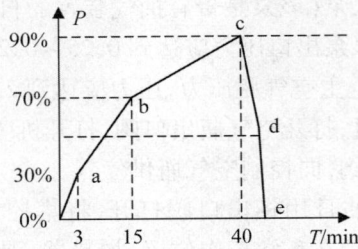

图 1-2-1　柴油机 NCR 加速曲线图

启动黏度计的电机,关闭平衡阀。注意观察主机燃油黏度和燃油温度的变化,并记录相关参数。

　　7. 重油换轻油操作

　　转动轻重油转换三通阀至轻油工作位置,关闭燃油加热器的加热阀,观察燃油黏度和温度的变化,并记录相关参数。黏度计继续运行,用轻油冲洗和清洁黏度计的相关管路。

　　8. 完车的操作

　　降主机负荷至50% ,当主机燃油的黏度降到 3 ~ 4 cSt 时,降主机至空载运行状态,在集控室按停车按钮,停止主机的运行,马上打开主机示功阀,停止燃油循环泵和增压泵的运行,人工盘车机转动主机,将机旁的操作位置转换手柄转到机旁位置。20 min 后,停止主机滑油泵和缸套水泵,停低温淡水泵,停海水泵,停热水循环泵,停水力测供器供水泵和返回水泵,关闭黏度计。关闭重油沉淀柜和日用柜的加热阀,关闭主空气瓶出口阀和机旁主启动阀。

　　六、实验结果整理及分析

　　将实验中记录的数据整理好填写在表1-2-1 内。

　　七、实验报告

　　测试结果分析:用自己的语言叙述从备车到完车的各种操作及注意事项。

表 1-2-1　机舱各系统参数记录表

主机操纵位置（驾、集、机）	主机转速（r/min）	负荷（kW）	透平转速（r/min）	油门开度（%）	1～6缸爆发压力（MPa）

中央冷却器（℃）				1～6缸冷却水出口温度（℃）	1～6缸排烟温度（℃）
海水进口温度（℃）	海水出口温度	低温淡水进口温度	低温淡水出口温度		

滑油进机温度（℃）	海水压力（MPa）	低温淡水压力（MPa）	高温淡水压力（MPa）	燃油压力（MPa）	滑油压力（MPa）	滑油滤器（MPa）	
						进口压力	出口压力

滑油冷却器（MPa）		齿轮箱工作油压（MPa）		齿轮箱滑油压力（MPa）	中间轴承滑油压力（MPa）	滑油循环柜液位（mm）	膨胀水柜液位（mm）	轻油日用油柜液位（mm）	重油日用油柜液位（mm）	燃油进机温度（℃）	燃油黏度（MPa·s）
进口压力	出口压力	正车	倒车								

扫气温度（℃）	扫气压力（MPa）	主空气瓶压力（MPa）	控制空气瓶压力（MPa）	齿轮箱冷却水（℃）		空冷器冷却水（℃）		高温淡水冷却器（℃）		滑油冷却器（℃）	
				进口温度	出口温度	进口温度	出口温度	进口温度	出口温度	进口温度	出口温度

实验二 主机遥控系统性能实验

一、实验内容、要求

对主机遥控系统进行综合实验,通过操纵车钟手柄观察主机启动、接排、脱排、换向、调速、停车等动作过程。要求学生了解操纵部位转换、操纵位置确认,正常及应急操作,取消限制等操作方法。了解主机遥控系统的组成和工作原理,掌握、分析和排除主机遥控系统常见故障的方法,要求实验前做好实验预习报告。

二、实验的目的、意义

主机遥控系统是逻辑控制和反馈控制的综合控制系统。通过实验,学生要掌握主机遥控系统中各环节的功能及各环节的相互联系的操纵方法,利用主、辅车钟,实现操纵部位的转换及在不同的地点操纵主机,建立起主机遥控系统实际操纵方法与使用的系统概念,能通过实际操纵来加深对理论知识的理解与应用,对系统中常见的故障做出正确的分析和判断,为以后掌握好各种类型的主机遥控系统的运行管理打下良好的基础。

三、实验设备

(1)MAN&BW 6L23/30A 中速柴油机　　　　　　一台
(2)SB－98K－Ⅳ 主柴油机遥控装置　　　　　　一套
(3)机舱各种辅助设备　　　　　　　　　　　　若干
上述设备及系统可见本指导书前面各设备及系统详细介绍。

四、实验前的准备工作

(1)在进行主机遥控操纵前必须"备车"完毕。

(2)打开主空气瓶的截止阀和控制空气的截止阀,使控制空气与启动空气在正常压力范围之内。

(3)接通集控室控制台与驾驶室控制台的电源。检查机旁,集控室,驾驶台三地控制面板上各主要运行参数是否处在正常状况。

(4)主机正常运行工况监测点无报警,主机安全保护单元工作正常。

(5)由驾驶室与集控室及机旁分别对主、辅车钟,使其处于正常的工作状态。

五、实验方法与步骤

1. 集中控制室操纵实验

(1)机旁控制台的转换开关由"机旁"转至"遥控"位置。

(2)将控制台上的"STOP/START"转换开关扳至"START"位置,启动主机,使主机在怠速状况下正常运转,并观察各运行参数的状况。

(3)利用集控室控制台上的辅车钟进行操纵位置的转换(辅车钟面板布置见图1-1-7)。辅车钟共有五个不同的位置:完车、备车、机旁、集控、驾控。正常操纵时,驾驶台与集控室的辅车钟必须保持在同一操纵位置上,即操纵位置的确定。如果辅车钟的操纵位置不同,系统会发出声光报警。集控室操纵时,辅车钟的开关转在"集控室控制"位置上,驾驶室控制台的开关也要跟随转至"集控室控制"位置上,便可以在集控室用单手柄遥控器(主车钟)操纵主机。单手柄操纵器的特点是:该手柄即是车令发讯手柄,也是实际操车手柄。

(4)根据驾驶室发出的不同车令,分别对主机进行正车接排和调速;倒车接排和调速以及停车等正常操作。

表1-2-2 车令与主机转速关系对应表

正车车令	转速	倒车车令	转速
空车(STOP)	500 r/min	空车(STOP)	500 r/min
进一(AH. D. S.)	500 r/min	退一(AST. D. S.)	500 r/min
进二(AH. S.)	600 r/min	退二(AST. S.)	600 r/min
进三(AH. H.)	700 r/min	退三(AST. H.)	700 r/min
进四(AH. F.)	800 r/min	退四(AST. F.)	800 r/min

（5）重复启动实验

在机旁将调速器速度控制气压信号关闭,在集控室进行启动操作。观察重复启动次数,记录每次启动时间、三次启动间隔的时间及启动的总时间。把主机主启动阀前的截止阀少开一点,再进行启动实验,观察启动过程中出现的现象并做好记录。通过该项操作,掌握并理解启动控制中三次启动功能及启动时间过长的报警功能。

（6）在集控室进行实操实验过程中,注意观察主机遥控模拟板各指示灯的变化情况,配合实际操作做好记录。

（7）观察主机遥控系统安全保护装置中"SHUT DOWN"及"SLOW DOWN"所监视的各参数的状况,可通过集中监视报警系统查获各参数值,随时调整各设备工况以保证主机正常运行。

2. 驾驶室操纵实验

（1）利用辅车钟将操纵部位转至"驾驶室控制"。

（2）用驾驶室操纵台上的车钟手柄操纵器进行正车,倒车的接排、调速、停车等操作,观察比较与集控室操车有什么不同之处。

3. 运行中换向操作

将驾驶室操纵台上的车钟手柄从正车全速迅速扳至倒车全速,观察主机及齿轮箱停油降速、脱排、接排、换向、快速率、中速率和慢速率加速的全过程。记录从正车全速倒停车的时间,记录换向及接、脱排的时间。

在按下应急操作(CANCEL LIMIT)按钮情况下。重复上步实验,做出记录并比较两种操作的不同情况。

六、实验报告要求

（1）在机旁操作主机与在集控室操纵主机有什么不同？为什么？

（2）在主机遥控实验中,有哪些情况引起主机故障停车和故障降速？

（3）集中控制室的遥控模拟板对操纵主机及管理好主机遥控系统有什么作用？

（4）列表记录在各操纵位置操车实验观察记录的数据。

实验三 机舱巡回检测及警报系统实验

一、实验内容与要求

自动巡回检测是指能自动对柴油机及相关设备的工作参数进行检测、记录、显示、打印、报警等,是自动化机舱的重要标志。它能够代替轮机人员巡回检测柴油机等机舱动力装置的运行状态和运转参数(如压力、温度、液位、转速等)。随着微型计算机在船舶自动化系统中的应用,大大提高了信息处理量,计算机图形显示丰富完善了检测系统的各项使用功能,使自动巡回检测系统发展到一个更高的阶段。

实验内容:

(1)船舶动力装置系统运转参数的自动检测、记录、显示、打印与报警实验。

(2)对自动巡回检测系统所显示或打印的运转参数进行分析。

实验要求:

(1)掌握正确使用机舱巡回检测系统的基本方法。

(2)了解机舱巡回检测系统的基本组成和工作原理。

(3)能够对检测系统所显示或打印的结果进行一般性分析,以判断动力装置系统运转故障。

二、实验目的、意义

自动巡回检测系统是近代自动化机舱中的基本组成系统,因而了解机舱自动巡检系统的基本组成、工作特点及正确使用是十分必要的。船舶机舱所使用的自动巡检及报警系统其测点数目、繁简程度以及先进水平等均存在很大的差异。通过对船舶动力装置系统的操作实验使学生初步了解机舱自动巡检及报警系统的基本组成原理和正确使用的一般方法。学会对显示数据及打印数据的初步分析,为以后在实践中正确管理好船舶打下必要的基础。

三、实验设备

(1)MAN&BW 6L23/30A 中速柴油机　　　　一台

(2)SB-98K-IV 主柴油机遥控装置　　　　一套

(3)机舱各种辅助设备若干

四、实验方法与步骤

(1)开启主计算机及显示器电源,使计算机进入主控画面,根据画面上的工具条分别进行各项检测操作。

(2)通过移动光标选定常规列表显示。观察并检测机舱各系统的运行状况,分析各参数变化的趋势,做出正确的判断。

(3)通过移动光标选定当天报警及报警历史显示。根据对话框的提示检查报警记录,分析产生报警的原因并排除。

(4)通过移动光标选定用户自定义定时列表打印内容功能。分别进行列表块打印、报警列表打印、当天报警历史打印、定时记录打印等操作实验。

(5)根据该机舱巡回检测系统的各项功能,进行实际操作练习,掌握该系统的使用方法。

五、结果整理与分析

(1)根据主机推进特性,分别选定两个不同的负荷状况,通过显示器记录主机各点的运行参数,试分析在这两种情况下参数变化的情况。

(2)记录主机在停车时各检测点参数值,报警上、下限值。与主机运行时的参数进行比较并分析原因。

实验四 船舶辅锅炉运行管理实验

一、实验目的、意义

船舶辅助锅炉是实航船舶三大动力之一,详见燃油锅炉系统图(Oil-Burning Boiler System)。辅助锅炉能否正常运行,直接影响到船舶的正常营运、船上人员生活质量以及船舶的经济效益。通过本实验,学生应掌握辅助锅炉的正确操作和日常管理,为将来从事轮机管理工作打下一定的实践基础。

二、实验设备

(1)LSZ1.5/7 型船用自动燃油辅助锅炉装置一套。

(2)炉水化验设备一套。

三、实验内容与要求

冷炉的启动与正常运行相比较,其工作要复杂得多。因此,能否掌握冷炉启动的要领,不仅是管理锅炉的关键,同时对延长锅炉使用寿命,避免发生重大事故也是至关重要的。

实验内容:

(1)冷炉的点火、升汽操作。

(2)锅炉日常管理操作:

①水位计冲洗(也称"叫水")操作;

②上、下排污操作;

③锅炉水质测定。

(3)锅炉停用操作。

实验要求:

(1)熟悉锅炉的基本结构和各种附件。

(2)了解锅炉的给水系统、燃油系统、蒸汽系统的基本组成部分,正确操作方法及其日常管理要点。

(3)熟练掌握从冷炉启动到正常运行的操作规程。

(4)掌握测定锅炉水质的方法。

四、实验步骤

1.冷炉点火升汽的操作

(1)准备工作

①熟悉辅助锅炉的基本结构及其给水系统、燃油系统和蒸汽系统的组成、相互关系与操作方法和日常管理;

②检查储水柜和热水井的水位,并按锅炉对水质的要求进行投药处理;

③合上三相电源开关;

④合上控制室里控制台的电源开关,其电源指示灯亮;

⑤合上控制箱上的电源开关,其电源指示灯亮;

⑥打开锅炉顶部空气阀;

⑦打开一号(或二号)给水泵的进出口阀和锅炉给水阀;将控制箱上给水泵选择开关转到一号(或二号)"手动"位置,其指示灯亮,给水泵启动,开始给锅炉上水,当水位计水位到低位

时,将给水泵选择开关转到"停止"位置,水泵停止工作,上水工作结束。当锅炉升汽后,在将给水泵选择开关转到一号(或二号)"自动"位置;

⑧将主停气阀打开 1/4～1/2 圈,以防升汽后因阀杆膨胀将阀头顶死在阀座上,造成以后开阀困难;

⑨检查锅炉日用柜油位是否正常,并放出残水;

⑩打开一号(或二号)油泵进出口阀,日用油柜出口阀及油头前速闭阀;将控制箱上油泵选择开关转到一号(或二号)位置。

(2)锅炉"手动"点火

①将控制台上的转换开关转到"1"位置(注:"0"位置为停止操作;"1"位置为在控制箱上操作;"2"位置为在控制台上操作)。

②将控制箱上燃烧控制开关转到"停止"位置。

③按一下控制箱上"燃烧启动"按钮。

④将燃烧控制开关转到"手动扫风"位置,鼓风机启动,其指示灯亮,这时风门开到最大位置,开始预扫风。

⑤预扫风 45 s 后,将燃烧控制开关转到"点火"位置,这时风门自动关小,同时,油泵启动,其指示灯亮;点火变压器通电,点火电极打出火花;燃油电磁阀打开,向炉膛喷油,开始点火。点火成功后,"火焰监视"指示黄灯亮,此时应立即将燃烧控制开关转到"小火"位置,以防点火变压器烧坏;若 5 s 内点火失败,应将燃烧控制开关转回到"扫风"位置,重新"扫风"45 s 再进行点火;若仍未成功,应按"燃烧停止"按钮,停止启动,查找原因。

⑥"小火"烧 20 s 后,再将燃烧控制开关转到"大火"位置,风门相应自动开大,锅炉转入正常燃烧状态。

(3)锅炉"自动"点火

①将控制室里控制台上的转换开关转到"1"位置;

②将控制箱上燃烧控制开关转到"自动"位置;

③按一下"燃烧启动"按钮,锅炉即按照事先设计好的控制程序自动进入正常燃烧状态。

(4)在控制台上实现锅炉"自动"点火

①将控制室里控制台上合的转换开关转到"2"位置;

②将控制箱上燃烧控制开关转到"自动"位置;

③按一下控制台上"燃烧启动"按钮,锅炉即按事先设定好的控制程序自动进入正常燃烧状态。有关"扫风"、"点火"、"油泵启动"、"燃烧"等运行设备的指示灯相继点亮。

(5)注意事项

①由于是冷炉,锅炉的温升不可过快,应该烧一烧,停一停,具体烧、停间隔时间,应视具体情况而定;

②待空气阀有大量蒸汽冒出,即说明锅炉已经升汽,这时应将空气阀关闭,并使水位计逐渐加温冲洗水位计,检查水位指示是否正常;

③当汽压升到 0.3～0.4 MPa 时,应人工强制拉开安全阀,放汽冲洗阀头和阀座及其管路上的异物,以防安全阀咬死或起跳后关闭不严而漏气;

④当汽压升到标定工作压力(本炉为 0.67 MPa)后,应再次冲洗水位计,检查水位,并进行一次上排污,消除水面上的浮油和悬浮物。还要手动控制燃烧到安全阀自动顶开为止,以检查

其可靠性和灵敏性;

⑤正式送汽前应先暖管路,即先稍开主停汽阀,并打开蒸汽管路上的放残阀,对管路进行预热,直到有大量蒸汽从放残阀处冒出为止,关闭放残阀,以防止水击而导致管路敲击和损坏有关设备;

⑥正常送汽后,应注意调节冷凝器的海水量,使热水井的水温控制在70 ℃左右,以便赶出补水中的氧气,防止氧对锅炉的腐蚀,同时也提高了锅炉的热效率。水温过高会影响给水泵的正常工作。

2.锅炉日常管理操作

(1)水位计冲洗操作(也称"叫水")

①关闭通水阀,打开冲洗阀,对通汽阀进行冲洗。若汽流声很大(在有汽压的情况下),说明汽路畅通。若不太畅通,可连续开、关通汽阀,利用蒸汽冲走污物,直到畅通为止,关闭通汽阀。

②打开通水阀,对通水阀进行冲洗。方法同上,直到畅通为止,关闭通水阀。

③关闭冲洗阀,慢慢开启通水阀"叫水",此时由于通汽阀关闭,若水位高于通水管,炉水会一直升至水位计顶部。若无水出现,说明炉水水位低于通水管,锅炉处于危险失水状态,应立即停炉,摸清情况,待汽压、炉温下降后才能补水。

④打开通气阀,若水位降至水位计中部,说明水位正常。若水位将至水位计以下,可立即补水。若水位仍在顶部,说明锅炉处于满水状态,应立即排污放水,直至水位正常为止。

⑤用同样方法冲洗另一只水位计。

(2)上、下排污操作

①给锅炉上水到高位,打开上排污阀进行上排污,直到水位计水位不怎么下降为止,关闭上排污阀。若感到排污水足,可重复进行。

②打开两侧下排污阀同时进行下排污,注意观察水位计水位,避免水位下降太多造成锅炉失水。通常控制在关好阀后仍能看见水位为宜,下排污结束后,关闭下排污阀。

注意事项

①上排污尽可能在锅炉熄火或负荷小的时候进行。因为此时炉水比较平静,水面上的浮油和悬浮物易排出,排污效果好。而下排污应在锅炉启动之前进行,并尽量停炉操作。因为此时沉积在锅炉底部的泥渣多,排污效果好,同时也防止锅炉失水而烧塌。

②上排污时,阀不要开得太快,开度也不要开得太大,否则排污效果差。

③下排污时,开阀要快,开度要大,这样排污效果好,而关闭时要慢一点,特别是阀快要落座时,否则脏东西易卡在阀上,造成密封不严而漏水,也易将阀面压坏。

3.锅炉水质测定

(1)取水样

①冲洗取样阀及其管路;

②用炉水冲洗取样容器并取适量炉水于容器中,待冷却后化验用。

(2)炉水常规化验方法

①测定炉水酚酞碱度:

a.取50 mL化验用炉水水样放于锥形瓶中。

b.加入2~3滴酚酞指示剂,若水样变红则成碱性。

c. 用滴定管将浓度为 0.05 的 HNO_3 的标准溶液滴入水样中,直至变为无色为止。

d. 所消耗的 HNO_3 标准溶液的毫升数即为水样的酚酞碱度。

②测定炉水的碱度:

a. 将上述化验酚酞碱度水样,滴入 1~2 滴 HNO_3 标准溶液,使水样充分中和。

b. 再滴入浓度为 0.05 的 K_2CrO_4(铬酸钾)指示剂 3~4 滴,水样呈黄色。

c. 滴入浓度为 0.0858 的 $AgNO_3$(硝酸银)标准溶液,直至水样变为橘红色为止。

d. 所消耗的 $AgNO_3$ 标准溶液的毫升数乘以 100 即为碱度。

③测定炉水的硬度:

a. 取 50 mL 化验用炉水水样放于锥形瓶中。

b. 滴入与测酚酞碱度时所用数量相同的标准 HNO_3 溶液,使水呈中性。

c. 滴入 2~3 滴氨缓冲剂,使水呈碱性,再滴入 3~4 滴络黑 T 指示剂,水样呈红色。

d. 用浓度为 0.05 的 EDTA(乙二胺四乙酸二纳)标准溶液滴定,直至水样呈蓝色为止。

e. 所消耗的 EDTA 标准溶液的毫升数,即为水样的硬度。

表 1-2-3　低压锅炉炉水质量指标

水质指标名称 锅炉型式	酚酞碱度 （mg/L $CaCO_3$）	硬度 （德国度）	盐度 （mg/L NaCl）
火管锅炉	125~300	小于 0.25	小于 1000
水管锅炉	100~275	小于 0.25	小于 700

4. 锅炉停用操作

(1)燃用轻柴油

①按"燃烧停止"按钮,锅炉熄火;

②将燃烧控制开关、给水泵和油泵转换开关都转到"停止"位置。控制室里控制台上的转换开关转到"0"位置;

③关闭给水泵、燃油泵的进出口阀;

④切断控制箱及控制台上电源,断开三相电源开关。

(2)燃用重油时

①停炉之前换用轻柴油燃烧运行约 5 min;

②按"燃用轻柴油时"的①~④的操作。

五、实验要求

(1)画出本锅炉的燃油系统及给水系统简图。

(2)分析锅炉燃烧不正常的原因及排除方法。

(3)拟出正常运行状态下(非冷炉启动)人工烧炉的操作规程。

实验五　舱底污水系统操作及性能实验

一、实验内容与要求

对船舶舱底污水处理系统进行综合操作实验。通过实际操作油水分离器与油分浓度监测仪,进一步掌握船舶机舱舱底污水处理系统中有关油水分离器的结构原理及使用方法,并掌握分析和排除系统中常见故障的方法,详见系统图舱底水系统(Bilge Water System),要求在实验前做好实验预习报告。

二、实验的目的与意义

船舶舱底污水处理系统是现代船舶管理及防污染设备中很重要的部分,根据国际海事组织的规定,船舶舱底水舷外排放的标准不能超过 15 ppm(水中含油量)。通过实验学生要掌握舱底水处理过程中各环节的功能及相互间的联系。利用油水分离器、油分浓度检测仪等设备的实际操作,建立设备运行管理的系统概念,为以后的实船操作打下良好基础。

三、实验设备

(1)SFC5BW 型船用油水分离器一台。

(2)GQS－206 型油分浓度测仪一台。

(3)系统管路及舷外排放控制等辅助设备。

四、实验前准备工作

(1)根据图 1-2-2 熟悉油水分离器系统与油分浓度监测系统的组成,摸清实际系统管路及阀件的相互关系。

(2)熟悉油水分离器和油分浓度仪控制面板的操作按钮和指示灯的作用、功能、确认各操作开关处于正常工作位置。

(3)用手盘动给水泵、排水泵,确认各泵的工作状况。检查确认污水井中污水水位。

(4)合上油水分离器电源开关。

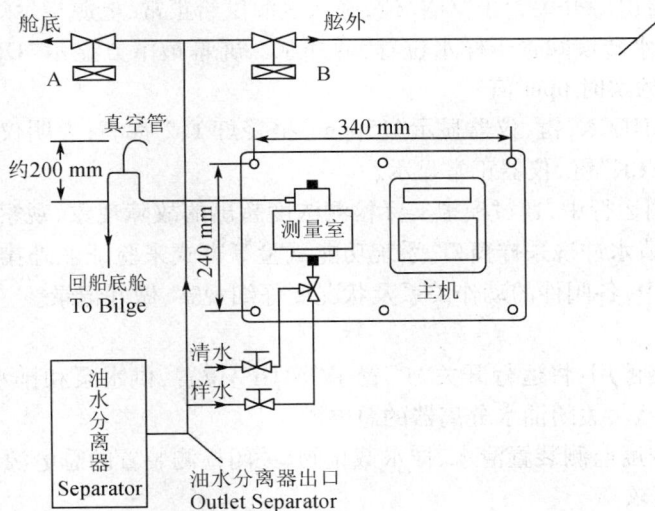

图 1-2-2　油分浓度监测仪管路连接图

实验方法与步骤

1. 油水分离器投入使用

(1)打开供水泵吸入阀 V_1,将排水泵吸入口与反冲洗转换阀 V_2 处于正常工作位置。

(2)利用"TEST"开关检查给水泵、排水泵及相应管路阀件的工作情况。具体做法:将油水分离器控制箱的"TEST"开关扳到"FEED PUMP"位置,给水泵工作,而该开关扳到"EXT-

RAC PUMP"位置时,排水泵工作。

(3)当给水泵与排水泵分别试验正常后,可将运行开关由"STOP"位置扳到"SEPARA-TION"位置,这时供水泵和排水泵同时启动运行,油水分离器开始投入正常运行工作。

(4)打开油水分离器上盖,观察油水分离器内部工作状况,了解分离后污油及污水排放过程,观察舷外排放阀 V_3、V_4 的工作状况并做好记录。

(5)利用三通转换阀 V_2 对油水分离器进行反冲洗、观察反冲洗管路走向及反冲洗水的处理方法,做好记录并给出流程图。

2. 油分浓度监测装置投入使用

油水分离器分离出的排放水样进入该装置的光电传感器的测量室、测量水样对红外产生的透射光和散射光的信号经过微处理器的采集和处理,测出水样中的含油量并在液晶面板上显示。如果排放水中的油分浓度超过设定的报警点值(系统默认设定在 15 ppm),报警指示灯点亮,在设定的延时时间后相应的继电器动作,阻止超浓度水向舱外排放。

根据 MEPC.107(49)决议要求,为防止蓄意操控 15 ppm 舱底水报警装置,仪器外部设有保护装置(人为打开主机时即自动报警,水回到舱底)。仪器处于正常通油水情况下屏幕上 status 显示"OK";在通清水时 status 显示"FW";仪器在断电、故障(system 灯亮)、清洗或断水状态时,警报指示灯亮,水样回到舱底。

油分浓度监测装置可以记录日期、时间和报警状态以及油水分离器的运行状态。按照 IMO 要求数据应保留 18 个月,并具有查询和打印功能。

(1)打开清水冲洗阀 V_5 和采样水截止阀 V_6。

(2)将监测装置电源开关置于"ON"位,确认电源供给正常,电源指示灯亮。

(3)将清水、样水转换阀置于样水位置,通样水。屏幕最下方显示"OK"仪器显示油水分离器处理后的样水的实时 ppm 值。

(4)按"检查/CHECK"键,仪器显示"15ppm"报警灯 1、2 都亮;表明仪器报警显示功能正常,再按"检查/CHECK"键,仪器正常显示。

(5)在实际检测运行中,通过模拟实际检测浓度超出的故障现象,观察舷外排水阀的动作状况。也可以利用清水冲洗采样窗口,系统功能试验等方式来验证舷外排放阀的开闭控制规律。在此检测过程中,各阀件的动作关系及状况要仔细观察,做好记录。

3. 装置停用

(1)油水分离器停用:将运行开关"1"置于"STOP"位置,供水泵和排水泵停止工作,关闭进水阀 V_1 和排水阀 V_2,关闭油水分离器的总电源。

(2)关闭油分浓度监测装置清水、样水截止阀,关闭检测装置的总电源。

六、实验报告要求

(1)绘制出舱底水处理系统的管路、阀件流程图。

(2)整理出系统试验中在不同状况下舷外排放控制阀的动作状况,并加以说明。

(3)油水分离器排水泵吸入口管路上设一压力开关的作用是什么?

(4)油水分离器和油分浓度计在使用管理上应注意哪些问题?

实验六　船舶电站运行管理实验

一、实验目的

通过实际操作了解和掌握船舶电站的基本知识(组成、要求、功能、综合保护),熟悉自动化电站基本操作,初步具备管理船舶电站的能力。

二、实验内容

熟悉配电盘板面布置,能够独立进行各泵辅操作。

掌握柴油发电机组手动遥控起车、停车的方法;掌握同步柴油发电机组单机运行时电压、频率调整方法和投入电网的操作;能够独立进行两台发电机组并联运行、负载转移、解列等操作。

熟悉常规电站与自动化电站的转换,掌握柴油发电机组自动启动、并车、调频调载、解列、停车的操作和监视。

能够对配电盘及柴油发电机组出现的简单故障进行判别和处理。

三、实验设备

柴油发电机组两台、船舶电站一座、泵若干。

四、实验步骤

1. 柴油发电机组单机运行

(1)检查岸电是否投入电网,如果投入,将岸电屏上的岸电主开关控制旋钮(SHO. POW. CTR. CHANG. OVERSWITCH)旋至"OFF"位置,将岸电从电网中脱开。

(2)手动遥控启动柴油发电机组(启动方法见第一部分柴油发电机系统)。

(3)调节同步屏上的调速手柄,使同步发电机组的电压为 400 V、频率为 50 Hz。

(4)将发电机控制屏上的主开关合闸/分断(ACB OPERAT . SWITCH)旋钮旋至"ON"位置,使同步发电机组投入电网。

(5)将主冷却水泵、主滑油泵、主机高温淡水泵、主机低温淡水泵、空压机等设备投入使用。

2. 两台发电机组并联(手动)运行时操作与管理

当电网负荷增加到单机额定功率80%时,需将另一台发电机组投入电网运行。

(1)发电机组并联运行三个条件

①待并机组与电网电压幅值差小于$10\% U_e$。

②待并机组与电网频率差小于 0. 5 Hz。

③待并机组与电网的相位差小于15°。

(2)手动准同步并车的操作方法

①启动待并机组,调节同步屏上的调速手柄,使同步发电机组的电压为 400 V、频率为 50 Hz。

②将同步屏上的同步指示转换开关(SYN. DBT.)转到待并机位置,观察同步表指针的转向,如逆时针转动,则说明待并机频率低于电网的频率,应加大待并机油门;如顺时针快速转动,则说明待并机频率远高于电网的频率,应减小待并机油门。并车时要求同步表指针缓慢顺时针转动,当达到 11 点钟位置时,按下同步按钮(SYN. PULSE BUT.),当听到待并机主开关合闸的声音后,表明待并机已投入电网。完成后将同步指示开关转到"OFF"位置。

(3)发电机组并联运行时有功功率的调整

并联运行后,要求两台发电机组的输出功率应大致相同,其操作方法是:观察两台发电机组功率表的读数,双手同时调节调速手柄(方向相反),改变柴油机油门开度,使功率输出大的调小、小的调大,直至两台发电机组功率表读数指示大致相同时为止。

(4)发电机组退出并联运行时的解列操作

确定解列机后,观察两台发电机组功率表的读数,双手同时调节调速手柄(方向相反),使解列机输出功率减小,而非解列机输出功率增大,当解列机负载减小到额定容量10%以下时,便可以分闸解列,完成发电机组退出电网的操作。

3. 发电机组自动启动、并车、调频调载、解列、停车的操作和监视

(1)单机运行(电网无电)

检查自动电站控制电压(POWER MANGEMENT SOURCE)应在 DC 24 V,将备用机组转换开关(ST. BY E. G SEL)放置在 1 号机位置,将自动/手动转换开关(MAN/AUTO. SELECT)放置在"AUTO"位置,1 号柴油发电机组启动,1 号机组运转指示灯亮(NO.1 G. RUN),当起车成功后,自动进行调压、调频,当发电机组的电压为 400 V、频率为 50 Hz 时,1 号机主开关自动合闸,1 号机组供电指示灯亮(NO.1 G. SUPPLY),表明 1 号机投入电网运行。

(2)发电机组自动并车、调频调载和解列

当电网负载超过单机额定功率的 80% 时,备用机组启动并自动进行并车、调频调载的工作;当电网负载低于单机额定功率的 60% 时,自动电站会发出解列信号给先行机组,使其自动解列,解列机在空载运转 3 min 后自动停机。

(3)重载询问功能

当大负荷进入电网前发出询问,如果电网储备功率足够时,允许重载投入;当储备不足时,先自动启动备用机组,待储备功率足够时,再允许重载投入。

(4)出现故障时,自动电站的处理

①每台机组允许启动三次,每次启动时间为 10 s,启动间隔为 15 s,如果三次启动失败,会发出声光报警信号,同时自动启动另一台柴油发电机组。

②如果柴油发电机组发生不太严重故障,如冷却水高温、滑油高温、滑油低压等故障时,发出故障报警信号同时启动备用机组投入电网并联运行,然后解列故障机组。

③如果发生严重机、电故障,如滑油失压、冷却水超高温、超速、逆功率等,立即跳闸、停机,发出故障报警信号同时启动备用机组投入电网运行。

4. 岸电投入

(1)切除电网上的所有负载,将发电机控制屏上的主开关合闸/分断(ACB. OPERAT. SWITCH)旋钮旋至"OFF"位置,将发电机组从电网中脱开。

(2)空转发电机组约 3 分钟,调节同步屏上的调速手柄使发电机的转速降至 1000 r/min 左右,把发电机控制屏上柴油机启动/停止旋钮旋至"OFF"位置,直到柴油发电机组完全停车后松开。

(3)检查岸电屏上的岸电相序,如果正确,则将岸电主开关控制旋钮旋至"ON"位置,这时岸电投入到电网中。

五、实验报告

(1)记录同步发电机铭牌数据。

(2)写出实验心得体会。

实验七　船用调距桨结构性能及系统操纵实验

一、实验内容与要求

（1）现场熟悉调距桨装置系统的组成和工作原理。

（2）熟悉调距桨装置系统的正确操作和运行管理方法。

（3）掌握调距桨装置系统对主机运行及船舶航行的影响。

（4）了解调距桨的一般故障分析及应急处理。

二、实验目的、意义

调距桨系统操作及调试是保证船舶安全航行以及船舶经济性能指标的重要因数之一。不同海况选用不同的螺距角，既可提高推进效率，又可节约燃、润油及船舶其他费用。调距桨的维护管理及调整是保证船舶正常航行的重要工作。通过本实验掌握调距桨装置系统的基本结构和工作原理，熟悉调距桨装置系统的正确操作和运行管理方法，为以后掌握好调距桨装置系统运行管理打下良好基础。

三、实验设备及参数

XSP－45型调距桨系统装置一套：

螺旋桨直径：D＝1660 mm。

标准螺距：1230 mm（螺旋桨叶2/3R处）。

标准螺距比：$H/D＝0.741$。

桨叶数：3。

桨毂与桨直径比：0.28。

旋转方向：右旋。

调距桨控制方式：机旁手轮液压操控，驾驶台电、气远距离操控。

调节范围：

（1）活塞行程

前进最大＋50 mm，中间0 mm，后退最大－50 mm。

（2）桨角

前进最大＋25°，中间0°，后退最大－25°。

（3）标准桨角

18°37′。

四、实验步骤

1.现场说明XSP－45型调距桨装置系统的基本结构

XSP－45型调距桨装置系统是通过操纵杆操作控制气缸、油压缸、伺服缸等，将液压油注入配油轴，传递过来的液压油使活塞、活塞杆、调距杆、十字头依次动作，控制螺旋桨的螺距。

XSP－45型调距桨装置系统包含五个基本组成部分。详见系统图：XSP－45变距桨结构（XSP－CONTROLLABLE PITCH PROPELLER STRUCTURE）

（1）调距桨：包括可转动桨叶、桨毂和桨毂内部装设可转动桨叶的十字头滑块。

（2）传动轴：包括配油轴和螺旋桨轴，两者用套筒联轴器相连。

发动机带动配油轴旋转，配油轴旋转扭矩是通过套筒联轴器传递给螺旋桨轴，螺旋桨旋转产生的推力是由螺旋桨轴、配油轴、套筒联轴器圆周方向安装止推环来承受。出于安全考虑，在套筒联轴器上安装了应急块和应急螺栓，利用它可在应急情况下（例如液压系统失灵），把桨叶固定在一定正螺距值，使调距桨变为定距桨。

螺旋桨轴是中空的，调距杆通过其中，调距杆通过套筒联轴器中央的联轴节与配油轴内的活塞杆相连，调距杆将往复运动传递给十字头，由十字头将往复运动变为曲柄回转运动。

（3）调距机构：包括产生转动桨叶的动力伺服油缸、伺服活塞、分配压力油供给伺服油缸的配油器、桨叶定位和桨叶位置反馈装置及其附属设备等。它的主要任务是调距、稳距以及对螺距进行反馈和指示等。

发动机带动配油轴旋转，但配油器不旋转。螺距的检测是通过联轴节前端安装的随动环来进行。

（4）液压系统：主要由主油泵、伺服油泵、手摇泵、伺服阀、油箱、重力油柜及附属管路组成。它的作用是为伺服油缸提供符合要求的液压油。

（5）操作系统：主要由操作台、控制系统和指示系统组成。它的作用是按预先确定控制程序同时调节发动机转速和调距桨螺距，以获得所要求的工况。详见系统图：XSP－45 变距桨系统（XSP－45 CONTROLLABLE PITCH PROPELLER SYSTEM）。

2. XSP－45 型调距桨装置系统工作原理

控制气源通过控制台操纵柄的前进和后退减到所定的压力，进入气动控制缸中，气动控制缸中有弹簧，通过弹簧控制的气压来使气动控制缸的杆左右移动，通过这个动作，连接机构将连锁运动，动作顺序如图 1-2-3 所示。

当气动控制缸的杆向着 1 的方向（前进方向）移动，于是杠杆 L_1 以 O 点为支点沿虚线移动，伺服阀 1 的杆随之成比例移动，通过伺服阀 1 的控制杆的移动，从伺服泵过来的液压油进入油缸，以 O_1 点为支点杠杆 L_1 做行程为 x 的往复运动，同时气压弹簧、连杆沿 3 的方向移动，杠杆 L_2 以 O_2 为支点沿 3 的方向成虚线状态。

通过杠杆 L_2 的运动，伺服阀 2 的控制杆在 4 的方向移动量为 y，从主油泵送来的有一定压力的油通过配油器进到配油轴，推动活塞向左方向、随动环沿 5 方向运动，同时杠杆 L_2 以 O_3 为支点返回 y 量，伺服阀 2 的阀芯达到中立状态，变距（前进方向）结束。

后退方向变距时，气动控制缸的杆沿 1 的反方向运动，伺服阀 1、油缸、伺服阀 2、杠杆 L_1、L_2 也随之进行反方向运动。

3. XSP－45 型调距桨装置系统操作

（1）启动前的准备工作

合上驾驶室控制台、液压油站的电源开关；

确认控制气源压力在 0.8～1.0 MPa；

确认控制台操纵手柄在中间位置，桨角显示器显示桨角是零；

确认重力油柜的油位正常；

检查机旁转换阀在集控台位置；

启动主油泵、伺服油泵，待压力上升；

启动主电机（本实验是以电动机作为原动机，电动机经减速器由链轮带动配油轴旋转，电动机的转速可由变频器来改变）。

（2）启动操作

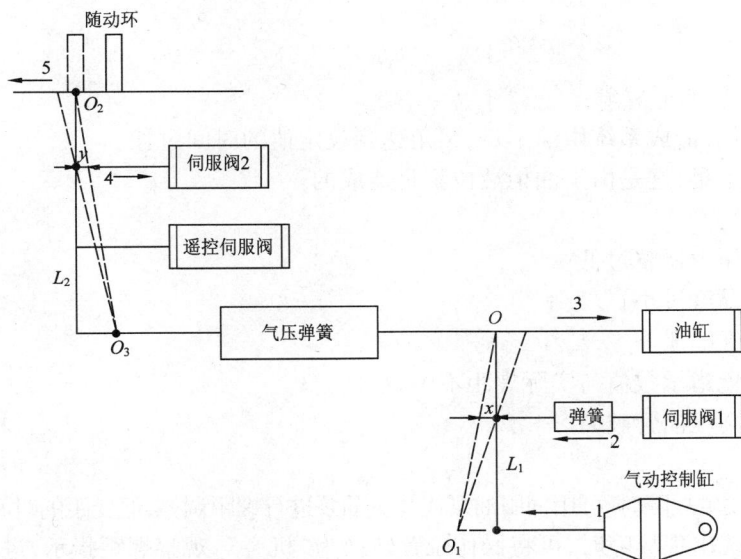

图 1-2-3　连杆机构动作原理

①气动控制：

将控制台操作开关选择在气控位置；

将操作手柄从零位向正车方向移动,改变桨角,观察桨叶的变化；

将操作手柄从正车回到零位,观察桨角是否回到零位；

将操作手柄从零位向倒车方向移动,改变桨角,观察桨叶的变化。

②电动控制：

将控制台操作开关选择在电控位置；

利用控制台上的触摸屏设定正车桨角,观察桨叶的变化是否跟踪到位；

利用控制台上的触摸屏设定桨角为零,观察桨角是否回到零位；

利用控制台上的触摸屏设定倒车桨角,观察桨叶的变化是否跟踪到位。

③机旁控制：

将机旁转换阀置于机旁位；

转动应急轮来改变桨角,观察桨叶变化。

（3）停机操作

螺旋桨桨角为零；

停主电动机、主油泵和伺服油泵,切断气源；

切断操作台电源。

4. 实船操作时注意事项

（1）桨角为零,即船体停止,主机启动时必须保持在这个角度,由于长时间停泊、潮流、风、海底以及岸壁的形状不同等原因,桨角多少会有改变,启动主机时必须注意。

（2）如果主机航速为零附近或者倒车中,桨角突然变为"正车",由于桨角突然改变过大,主机会出现超负荷运行,反之亦然。

（3）船舶航行中,船体阻力、风、流等原因,船速会变化,应注意根据转速、排烟温度等设定桨角。

5.故障分析

调距桨易出现如下故障：

(1)油压太低,造成系统供油不足,桨角达到设定值的时间过长。

(2)泵吸油不足,这是由于油柜液位不足造成的。

(3)滤器堵塞。

(4)安全阀压力调整过低。

(5)液压油黏度过小。

(6)控制空气漏泄。

(7)反馈装置指示数值与实际螺距不一致。

(8)系统中高压油管破裂。

6.应急处理

(1)主油泵发生故障时,可用伺服油泵代替主油泵进行螺距调整,但变距的时间有所增加。

(2)控制系统出现故障时,可将操作位置转换为"机旁",观察螺距指示,进行正常运转。

(3)调距桨在发生较严重故障时(例如液压系统失灵),可用应急螺栓将桨叶锁到正车位置,使调距桨暂时按定距桨方式运行。

五、实验结果及分析

实验完毕后,将数据填入表1-2-4。

表1-2-4　实验结果与分析表

操纵位置	螺旋桨型式							螺旋桨叶数						
	螺旋桨直径							桨叶最大螺距						
集控室操纵	格数	1	2	3	4	5	6	格数	1	2	3	4	5	6
	时间							时间						
	螺距角(正车)							螺距角(倒车)						
机旁操纵	格数							格数						
	时间							时间						
	螺距角(正车)							螺距角(倒车)						

实验八　船用柴油机燃油消耗率测定实验

一、实验内容与要求

柴油机燃油消耗率 G_e 指每千瓦功率每小时的燃油消耗量,单位为 kg/(kW·h)或 g/(kW·h)。它是表征柴油机工作经济性的重要参数。通常,燃油消耗率 G_e 无法直接测量,需分别测量柴油机的有效功率 P_e 和小时油耗量 G_f(kg/h)后用下面公式计算: $G_e = G_f/P_e$(kg/kW·h),在计算出 G_e 后可用下面公式计算出相应的有效效率 η_e: $\eta_e = 3600 \cdot P_e/(G_e \cdot H_u)$

（％）。式中：H_u 燃油低热值（通常取 $H_u = 47200$ kJ/kg）。

根据我国有关规定，柴油机燃油消耗量可用质量法或容积法测量。在船舶使用条件下通常多使用流量计法（准确性较差），只有在特殊情况下才使用质量法或容积法（准确性较高）如柴油机台架试验。

通过本实验应掌握：柴油机油耗量测定方法及其所用测量仪器的结构、组成、工作原理、使用方法。使用自动油耗仪测定柴油机的燃油消耗量和燃油消耗率。并能掌握柴油机经济性的评定方法。

二、实验目的、意义

在柴油机的测试中，燃油消耗量是一项重要的测定参数。利用由此参数计算出的燃油消耗率 G_e（相应的有效效率 η_e）可评定柴油机的运转经济性。近年来船舶柴油机的发展主流也在于提高运转经济性。同时，熟练掌握船舶柴油机燃油消耗量的测定方法是十分重要的也是必需的。通过本实验可使学生掌握燃油消耗量的测定方法，测试仪器的工作原理、操作方法，并能利用测试结果进行计算以评定柴油机的运转经济性。

三、仪器设备

4135Ca 型船用柴油机（标定转速 1500 r/min、持续功率 53 kW）。

GWD - 100 型电涡流测功机。

FC2210Z 型智能油耗仪。

FC2000 型发动机自动测控系统。

四、实验步骤及方法

1. FC2210Z 智能油耗仪简介

FC2210Z 智能油耗仪的显示仪表采用定时间测重量的方法，测量时间可以用键盘设置，范围是 1～200 s，测量结果以 4 位浮点数的形式显示，单位为 kg/h。供油部分通过一个常闭式二位二通电磁阀控制充油过程，电磁阀在打开状态下，油箱直接向发动机供油，同时也向油杯供油。当油杯油面到上限时，电磁阀关闭，截断油箱向发动机供油，同时发动机所需的燃油由油杯供应。当油杯的油面到设定的某个位置时，仪表开始测量计时，测量完毕，仪表显示该次油耗测量时间的重量后进入下一个测量过程。

油耗仪称重部分采用了高精度电阻应变式荷重传感器，高稳定、高精度稳压电源和可编程控放大器，油耗仪结构及外形见图 1-2-4。

SET 键：进入或退出油耗仪参数设置；

循环键：测量状态下按此键，仪器进入循环测量，在标定状态下短击可移动光标；

充油键：测量状态下按此键，仪器开始充油，在标定状态下短击可改变数值；

测量键：测量状态下按此键，仪器进入或退出测量，在标定状态下短击可读入零点和满度。

设置油耗测量时间方法：

（1）长击"SET"键，待上窗口显示"t"时松开，此时下窗口显示油耗测量时间；

（2）光标闪烁位提示修改，短击■键可移动光标；

（3）短击▲键可修改光标闪烁位，数字 0～9 连续循环递增，出现需要的数字时停止按动；

（4）短击■键寻找下一个需要修改的数字并短击▲键修改之；

（5）修改完毕短击"SET"键退出，修改的数据即被存入 CPU 永久保存。

2. 油耗测量

（1）启动柴油机（4135Ca）调整柴油机工况使其在某选定工况点（如 $n = 1500$ r/min $P_e = 40$ kW）稳定运转。

（2）检查油耗仪油路，电路联结，安装是否正确无误（见油路系统连接图 1-2-5）。接通仪表电源。

（3）通过面板操作选择油耗仪测量时间。

（4）单次测量

在非测量状态按"测量"键，指示灯点亮时仪器即开始油耗测量，测量结束即退出，仪器自动记录并在上窗口显示本次油耗测量数据。再次按动"测量"键，仪器开始下一次油耗的测量，测量结束自动退出。

进入测量时，下窗口显示测量时间的计时，上窗口在测量时间内每秒钟都输出油耗量或油耗率，计时到设定的测油时间时，上窗口显示的是设置的测量时间的平均油耗量或油耗率。

按"测量"键可进入和退出测量，键上的指示灯会指示当前状态，即使在充油时也可以进入测量，但此时只是"申请测量"，须待充油完毕并且在油面稳定以后，才能真正进入测量。仪器真正进入测量时，右上角的测油指示灯点亮。仪器在任何油面都可进入测量，但如果仪器检测到油箱中的油量不够一次测量时，会自动转入充油。进入充油时，除非按"充油"键退出充油，否则到油箱充满为止。

在测油耗状态下，按一下"SET"键，红色窗口显示值由小时油耗量"kg/h"转到显示油耗率"g/kW·h"（油耗仪必须与测控仪连接好才会显示油耗率），再按一下"SET"键，红色窗口显示值由油耗率转到显示小时油耗量。

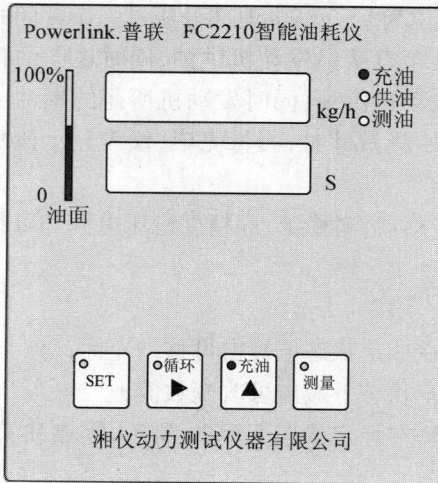

图 1-2-4　测量仪面板布置图

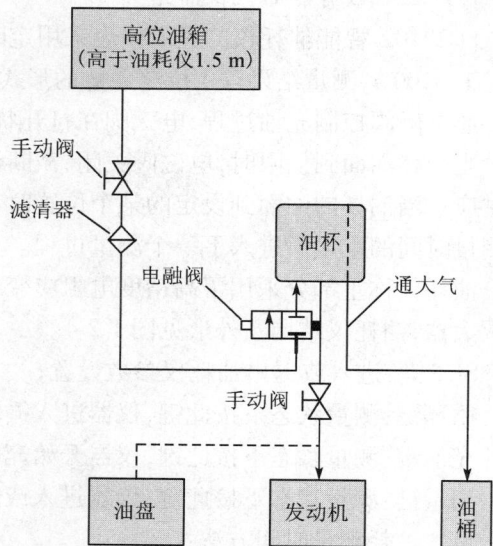

图 1-2-5　油路系统连接图

（5）循环测量

进入循环测量时，下窗口显示油耗仪的属性，上窗口显示的是设置的测量时间的平均油耗量。按动"循环"键，循环测量指示灯点亮，仪器进入循环测量方式。循环测量时完成一次测量,再继续下一次测量,循环不断,每秒钟都输出油耗量或油耗率,功率波动时,自动启动瞬态测量;如要退出循环测量,可再按动"循环"键退出,测量窗口显示最后一次测量值。

(6)在进行第4项测量操作过程中,分别将测量的参数记录在表1-2-5中,多种测量方式记录3次,并计算出平均值。

(7)测量结束后,按"测量"键,使测量处在停止状态,关闭油耗仪电源开关,关闭燃油柜至油耗仪间的截止阀。

表 1-2-5　实验数据表

参数 测定方法	P_e (kW)	n (r/min)	G_f (kg/h)	G_e (g/kW·h)	η_e (%)
FC2210Z 智能油耗仪					
平均值					

五、测量结果整理与计算

1. 数据计算

燃油消耗率 $G_e = G_f/P_e$ (kg/kW·h 或 g/kW·h)。

2. 数据整理

根据测量操作中量取的 G_f 值,并按油耗率及有效效率的计算公式计算整理各参数,记录在表格 1-2-5 中。

六、实验报告

(1)整理实验中测取的各种参数并计算。

(2)分析测试结果与柴油机说明书给定油耗率不同的原因。

实验九　柴油机排气成分及烟度测量实验

一、实验内容与要求

柴油机排气烟度不仅能反映出柴油机排气中有害固体和液体颗粒物的含量,同时也能表征柴油机燃烧过程的完善程度。排气烟度是指由不完全燃烧所产生的悬浮在柴油机排气中可见的白色、兰色和黑色颗粒物的浓度。我国所指烟度仅为排气中的黑色颗粒物(由碳粒组成的)浓度。排气烟度不仅可以表明柴油机燃烧过程的完善性,而且也表示其排气对大气的污染程度,因此我国有关国标规定了船用柴油机排气烟度的容许限值,在柴油机测试中是一项重要的参数。

我国采用烟迹式烟度计测量柴油机排气烟度。它由取样装置和光电测量装置两部分组成。前者在排气中抽取 330 L 烟样并经专用滤纸过滤。烟样中的黑色碳粒便附在滤纸表面。后者利用光电原理对该滤纸表面的染黑程度进行测定。滤纸的染黑程度用波许单位(Rb)表示,白色滤纸 Rb 为"0",全黑滤纸 Rb 为"10"。

通过柴油机在稳定运转时排气烟度的测量及柴油机在不同负荷运转时排气烟度的变化测

量分析,基本掌握全自动滤纸式烟度计的正确使用方法,了解柴油机负荷对排气烟度的影响。

二、实验目的、意义

柴油机测试中,排气烟度是一项既重要又简单的测量。通过本实验可以使学生了解运转柴油机的燃烧状态及如何从数量上评估柴油机排气中的颗粒物的浓度;基本掌握全自动滤纸式烟度仪的工作原理和正确使用方法。

三、实验设备、仪器

4135Ca 型船用柴油机(标定转速 1500 r/min、持续功率 53 kW)。

FBY-200 型全自动滤纸式烟度计。

FC2000 型发动机自动测控系统。

图 1-2-6 是烟度计面板图。

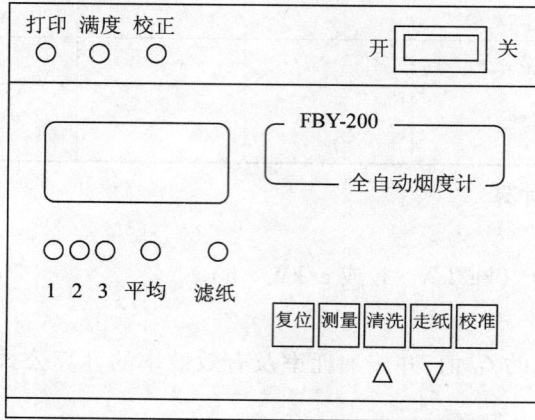

图 1-2-6 烟度计面板图

四、实验步骤

1. 实验准备

(1)检测电源线是否连接,如未连接,首先连接电源线。

(2)检查取样探头是否连接,如未连接,连接取样探头。

(3)检查压缩空气管是否连接,如未连接,连接压缩空气管。

(4)开启电源开关,电源指示灯亮,面板显示"0.0",预热 5 min。

(5)校准

将拉杆下拉,将校准烟度值等于 5 波许单位的烟度卡正面朝上从校准插口插入。

调整校正电位器,使显示值等于校准烟度卡的标准值,然后取出校准烟度卡,校准结束。

2. 测量

(1)打开压缩空气开关,向烟度仪送入压缩空气。

(2)按表 1-2-6 调整柴油机到第一个测量点,稳定运行 10 min。

(3)按下测量开关,持续 4 s 后迅速松开,5~6 s 后"显示单元"显示出测量结果,记录测量结果及柴油机转速排烟总管温度。

(4)分别相隔 1 min,重复步骤(3)进行第二次和第三次测量。

(5)分别按表 1-2-6 调整柴油机到第二、第三和第四工况点,并执行步骤(3)、(4),完成全部测量工作。

(6)确定测量结果无异常后,关闭烟度计的电源,关闭压缩空气出口阀,拆除空气和排烟的连接管,柴油机降负荷并停车。

五、测量结果处理

测量结果填入表1-2-6,分别计算出各负荷下的平均值。

表1-2-6 测试参数记录表

测量日期: 年 月 日

负荷 (%)	转速 (r/min)	排烟温度 (℃)	测量次数			平均烟度(Rb)	备注
			1	2	3		
25							
50							
75							
90							

六、实验报告

实验名称:

班级: 学号: 姓名: 测量日期:

柴油机型号: 烟度计型号: 燃油种类:

测量结果记录:按表1-2-6形式。

测试结果分析:分析排气烟度随负荷变化规律。

实验十 柴油机特性实验

一、实验内容与要求

柴油机特性是指柴油机主要性能指标和工作参数随运转工况(负荷和转速)变化的规律。这种变化规律曲线形式称为柴油机特性曲线。

柴油机的最基本特性有速度特性、负荷特性和螺旋桨推进特性。其中,后两者为船用柴油机所用:即发电柴油机(n = 常数)工况和船舶主机(螺旋桨)工况($P = cn^3$)。

实验内容:

(1)柴油机负荷特性测定及负荷特性曲线绘制。

(2)柴油机推进特性测定及推进特性曲线绘制。

实验要求:

(1)掌握柴油机负荷特性与推进特性的测定方法。

(2)了解柴油机按负荷特性和推进特性工作时各参数间的变化规律。

二、实验目的、意义

柴油机的特性实验是柴油机的基本实验。此种特性测定不但为设计制造部门所重视(柴油机的工作特性指标是否达到原设计指标),也为使用部门所关注(运行管理中的依据)。尤其是船用柴油机的运转环境,运转工况变化很大,如何在复杂的运转环境中正确管理柴油机,必须详细了解柴油机在不同运转工况下的工作特性。通过本实验可使学生了解柴油机负荷特性与推进特性的测定方法;了解柴油机按发电机工况和螺旋桨工况工作时各参数间的变化规律,从而为正确管理船用柴油机做好必要的理论准备。

三、实验仪器、设备及测量精度

1. 实验仪器、设备

实验用主要仪器、设备如下:

4135Ca 型船用柴油机(标定转速 1500 r/min、持续功率 53 kW)。

GWD - 100 型电涡流测功机。

FC2210Z 型智能油耗仪。

FC2000 型发动机自动测控系统。

2. 仪器测量精度

(1)FC2000 发动机自动测控系统

转速测量精度:±1 r/min。

扭矩测量精度:±0.4% F.S。

扭矩控制精度:±0.5% F.S。

低温测量精度:±0.5% F.S。

高温测量精度:±0.5% F.S。

(2)FC2210Z 智能油耗仪

测量精度:0.4% F.S。

四、实验步骤

1. 负荷特性试验

试验方法:

启动 4135Ca 柴油机,逐步将转速升高至标定转速 1500 r/min 并使之稳定运转,然后由小逐渐增大柴油机负荷,在各负荷下分别测取柴油机主要性能指标和工作参数并绘制成曲线。

试验步骤:

(1)首先将发动机测控系统模式设定为"M/n"方式,将柴油机转速设定为 1500 r/min,转矩设定为 25% 负荷点数值,使柴油机在该状态下运行 5 ~ 10 min,待热负荷稳定后,连续记录三次应测量参数并取其平均值,填写在表 1-2-7 内。

(2)保持柴油机转速不变,转矩设定为 50% 负荷点数值,使柴油机在该状态下运行 5 ~ 10 min,待热负荷稳定后,连续记录三次应测量参数并取其平均值,填写在表 1-2-7 内。

(3)保持柴油机转速不变,转矩设定为 75% 负荷点数值,使柴油机在该状态下运行 5 ~ 10 min,待热负荷稳定后,连续记录三次应测量参数并取其平均值,填写在表 1-2-7 内。

(4)保持柴油机转速不变,转矩设定为 100% 负荷点数值,使柴油机在该状态下运行 5 ~ 10 min,待热负荷稳定后,连续记录三次应测量参数并取其平均值,填写在表 1-2-7 内。

2. 推进特性试验

试验方法:

按照 $P = cn^3$,预先计算出柴油机在 100%、75%、50%、30% 持续功率下所对应的转速值,然后再计算出所对应的扭矩值。根据这些数据将柴油机调节在推进特性各对应的转速和扭矩值下运行,测取柴油机主要性能指标和工作参数并绘制成曲线。

试验步骤:

（1）将柴油机转速设定为 1500 r/min,扭矩设定为 100% 负荷点数值,将发动机测控系统模式设定为"M/n^2",使柴油机在该状态下运行 5~10 min,待热负荷稳定后,连续记录三次应测量参数并取其平均值,填写在表 1-2-7 内。

（2）将柴油机转速设定为 75% 持续功率下所对应的转速值和扭矩值,使柴油机在该状态下运行 5~10 min,待热负荷稳定后,连续记录三次应测量参数并取其平均值,填写在表 1-2-8 内。

（3）将柴油机转速设定为 50% 持续功率下所对应的转速值和扭矩值,使柴油机在该状态下运行 5~10 min,待热负荷稳定后,连续记录三次应测量参数并取其平均值,填写在表 1-2-8 内。

（4）将柴油机转速设定为 30% 持续功率下所对应的转速值和扭矩值,使柴油机在该状态下运行 5~10 min,待热负荷稳定后,连续记录三次应测量参数并取其平均值,填写在表 1-2-8 内。

五、测量结果整理与分析

（1）将负荷特性测定结果记录在表中。

（2）将推进特性测定结果记录在表中。

表 1-2-7　负荷特性参数记录表

负荷(%)	转速(r/min)	扭矩(N·m)	功率(kW)	油耗量(kg/h)	油耗率(g/kW·h)	排气温度(℃)	出水温度(℃)	滑油温度(℃)
25	1500	84.4	13.25					
50	1500	168.7	26.5					
75	1500	253.1	39.75					
100	1500	337.4	53					

表 1-2-8　推进特性参数记录表

负荷(%)	转速(r/min)	扭矩(N·m)	功率(kW)	油耗量(kg/h)	油耗率(g/kW·h)	排气温度(℃)	出水温度(℃)	滑油温度(℃)
100	1500	337.4	53					
75	1363	278.5	39.75					
50	1191	212.6	26.5					
30	1004	151.2	15.9					

六、实验报告

（1）按表中记录的数据,绘制出负荷特性和推进特性曲线。

（2）初步分析柴油机按负荷特性、推进特性工作时参数变化规律有何特点。

（3）按照 $P = cn^3$,计算出柴油机转速分别在 1400 r/min、1300 r/min 时所对应的扭矩值。

第二部分

α-LAVAL 船用设备拆装及操作实验

第一章　α-LAVAL 现代船用设备介绍

第一节　α-LAVAL 现代船用设备种类概述

瑞典 α-LAVAL 有限公司船舶与动力部为了适应广大用户的要求。根据船舶自动化和节能技术的发展趋势,不断改进船用设备的功能,使其船用设备得到了越来越多船东的认可和选择,在船舶上得到了越来越广泛的应用。

α-LAVAL 现代船用设备主要分为水处理设备和油处理设备两大类。

一、水处理设备

(1)板式冷却器:完全免除海水腐蚀及侵蚀的钛板冷却器。

(2)铜焊式热交换器:价格便宜、效能高的热交换器。

(3)冷却器清洗机。

(4)JWP 型造水机:钛板式造水机。

(5)DTU 型造水机:壳管式造水机。

(6)Engard 中央冷却控制系统。

(7)其他设备。

二、油处理设备

(1)分油机。

(2)Moatti 滤器。

(3)EPC 控制系统。

(4)蒸汽/电加热器。

(5)燃油及滑油泵。

(6)分油机清洗机。

(7)其他设备。

自 1990 年以来,α-LAVAL 公司为大连海事大学无偿提供了一批船用设备,建立了"α-LAVAL 技术培训中心"。本书根据培训内容及轮机管理专业本科教学的教学大纲要求,着重对下述设备的结构、特点、工作原理及拆装过程进行概述:

(1)α-LAVAL MAPX 分油机。

（2）α－LAVAL ALCAP FOPX 燃油分离系统。

（3）α－LAVAL 板式换热器。

（4）α－LAVAL JWP 造水机。

（5）α－LAVAL Moatti 滤器。

第二节　α－LAVAL MAPX 型分油机

一、应用

MAPX 分油机是全部排渣的自清式分油机，用于净化矿物燃油及柴油机润滑油。可处理油的种类包括：直馏油、船用柴油、中间和重质燃料油及润滑油。其所分油的密度最大为991 kg/m³/（15 ℃）。

二、结构和组成

MAPX 分油机包括支架、外部附属马达（A）和支架罩。支架内部装有带弹性联轴器（B）、摩擦离合器（C）和涡轮机构（D）的水平驱动轴。涡轮机构浸泡在油池内。水平轴驱动供油的齿轮油泵（E），并经涡轮机构驱动垂直轴（F），见图2-1-1。

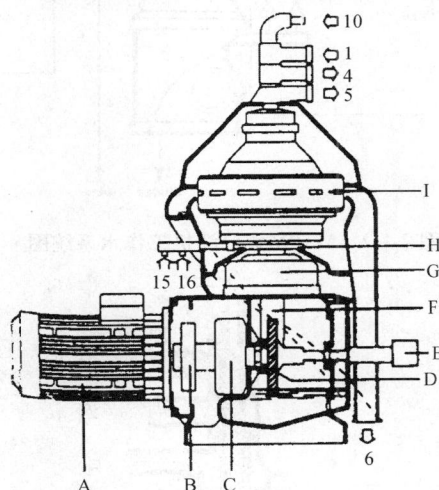

图 2-1-1　MAPX 型分油机工作原理图

1－油进口;4－净油出口;5－水出口;6－排渣口;10－水封水/置换水进口;15－开启水进口;16－密封水进口;A－马达;B－弹性联轴器;C－摩擦离合器;D－涡轮机构;E－齿轮油泵;F－垂直轴;G－垂直轴上部支撑装置;H－配水盘;I－分离筒。

分离筒（I）装在机架罩内垂直轴的上部，其本身带有油的进出装置和排油机构，并由机架上部的轴承支撑。分油机的油进出口（1、4）、水的排出口（5）及水封水/置换水进口（10）位于机架罩的上部，用于排渣机构的工作水（15、16）引入分离筒下部和机架上部的配水盘（H）。具体 MAPX204，MAPX205 分油机外观结构图分别见图2-2-5、图2-2-18所示。

三、工作原理

分离过程是由马达（A）经涡轮机构（D）驱动的分离筒内进行的，摩擦离合器（C）可以保证分油机启动和加速过程和缓，从而防止马达和涡轮机构过载。高速旋转的分离筒（I）可以获得足够的离心力。因渣、水与油的比重不同，所以它们可以有效地从油中分离出来。待分油经进口（1）进入分离筒，分离出的净油经出口（4）离开分油机。分离出的水经出口（5）连续排

67

出。分离出的泥渣聚集于分离筒内周壁,经排渣口(6)间歇地排出,见图 2-1-1。

分油机操作

分油机从外部控制单元操作,它包括辅助电磁阀控制的分离筒开启/密封工作水进口(15和16),分离筒水封水/置换水进口(10)。待分油经三通阀 V1(1)进入分油机,控制装置采用 EPC-30 控制单元,控制并监视整个分离系统,见图 2-1-2、图 2-1-3。

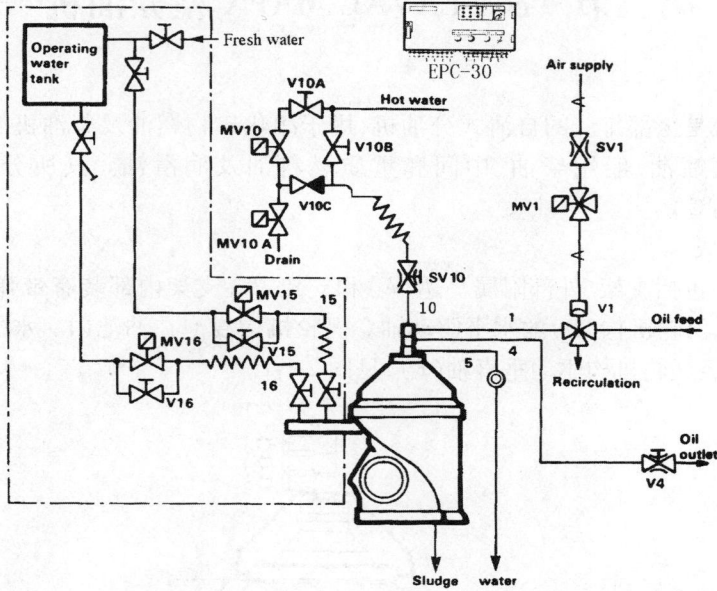

图 2-1-2   MAPX 型分油机工作水系统图

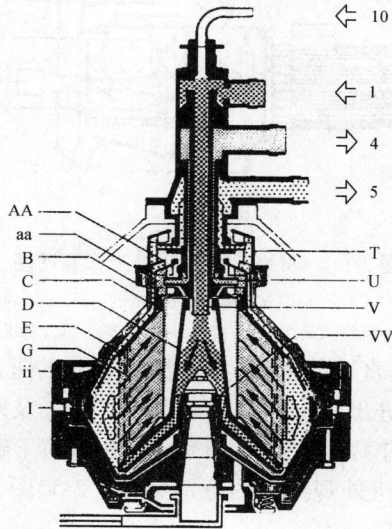

图 2-1-3   分离筒和供油、排渣装置组件

1 - 进油口;4 - 净油出口;5 - 水出口;10 - 水封水/置换水进口;15 - 开启水进口;16 - 密封水和补偿水进口;a - 水腔;AA - 比重环;aa - 油腔;B - 小锁紧圈及油腔盖;C - 液位环;D - 配油器;E - 顶盘;F - 分离筒盖;G - 分离盘组;H - 大锁紧圈;I - 排渣口;ii - 渣空间;J - 分离筒本体;K - 滑动底盘;L - 滑动圈;M - 喷嘴;O - 弹簧;T - 向心水泵;U - 向心油泵;V - 进水管;VV - 配油锥体;W - 密封环;X - 泄水阀;Y - 开启水腔;Z - 配水盘;ZZ - 弹簧座

四、分离筒

待分油经进入管(V)进入分离筒,被配油器(D)和配油锥体(VV)泵至分离盘边缘。当其到达配油器槽道时,要通过分离盘组(G)形成的通道上升,并均匀地分配到各分离盘中。

但油在朝向分离筒中央流动过程中,油被连续地从水、渣中分离出来。净油离开分离盘向上流过液位环(C)进入油腔(aa),在此处被不转动的向心泵(U)经出口(4)泵出分离筒。

在分离过程中,分离出的水被迫流至分离盘组外部空间,并且沿着顶盘(E)的外缘上升流过比重环(AA),水由不旋转的向心泵(T)泵出,然后经过出水口(5)排除分离筒,见图2-1-4。

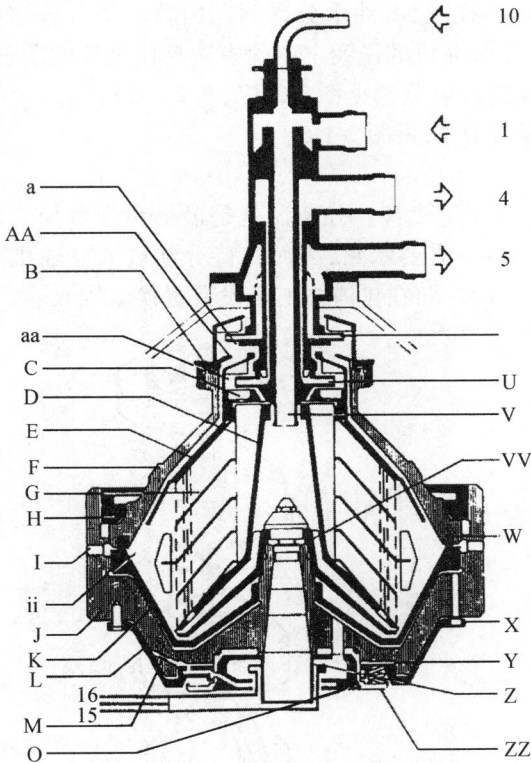

图2-1-4 分离筒内流体流动过程

1–进油口;4–净油出口;5–水出口;10–水封水/置换水进口;AA–比重环;aa–油腔;B–小锁紧圈;C–液位环;D–配油器;E–顶盘;G–分离盘组;I–排渣口;ii–渣空间;T–向心水泵;U–向心油泵;V–进水管;VV–配油锥体

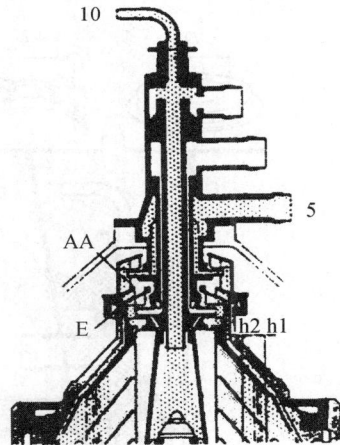

图2-1-5 分水装置的水封和置换水原理

h1–工作时油水分界面;h2–排渣时油水分界面;10–水封水/置换水进口

1. 分水装置的水封

为了防止净化后的油从顶盘(E)外缘经出水口(5)溢出,必须在分离筒内形成水封。在待分油未供入分油机之前自进水口(10)向分离筒内充入水,水被强迫朝分离筒周壁运动,由于水和油的比重不同,因而在二者之间形成一个分离界面(h1),此分离界面位置取决于比重环(AA)的直径(内径),见图2-1-4、图2-1-5。

2. 分水装置油的置换

为了避免在排渣过程中造成油的损失,置换水供入到分离筒的泥渣空间(ⅱ)。在排渣之前,停止向筒内供油,置换水经进水孔(10)加入,使油水分界面(h1)移动到筒中央方向新的界面(h2),这样增加了渣空间内水的容量,当进行排渣时,渣和水一同排出。排渣结束后,随之立即在分离筒内建立新的水封,见图2-1-5。

3. 比重环和液位环

在分水装置中,比重环(AA)的直径(内径)大小可根据筒内自由水位的直径(ϕD_M)和油水分界面的位置(h1)进行更换。见图2-1-5、图2-1-6、图2-1-7。

比重环内径增大,油水界面向外移;比重环内径减少,油水分界面向内移。每台分油机均附带一套不同内径的比重环,以备选用。一般在分油机的说明书中附有选择比重环的图表。

MAPX204、MAPX205 分油机比重环的正确选择可分别见图2-2-17、图2-2-29。

液位环(C)取决于筒内的自由油位的直径(ϕD_1),见图2-1-6。

4. 分杂装置的分杂盘

如图2-1-7所示,在分杂机中,比重环被分杂盘所代替。分杂盘就是最小允许直径的比重环,它能将出水口完全封住。当进行分杂操作时,不需要水封,因而在待分油进入分油机前无须供入水封水,分离筒内自然也就没有油水分界面。而在排渣之前也没有置换水供入。

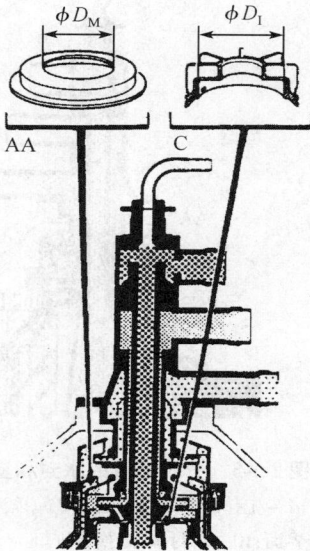

图 2-1-6　比重环和液位环位

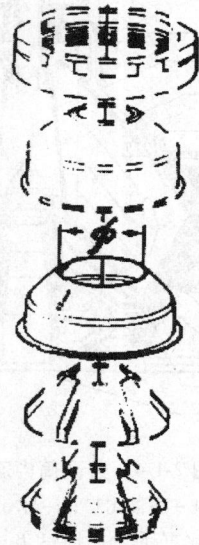

图 2-1-7　比重环和分杂盘的选择

单台分油机运行时,决不允许作为分杂机用,分杂机(2)只有与分水机(1)串联,并且处于分水机后面,方可使用。一般情况下分水机每排一次渣,分杂机也排一次渣。当然,通过选择程序,也可以分水机每排两次渣,分杂机才排一次渣。分油机串联工作原理见图2-1-8。

5. 向心泵

向心泵设置的目的在于使流体(油和水)在压力下排出。

分离筒内旋转的流体进入旋转的腔室,在那里形成围绕固定的向心泵叶轮的流体环带。此环带或多或少地盖住向心泵叶轮的外边缘。当旋转的液体环带直径增大时,因液体迅速增

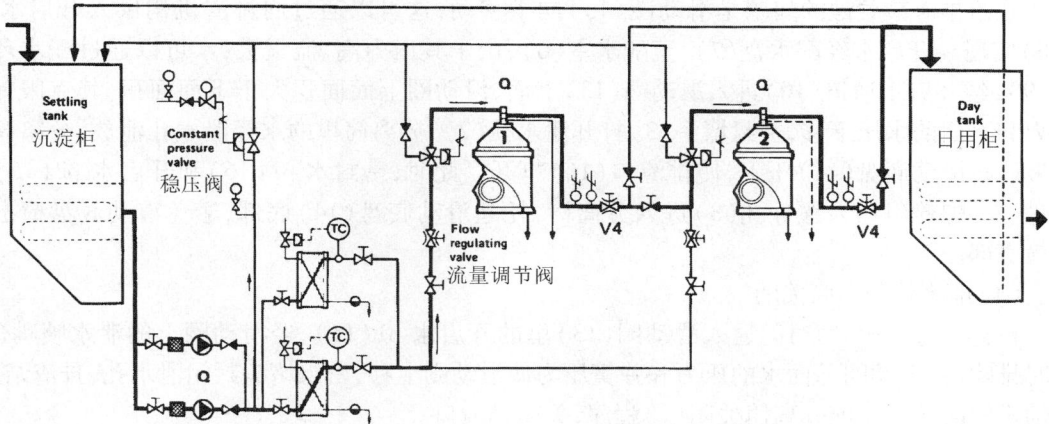

图 2-1-8　两台分油机串联运行工作原理

加而建立起压力。由向心泵所产生的压力主要是边缘的"离心压力"和旋转液体环带的"动能"所转换的压力能组成。

当流量很低或是排出管无背压时,液体环带的内径恰好等于向心泵的外径;当液体必须克服背压时,例如,较高的排出压头或压力状态,腔内的液体环带直径将减小,直到与所对应的背压取得平衡。这样,向心泵将泵出所有进入腔室内的液体(不考虑背压),达到此流量状态下向心泵所能达到的最大压力。向心泵的工作原理如图 2-1-9 所示。

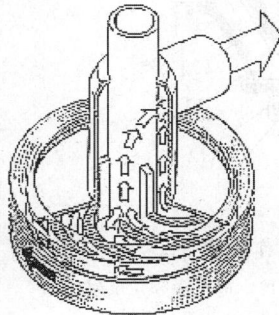

图 2-1-9　向心泵的工作原理

6. 排渣功能

由图 2-1-10 所示可知,渣通过分离筒壁上若干排渣口(16)排出,在每次排渣动作之前,排渣口被滑动底盘(14)关闭,滑动底盘构成分离筒内分离空间的内底盘。滑动底盘被其下部的密封水强迫向密封圈(17)移动,滑动底盘用工作水液力操作,工作水由外部淡水管供入。开启水 p1(15)由压力水柜直接供至分离筒操作系统,而密封水 p2(16)则由高位水箱供入分离筒操作系统。

(1)分油工作前分离筒关闭

开始分油前,密封水 p2(16)经配水盘(7)至配水室(6),然后,通过穿过连接孔(5)的空心螺栓(11)及缓冲孔(8)进入分离筒,托起滑动底盘(14),与本体上盖的密封圈(17)结合封闭排渣口(16)。

(2)分离筒开启

开始排渣最关键的问题是滑动圈(13)向下移动,这可以通过向排渣机构供入开启水 p1 (15)实现。开启水经配水盘(7),至配水室(6),由于其压力高、流量大,水可以通过配水环夹缝(9),经开启水通道(10)进入滑动圈(13)上面,滑动圈上面面积大于下面面积,其克服弹簧压力和下面的水压下移,密封堵头(3)打开泄水孔(2),分离筒里的水经泄水孔泄放,分离筒内的液体将滑动底盘(14)压下,使排渣口(16)打开。此时,密封水 p1(16)和开启水 p2(15)也通过空心螺栓(11)及缓冲孔(8)进入分离筒,托起滑动底盘(14)底部,避免滑动底盘撞击分离筒底部。

(3)排渣后分离筒关闭

在排渣过程中,短时间通入滑动圈(13)里的开启水 p1(15),经滑动圈上的泄水喷嘴(4)延时排除后,滑动圈下面水的压力和弹簧压力使滑动圈上移,密封堵头封闭泄水孔,排渣结束。分油机同时按工作前分离筒关闭(1)程序,关闭排渣口。

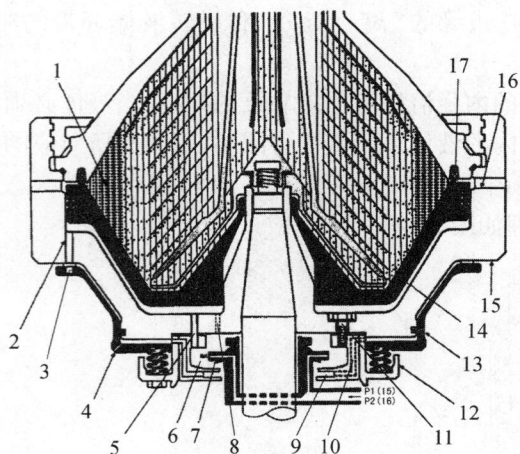

图 2-1-10　配水盘、排渣装置工作原理

1－集渣空间;2－泄水孔(共 3 个);3－密封堵头;4－泄水喷嘴;5－分离筒底与配水盘连接孔(共 3 个);6－配水室;7－配水盘;8－缓冲孔;9－配水环夹缝;10－开启水通道;11－连接分离筒底与配水盘螺栓(共 3 个,其中一个带有贯穿孔);12－弹簧座;13－滑动圈;14－滑动底盘;15－分离筒底;16－排渣口;17－密封圈

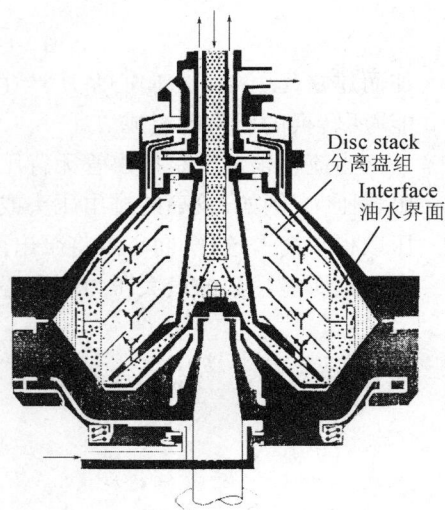

图 2-1-11　系统处于平衡状态

五、分界面位置

在运行过程中,油和分离出来的水是从分油机里连续排出的。在分离筒里油和水之间形成一个分界面,见图 2-1-11。为了取得最佳的分离效果,分离面必须保持在正确位置,就是要在分离盘的外面,然而分界面的位置受几个因素的影响,使它离开正确的位置:

(1)假如密度、黏度或流量降低或温度增加,分界面就会移进分离盘内,使分油效果变坏。

(2)假如密度、黏度或流量增加或温度降低,分界面就会移向分离筒外周,使水封破坏。

黏度、温度和流量对分界面移动的影响是由于通过分离筒内分离盘的压力降的变化。

油水分界面位置对分离效果的影响:

由于在分水型分油机中,净油和分离出来的水在运行期间连续排出,在分离筒中油和水之

间形成一个分界面,如图 2-1-12 所示。

为了达到最佳分离效果,该分界面必须位于顶盘的外缘和分离盘外缘之间,图 2-1-13 所示的分界面是正确位置。

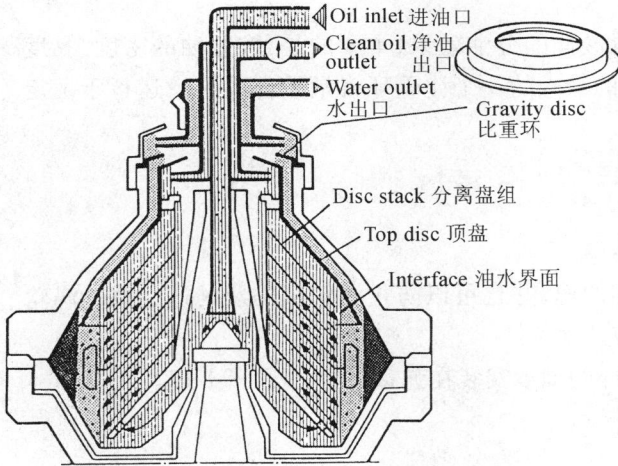

图 2-1-12　分水机-正常分界

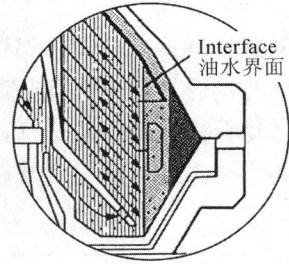

图 2-1-13　正常分界面位置

在正确分界面位置,脏油则可以沿分离盘组整个高度进入分离盘之间的狭窄通道,这是很重要的。正确的分界面位置,参考图 2-1-14。

如果分界面位于分离盘组里面,则要净化的油可能由于分离盘组上部被堵塞而只通过分离盘组较低的部分,见图 2-1-15,这会降低分离效果。

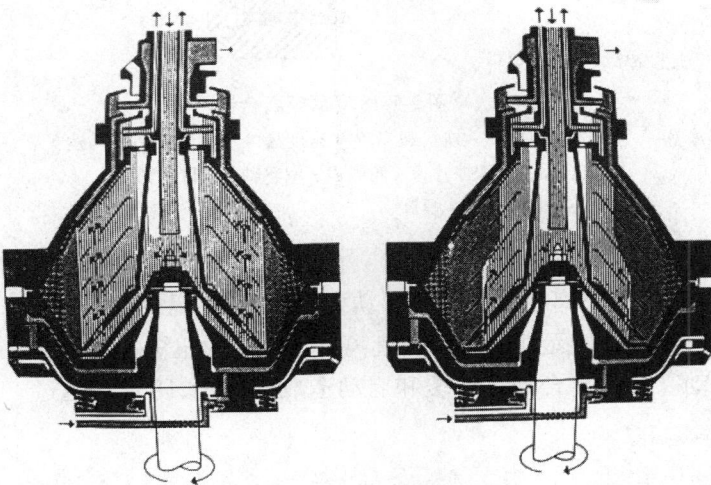

图 2-1-14　正确的分界面位置　　图 2-1-15　不正确的分界面位置　　图 2-1-16　不正确的分界面位置

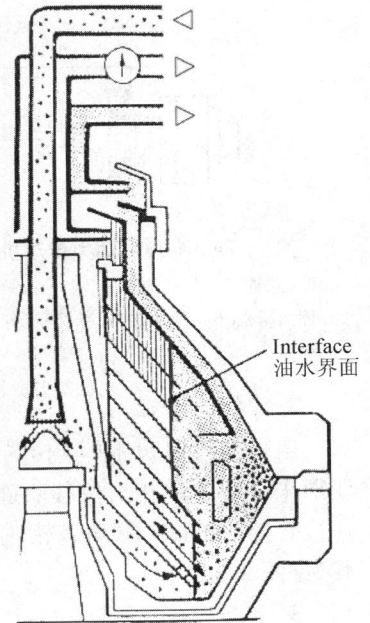

如果分界面处于不正确的位置,如图 2-1-16 所示,被净化的油将只能通过下部分的分离盘,因为上部分分离盘被水堵住,因此分离是低效率的,只有部分分离盘得到使用。分离效果的下降不仅影响水的分离,而且同样也影响固体颗粒的分离。取得最佳分离效果根本上是水(水封水或是分离出来的水)永远不能进入分离盘。

为了将分离盘保持在正确的位置以获得最佳的分油效果,重要的是:按照油的密度、黏度和流量选用正确的比重环(不会使水封破坏的最大的一个比重环将是最合适的);运行于恒定的流量和分离温度。

六、动力传动

1. 动力传动

马达经摩擦离合器和涡轮机构转动分离筒。

摩擦离合器用于保证分油机平稳启动和加速,并且可以防止涡轮机构及马达过载。涡轮机构使得分离筒的转速与马达的转速相适应。

为了减少轴承磨损和减轻振动,立轴上部的轴承安装在弹簧室中,见图 2-1-17。

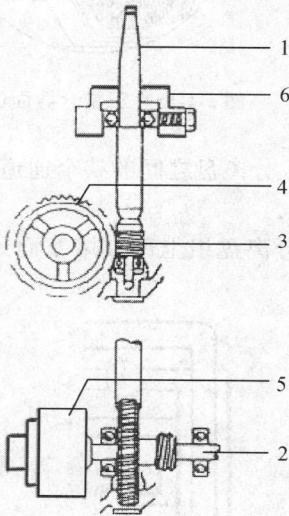

图 2-1-17 动力传动机构

1 - 立轴;2 - 蜗轮轴;3 - 蜗杆;4 - 涡轮;5 - 摩擦离合器;6 - 顶部轴承、弹簧室

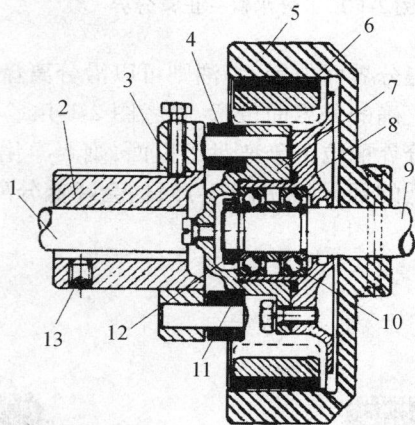

图 2-1-18 摩擦离合器

1 - 电机轴;2 - 连接毂;3、7 - 连接盘;4 - 弹性盘;5 - 马达接合器;6 - 摩擦片;8 - 轮毂;9 - 蜗轮轴;10、11 - 轴承;12 - 圆螺母;13 - 螺钉

2. 摩擦离合器

电机通过电机轴(1)和涡轮轴(9)通过摩擦离合器连接传递动力,通过弹性盘(4)的弹性变形来补偿两轴相对位移。连接盘(7)带动摩擦元件(6)转动,其离心力产生的扭矩作用于马达接合器(5)上来驱动涡轮轴(9)转动。摩擦离合器可以缓和启动造成的冲击,防止马达过载,见图 2-1-18。

3. 制动器

当要停止分油机时,为了减少分离筒减速过程的过渡时间,必须使用制动器,这样可以迅速通过临界转速区,见图 2-1-19。

4.转速指示器

为了取得最好的分离效果并基于安全方面的考虑,保证分油机以正确的转速运转是十分重要的。指示器所指示的是分油机实际转速而非铭牌转速,见图2-1-20。

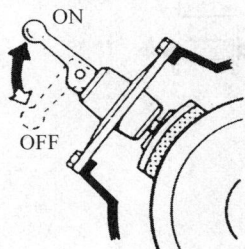

图2-1-19　制动器　　　　图2-1-20　转速指示器

七、带比重环分油机的缺点

带比重环的分油机有以下缺点:

(1)它限制使用的柴油机燃油的最大密度为991 kg/m³/15 ℃。

(2)最佳分离效果与所分离油品的密度、黏度、温度和流量比密切相关,且与比重环的大小有关。当密度、黏度变化时,在分油机实际运转中,选择比重环却变成很麻烦的任务。实际的高密度燃料油的密度一般在960 kg/m³/15 ℃附近及以上。

(3)检查和安装比重环是浪费时间和令人讨厌的任务。因为选择正确的比重环规定为选择最大比重环,但水封不能被破坏,所以它是个反复试验的过程。实验过程中,水封破坏的警报可能频繁发生。

(4)为了保证良好的净化,需要两台分油机串连运行,即分水机后跟随一台分杂机,像一个安全网,因而,这个系统一直限定油的最大密度为991 kg/m³/15 ℃。

为了解决以上问题,α-LAVAL公司先后推出了ALCAP-FOPX、S型等分离系统,下一节我们主要以ALCAP-FOPX分离系统来讲解不带有比重环的分油机组成、结构特点及工作原理。

第三节　α-LAVAL FOPX燃油分离系统

一、ALCAP分离系统的组成和基本工作原理

ALCAP燃油分离系统包括:一台FOPX型分油机、一套EPC控制单元、一个WT200水分传感器以及附属设备。每台FOPX分油机连接着它的EPC-400控制单元(如图2-1-21所示)。

二、工作原理

图2-1-22所示为FOPX型分油机结构图。

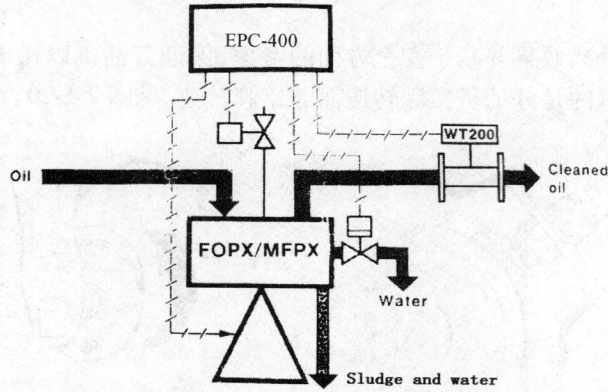

图 2-1-21　ALCAP 燃油分离系统

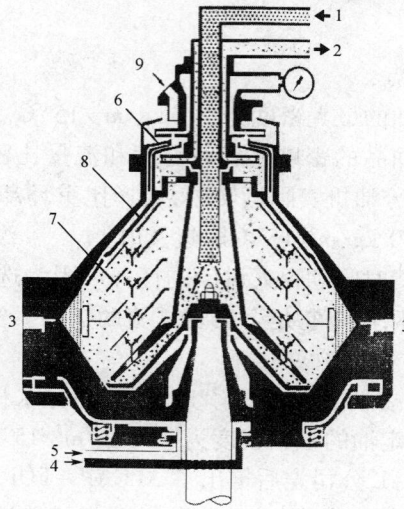

图 2-1-22　FOPX 型分油机的结构图

1－油进口;2－净油出口;3－排渣口;4－密封和补偿水进口;5－开启工作水进口;6－流量控制盘;7－分离盘组;
8－顶盘;9－调节水/置换水进口

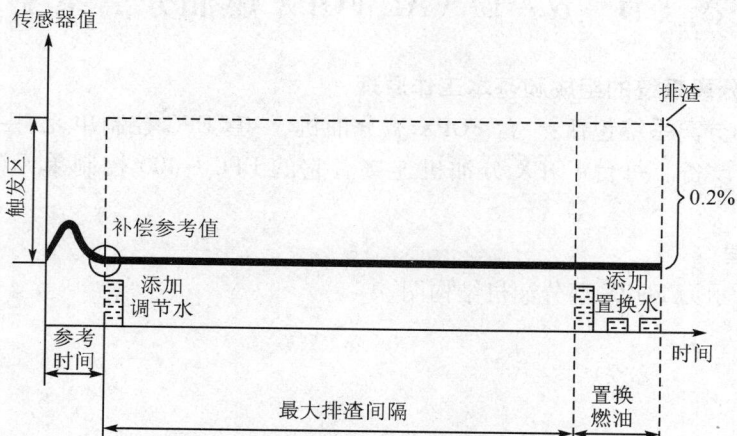

图 2-1-23　水分传感器的信号与时间界限的关系

待净化的燃油不断进入分油机,当排放淤渣和水时进油不中断,FOPX 分油机通常作为分杂机来使用。净油不断地从净油口排出,分离出来的泥渣和水积聚在分离筒的周围,当从油中分离出来的水到达分离盘时,一些水滴开始随净油一起排出。在净油中水份的少量增加就立刻被安装净油出口处的水分传感器检知。并连续不断地传给 EPC-400 控制单元。水分传感器只测量出水份的变化,而不涉及水份的绝对值。它测出的是一个非标准参考值的水分传感器信号的偏差,允许偏差范围是触发范围。在参考时间内每一个排渣顺序在 EPC-400 控制单元内都存储着一个新的参考值。

在参考时间内能获得最佳分离效果,当水分传感器达到它的最大允许偏差时就达到了触发点,即水份偏差值大约等于 0.2% 时,如图 2-1-23 所示

当净油中的水份达到触发点时,EPC-400 控制单元开始排出积聚于分离筒中的水,排水有两种情况,一种是通过分离筒周围的排渣口和泥渣一起排出,另一种是通过排水阀排出。排水可用图 2-1-24 加以说明。

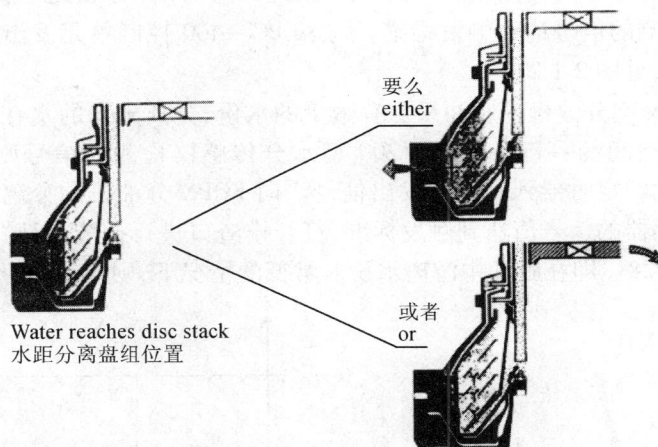

要么
either

或者
or

Water reaches disc stack
水距分离盘组位置

图 2-1-24　ALCAP FOPX/MFPX - 分离器的水排出

在分油过程中,排渣方式的选择是根据 WT-200 水分传感器检测的净油中的含水量的多少,由 EPC-400 控制单元决定的。

当分离的水在从上次排渣到本次排渣之间预先设定的最短时间之内接近分离盘时(这个时间一般设定为 10 min),此时水分传感器检测到的信号达到触发标准,这表明所分离的燃油中含水量较多,已经超过标准。EPC-400 控制单元接收到这一信号后,发出信号打开水阀,排出分油机分离筒中的水和泥渣,见图 2-1-25。

如果被分离出来的油中含有大量的水,则在排渣间隔的最短时间可能多次达到触发标准,EPC-400 控制单元就会多次打开排水阀进行排水和排出泥渣。这种情况如图 2-1-26 所示。

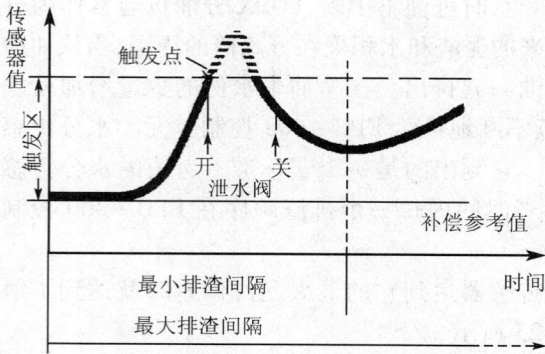

图 2-1-25　中等程度游离水污染图

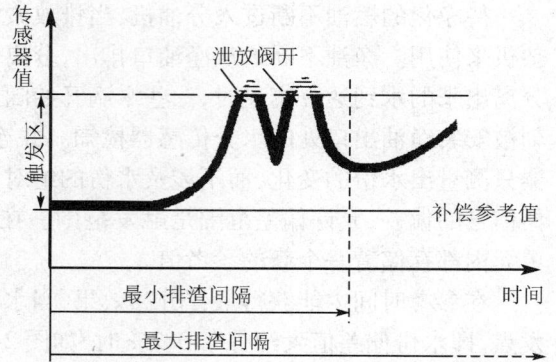

图 2-1-26　严重的游离水污染图

当燃油中含有少量水的时候,分离出的水是在"最短时间"过去之后到达分离盘的外缘,此时水分传感器检测的信号达到触发标准,于是 EPC - 400 控制单元发出信号打开排渣口将泥渣和水一起排出,见图 2-1-27。

如果进入 FOPX 型分油机的燃油只含有微量的水份,分离出来的水在全部排渣时间内只能达到分离盘外侧空间的一部分,WT - 200 型水分传感器检测的信号则达不到触发标准。EPC - 400 控制单元的定时器到时就会发出信号。向 FOPX 分油机的分离筒中加入适量的置换水,使得水分传感器的信号值达到触发标准,打开排渣口进行排渣,以防止分离筒中的泥渣过度积累,见图 2-1-28。即在脏油中游离水份非常低的情况下,则自动向分离筒加水。

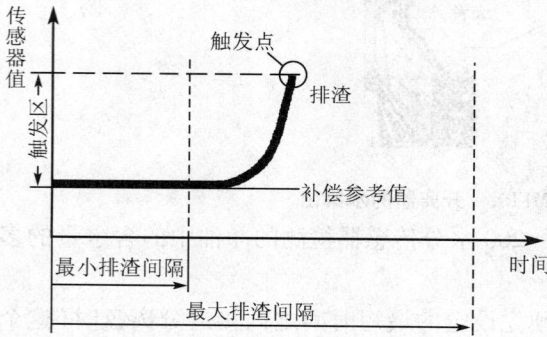

图 2-1-27　低程度游离水污染图

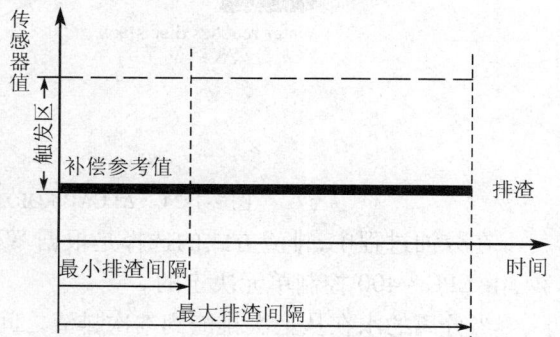

图 2-1-28　极低程度游离水污染

当两次排渣的间隔时间超过设定的最短排渣时间后,水分传感器再次达到触发标准,则按排渣程序进行排渣,排渣后定时器便从零开始计时。

船舶加装的燃油一般都含有充分的游离水,在排渣之前需置换燃油。因此加水不仅减少燃油的损失,而且有益于泥渣状态。

EPC - 400 控制单元的程序为了在分离筒的泥渣空间注入水,需判断进油是否含有充分的可分离水,当发现可分离水含量不充分时,将执行加水操作程序。

如图 2-1-28 所示,触发点决不能达到排渣间隔预先设定的最长时间以内,这个情况告知EPC - 400 单元。该燃油不含可分离的水,当排渣顺序在这个时间开始时,因被加入了适量的置换水,带给水分传感器的信号值上升到触发点,那就进行一次排渣,在超出参考时间之后就限制了水的加入,使泥渣的积聚处于正确的状态。

如油中含水较多,如图 2-1-25 和图 2-1-26 所示,排水阀在 EPC－400 单元的存储器中存入的排渣间隔的最短时间内至少开启一次。在下次排渣后,由于油中有足够的水,所以无须调节加入的水。同样,当初次排渣发生于水分传感器信号值达到触发点时,则不需要置换水。

三、FOPX 型分油机的结构和工作原理

FOPX 型分油机是一种无比重环的部分排渣全自动分油机,其特点是待分油可以连续进入分油机,即使在排渣期间也不切断进油,每次排渣时其排渣口只打开 0.1 s,排出的量是分离盘外边缘与壳体之间容积的 70%。该分油机可净化在 15 ℃时密度为 1010 kg/m³ 的重质燃油。在净化不同密度的燃油时,不受低密度的限制,也取消了比重环,这给使用和操作带来很大的方便。

FOPX 型分油机由于控制系统的不同,可以部分排渣也可以全部排渣,其结构原理如图 2-1-29 所示,并参照前面的图 2-1-21、图 2-1-22。

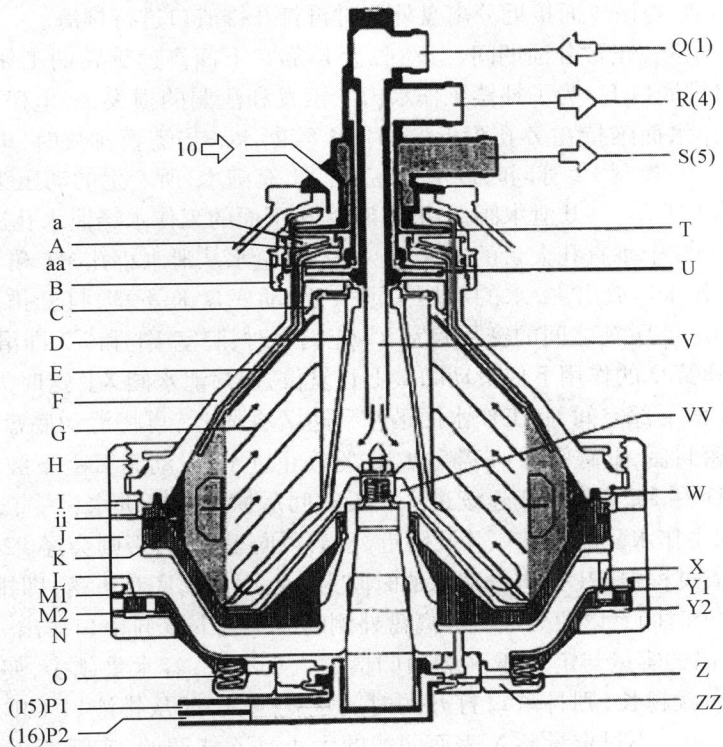

图 2-1-29　FOPX 分油机结构原理

a－水腔;A－流量控制盘;aa－油腔;B－小锁紧圈(带水腔盖);C－液位环;D－配油器;E－顶盘;F－分离筒盖;G－分离盘组;H－大锁紧圈;I－排渣口;ii－渣空间;J－分离筒本体;K－滑动底盘;L－滑动圈;M1、M2－喷嘴;N－定量环;O－弹簧;P1－开启工作水进口;P2－密封和补偿水进口;Q－油进口;R－净油出口;S－水出口;T－向心水泵;U－向心油泵;V－进油管;VV－配油锥体;W－分离筒盖密封环;X－泄水阀;Y1－开启水腔;Y2－密封水腔;Z－配水盘;ZZ－弹簧座;10－调节水/置换水进口

在分油机中设有两个固定不动的向心泵 U 和 T,它们分别把分离出来的净油和水从 R 和 S 口排出。所谓向心泵就是扩压盘,它能把高速运动的液流速度能转变成压力能。待分油从 Q 口连续不断地进入分油机,并经分离盘上的垂直孔进入各分离片,水份和杂质被离心力甩向

分离盘的外侧,净油被推向分离盘的内侧。在排水口管路上装有一个排水电磁阀,在净油出口管路 R 上装有一台 WT–200 型的水分传感器,它能精确地检测到净油中的含水情况,当分离出来的水很少时,其油水分界面在分离盘外侧较远。这时排水电磁阀关闭,封住排水口 S 不向外排水。净油经向心泵 U 连续由出油口 R 排出。其净油中基本不含水份或含水量极少,随着分离过程的进行,所分离出的水份越来越多,油水分界面便不断向里移动,水分传感器会感受到净油中含水量的增加。当油水分界面移动到接近分离盘外侧边缘时,净油中含水量增加到一个触发值,这个触发值发送到 EPC–400 控制单元,由该单元决定或者是打开排水电磁阀,经向心泵 T 由 S 管口向外排水;或者是打开一次排渣口 I,排出分离盘外侧容积的 70%。这时水分传感器检测到的净油中的含水量会迅速下降。向心泵 T 下面有 4 个小孔,当排水电磁阀关闭时,向心泵 T 排出的液体从这些小孔流出,形成一个循环以防止此处温度过高。

当待分油中含水量极少时,从上次排渣算起又已经达到最大排渣时间,而油水分界面离分离盘外侧较远,即净油中基本不含水,为了减少排渣时油的损失,在排渣之前加入置换水,使油水分界面向里移动,当该界面接近分离盘外侧时再打开排渣口进行排渣。

FOPX 型分油机在正常分油期间,滑动底盘 K 靠它下面高速旋转的工作水所产生的动压头向上托起密封排渣口 I。为了补偿工作水由于蒸发和泄漏的损失,经电磁阀 MV16 由 P2 管断续供水,其工作水面维持在 Z 孔附近,这时 P1 管断水。当需要排渣时,电磁阀 MV15 控制 P1 管,电磁阀 MV16 控制 P2 管同时进水,开启室 Y1 充满水,所产生的动压头足以克服弹簧 O 的张力使滑动圈 L 下落,打开泄水阀 X,滑动底盘 K 下面的工作水经泄水孔进入开启室 Y1,开启室 Y1 中的水经数个垂直孔大量的进入腔室 Y2,少量水从泄水小孔 M1 和 M2 泄放。由于滑动底盘下面的工作水速放出去,水的动压头消失,滑动底盘 K 下落,打开排渣口 I 进行排渣。当滑动底盘 L 和定量环 N 之间的密封腔室 Y2 充满水时,腔室 Y1 和 Y2 即滑动圈 L 上下空间的压力相等,在弹簧 O 的作用下使滑动圈 L 上移复位,密封泄水阀 X。这时大量的水经垂直孔进入滑动底盘 K 的下部空间,其工作水面迅速到达 Z 孔附近,再将滑动底盘 K 托起以密封排渣口 I。排渣口密封后,电磁阀 MV15 断电,P1 管停止进水,滑动圈 L 上下腔室 Y1 和 Y2 中的水经泄水小孔 M1 和 M2 泄放,P2 连续进水一段时间后恢复间断进水(一直连续进水也可,滑动底盘 K 下面的工作水只能维持在 Z 孔附近,不会再向里移动,否则会经 P2 管倒流回高置水箱)。在整个排渣过程中,P1 管进操作水的时间为 3 s,而滑动底盘下落,即排渣口 I 打开的时间仅为 0.1 s,这个时间足以使分油机分离盘外侧的 70% 容量从排渣口排出。排渣口 I 打开的时间与排渣口排出的容量与定量环 N 表面凹槽的大小有关,容水量越多,使水充满密封腔室 Y2 所需要的时间就越长,则排渣口打开的时间也就越长,即从排渣口 I 排出的容量要多于 70%,参见图 2-1-30。不过定量环 N 表面凹槽的大小是不能调的,实际所用定量环 N 凹槽的大小就是保证在一次排渣过程中,排渣口 I 仅打开 0.1 s 左右。由于排渣口打开的时间很短,每次排出的容量仅是分油机里面容量的一部分,故称为部分排渣分油机,且在排渣时不必切断进油。

四、ALCAP FOPX 分油系统的主要部件

FOPX 分油系统的主要部件如下(见图 2-1-31):

1. 基于系统设备

(1)FOPX 分油机。

(2)水路电磁阀组(V10、V15、V16)。

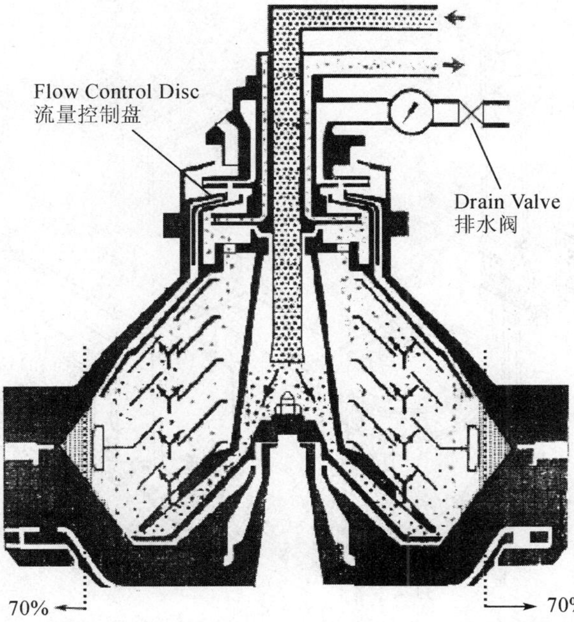

图 2-1-30 FOPX/MFPX - 可控的部分排渣分离盘外侧空间的 70%

（3）应急停止按钮。

（4）EPC－400 控制单元。

（5）气动排水阀（V5）。

（6）空气电磁阀（MV1、MV5）。

（7）液体温度传感器（XT1）。

（8）软管。

（9）WT－200 型水分传感器（MT4）。

（10）压力开关（PS41、PS42）。

（11）气动三通阀（V1）。

（12）流量表（F14）。

（13）温度传感器（TT1、TT2）。

（14）加热器。

（15）低流量开关（FS）。

2. FOPX 分油机

FOPX 分油机是可控的部分排渣型分油机,这意味着每次准确地排出相同体积积累的泥渣和水。分离任务发生于分离筒内,净油在向心泵的压力下连续排出。

工作水的液压操作系统用于自动排出泥渣和水。排出泥渣由小而限定容积的工作水触发,超过这个容积对排渣容积没有影响。排渣容积大约为分离盘外部空间的 70%,称为泥渣空间(如图 2-1-30 所示)。当水份充满分离筒而到分离盘时,发生排渣时只有泥渣和水被排出。只是在需要时,才适当向分离筒加水,以尽可能减少燃油损失。

FOPX 分油机的特点是分离出的水也被间歇地经由替换程序而泄放。泄水阀在出水口,当泄水阀开启时,分离出的水经分离筒上部的向心泵轮泄放,在排渣期间泄水阀从不开启。这

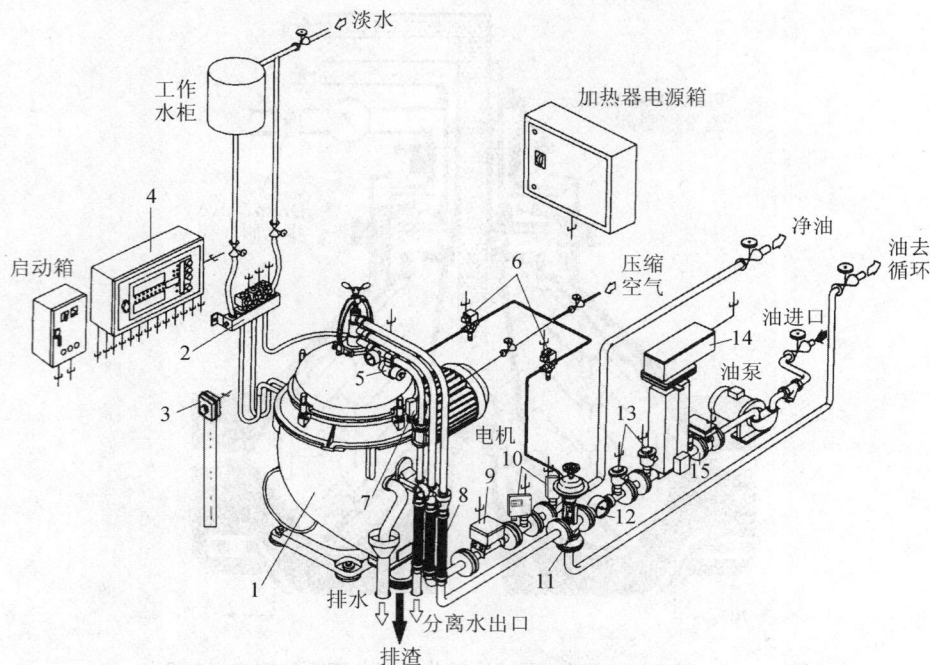

图 2-1-31　ALCAP 燃油分油系统安装布置图解

种分油机装备了一个永久的流量控制盘,取代了一系列的比重环,如图 2-1-30 所示。

3. EPC - 400 控制单元

EPC - 400 控制单元以体现带存储芯片(PROM)的微处理机的固态电子学为基础。它"编制"了这种分油机系统执行监测控制功能程序的全部工作。

概括起来,EPC - 400 控制单元执行下列任务:解释来自水分传感器的信号,并控制分离筒分出的水的排泄。发起任一形式的排渣,即当水分传感器信号达到触发点或排渣间隔最大时间超过之后的排渣,并控制监测排渣顺序。每 6 s 检查一次水分传感器的功能,决定是否加水、何时加水、加水持续时间,从而控制加水量,监测分离水的增加。EPC - 400 控制单元外形见图 2-1-32。

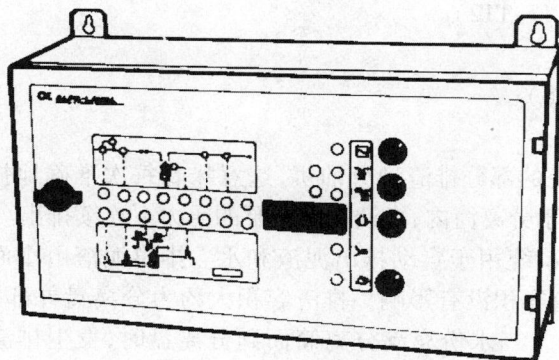

图 2-1-32　EPC - 400 控制单元

EPC - 400 控制单元提供的输入信号使安装 Pt100 温度传感器取代三通阀前的标准温度

计成为可能。可在 EPC-400 控制单元中设定进油管路中油的低温和高温度限制值。

EPC-400 单元也以内装 PI 温度控制器为特色,该温度控制器适用于蒸汽或电的燃油加热器,该加热器包括另一个输入,以接 Pt100 温度传感器,所有这些都一起用来监测和控制温度,这在任何情况下是必须的,除非取消对单个的 PI 温度控制器的需要。

当二者都被装用时,对 Pt100 传感器提供对比检查。装于进油管路上的 Pt100 传感器按一些船级社规定,符合单个高/低限温度报警传感器,不要用于燃油预热器的温度传感器的要求。

EPC-400 单元有个改进的显示系统,在正常工作期间,触发范围值和下次排渣的最大时间是连续显示的,按一个钮(图 2-1-45,19)可显示下列功能:

——进油管路燃油温度的实际值,℃ 和 ℉(当安装 Pt100 温度传感器取代温度计时)。

——累计工作时间。

——WT-200 水分传感器信号的实际值。

报警功能

全部必备的报警都由 EPC-400 控制单元完成。设计的报警系统要保证分油机分离系统总是达到报警部位的安全状态,例如需要时停止进油。

报警功能概述列表见表 2-1-1。

表 2-1-1　主要的报警功能列表

主要报警功能是:
——应急停车/振动(当安装选择振动开关时)
——低油流量
——高/低的燃油温度(当安装选择 Pt100 温度传感器时)
——不排渣
——水分传感器故障
——预热器故障(当连接加热器控制时)
——无置换水
——水分传感器出口燃油的水份不正常
——泄水阀通过不适当
——电源故障
报警功能也被微处理机的错误、输入输出通信错误和有关位置模式的操作错误所提供。 　更进一步时报警功能是可用的,如传感器的标定错误。连同高/低温报警,实际摄氏度或华氏度在显示器上的指标。

为减少人工的花费,同时增加安全度,特别注意该单元的设计体现重复功能,以避免误报警。"自纠正"报警的策略装入报警功能,其中的一个可以从表 2-1-1 中选择并说明如下:

当无应答信号从排渣中获得时,EPC-400 单元自动开始一个新的排渣次序,只要排渣一直没有应答,就使 EPC-400 单元关停分油机并避免误报警。

重新设定报警后,分油机只可手动启动,在故障状态持续期间,将再次关停。

5. WT-200 型水分传感器

WT-200 型水分传感器安装在分油机的净油出口处,用以测量净油中的含水量的变化情况。它的结构原理如图 2-1-33 和图 2-1-34 所示。

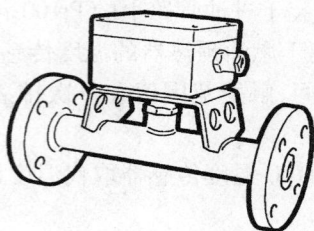

图 2-1-33　WT200 型水分传感器外视图

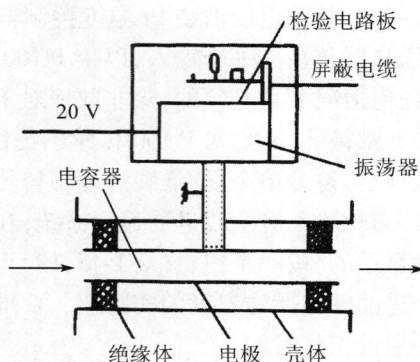

图 2-1-34　水分传感器的结构原理图

水分传感器是由圆筒型电容器及振荡器组成的。电容器实际上是两个彼此绝缘的同心圆筒,净油全面流过内圆筒。这意味着分油机的分离性能是被连续监测的。

EPC－400 型装置为水分传感器提供 20V 直流电源,它使水分传感器内部的振荡器工作,产生频率较高的交流电。该交流电经电容器极板送出一个大小与净油中含水量成比例的交流电流信号,并经有屏蔽的电缆线送至 EPC－400 型装置的水分传感器信号处理电路板。当振荡器产生固定频率及幅值的交流电信号后,流过电容器电流的大小完全取决于电容器的介电常数。纯矿物油的介电常数只有 2～4,而水的介电常数高达 80。因此随着净油中含水量的增加,介电常数的增大,流过电容器的电流也会增大。该水分传感器检测精度是比较高的,一般精度可达 ±0.05%。

振荡器的功能由 EPC－400 单元监测,在水分传感器中有一块检验电路板,它监视振荡器工作是否正常,每 6 s 检测一次这个信号。如果振荡器工作不正常,将会发生报警并停止当时所执行的程序。

乳化水包含于参考值内,检出的游离水信号为被测值对参考值的偏差。

对水份高达 10% 的重燃油料,水分传感器的精度接近 ±5%,它无须校正。

水分传感器是由 ALFA　LAVAL 有限公司船舶与动力工程部开发的。

五、附属设备

1. 流量计

流量计在低范围内也有精确的读数,见图 2-1-35,只由一些粗壮的元件组成,该流量计不能被重燃油所堵塞。

图 2-1-35　流量计

2.水路电磁阀组

水路电磁阀组由一个多用途的铜制阀组成,包括若干个单体的调节水/置换水、开启水和补偿水的电磁阀,见图 2-1-36。

所用的电磁线圈很紧凑并易于更换,滤器、止回阀和真空破坏器也都装入阀组。总之,该电磁阀组是个多于 14 个单元部件的代用品,因此简化了安装和维护。

压力在 0.2~0.6 MPa 之间的淡水供应可用于开启水和补偿水,阀组保证了正确水容量的供应,从而保证了分油机的可靠运转,装在阀组上的止回阀和真空破坏器防止淡水供应时被油污染。

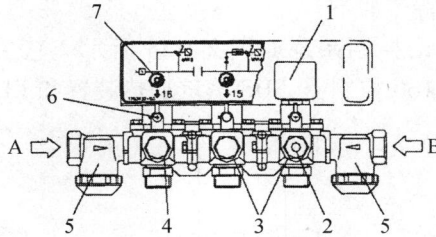

图 2-1-36　水路电磁阀组

1－线圈;2－真空破坏器;3－连接高压水电磁阀(包括恒流量阀、止回阀);4－连接低压水电磁阀(包括恒流量阀、止回阀);5－滤器;6－手动操作柄;7－AC 电磁指示器;A－低压水进口;B－高压水进口

3.气动转换阀

气动转换阀实际上就是一个二位三通阀,它安装在分油机油供给系统上,油从进口(B)进入,从出口(A)进入分油机,或者从出口(C)进入油循环系统,见图 2-1-37。

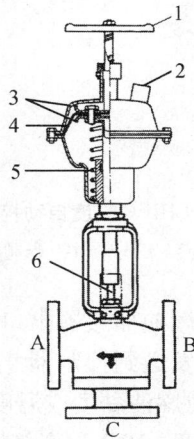

图 2-1-37　气动转换阀结构原理图

1－手轮;2－控制空气进口;3－活塞盘;4－隔膜;5－弹簧;6－活塞杆;A－出口(去分油机);B－进口;C－出口(去循环)

控制空气从控制空气进口(2)进入,作用在隔膜(4)上,使隔膜(4)和活塞杆(6)克服弹簧(5)压力向下移动,关闭 BC 通道,打开 BA 通道,油进入分油机。当控制空气被断开或小于或等于大气压力时,隔膜(4)在弹簧作用下,带动活塞杆向上移动,关闭 BA 通道,打开 BC 通道,油去循环系统打循环。

顺时针转动手轮(1)，可以强行地使活塞杆向下移动，关闭循环通道 BC，打开进入分油机的直通通道 BA。

4. 燃油黏度自动控制系统

VISCOCHIEF 型系统是新一代可用于船上的燃油黏度自动控制系统。其黏度传感器和调节器的结构和工作原理，都是在以往的船用 VAF、NAKAKITA 等型燃油黏度控制系统的基础上发展起来的。黏度传感器 EVT－10C 和控制器 VCU－160 均用单片机取代了常规的变送器和调节器。在系统中可采用 SHS 蒸汽加热装置，也可采用 EHS 电加热装置或两者兼用。这种黏度控制系统在 90 年代后造的船舶上被越来越多地采用。

控制系统的组成、功能及特点如下：

VISCOCHIEF 燃油黏度自动控制系统如图 2-1-38 所示。它主要由 EVT－10C 黏度传感器、PT100 温度传感器、VCU－160 控制器、SHS 蒸汽加热装置和 EHS 电加热装置等部分组成。

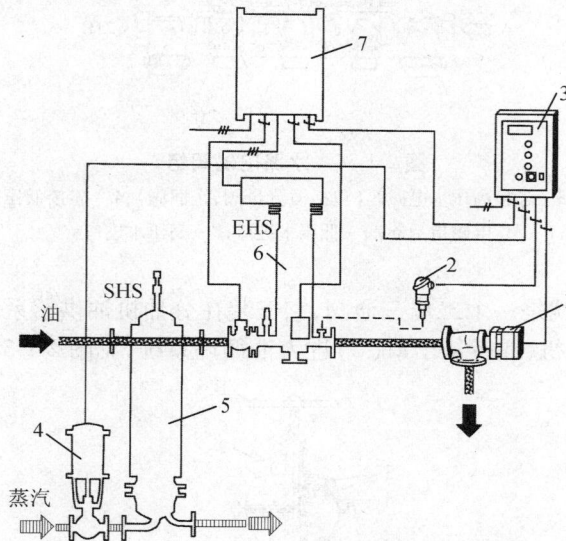

图 2-1-38　VISCOCHIEF 黏度自动控制系统组成图

1－EVT－10 黏度传感器；2－PT100 温度传感器；3－VCU－160 控制器；4－蒸汽调节阀；5－蒸汽燃油加热器；6－电动燃油加热器；7－电源控制箱

黏度传感器和温度传感器分别检测燃油加热器出口燃油的黏度和温度，两者将黏度和温度值按比例转换成标准电流和电压信号发送到控制器。VCU－160 型控制器是一种具有比例积分控制规律的全自动控制装置，可以对燃油黏度或温度进行定值控制，有柴油温度定值控制和重油黏度定值控制两种操作方式。EVT－10C 黏度传感器示意图和 VCU－160 型控制器的外型图分别如图 2-1-39 和 2-1-40 所示。这两种操作方式为：系统既可以遥控，又可以进行现场自动控制，必要时经转换也可以手动控制。用数码显示器可以同时显示系统中燃油的黏度和温度值，另外也可以显示参数设定值和故障种类。

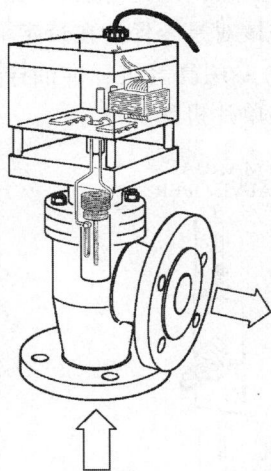

图 2-1-39　EVT–10C 黏度传感器示意图

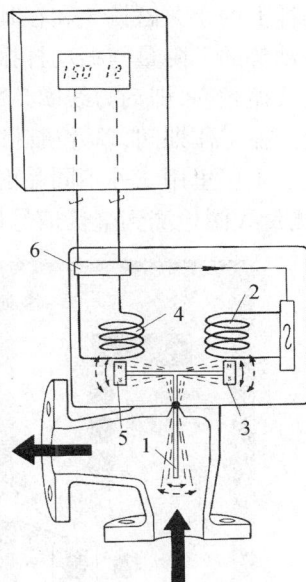

图 2-1-40　EVT–10C 型黏度传感器结构原理图
1–振动杆;2–动力线圈;3、5–永久磁铁;4–检测线圈;6–单片机系统

VISCOCHIEF 燃油黏度自动控制系统特点:

(1)这种黏度自动控制系统,利用改进后的温度传感器检测温度敏感性好,对温度变化的响应速度快,单片机黏度传感器测量精确度高,同时又采用了黏度和温度控制回路新方案,使用中不需要参数整定,大大提高了系统的动态控制精度,并提高了系统的稳定性。

(2)黏度传感器采用新的结构以后,没有运动部件(只有振动杆件)。可在全流量下测量,不易堵塞、结构紧凑、重量轻。在主机燃用劣质高黏度燃油情况下仍具有较高的测量精度。

(3)由于该黏度控制系统采用了单片机,因此它具有完善的自检、控制、显示、多种故障报警等功能,大大提高了系统的可靠性。很多功能设置的改变是靠改变控制系统的某些参数来实现的,这就使它具有了很强的适应性和灵活性,并具有与上位机进行通信的功能,是船舶动力装置实现分布式集中监控的必要条件之一。

5. EVT–10C 黏度传感器的结构和工作原理

EVT–10C 黏度传感器由测粘计和单片机变送器两部分组成,其结构原理如图 2-1-41 所示。

测粘计是燃油黏度的测量装置,它把燃油黏度的变化转换为感应电动势的变化量并送到单片机变送器。测粘计的主要部件是振动杆 1、动力线圈 2、永久磁铁 3、检验线圈 4、永久磁铁 5 等。它的工作原理是基于插入到流动燃油里振动杆的强制振荡进行测量的。振动杆的强制振荡由动力线圈 2 和永久磁铁 3 产生并保持的,其振荡的频率是固定的。振动杆 1 自动频率取决于它的几何尺寸,当设计的振动杆几何尺寸使其自动频率等于强制振荡频率时,将发生共振。在这个振荡频率上,振动杆上的振荡幅值达到最大。燃油的摩擦阻力将衰减振动杆振荡的幅值,振动杆的幅值衰减量正比于燃油黏度。在测量管路里流过燃油的黏度越高,振动杆振荡受到的衰减就越大,杆的振荡幅值越小。反之黏度越低,衰减量越小,杆的振荡幅值越大。

通过固定在振动杆上的永久磁铁 5 和在其上方的检测线圈 4 进行测量振动杆的振荡幅值。检测线圈内感应电动势的下降量与振动杆振荡幅值的衰减量成正比。

振荡电路的共振频率,即动力线圈 2 电源的频率在制造时已经被调准,并把这个频率值储存在单片机 6 内。在工作期间,单片机随时对这个频率进行检查核对是否保持在特定范围内。传感器的校准是在工厂里用三种不同黏度(10 cSt,20 cSt,50 cSt)专用高等级标准油样进行黏度值标定的,从测量线圈检测到毫伏信号作为毫伏输出曲线存在单片机系统里。

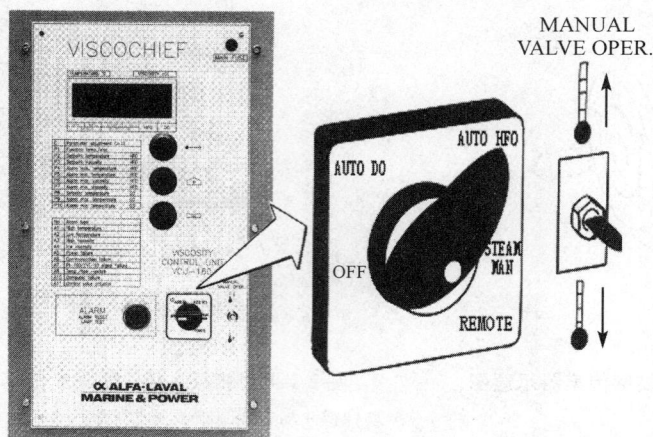

图 2-1-41　VCU－160 控制器外型图

6. VCU－160 型黏度控制器

VCU－160 型黏度控制器用单片机 8031 可以同时监视、控制、显示燃油温度和黏度,它的外形如图 2-1-41 所示。这种类型的黏度控制器主要由 PI 温度调节器和 PI 黏度调节器组成。控制和显示所用的输入信号来自于 EVT－10C 型黏度传感器和 PT100 温度传感器,输出控制信号到蒸汽加热装置的蒸汽调节阀或电加热装置的接触器。可以对 DO(柴油)进行温度定值控制,对 HFO(重油)进行温度或黏度控制,两种控制方式在升温或降温过程中有升温速率的程序和降温黏度定值控制,另外设有手动控制蒸汽调节阀的调节方式。在各种工作方式下均有温度和黏度显示。

当把控制方式选择开关从停止转到 DO 位置(温度控制)时,开始对柴油进行加温,其温度升高的速率是按事先设定的规律进行程序控制的,当温度达到设定的 DO 定值控制温度以下 3 ℃之内时,加温过程的程序控制结束,自动转入温度定值控制,此时黏度警报被自动关闭。

当把控制方式选择开关从停止或柴油位置转到 HFO 位置(黏度控制)时,升温过程与 DO 工作方式升温过程相同,只是当温度达到 HFO 设定温度以下 3 ℃之内时,自动转入黏度定值控制,同时闪亮的 DO 工作指示灯熄灭,HFO 指示灯亮。工作状态稳定后,改为对 HFO 进行温度或黏度的定值控制。当黏度的给定值与测量值的绝对偏差在 0.5 cSt 以内时,温度调节器开始以黏度值所对应的当时温度值作为温度给定值,对 HFO 进行温度定值控制,只要黏度保持绝对偏差在 0.5 cSt 以内,温度调节器就一直输出控制信号,使系统温度保持在当时温度上。当黏度绝对偏差值超过 0.5 cSt 时,黏度调节器开始工作,使其恢复到绝对偏差在 0.5 cSt 以内时,温度调节器又以此黏度所对应的温度为给定值进行温度定值控制。定值控制用的比例积分作用规律和程序控制功能均由软件程序来完成。

在本系统中,采用黏度或温度定值控制是基于同一燃油温度的变化要比黏度的变化灵敏这一事实,特别是在温度传感器经改进后,检测温度很敏感的情况,可大大提高系统的灵敏性,改善系统的动态特性;同时,两种定值控制可以互为备用,从而可提高系统的稳定性。

7. CIP 自动清洗机

(1)CIP 自动清洗机的基本结构

CIP 是自动清洗的意思,这种清洗机适用于具有向心水泵和向心油泵的分油机。这种设备是"α-LAVAL"公司的分油机附属设备之一,它能消除分离盘不平衡、解决排水口堵塞、清除分油机内部污物、减少辛苦和不健康的工序,减少大量的人力和时间,并减少分油机的损耗。它搬动方便,连接各种分油机操作简单方便。CIP 自动清洗机的结构如图 2-1-42 所示。

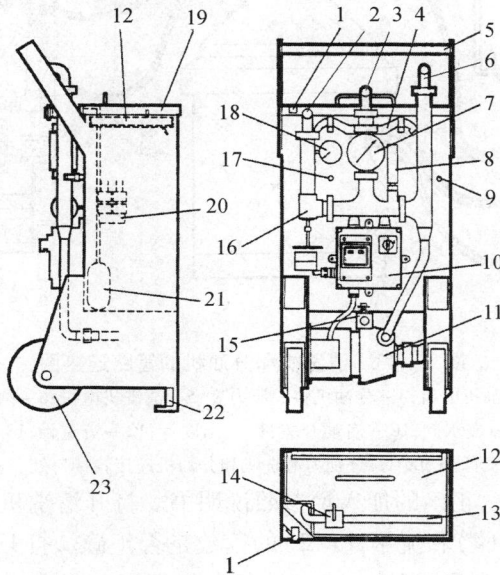

图 2-1-42　CIP 自动清洗机结构图

1—液位计;2、3、6—接头;4—专用工具;5、22—上、下支架;7—流量计;8—温度计;9—冷却管接头(出口);10—启动器;11—泵;12—溢流板;13—喷管;14—球阀;15—泄放阀;16—冷却水出口调节阀;17—冷却水管接头(进口);18—压力表;19—绞链式柜盖;20—热交换器;21—浮子式液位计;23—轮子

使用 CIP 清洗机,必须使用"α-LAVAL"公司提供的专用清洗液。清洗液分两种,用蓝色桶装的为滑油清洗液,用白色桶装的为燃油清洗液,在桶的标签上有明确的标识。标签上还有使用安全守则,操作时应严格按照执行。CIP 清洗机与分油机管路连接见图 2-1-43。

(2)清洗机和分油机的操作

如图 2-1-43 所示:当确认分油机已经停稳后(转速指示器 1 完全停止下来),检查分油机系统中二位三通气动阀 V1(见图 2-1-31,11)处于循环位置。使用专用扳手分别拆除分油机上的 A、B、C 三根管子,然后将清洗机(13)中的三根胶皮管 A、B、C 依次与分油机(3)相连。最长的一根接在上方,最短的一根接在下方。按 A—A、B—B、C—C 互相连接得当,防止泄漏。接下来松开分油机的制动器,启动分油机,待达到额定转速后,人工打开 V16 阀,使分油机处于密封状态。再检查清洗机(13)中的放水阀(9)是否关好,向清洗机注水,加水量由说明书给定。正确的加水量由浮标(见图 2-1-42,21)所指示,根据分油机(3)所分离燃油和滑油的不

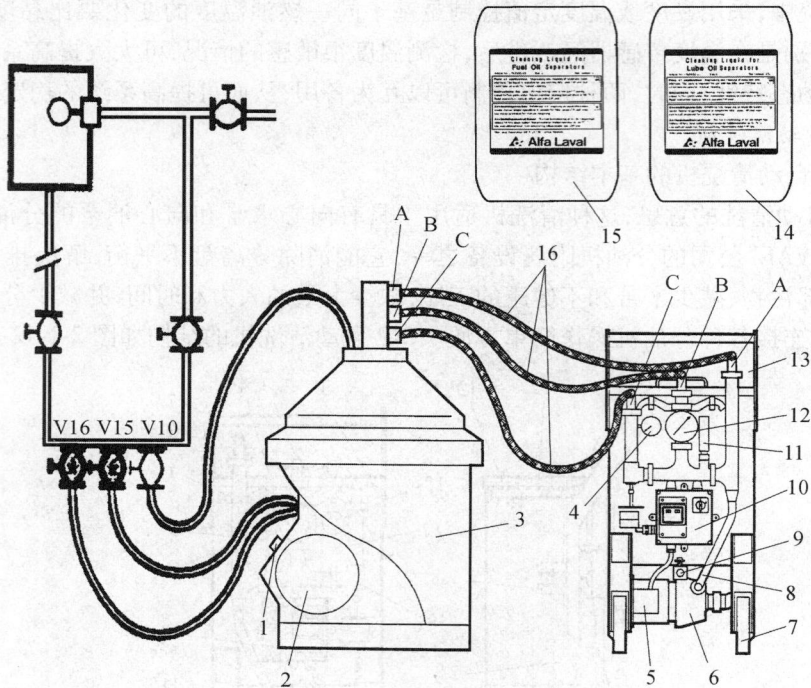

图 2-1-43 清洗机和分油机的管路连接图

1－分油机转速指示器;2－分油机电机;3－分油机;4－压力表;5－清洗机电机;6－清洗机水泵;7－可移动清洗机
活动车轮;8－清洗水出口;9－放水阀;10－启动开关;11－温度计;12－流量计;13－清洗机;14－滑油清洗液;
15－燃油清洗液;16－连接软胶管;A、B、C－分别为清洗机和分油机连接管接口处

同,加入适量的 CIP 清洗液,正确的加入量参照说明书。打开清洗机启动开关(10),使清洗机
水泵(6)转动,检查压力表(4)和流量计(12)的读数是否正确。打开清洗机的上盖,观察温度
计(11)指示出清洗水的温度,该温度应在 50~70 ℃ 之间。若高于这个范围,可用热交换器
(见图 2-1-42,20)来冷却,冷却介质可用淡水或海水。冷却水的进出口如图 2-1-42 所示,17 代
表进口,9 代表出口。清洗分油机时应注意观察,若浮标(见图 2-1-42,21)突然降下来,应人工
打开 V15 进行排渣,此时应当听到排渣声。排渣需要反复进行几次。

清洗完毕后,若使用冷却的话,首先拆除冷却水进出水管。若用海水冷却则应用轻水冲洗
热交换器(见图 2-1-42,20)。人工关闭阀 V16,连续开关阀 V15,排空分油机内部的液体。当
听不到排渣声时,说明分油机内部已经排空。将清洗机的放水阀(9)打开,放掉其内部含有清
洗液的清洗水后,关闭放水阀(9),再在清洗机中,加入清洁水(不少于 10 公升的清水),冲洗
分油机,关阀 V16,开阀 V15,排空分油机内部的水。之后停止 CIP 水泵(6)及分油机(3),打开清
洗机放水阀(9),待分油机完全停止后,把三根长胶管(16)拆下,将原分油机的三根管子接好,
分油机如常操作。

六、ALCAP FOPX 自动控制系统

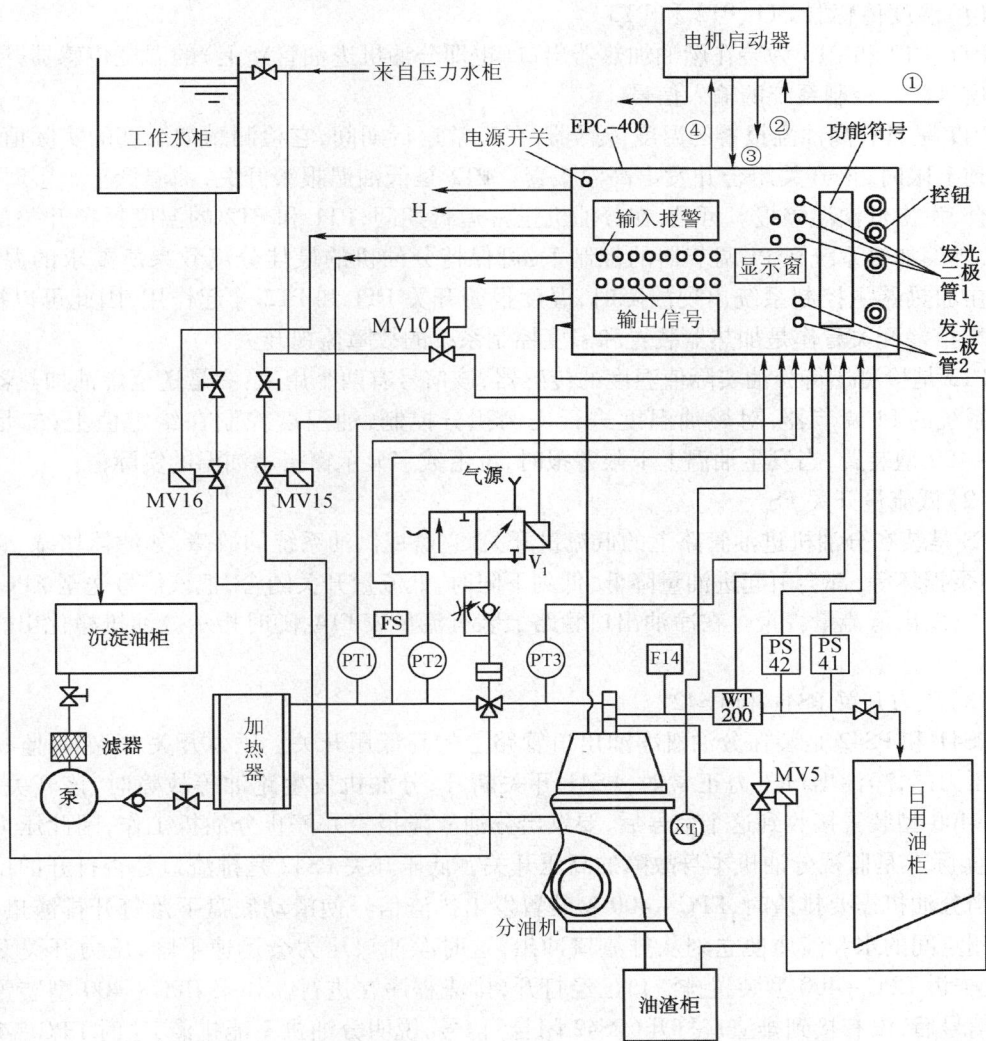

图 2-1-44   FOPX 型分油机自动控制系统的组成原理图

F14 – 流量表;FS – 低流量开关;MV5 – 排水电磁阀;MV10 – 调节和置换水控制阀;MV15 – 开启工作水控制阀;MV16 – 密封和补偿水控制阀;PS41 – 分油机故障开关;PS42 – 排渣口打开反馈信号;PT1、PT2 – 高低油温开关;PT3 – 油温传感器;V1 – 待分油进机控制阀;WT200 – 水分含量传感器;XT1 – 液体温度传感器

在 FOPX 型分油机中,组成其控制系统的重要设备就是 EPC – 400 型自动控制和监视装置,它接收装在分油机进油管路上和净油出口管路上的传感器信号,EPC – 400 对这些信号进行分析并加以处理。由输出端输出各种信息,对分油机进行自动控制和操作。同时分油机的运行状态也通过在 EPC – 400 控制单元上的一系列发光二极管的红绿灯的亮灭以及数字显示窗的数字进行指示,该自动控制系统的组成原理如图 2-1-44 所示。

在该控制系统中,对 EPC – 400 型装置来说,其输入信号和输出信号是比较多的。这些信号能准确地监视分油机的工作状态,同时也能控制分油机的各种操作。

1. EPC – 400 输入信号

(1)温度传感器 PT1、PT2 和 PT3

PT1、PT2 和 PT3 为装在燃油加热器出口(也即分油机进油管路上)的温度传感器开关,其输出信号作为控制系统的输入信号。

PT1 是具有高油温报警的温度传感器,在正常运行期间,它检测燃油温度的实际值,当油温达到上限时,该开关闭合并发出高温报警。PT2 是低油温报警开关,油温低于下限时,该开关闭合,发出低油温警报。可见,在分油机正常运行期间,PT1 和 PT2 的温度报警开关都是断开的,燃油加热系统在 PI 调节器的控制下,可保持分油机的最佳分离效果所要求的温度值。只有在加热器主控制系统出现故障时,温度报警开关 PT1 和 PT2 才起作用,因此可以把 PT1 和 PT2 报警开关看作是加热器装置和温度控制系统的故障监视开关。

PT3 是检测燃待分油实际值温度的传感器,该信号有两个用途:一是送至燃油加热器油温控制系统的 PI 调节器,对燃油温度进行比例积分控制,油温度控制在给定值上;二是送至 EPC – 400 型装置,当发生油温上下限警报时,可由数字显示窗指示油温的实际值。

(2)低流量开关 FS

FS 是装在分油机进油管路上的低流量开关,它监视供油系统的故障,如滤器堵塞、管路泄漏、油泵损坏等,都会引起进油量降低,低到下限时,低流量开关闭合,把该信号送至 EPC – 400 型装置,发出低流量警报。在净油出口管路上装有流量表 F14,随时指示分油机净化出燃油的流量。

(3)压力开关 PS41 和 PS42

PS41 和 PS42 是装在分油机净油出口管路上的高低压开关。压力开关 PS41 是监视净油出口压力的,净油出口压力正常时,PS41 开关断开;分油机发生跑油等故障时,该开关闭合。EPC – 400 型装置接收到这个信号后,要发出分油故障报警并停止分油机工作,因此压力开关 PS41 实际上是监视分油机本身故障的高压开关。低压开关 PS42 是排渣口是否打开的反馈信号。当分油机需要排渣时,EPC – 400 型装置发出排渣信号使滑动底盘下落打开排渣口,分离盘外侧空间的水和渣质便立刻从排渣口冲出,这时净油口压力会迅速下降,压力开关 PS2 闭合,它告诉 EPC – 400 型装置排渣口已经打开,排渣程序在进行。如果 EPC – 400 型装置发出排渣信号后,没有接到排渣口打开(PS42 闭合)信号,说明分油机不能排渣,这时 EPC – 400 型装置将撤销排渣信号,数秒后第二次发出排渣信号。如果仍接不到排渣口打开的信号,EPC – 400 型装置最终确定分油机不能排渣,发出不能排渣的报警并停止分油机的工作。EPC – 400 型装置发两次排渣信号的作用是防止误动作和误报警。

(4)液体温度传感器 XT1

XT1 是装在排渣口的液体温度传感器,它需用空气冷却。在正常分油作业期间,排渣口没有液体流出,XT1 应检到低温值。如果在此期间检测到温度值升高,说明排渣口密封不严,有液体流出,则 EPC – 400 型装置面板上相应的红色发光二极管闪光报警。在排渣期间,XT1 应检测到高温信号,如果没有检测到高温信号,说明排渣口没有打开。在较老式的控制装置中,就是用这个信号作为排渣反馈信号,但它易出故障,在新的控制装置中,采用 PS42 作为排渣的反馈信号而不用 XT1。虽然,在过去一段时间内 FOPX 分油机的控制装置中还保留 XT1,用于监视在正常分油期间排渣口是否被牢牢密封,但是,由于 XT1 经常出现误报警故障,近几年新出的 FOPX 分油机控制装置已经取消了 XT1 装置。

（5）水分传感器 WT-200 型

水分传感器 MT4 采用 WT-200 型，它装在分油机的净油出口处，用以测量净油中含水量的变化情况，并根据净油含水量达到触发值所需时间，由 EPC-400 型装置决定是打开排渣口还是开启排水电磁阀。因此水分传感器是监控系统中很重要的部件，它的结构原理如图 2-1-33 和图 2-1-34 所示。

（6）EPC-400 型装置面板

在 EPC-400 型装置面板的右面有四个按钮，如图 2-1-45 右下角部分所示。最上面的一个是加热器按钮，按此按钮将接通加热器电源，对待分油进行加热，待分油在分油机外面打循环。第二个按钮是程序启动/停止按钮，按一次该按钮，EPC-400 型装置运行预定程序，它首先监视待分油温度，当待分油被加热到分离温度值时，开始对分油机供油，实现分油作业及排水、排渣等操作的正常程序运行。第三个按钮是手动排渣按钮，按一次该按钮对分油机执行一次排渣程序。第四个按钮也就是最下面的按钮，它是报警复位按钮，当分油机和控制系统出现故障时，EPC-400 型装置将输出停止分油机工作或停止程序运行的信号。待故障排除后，须按此复位按钮才能撤销故障信号，并使程序恢复到启动前的状态。

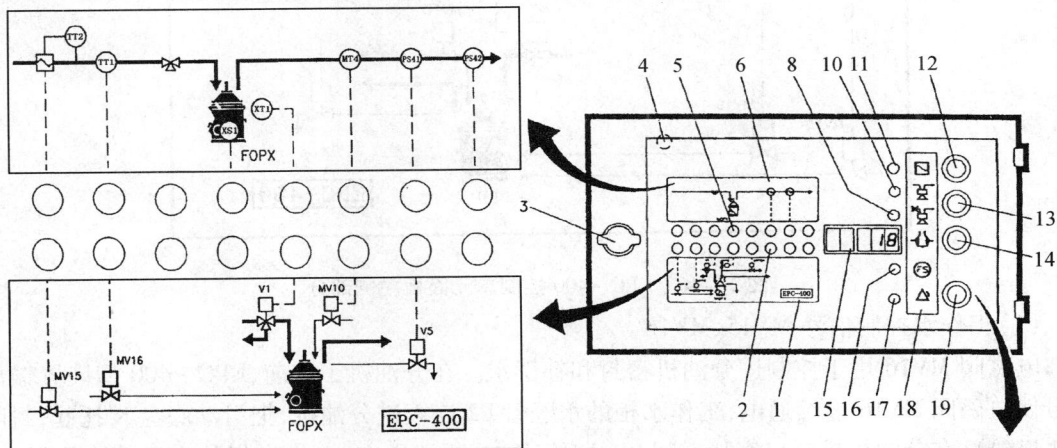

1. 系统输出图
2. 系统输出显示LED（绿）
3. 门锁
4. 主保险开关
5. 警报输入LED（红）
6. 警报输入图
8. 停止程序显示LED（黄）

注：LED—发光二极管

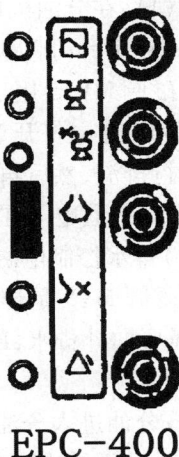

10. 程序运行显示LED（绿）
11. 加热器工作显示LED（绿）
12. 加热器开/关按钮
13. 程序开/关按钮
14. 排渣按钮
15. 显示幕
16. 无排渣显示LED（红）
17. 主报警LED（红）
18. 功能符号
19. 警报复位按钮

图 2-1-45　EPC-400 控制单元面板图

2. 输出信号

在控制系统中,EPC-400 型装置输出的信号有:控制分油机操作的各种电磁阀、显示分油机控制系统状态的指示灯以及由 5 位数码显示器所组成的显示窗口。如图 2-1-45、图 2-1-46 所示。

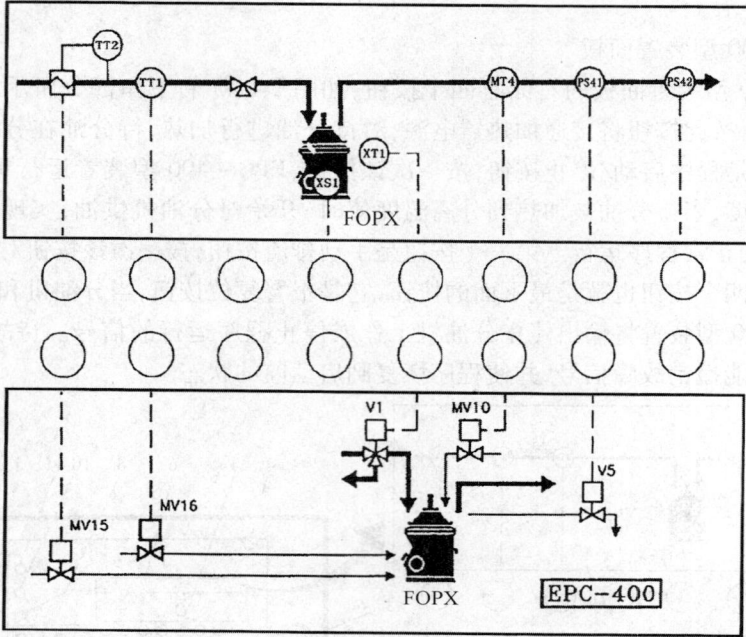

图 2-1-46　EPC-400 控制单元面板左侧部分

(1)工作水控制信号 MV15、MV16

电磁阀 MV16 用于控制进分油机密封和补偿水。在分油机工作前,EPC-400 型装置输出信号使电磁阀 MV16 连续通电,工作水柜的水经管 P2 连续进分油机,把滑动底盘 K 托起,封闭排渣口(I),在分油机排渣口密封期间,电磁阀 MV16 断续通电,工作水柜的水经管 P2 断续进分油机,并使滑动底盘下面的工作水维护在 Z 孔附近(参照图 2-1-29)。

电磁阀 MV15 用于控制操作水的。当需要排渣时,EPC-400 型装置将使电磁阀 MV15、电磁阀 MV16 通电打开 3 s,由管 P1 、P2 同时向分油机进操作水,滑动底盘 K 下落 0.1 s 打开排渣口进行排渣,然后再自动托起密封排渣口。排渣完成时,MV15 断电,MV16 连续通电一段时间后,再断续通电。在排渣口密封期间,电磁阀 MV15 保持断电(参照图 2-1-29)。

(2)排水控制电磁阀 MV5

电磁阀 MV5 是排水电磁阀。随着分油机正常分油的进行,分油机内油水分界面将不断内移,当需要向外排水,EPC-400 型装置将电磁阀 MV5 通电打开,约 20 s 左右后断电关闭,向外排一次水。

(3)分油进入分油机控制电磁阀 MV1

为了保证分油机的分离效果,必须对待分油进行加热。加热器可选用电加热器,也可选用蒸汽加热器。选用电加热器时,由 EPC-400 型装置的 H 端提供 48 V 交流电源;选用蒸汽加热器时,H 端是 24 V 交流电源,同时接通温度自动控制系统的工作。当待分油的温度在正常范围内,且没有发生使分油机停止工作的故障信号时,EPC－400 型装置一直输出一个信号使电磁阀 MV1 通电,通过气动三通阀 V1 使待分油进分油机,切断在分油机外面打循环的回路。当分油机发生故障或停止工作时,电磁阀 MV1 断电,气动三通阀 V1 将切断待分油进入分油机的通路,使其在分油机外面打循环(参照图 2-1-37、图 2-1-44)。

(4)调节水/置换水控制电磁阀 MV10

水分传感器 WT－200 在参考时间内,检测到待分油可游离水参考值(正常的脉冲数范围为 280 ~ 350 s)较小时,EPC－400 控制单元程序就输出一个信号使电磁阀 MV10 通电,加入适量调节水,不仅可以提高参考值,而且有益于泥渣状态。

在排渣前,若水分含量极少,达到最大排渣间隔时间(油水界面远离分离盘外侧)时,排渣前,EPC－400 控制单元程序就输出一个信号使电磁阀 MV10 通电,先加入一定量的置换水,使油水界面内移,然后再排渣,可以减少待分油损失,稀释泥渣。

(5)显示分油机控制系统状态的指示灯

在 EPC－400 装置的面板上,有一系列的发光二极管用于指示分油机及控制系统的状态。在发光二极管组 1 中的三个发光二极管,从上到下分别指示加热器工作(绿色)、程序运行(绿色)、程序停止(黄色)。在发光二极管组 2 中,上面的是不排渣报警指示(红色),下面的是总报警指示(红色)。面板左边有上下两排发光二极管,上排是各种输入信号的报警指示(红色),下排是正常输出信号的指示(绿色)。上排的各种报警信号分别为:外部加热故障、高/低油温报警、XS1 应急停止/振动报警、XT1 液体温度指示、MT4 水分传感器故障、高压开关 PS41 和低压开关 PS42 报警,各报警发光二极管与图标面板相对应;下排的正常输出信号指示与其图标面板相对应,分别表示:MV15 电磁阀通电打开、MV16 电磁阀通电打开、V1 气动三通阀打开向分油机供油、MV10 电磁阀打开加入调节水/置换水、V5 电磁阀打开分油机向外排水。如图 2-1-44、图 2-1-45、图 2-1-46 所示。

(6)显示窗口

在控制面板的中间有显示窗,显示窗有五位数码显示器,在分油机运行期间,左边两位显示净油中的含水量,但它不是显示含水量的绝对值,而是显示净油中含水量达到触发值的百分数。与含水量成正比每秒钟的脉冲个数,即为触发值,净油中含水量小于等于 100 时,显示"00";净油中含水量大于等于 350(达到或超过触发值的 100%)时,则显示"－－";右边三位则显示距下次排渣的最大时间,显示为"1.3"时,代表时间为 1:30 ~ 1:39;显示为"32"时,代表时间为 32 秒;显示为".32"时,代表时间为 32 分钟。

如果连续按下报警复位钮,数字显示窗会逐步显示下列参数:

1C 98　控制温度传感器,检测的燃油温度的实际值,摄氏度或华氏度;

2C 98　高温报警传感器,检测的燃油温度的实际值,摄氏度或华氏度;

3h 72　累计工作时间 h×10,显示器上的 72 表示 720 小时,最大指示为 999;

4 280　实际水分传感器的信号值,即与净油出口的水分成正比的模拟信号;

5 －－　用(－－－)指示不用的功能。

当显示窗用来显示报警值时,左边两位表示报警代号,右边三位显示报警值。在参数设定和调整过程中,数字显示窗也起着重要作用。

七、EPC – 400 的报警功能

ALCAP 分油系统的报警功能全部由 EPC – 400 控制单元来完成。报警系统的设计用来保证在报警情况下,分离系统总是达到安全状态。除应急停止/振动和额外报警之外,其他全部报警功能将切断分油机的进油。

与传感器相关的报警功能用 EPC – 400 控制单元面板上的与其对应的红色发光二极管和面板上"总报警指示"红色发光二极管来显示。这些报警有:

PS41——跑油报警。

PS42——不排渣报警。

MT4——水分传感器故障。

XT1——液体温度指示信号。通常,每次排渣后 EPC – 400 控制单元就自动校准液体传感器的信号值,如果发生意外的信号偏差,EPC – 400 单元就会自动开始一个新的排渣程序,以便重新校准液体传感器的信号,如果信号一直是意外的偏差就激发报警功能。

XS1——应急停止/振动报警。如果安装振动开关,无论如何要避免误报警,在发出报警之前必须在 1 秒中之内连续三次激发振动开关,分油机才自动关停。

TT1——高/低油温报警开关。此报警激发后,除上述发光二极管显示外,在数字显示窗上用标号 1 ℃(或 1 ℉)和实际温度值也来显示报警。

外部加热器故障。

不排渣报警。当没有确认已经收到排渣信号时,EPC – 400 控制单元自动地开始一个新的排渣程序。如果排渣一直得不到确认,控制单元就关停分油并激发报警功能。

当一个报警功能被激发时,相应的发光二极管和"总报警指示"发光二极管就开始闪光。

其他的报警功能都在数字显示窗上显示,"总报警指示"发光二极管也显示这些报警,当这些报警功能被激发时,显示窗左边数字开始闪光,右边数字是稳定发光。这些报警功能包括:

A1——通信故障。

当 EPC – 400 型装置与主计算机联网或几台 EPC – 400 型装置联网使用时,若它们之间通信不正常,将在显示窗中显示出故障代码 A1。如果该 EPC – 400 型装置是单机运行,一般不会发生 A1 类别的故障报警。

A2——程序处理器故障,其中:

A2 – 1——单片机 8031 内部 RAM 故障。

A2 – 2——单片机 8031 外部 RAM 故障。

A2 – 3——EEPROM 故障。

A2 – 4——EPROM 故障。

A2 – 5——RLP 方式选择开关转换位置错误。

A2 – 6——A/D 转换器故障。

A2 – 7——温度和水分传感器标定错误。

A3——程序编制方式时间太长,它是指两块电路板中 8031 与存储器及各种接口之间传递信息的时间太长,这会影响程序的正常运行,将会发生显示 A3 代码的报警。

A4——电源故障报警,其中:

A4 – 1——停电。

A4－2——电源频率太高(±5%)。

A5——分油机启动时间超过最长启动时间的故障报警。

A6——控制温度传感器和高温报警传感器所检测到的燃油温度值之差超过 30 ℃ 的报警。

A7——分油机系统故障报警,其中:

A7－1——水分传感器输出值＞400 单位。

A7－2——水分传感器输出值＜100 单位。

A7－4——排水阀开度不足。

A7－5——记忆单元故障。

A7－6——液体传感器温度报警,即排渣口密封不严。

A7－7——水分传感器工作不正常。

A7－8——两次发出打开排渣口指令,排渣口仍未打开。

A7－10——置换水系统工作不正常。

分离筒置换水增加时,分油机净油出口上的水分传感器感受到油中水分的增多。如果置换水增加的定时器功能已经消失,在两次排渣顺序之间没有感受到油中水分的增多,则激发报警功能。

A9——额外报警。

当分油机及控制系统在运行中发生故障时,相应的红色发光二极管和报警发光二极管闪亮,同时显示窗中显示报警内容的数字也在闪亮。故障排除后必须按复位按钮才能使分油机从初始化程序重新开始运行,或者撤销被中断的程序使程序继续运行。如果在同一时间发生几个报警状态,则主控制板上的单片机将根据所检测到的故障顺序,在显示窗中显示第一个故障内容,按一次复位按钮后,复位第一个报警,显示窗再显示第二个报警内容,这样轮机人员就会清楚有几个故障需要修复。

无论哪种报警被激发,只有当故障被排除后,再按下报警复位按钮才能消除报警,直到所有的故障消除复位后,分油机才能正常工作。

八、EPC－400 控制单元的参数调整

EPC－400 控制单元的参数调整是在其内部进行的。打开控制单元的板盖,就会看到如图 2-1-47 所示的一些相关元件。

状态选择开关 5 有三个位置,即"P"、"L"和"R"。"P"是参数调整位置,"L"是本机控制,"R"是遥控控制。如果 EPC－400 控制单元通过线路与其他的控制单元或主计算机相连,当状态开关 5 置于"R"位置时,可实现单元之间的通信,或单元与计算机间的通信,即是遥控控制。

在进行参数调整之前,必须注意将正在运行的分油机停止后方能进行,否则分油机不被 EPC－400 控制单元所控制。

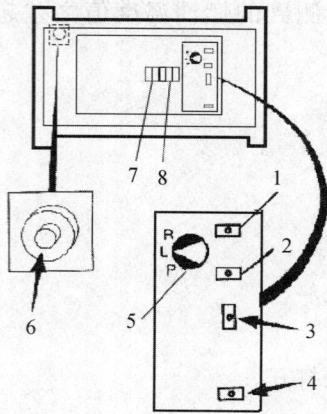

图 2-1-47　EPC－400 控制单元的参数调整面板图

1—参数编号加;2—参数编号减;3—参数值加;4—参数值减;
5—状态选择开关;6—电源主开关;7—参数编号显示;8—参数值
显示

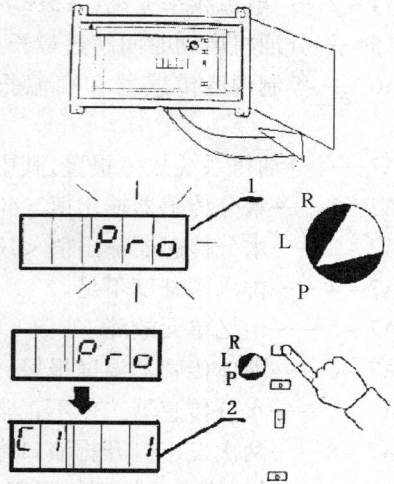

图 2-1-48　参数调整操作图

　　当需要进行参数调整时,一定要把状态选择开关 5 置于"P"的位置,参看图 2-1-47,5 位数码显示器,前 2 位(7)显示参数编号,后 3 位(8)显示参数值。参数编号按钮 1 和 2 分别代表编号加和减;而参数值按钮 3 和 4 分别代表调整数值的加和减。参数调整过程是靠这四个按钮来实现的。

　　EPC－400 控制单元中的参数又分为程序参数[C1]:P1－P19 和安装参数[C2]:P20－P99。这两种参数如表 2-1-2 和表 2-1-3 所示。

　　当状态选择开关置于"P"位置时,显示窗口中就会出现如图 2-1-48 中 1 所示的现象。在调整程序参数时,首先要用参数编号按钮 1 或 2 按出程序代号"C1、1"。如图 2-1-48 中的 2,然后用参数值按钮 3 或 4 把程序参数"C1、1"按到"C1、12",如果参数代号不是 12 便不能改变参数值。然后用参数编号按钮 1 或 2 选出所要调整参数的编号,再用参数值按钮 3 或 4 按出所要修改的参数值,这样新的数值就会马上闪现在显示窗口中。接下去再按一次该参数所对应的编号以确认这个新的数值。在调整安装参数时,必须先用参数编号按钮按出"C2、2",然后按出"C2、12"便可进行安装参数的调整。同样在调整或改变安装参数时,显示窗口中新的数值就会出现,并一直闪亮。应再一次按动该参数所对应的编号,以确认这个新的数值,一旦被确认后,新安装的参数值就停止闪亮,这说明这个新的数值已经被输入系统当中。

　　程序参数如表 2-1-2 所示,安装参数如表 2-1-3 所示。所有参数调整完毕后,必须把状态选择开关 5 置于"L"(本机控制),或"R"(遥控控制)的位置,这样分油机才能按其已给定的程序正常运行。

表 2-1-2　**程序参数表**（Process Parameter List）

Parameter 参数		Designation/Unit 指定/单位	Range 范围	Factory set value 出厂值	Plant set value 现场值
P1	Time between sludge discharge 排渣间隔时间	Minutes 分钟	0 ~ 999	30	
P2	Purifier/Clarifier Mode 分水/分杂模式		P,C	C	C
P3 – P4	Not in use 不用				
P5	High temperature alarm 高温报警	℃/℉	0 ~ 155 ℃ 或 0 ~ 255 ℉	0	
P6	Low temperature alarm 低温报警	℃/℉	0 ~ 155 ℃ 或 0 ~ 255 ℉		
P7	Temperature set – point 加热器温度设定点	℃/℉	0 ~ 155 ℃ 或 0 ~ 255 ℉		
P8	P – Constant 加热器比例带	%	10 ~ 500		
P9	I – Constant 加热器积分时间	Minutes 分钟	0.1 ~ 10.0		
P10	Standby/On mode 备用/运行状态	0 = Standby 备用 1 = On 运行	0,1	1	
P11	Recovery time for thermistor 液体传感器复原时间	Seconds 秒	0 ~ 999	120	
P12 – P14	Not in use 不用				
P15	HFO/DO selection of type of oil 重油/轻油选择	HFO = Heavy Fuel Oil DO = Diesel Oil 重油、轻油	HFO/DO	HFO	
P16 – P19	Not in use 不用				

表 2-1-3　安装参数(Installation Parameter List)

Parameter 参数		Designation/Unit 指定/单位	Range 范围	Factory set value 出厂值	Plant set value 现场值
P20	Separator type 分油机种类	4.1 = FOPX, 4.2 = MFPX, 5.2 = LOPX	4.1~5.2	4.1	4.1
P21	Power supply frequency 电源频率	Hz	50/60	50	
P22	Not in use 不用				
P23	EPC-400 address EPC-400 地址	1 = EPC-400 2~8 = Not in use 不用	1~8	1	1
P24 – P32	Not in use 不用				
P33	Type of vibration switch 振动开关种类	0 = Emergency stop only 紧急停止, 1 = Mechanic 机械式	0~1	0	
P34	Alarm delay time 报警延迟时间	Seconds 秒	1~30	15	
P35	Delay of temperature alarm after changing of MV1 MV1 转换温度报警延迟	Seconds 秒	0~999	15	
P36	Remote control 遥控控制	0 = No remote control 无遥控控制 1 = Remote switches 外加开关 2 = Remote computer 外加计算机 3 = Remote control unit 外加控制单元 10 = No remote control and alarm A4 cancelled 无遥控及取消 A4 报警 11 = Remote switches and alarm A4 cancelled 外加开关及取消 A4 报警 12 = Remote computer and alarm A4 cancelled 外加计算机及取消 A4 报警	0,1,2,3, 10,11, 12,13	0	

续表

Parameter 参数		Designation/Unit 指定/单位	Range 范围	Factory set value 出厂值	Plant set value 现场值
P36		13 = Remote control unit and alarm A4 cancelled 外加遥控单元及取消 A4 报警			
P37	Heater type 加热器种类	0 = Non or common heater with separate controller 无或一般加热器 1 = HEATPAC EHS－62 controlled by EPC－400 用 EPC－400 控制的 HEATPAC EHS－62 加热器 2 = Heater with control valve, controlled by EPC－400 用 EPC－400 控制的蒸汽加热器	0～2	0	
P38	Size of HEATPAC preheater 加热器功率	kW	0,7,8, 14,16, 22,24,36, 40,50,56, 65,72		
P39	Ruin time of steam valve 蒸汽阀行走时间	Seconds 秒	0～999		
P40	Temperature reading 温度读数	C =℃　F =℉	C,F	C	
P41	Maximum start time for heater 加热器最长启动时间	Minutes 分钟	0～999	15	
P42	Not in use 不用				
P43	Extra alarm function 附加警报	0 = Alarm indication on display. No action 只有报警显示,无动作 1 = Alarm indication on display. Oil feed off during separation sequence 有警报显示及停止供油	0,1	0	
P44－P49	Not in use 不用				

续表

Parameter 参数		Designation/Unit 指定/单位	Range 范围	Factory set value 出厂值	Plant set value 现场值
STARING SEQUENCE 开始程序					
P50	Bowl closing water 关盘水	Seconds 秒	0~999	15	
P51	Not in use 不用				
P52	Reference time oil feed on 参考时间,开始供油	Seconds 秒	0~999	120	
P53	Bowl conditioning water 调节水	Seconds 秒	0~999	60	
P54 – P59	Not in use 不用				
SEPARATION SEQUENCE 分油程序					
P60	Time to first discharge after startup 启动后第一次排渣时间	Minutes 分钟	0~999	10	
P61	Max time between sludege dischar ges = P1 = P60 + P61 最长排渣间隔 = P1 = P60 + P61	Minutes 分钟	0~999	20	
P62 – P69	Not in use 不用				
SLUDGE DISCHARGE SEQUENCE 排渣程序					
P70	Bowl displacement water 置换水	Seconds 秒	0~999	120	
P71	Not in use 不用				
P72	Sludge discharge 排渣	Seconds 秒	0~999	3	
P73 – P75	Not in use 不用				
P76	Reference time 参考时间	Seconds 秒	0~999	30	
P77	Not in use 不用				
P78	Bowl conditioning water 调节水	Seconds 秒	0~999	25	
P79	Not in use 不用				

续表

Parameter 参数		Designation/Unit 指定/单位	Range 范围	Factory set value 出厂值	Plant set value 现场值
STOPPING SEQUENCE 停止程序					
P80 – P83	Not in use 不用				
P84	Bowl displacement water Oil feed off 置换水,停止供油	Seconds 秒	0 ~ 999	70	
P85	Not in use				
P86	Separator motor off 分油机马达停止,关闭水	Seconds 秒	0 ~ 999	180	
P87 – P89	Not in use 不用				
P90	service mode 维修状态	0 = No service mode(FO) value 无维修状态(FO)值 1 = Time P50 – P89 count-down P50 – P89 计时器倒数	0,1	0	
P91 – P99	Not in use 不用				

九、S 型分油机介绍

1. S 型分油机简介

S 型分油机是可控制无比重环全部排渣的自清式分油机,它是 α-LAVAL 公司基于 AL-CAP 技术开发的新型分油机。它用于净化矿物质燃油及柴油机润滑油。其所分油的密度最大值为 1000 kg/m³(15 ℃),最大分离温度为 100 ℃。

(1)结构

如图 2-1-49 所示。分离筒 3 由马达 9 经平面皮带 12 传动机构驱动。马达装置设置了一个摩擦离合器 11 以防过载。

分离筒本体和分离筒上盖靠锁紧环 6 锁紧,且本体上有锁紧环定位孔 4。

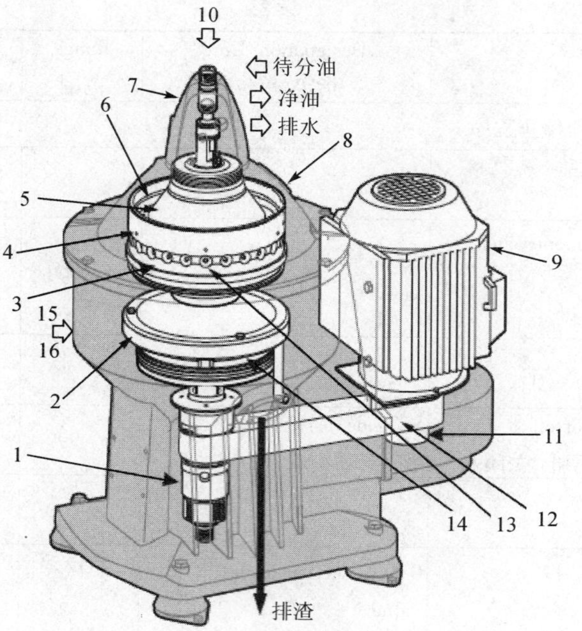

图 2-1-49 S 型分油机结构图

1 – 分油机立轴下轴承;2 – 工作水分配室壳体;3 – 分离筒本体;4 – 锁紧环定位孔;5 – 分离筒上盖;6 – 锁紧环;7 – 连接罩;8 – 机架罩;10 – 置换水;9 – 电机;11 – 摩擦离合器;12 – 皮带;13 – 排渣口;14 – 立轴上轴承壳体;15 – 开启水;16 – 密封水/补偿水

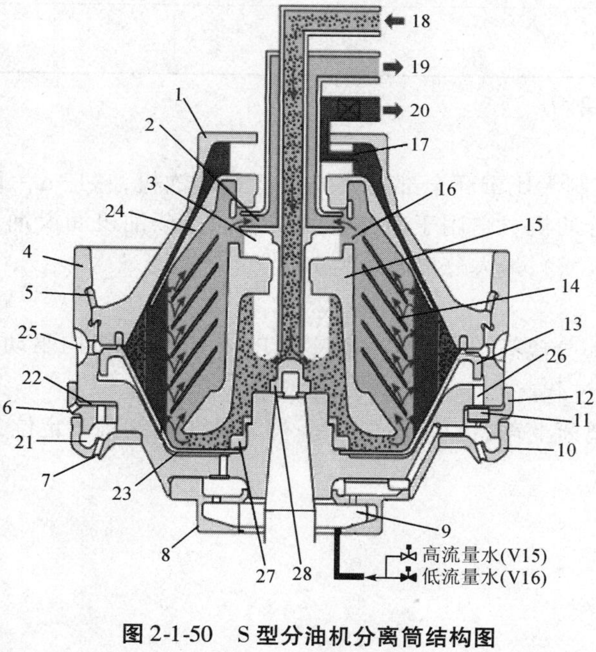

图 2-1-50 S 型分油机分离筒结构图

1 – 分离筒上盖;2 – 排油向心泵;3 – 排油腔;4 – 分离筒本体;5 – 紧锁环;6 – 滑动圈泄水喷嘴;7 – 泄水孔;8 – 配水盘;9 – 配水室;10 – 固定环;11 – 密封堵头;12 – 滑动圈;13 – 滑动底盘;14 – 分离盘组;15 – 配油器;16 – 配油器上孔;17 – 排水向心管;18 – 进油管;19 – 出油管;20 – 出水管;21 – 关闭室;22 – 开启室;23 – 工作室;24 – 分离盘顶盘;25 – 排渣口;26 – 泄水孔;27 – 锁滑动底盘螺母;28 – 锁轴螺母

（2）分离筒

α－LAVAL S 型分油机分离筒的结构如图 2-1-50 所示。

分离筒上盖 1 与分离筒本体 4 靠锁紧环 5 锁紧。排油泵 2 为向心泵，排水泵 17 为向心管式泵，并且管的位置可以通过调整机构改变，从而改变油水界面位置。锁轴螺母 28 直接将本体锁在立轴上。滑动底盘是由锁滑动底盘 13 由螺母 27 锁在立轴上，排渣时，排渣口的打开是靠滑动底盘变形来实现的。高流量水（V15）、低流量水（V16）和置换水（V10）（图中未示）共用一根来自压力水的水管。V15、V16 的流量大小是通过阀的孔径大小不同来实现的。V15 孔径约 4 mm，特点是流量大（约 11 L/min），V16 孔径 1.5～2 mm，特点是流量小（约 2.8 L/min）。

流体在分离筒里的流动与 FOPX 型分油机相似，这里就不详述了。

由分离筒底部的滑动底盘 13、固定环 10、滑动圈 12 和配水盘 8 构成排渣机构。

（3）排渣机构（如图 2-1-51 所示）

S 型系列净油机工作之前，配水机构必须先获得一个初始状态，即系统启动时，无论是有水流量校验的启动还是无水流量校验的启动，分油机转速、油温、油压等参数满足设定范围后，系统必须先通高流量水 V15，执行一次排渣动作。这是很关键的一步，目的是为了清空分离筒（如果上次是失电、应急停车等非正常停止，会造成分离筒内留有残油）；为后面的关闭动作提供必要的工作水，即关闭室 21 中充满水，否则后续的水流量校验或者燃油净化程序都无法进行。

工作水经泄放时间之后稳定的状态是：工作室 23 水通过泄水孔 26 放空，开启室 22 中的水通过滑动圈喷嘴 6 放空，滑动圈 12 在配水室 21 水静压力的作用下上移，则密封堵头 11 关闭泄水孔 26，滑动底盘 13 处于自由状态，排渣口 25 开启。

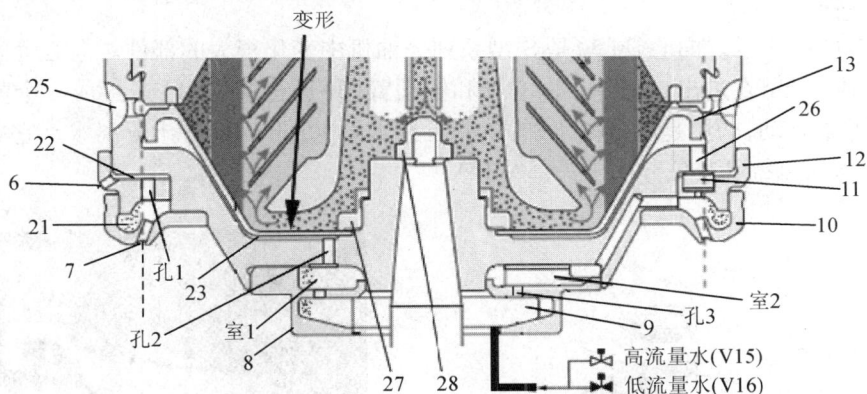

图 2-1-51 S 型分油机排渣机构示意图

①密封过程

高流量水 V15 阀开启时间为 5 s，然后密封水 V16 开启 15 s，此时的密封水在高速转动的分油机内产生离心力，并通过分离筒内的导水孔分成两路进入水腔。一路由配水室 9，经孔 3、室 2 进入由固定环和滑动圈组成的密封水腔关闭室 21，在离心力的作用下，密封水产生向上的作用力将滑动圈顶起，滑动圈上的三个密封堵头正好将分离筒底部的三个泄放孔 26 封住，密封水总保持在关闭室 21 图中虚线以外阴影部分，多余的水从泄水孔 7 泄放掉。这样由分离筒底部与滑动底盘之间工作室 23 就形成了密封水腔;密封水的另一路由配水室 9、室 1、孔 2 进入工作室 23,同样在离心力的作用下,工作室的密封水形成向上的作用力使活动底盘变形向上运动,并与分离筒上盖形成密封,封闭排渣口 25。在 EPC – 50 的控制下,V10 打开注入适量水封水,以保证封住分离盘组顶盘的外边缘。然后打开进油阀进行分油。

②分油过程

在分油过程中,为了避免关闭室 21、工作室 23 因密封水消耗,滑动圈失去支撑力,而造成滑动底盘打开排渣口而跑油现象,EPC – 50 控制系统会控制补偿水阀 V16 每隔几分钟打开 1 s,以达到密封水的补偿作用。如果补偿的水有过量,多余的水将通过滑动圈上的泄水孔 7 在离心力的作用下排出分离筒。

③排渣过程

分油机在一个设定的分油时间结束后需进行排渣。在 EPC – 50 控制下,先关进油阀,然后打开 V10 进置换水赶油,再控制开启水 V15 打开 5s,此时高流量的开启水,经配水室 9、孔 3、室 2 到关闭室 21,再经孔 1 到由分离筒底部与滑动圈 12 组成的水腔开启室 22。由于开启水流量远远大于泄水孔 7 的泄放量(由于滑动圈上孔 1 的直径比固定环上泄水孔 7 的直径大),此时,关闭室 21 虚线以内也充满水,所以开启水很快就充满开启室 22,由于滑动圈上面的面积大于下面的面积,在离心力的作用下形成向下的力要大于向上的力,这样滑动圈就向下运动,带动 3 个密封堵头 11 下行,打开了分离筒本体的的 3 个泄水孔 26,使得工作室中的密封水通过三个泄放孔 26 排出。活动底盘失去支撑力,在自身弹力和离心力作用下复位下移,打开排渣口 25 进行排渣。

由于 V15 的打开时间仅约 5s,开启室 22 的水很快通过喷嘴 6 排空,关闭室 21 的静压力作用下,滑动圈再次上移,关闭泄水孔 26,进行下一个分油工作循环。

④向心管

如图 2-1-52 所示。向心管(5)是 S 型系列分油机中变化很大的部件。向心管安装在进出口管内,叶片(4)留在进出口管外。向心管和转动臂(3)通过螺钉(1)连接成一个整体并可以绕 C 所在的轴转动,功用是给分离水加压,一旦排水阀 V5 开启即排出分离水。它取代了原来用于排水的向心泵,可避免分油机头部"过热"。

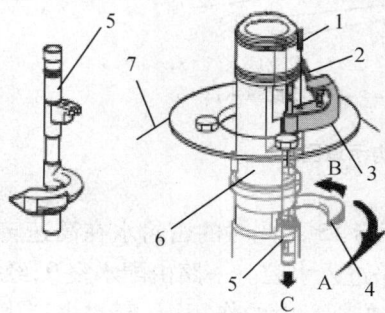

图 2-1-52 向心水管结构与工作原理图

1 – 螺钉;2 – 弹簧;3 – 转动臂;4 – 叶片;5 – 向心
管;6 – 进出口管;7 – 机架罩

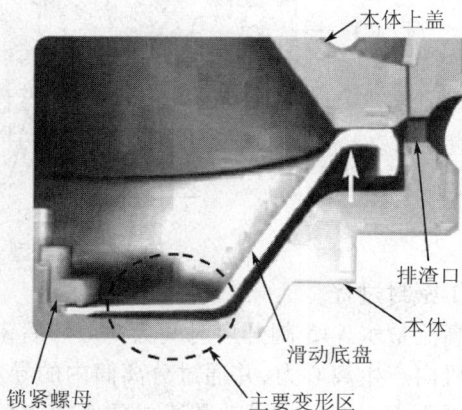

图 2-1-53 滑动底盘工作原理图

整个向心管可以看作是能够绕以 C 所在轴线转动的、水平作用半径可变的单叶片(4)向心泵,调整转动臂(3)可以改变叶片(4)的半径。沿箭头 A 方向转动,叶片(4)有效半径减小,反向则为增大。沿 A 向高速旋转的分离水进入向心管(5)的叶片(4),在叶片内动能转化为压力能再反向沿箭头 B 的方向进入到中空的 C 轴内下行,再通过进出口管(6)内的腔室结构上行至出口排出。向心管叶片有效半径相当于比重环的内径,其进口保持与油水分界面一致。所以,也可以说向心管就是自动调整的"比重环"。

⑤滑动底盘

如图 2-1-53 所示。S 型系列分油机滑动底盘,采用可变形的柔性金属活动底盘取代了早期的滑动滑盘。滑动底盘的中央由螺母固定,其四周的薄壁结构在水压作用下可变形,工作室充满工作水时,滑动底盘向上变形,与本体上盖接触,封闭排渣口;工作室水泄放掉后,滑动底盘在离心力和自身弹力作用下复位恢复原状,下移打开排渣口。排渣就是通过活动底盘的柔性变形来启闭排渣口。

2. S 型分油机与 FOPX 型分油机主要区别

S 型分油机与 FOPX 型分油机都是基于 ALCAP 技术开发的分油机,与传统的分油机比较,取消了比重环。它们兼有分水机和分杂机性能。出油管增加了水分传感器来检测油中的水分值,决定新增的排水阀(V5)是否打开,还是分油机进行排渣。

S 型分油机与 FOPX 型分油机主要区别见表 2-1-4。

表 2-1-4 S 型分油机与 FOPX 型分油机主要区别

	FOP 型分油机	S 型分油机
传动机构	蜗轮蜗杆传动	皮带传动
立轴	下轴承为单列滚珠轴承;中间为蜗杆;上轴承为单列滚珠轴承。	底部是一滑油泵用以润滑上轴承;下轴承采用自对中式滚柱轴承,飞溅润滑;立轴皮带轮的轮毂上钻有作为润滑上轴承的油雾通道;上轴承为单列滚珠轴承;紧靠上轴承装有 1 个离心式油雾风扇,随立轴高速旋转,抽吸底部油室的油雾,通过轮毂上的通道,润滑和冷却上轴承,即上轴承是气雾润滑,而非飞溅或压力润滑。
本体锁紧	带有螺纹大锁紧圈	无螺纹的锁紧环
配油锥体	有	无
活动底盘	刚性,可自由上下移动	弹性,由螺母锁在立轴上,靠本身柔性变形上下移动
滑动圈	靠弹簧作用上移复位	无弹簧,靠液体作用力上移复位
关闭室	滑动圈与定量环组成	滑动圈与固定环组成
V10、V15、V16 水来自	V10、V15 来自压力水柜,V16 来自高位水箱	三个阀共用一根来自压力水柜的水管

续表

	FOP 型分油机	S 型分油机
分离水排除	向心泵	向心管
排渣型式	部分排渣,比例与定量环凹槽有关	全部排渣,时间由 EPC – 50 决定
首次排渣时间	10 分钟	立即
排渣是否断油	无须断油	必须断油
控制单元	EPC – 400	EPC – 50
水分传感器	WT – 200	MT50

第四节　α–LAVAL 板式换热器概述

目前,板式换热器已经在船舶上得到广泛的应用。其应用范围是:中央冷却器、缸套水冷却器、滑油冷却器以及海水淡化装置中的造水机蒸发器、冷凝器等。

一、板式换热器结构和原理

板式换热器根据不同冷热介质的工况,分别由不锈钢、高钼合金、钛、钛–钯合金,蒙乃尔、哈氏合金等压制的许多波纹板叠合而成,如图 2-1-54(a)所示。在板的四角钻有冷、热工质的流通孔。在各板之间保持一定的间隙,四周用弹簧密封垫密封,密封垫由树脂黏合剂粘结在板的凹槽中。根据密封垫的形状,波纹板被分为甲、乙两种型式,如图 2-1-54(b)所示,以便在叠合以后,能使冷热换热工质分别经各板的一侧作相对的逆向流动,并通过波纹板进行换热。换热器的组装应按图 2-1-54(c)所示进行,即由底板开始将甲、乙两种换热板交替放置,然后再叠上一块橡皮盖板,并从左右两侧用夹板和螺栓固紧,从而连成一个整体。组装时,各层板必须按记号对齐,各密封垫表面应保持干净。夹紧时,各固定螺栓必须严格按照说明书的规定均匀上紧,以使底板和盖板彼此平行,从而保证足够的密封性能。如密封垫因使用日久,其弹性将降低,则只需将固紧螺栓适当的收紧即可。

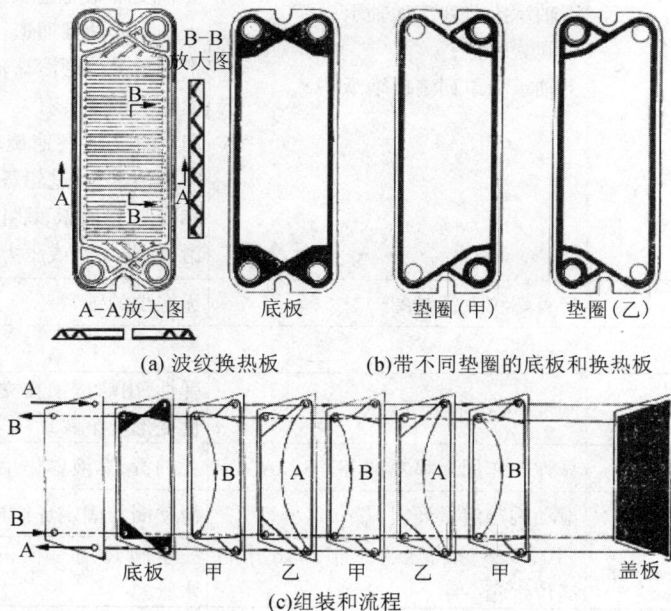

(a)波纹换热板　(b)带不同垫圈的底板和换热板

(c)组装和流程

图 2-1-54　板式换热器示意图

与传统的壳管式换热器相比,板式换热器的单位体积换热面积大,传热系数高(约为壳管式的 2~5 倍),结构紧凑,清洗维修方便,并可根据换热量的大小相应地增减换热面积,但板式换热器的流动阻力较大,介质的工作压力不宜过高。

板式换热器主要由两部分组成,即架座和板组组件部分,其结构如图 2-1-55 所示。

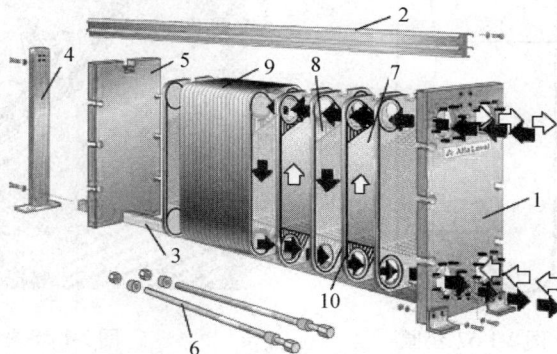

图 2-1-55　板式换热器的结构图

1-固定板;2-承载杆;3-导杆;4-支柱;5-压力板;6-螺杆;7-换热板;8-换热板;9-板片组;10-密封垫圈

架座:架座由固定板(板架)1、承载杆 2、导杆 3、支柱 4、压力板 5 和螺杆 6 组成。

板片组组件:板片组组件由换热板 7 和 8 及由若干个板片组成的板片组 9 组成。每个板片当中有相应的密封垫圈 10,以保证板与板之间的密封。两种不同工质的流动见图中箭头所示。为了提高流体的换热效果,两种流体均采用逆向流动。

所有的部件都连接于固定板架 1 上,固定板 1 由上承载杆 2 及下导杆 3 固定,两杆的另一端由支柱 4 支撑。板组件悬挂于上承载杆 2 上,并位于固定板 1 和压力板 5 之间,并由螺杆 6 夹紧。板组件和压力板均可沿承载杆 2 和导杆 3 移动。

板组件是采用压制成型带有直流状凹凸和球面突起的人字形波纹板式换热面,板面厚度最小可达 0.4 mm,波纹深度,从 1.5~11 mm 不等,以满足不同工况的需求。波纹不仅提供了很多的支撑点增强了板片的强度,可以制造很薄的板片,还可以在液体流动中建立高度的螺旋状湍流,提高传热效率,并且使结垢的可能性降为最低。如图 2-1-56 所示,每块板上有四个液位分配孔。各板片和分配孔周围都装有垫圈,见图 2-1-57,这些垫圈能使液体隔开,并使其限制在板组件内起密封作用,从而实现各板面之间的密封。

二、板式换热器的类型

1. 板片结构

板片主要由密封垫和密封槽(1)、巧克力分布区(2)、进口/出口(3)、悬挂槽(4)、密封口/无流经口(7)、泄漏槽(9)、主要换热区域(11)组成,如图 2-1-58 所示。

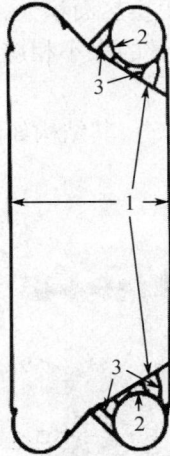

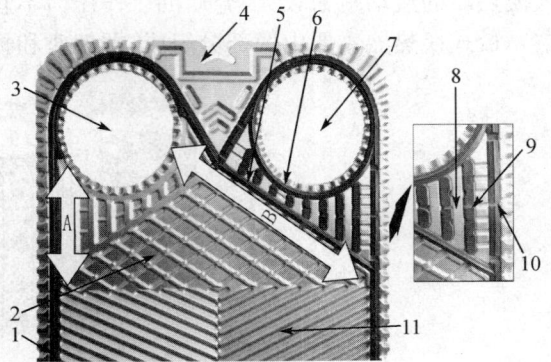

图 2-1-56 板组

图 2-1-57 垫圈

1 – 外圈；2 – 内圆圈；
3 – 连接肋

图 2-1-58 板片结构图

1 – 密封垫和密封槽；2 – 巧克力分布区；3 – 进口/出口；4 – 悬挂槽；5 – 一道密封垫；6 – 二道密封垫；7 – 密封口/无流经口；8 – 泄漏区；9 – 泄漏槽；10 – 泄漏孔；11 – 主要换热区域

密封垫（1）的作用是保证流体不外漏和两种流体不能渗漏混合。它由一整条均匀的橡胶条制成，镶嵌在具有支撑和保护性能的密封槽内，它分为粘接式和无粘接式。密封垫的内侧由特别设计的防止交叉混合的排出通道，如果密封垫坏了，泄漏将在外部被发现。

巧克力分布区（2）使流体均匀流过整个板片，这里允许流体平行流动。见图 2-1-58，在 A 和 B 处的压力降相同，流体在这区域的压力损失最小，这样，就可以把压力降用于有效的传热，充分使用传热面积，避免了远处的死角。

悬挂槽（4）将板片悬挂在承载杆上，板片下部安装在导杆上。这样既保证板片上下左右定位准确，又能保证板片在夹紧时能自动互相锁住，因此在板片复位时很容易地精确对齐，消除人为操作误差，从而保证换热器拆装后的使用性能，垫片的使用寿命也更耐久。

泄漏区（8）设在冷热流体两道密封垫（5 和 6）之间，即使一道密封垫被损坏，发生泄漏，漏泄的流体也会经泄漏槽（9），通过泄漏孔（10）流到外界，不会使两种流体发生掺混。

板片型式

根据换热形式和换热工质流体的不同，板式换热器的换热板有各种型式，其板面流体通道的形状亦有区别，通常有二种波纹的板片（L 小角度和 H 大角度），如图 2-1-59 所示。三种不同的流道（L、M 和 H），图 2-1-60 所示。其中：L、M、H 形流道分别适用于低湍流和压力降、中湍流和压力降、高湍流和压力降。这样的板片的设计，具有强硬的机构、多种传热通道、流体将受高的剪切力、换热效率有大的提高、板片不容易结垢、换热器抗振动性能强等特点。

3. 冷热流体在换热器里的换热形式

如图 2-1-61 所示，很容易看出两种不同流体 A、B 进入板式换热器内部的流程。一种流体从 A 孔进入 B 板与 A 板之间的各空间 1、3、5……然后从 A′处流出；另一种流体则从 B 孔进入到 A 和 B 板之间的各空间 2、4……后从 B′处流出，这就形成了平行通道的换热，并且两种流体是逆向流动的。

在板式换热器中，各板面形成平行或对角的通道，使得换热器内的两种流体反向流动，以提高换热效果。就平行和对角通道的结构来说，其内部的密封垫是不一样的。但平行换热具

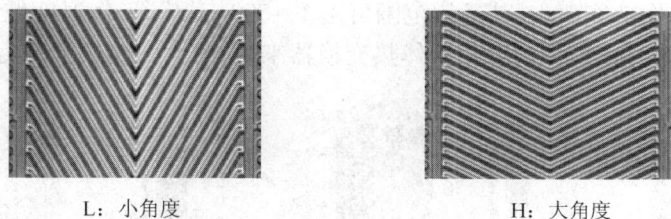

L：小角度　　　　　　　　　　　　H：大角度

图 2-1-59　波纹板片形状图

L+L：小角度流道　　　　L+H=M：混合流道　　　　H+H：大角度流道

图 2-1-60　波纹板片流道图

有一定的优势,带有密封垫的同一板片,在板片组里旋转 180° 就可以用于二边通道,这样,不仅完全满足对角换热所有的功能,而且系统中没有交叉管路,还可使备件消耗少。

换热器冷热流体的平行换热原理如图 2-1-61 所示,对角换热原理如图 2-1-62 所示。

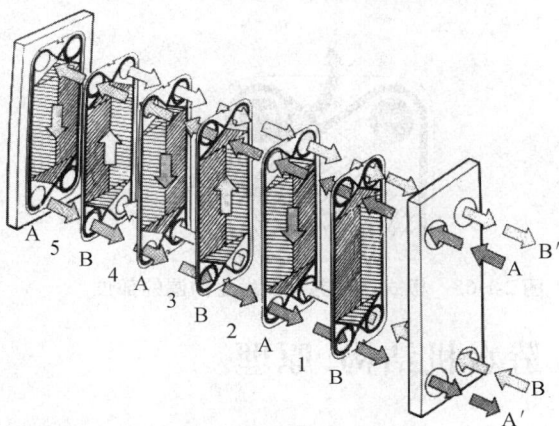

图 2-1-61　两种流体的换热原理图

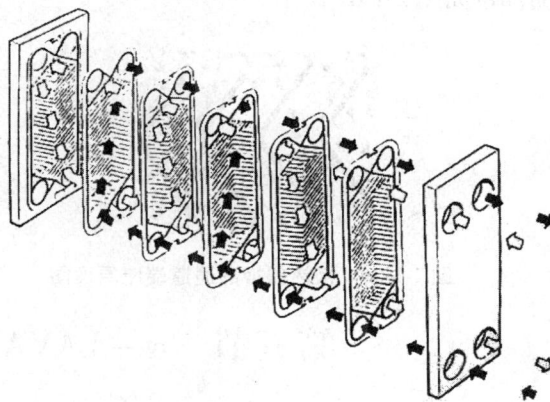

图 2-1-62　对角通道换热原理图

4. 常见板式换热器型式

在板式换热器中,换热器的外形尺寸不一,其内部通道的形状也是多种多样的,这主要是考虑在热交换器中的流体的阻力,因为在船上必定存在水与水、油与水、气与水等两种不同工质的换热。

板式换热器有多种规格,可以根据换热量的大小选型(或增减板片),以改变换热量。图 2-1-63 示出了几种板式换热器的外型。

为了适应船舶工作环境的要求,当使用海水或其他腐蚀性冷态介质时,标准的板片使用钛合金作材料,密封垫圈则采用丁腈橡胶、氟橡胶、硫化西基树脂制成。

板式换热器在船上有多种用途,可以用于蒸汽/液体换热,也可以用于液体/液体的换热。

就其液体/液体热交换功能而言,其适用范围可由 $1\sim500\ m^3/h$,工作温度低于 110 ℃,而工作压力低于 1.4 MPa(14 bar)。对蒸汽/液体热交换器来说,最大的换热量约为 5000 kW。

| M3型 | MX25型 | T20型 | TL10型 | TS20型 |

图 2-1-63　各种板式换热器的外型图

三、板式换热器的优点

(1)由于采用钛合金换热板,其板面不受海水的侵蚀,在换热板内换热通道为湍流,换热效率高,如图 2-1-64 所示。

(2)整台换热器结构紧凑、体积小、重量轻,容易清洁污垢和维修方便。

(3)能消除液体间发生渗漏的危险。

(4)通过改变板片的数目,可以容易增减换热面积。

其缺点是材料贵,设备初始设置费用高,当密封垫圈损坏时,容易发生泄漏,可能发生的泄漏部位如图 2-1-65 所示。

图 2-1-64　换热器换热通道湍流原理图　　图 2-1-65　板式换热器可能发生内漏的部位

第五节　α-LAVAL 造水机结构、原理

远洋船舶为了增加载货吨位,减少向港口购买淡水的费用,为增强船舶的续航能力,有效利用船舶的能源和余热,设立了海水淡化装置。所采用的板式换热器的 α-LAVAL 造水机的热源是主机缸套水(或蒸汽),而冷源则是舷外的海水。

一、α-LAVAL 造水机的种类

按造水机的外型尺寸及每日造水量划分,α-LAVAL 造水机主要有以下几种:JWP-16、JWP-26、JWP-36、D-PU-36、D-PU-2-36 等。其中对船舶来说大都为一级的,在陆上有一级、二级的。这类造水装置均采用真空沸腾式,并且越来越多地得到船上的认可和广泛的应用。

图 2-1-66 所示为部分型号造水机的外型图。

下面着重对 JWP-26-C 型造水机进行介绍,对它的基本结构、原理加以说明。

二、α-LAVAL 造水机的结构和工作原理

JWP-26-C 型造水机的原理见图 2-1-67。α-LAVAL 造水机采用的是在真空下对海水进行蒸馏从而制得淡水,即海水的蒸发和二次蒸汽的冷凝都是在较高的真空度下进行的。原因

图 2-1-66　部分型号造水机外型图

是：第一，真空度高，水的沸点低，用温度不太高的工质作为加热热源，有利于充分利用动力装置的废热，提高动力装置的经济性。例如，当真空度为 93% 时，对应的海水沸点为 38.6 ℃，这样，柴油机套缸冷却水即可用作加热热源，并可用船外海水使二次蒸汽冷凝。第二，系统能保持较低的加热温度，使得蒸发器换热面上的结垢明显减少，便于清除、保养和维修。

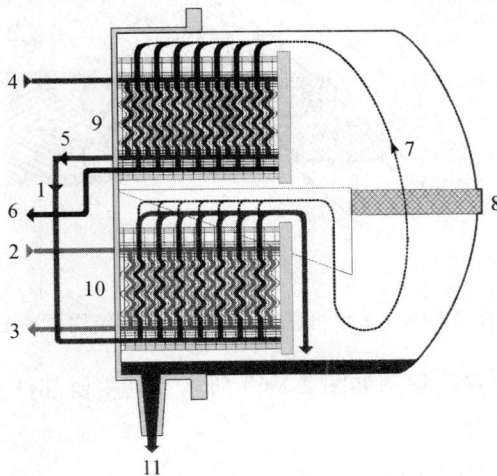

图 2-1-67　JWP-26-C 型造水机的原理图

1－制淡海水;2－蒸发器热源水进口;3－蒸发器热源水出口;4－冷却海水进口;5－冷却海水出口;6－淡水出口;7－蒸汽;8－汽水分离器;9－冷凝器;10－蒸发器;11－盐水出口

由图 2-1-67 可知,热源(套缸冷却水)从 2 进入到造水机内部的蒸发器 10 中,对制淡海水进行加热。制淡海水从 1 进入到蒸发器的板式换热器中,做完功的套缸水则从 3 流出。制淡海水在被套缸水加热后,汽化产生蒸汽(7),从蒸发器的海水通道上方流出,然后流经汽水分离器 8 进入冷凝器 9 的上方,被冷却水(海水)冷却,海水从 4 进入冷却器 9 的板式换热器的海水通道中,出口则从 5 流出。在蒸发器中,没蒸发完的海水及通过汽水分离下落的海水和冷凝器板片外没有被冷却的蒸汽,变成凝水经汽水分离器一同落在壳体下方,被排盐泵从 11 抽走排至舷外。制造出的淡水则从 6 被淡水泵抽出排至淡水柜或淡水舱。

造水机蒸发器和冷却器的结构原理见图 2-1-68 所示。为了使盐水和二次蒸汽能够从蒸发器的上方流出,在蒸发器换热板海水一侧(ED 板)的上部不设密封垫;为了使蒸汽能自上而下地进入冷凝器中冷凝,在冷凝器侧换热板(KD 板)的上方也不设密封垫。换热板上的载荷由板上的许多金属触点来支撑。制淡海水是通过 EV 板上节流孔进入 ED 板里,被缸套水加热产生二次蒸汽。α-LAVAL 造水机之所以采取这种蒸发器,不仅可通过节流孔板严格控制制淡海水给水量,而且给水通过蒸发器的时间较短,所以换热板面上的结垢也就相对轻。

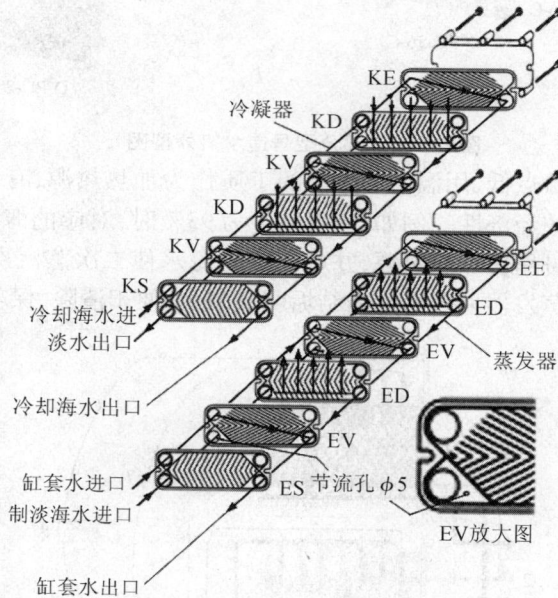

图 2-1-68　造水机蒸发器和冷凝器的结构原理图

JWP-26-C 型造水机装置流程图如图 2-1-69 所示。其主要部件有:

a. 造水机壳体,即蒸馏器。

b. 蒸发器,具体结构见图 2-1-67。

c. 冷凝器,具体结构见图 2-1-67。

d. 真空泵,为喷射泵,用于从造水机壳体内抽取盐水和空气。

e. 造水机海水泵,用于为冷凝器提供冷却海水及为真空泵提供工作水。

f. 淡水泵,用于抽取冷凝器中的淡水。

g. 盐度计连续不断地检查所造淡水的盐度,并能在所造出淡水盐度超标时报警。

h. 控制板,为造水机提供电源。

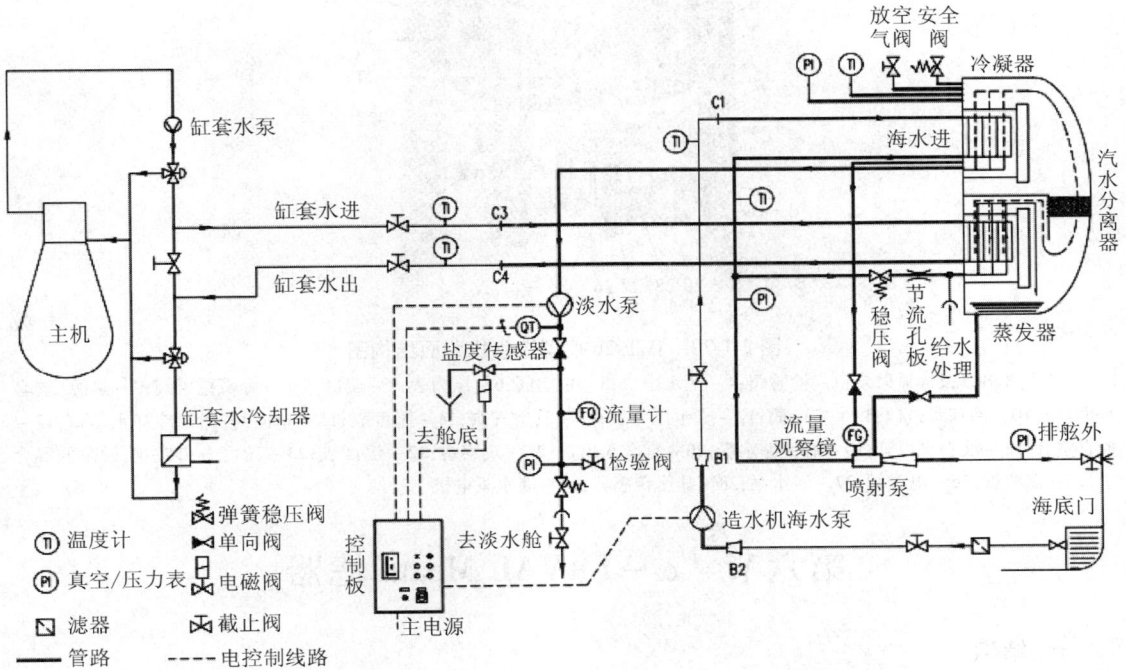

图 2-1-69   JWP-26-C 型造水装置工作流程图

工作原理:通过造水机海水泵的驱动,真空泵给造水机抽取真空以降低水的沸点。当造水机达到一定真空度时(93% 真空度),通过给水阀,给造水机蒸发器引入制淡海水,海水通过给水通道进入蒸发器的板式交换器空间。同时打开加热阀,热的缸套水便进入与蒸发通道相邻的板式交换器空间,将热量通过换热板传给海水,此时蒸发温度可达 35 ~ 45 ℃。当达到沸腾温度时,制淡海水汽化而蒸发,通过汽水分离器,蒸汽被引入到造水机的上部空间,然后进入冷凝器内。被汽水分离器分离后的盐水由真空泵抽出。在冷凝器内,水蒸气被海水冷凝成淡水,然后由淡水泵抽出。若淡水泵所排出淡水经盐度传感器、盐度计检验合格,则送至淡水舱,若不合格,电磁阀通电打开,淡水去舱底,并同时发出声光报警。

α-LAVAL JWP-26-C 型造水机背面的外观结构图如图 2-1-70 所示,这对了解这种造水机的基本结构是有很大帮助的。

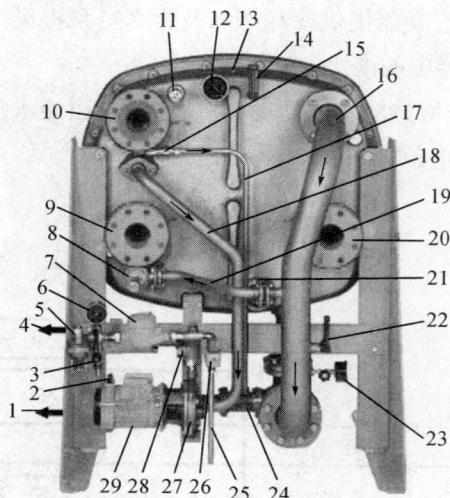

图 2-1-70　JWP-26-C 型造水机背面结构图

1 – 冷却海水出口；2 – 喷射泵；3 – 检验阀；4 – 淡水出口；5 – 单向阀；6 – 压力表；7 – 流量计；8 – 弹簧稳压阀；9 – 热源(缸套水进口)；10 – 冷却水进口；11 – 安全阀；12 – 真空压力表；13 – 放空气阀；14 – 温度表；15 – 单向阀；16 – 冷却水出口；17 – 抽真空管；18 – 淡水出口管；19 – 制淡海水管；20 – 缸套水出口；21 – 观察镜；22 – 温度表；23 – 压力表；24 – 喷射泵的混合室；25 – 泄放管；26 – 电磁阀；27 – 淡水泵；28 – 盐度传感器；29 – 淡水泵电机

第六节　α – LAVAL Moatti 滤器

一、结构

α – LAVAL Moatti 滤器结构如图 2-1-71 所示,其主要由以下几个部分组成:

(1)滤器壳体;

(2)过滤元件和分配器;

(3)液压马达。

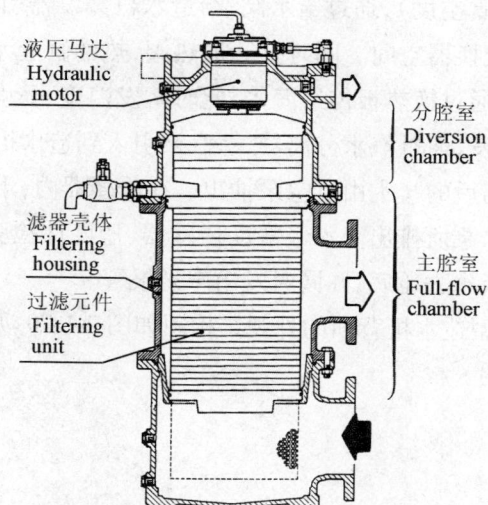

图 2-1-71　α – LAVAL Moatti 滤器结构图

　　滤器由两个腔室组成,第一个腔室被称为主腔室,在这个腔室中,油被过滤清洁;第二个腔室被称为分腔室,在此腔室中,从主腔室里反冲过来的脏油在此过滤,杂质聚集下来,并通过放残阀放掉。

　　过滤元件主要由盘状的滤芯组成,这些滤芯从上到下重叠压在一起,形成滤筒。这种结构是很坚固的,因为滤芯不仅通过螺杆压在一起,而且当油流通过(即过滤时),油压还同时作用在滤芯盘面上部,从而使各芯片压得更紧。这种结构能有效地防止滤芯间的漏泄。

　　图 2-1-72 为一组滤芯的一部分。每个滤芯被肋分为若干部分,滤筒因此形成若干个柱面,各柱面能作为一个独立的过腔室。

　　这种滤器内部的芯片与套筒、上下端盖、螺杆等组成一个过滤元件,而分配器位于过滤元件内,见图 2-1-73。

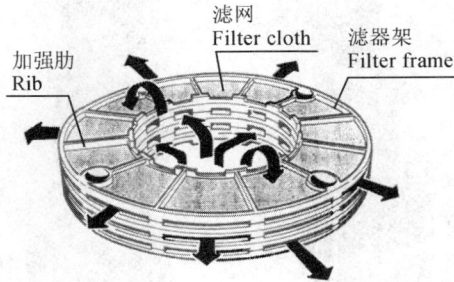

图 2-1-72　滤芯结构图

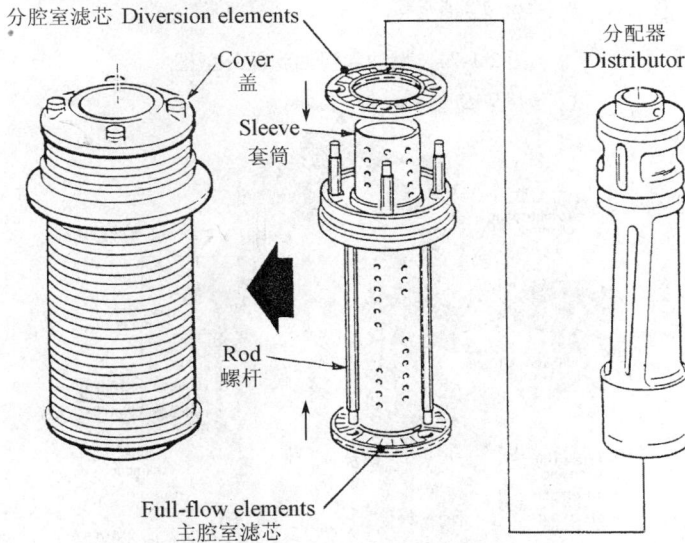

图 2-1-73　过滤元件结构图

　　分配器由液压马达带动而旋转,逐步使得过滤的油进入一个或两个滤筒柱面,在滤筒内由内向外过滤,过滤后的油充满整个滤筒的外围,在管路中的油压作用下,滤后清洁的油对剩下的几个滤筒同时进行反冲洗,由外向内冲洗下滤芯滤网上的杂质。这样,分配器每转一转,整个滤筒将被反冲洗一次。驱动分配器的液压马达由进入滤器的部分油流来驱动。这种滤器的结构有以下几个方面的特点:

（1）在不断的反冲洗过程中，油的压力稳定。

（2）可以实现连续不断的自动反冲洗。

（3）结构坚固，不容易漏泄。

α – LAVAL Moatti 滤器有燃油滤器和滑油滤器两种，其工作原理相同，所不同的是有电驱动或液压马达驱动。图 2-1-74 分别示出了这两种滤器的外型图。

图 2-1-75 所示为滑油滤器的立体结构图，根据船舶机舱机型大小及发动机型的不同，所选择使用 α – LAVAL 滤器也有所不同。对燃油滤器来讲，它的最大流量为 1.8 ~ 16.8 m^3/h；对滑油滤器而言，它又分为筒型柴油机和十字头柴油机，对筒型柴油机，它的流量在 3.0 ~ 648 m^3/h，而对十字头式柴油机，它的最大流量在 34 ~ 900 m^3/h 之间。

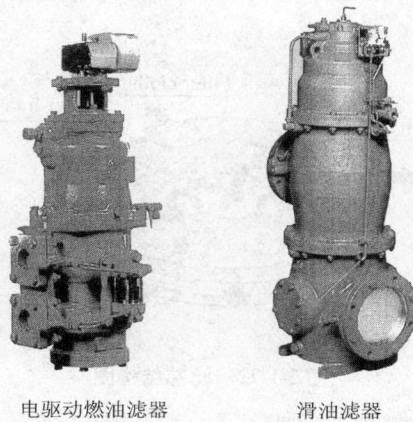

电驱动燃油滤器　　　滑油滤器

图 2-1-74　燃油和滑油滤器外型图

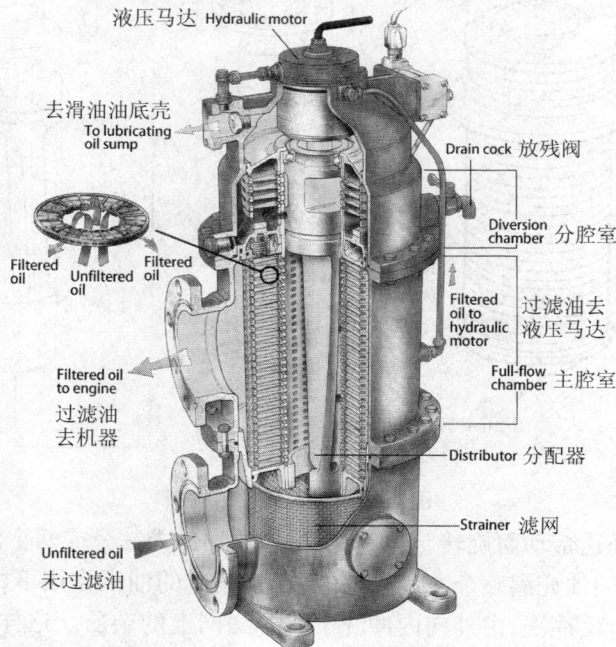

图 2-1-75　滑油滤器的立体结构图

二、工作原理

α－LAVAL Moatti 自动反冲洗滤器的工作原理如下所述（见图 2-1-76）。

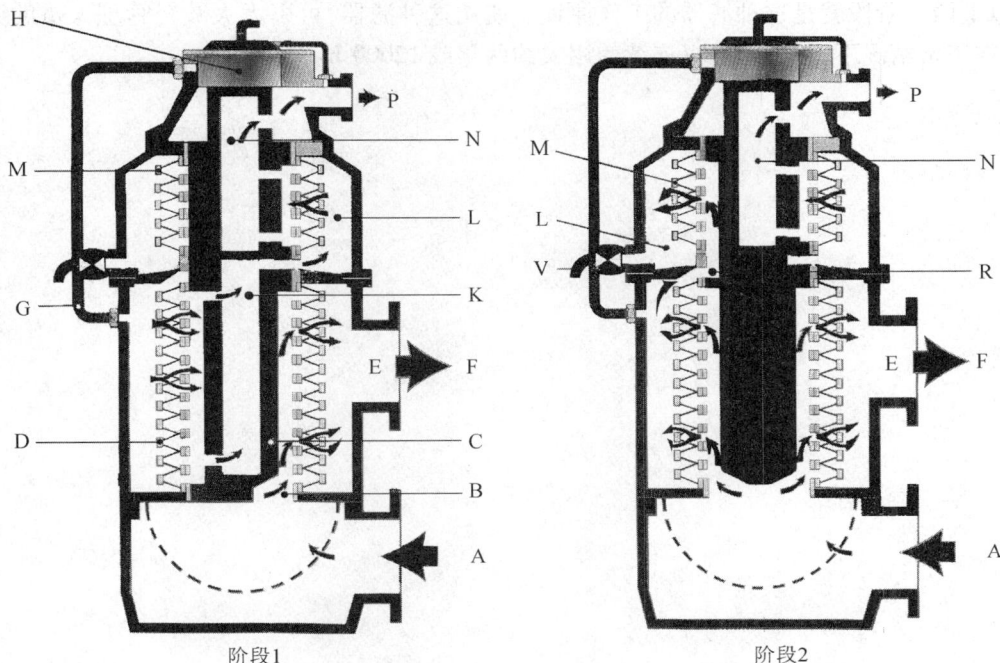

图 2-1-76 Moatti 滤器的工作原理

1. 阶段 1

（1）油在主腔室内的过滤

①待过滤油从"A"处进入滤器的主腔室，然后流入腔室"B"，即分配器"C"和装有滤芯"D"的套筒内周之间的空间。

②从腔室"B"通过由滤芯"D"组成的滤筒柱面，杂质被过滤出来。

③被过滤出来的油送至"E"腔，从这里通过出口管"F"流入柴油机，一部分被过滤的油从"E"腔通过"G"管进入液压马达"H"。

（2）油腔室的反冲洗

①在主腔室内除一个滤筒柱面外所有滤筒柱面进行过滤的同时，剩下的这个滤筒中的杂质正在被从"E"腔内来的部分油流反冲洗掉。

②反冲洗后的油通过分配器"C"内的通道"K"进入分腔室"L"。

（3）分腔室内的过滤

①反冲洗后的油从分腔室"L"通过分腔室滤芯"M"进入分配器中的通道"N"。

②经过滤后的反冲洗油从通道"N"流入出口"P"。

③在阶段 1 中分腔室不进入反冲洗。

2. 阶段 2

主腔室和分腔室对油的过滤，分腔室的反冲洗。在此阶段，与阶段 1 相比，分配器已经转动了一个角度。

①腔室"E"中的部分过滤的油能通过分配器内的通道"R"、分腔室滤芯"M"(从内向外)而进入分腔室"L",从而使分腔室滤芯"M"得到反冲洗。

②反冲洗下来的杂质沉淀在分腔室"L"的底部,由放残阀"V"自动地或手动地定期排放。

以上两个阶段就是这种滤器的工作原理。使用这种滤器,可以大大减轻管理人员的劳动强度,在正常情况下,该滤器可以连续使用大约两年或12000 h。

第二章　α-LAVAL设备拆装及操作实验

实验一　α-LAVAL分油机的拆装实验

一、分油机拆装的一般安全规则

分油机是船舶净化燃油、润滑油的重要设备。由于分油机以高速旋转会产生很大的离心力,并且它的内部各部件装配相当精密,因此,拆装分油机须遵守以下安全规则,以确保机器及人身的安全。

(1)在开始拆装工作以前,必须停掉分油机,关闭电源,确保分油机已停止转动,如可能的话,锁住分油机的电源,挂上警告牌。

(2)较重的分离筒及其他分离筒部件须用起吊工具起吊,使用起吊工具时要将其对准在分离筒的中心线的正上方,小心起吊以避免机器及人员损伤。

(3)参与拆装的人员,拆装前应充分了解所拆装分油机的结构、拆装顺序,专用工具的使用等。

(4)不要将拆卸下的部件直接放在地板上,应将其放在清洁的橡胶板、纤维板或合适的垫板上。

(5)不要用明火烧烤分离筒部件,以免破坏这些部件的材料及机械强度。

(6)所有拆卸下的部件在拆卸前应做好记号及安装方位的标识,拆下的部件有必要的要进行编号以利于识别。

(7)拆装时应严格按照分油机拆装用的工具书及相关技术资料和图纸执行。

(8)拆装时还应注意说明书所提及的其他注意事项。

二、MAPX型分油机拆装专用工具介绍

分油机拆装的工具有专用工具、普通工具和动力传动部分的工具。对给定的分油机来说,都配有专用工具。图2-2-1和图2-2-2分别示出了MAPX205型分油机的拆装工具;图2-2-3和图2-2-4分别示出了MAPX204型分油机的拆装工具。由于这两种机型拆装工具基本相同,故这里主要以MAPX205型分油机的拆装工具为例加以说明。在工具图中:

(A)小锁紧圈专用扳手;　　　　　(F)叉形带销扳手;

(B)大锁紧圈专用扳手;　　　　　(G)叉口扳手;

(C)分离筒盖专用工具;　　　　　(H)T形扳手;

(D)分离筒本体专用工具;　　　　(I)T形扳手(内部管螺栓用)。

(E)滑动底盘专用工具;

当然,对常用工具可根据分油机拆装的工作量大小来合理配备,也包括拆卸下来各部件的清洁用油等。

三、实验内容与要求

分油机是船舶净化燃油、滑油的重要设备。分油机运行的好坏直接影响船舶的安全航行

TOOLS for POWER TRANSMISSION 主要拆卸工具

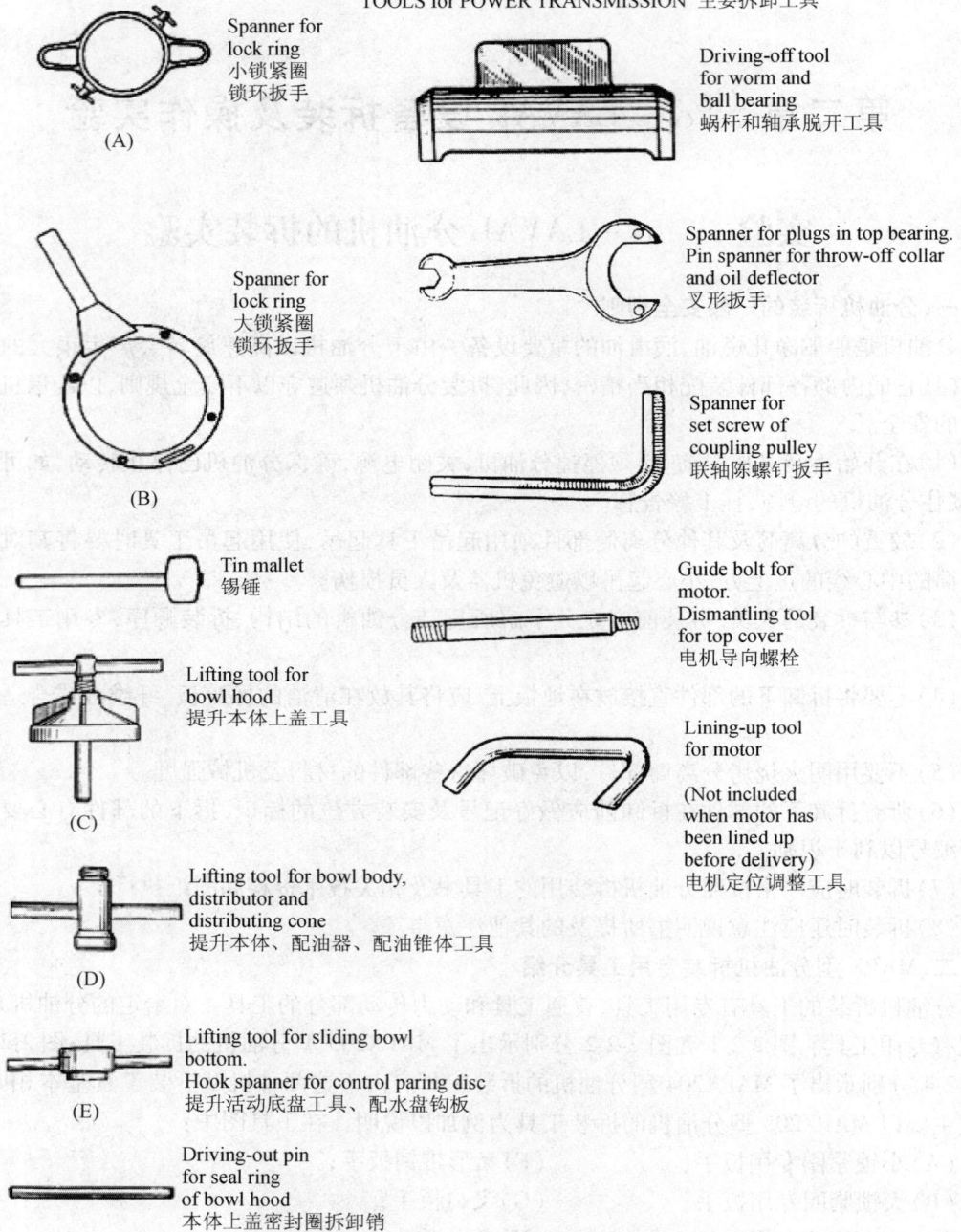

Spanner for
lock ring
小锁紧圈
锁环扳手

(A)

Driving-off tool
for worm and
ball bearing
蜗杆和轴承脱开工具

Spanner for
lock ring
大锁紧圈
锁环扳手

(B)

Spanner for plugs in top bearing.
Pin spanner for throw-off collar
and oil deflector
叉形扳手

Spanner for
set screw of
coupling pulley
联轴陈螺钉扳手

Tin mallet
锡锤

Lifting tool for
bowl hood
提升本体上盖工具

(C)

Guide bolt for
motor.
Dismantling tool
for top cover
电机导向螺栓

Lining-up tool
for motor

(Not included
when motor has
been lined up
before delivery)
电机定位调整工具

Lifting tool for bowl body,
distributor and
distributing cone
提升本体、配油器、配油锥体工具

(D)

Lifting tool for sliding bowl
bottom.
Hook spanner for control paring disc
提升活动底盘工具、配水盘钩板

(E)

Driving-out pin
for seal ring
of bowl hood
本体上盖密封圈拆卸销

图 2-2-1 MAPX205 型分油机拆装专用工具图

和经济效益。分油机是通过高速旋转,使混杂在油中的水分及机械杂质在离心力的作用下,因质量的不同,在径向分层分布而达到分离的目的。由于船舶对燃油、滑油要经常进行分离,因而分油机的拆装、测量、检查、清洗等是管理中的一项经常性的工作。

1. 实验内容

(1)分油机拆装工具正确的选取、使用;

Pin spanner for round nuts
叉形带销扳手
(F)

Screw spanner (14/55 mm)
叉形扳手
(G)

T-handle
T形杆

Extension rod
延长杆

Socket
1/2″
9/16″
3/4″
套筒
(H)

TOOLS for INLET 安装工具

Pin apanner for inlet pipe
T形扳手
(I)

Spanner for coupling nute of pipes
叉形扳手

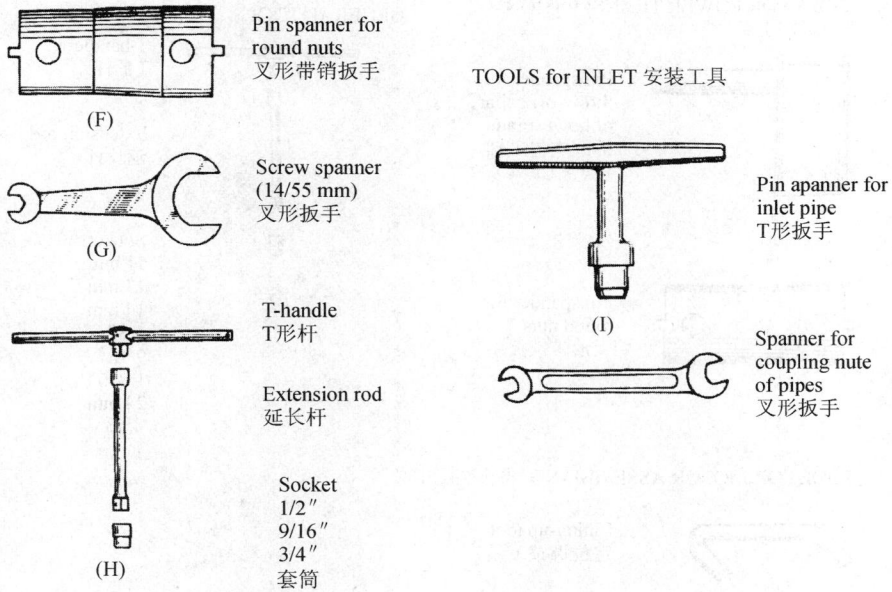

图 2-2-2　MAPX205 型分油机拆装专用工具图

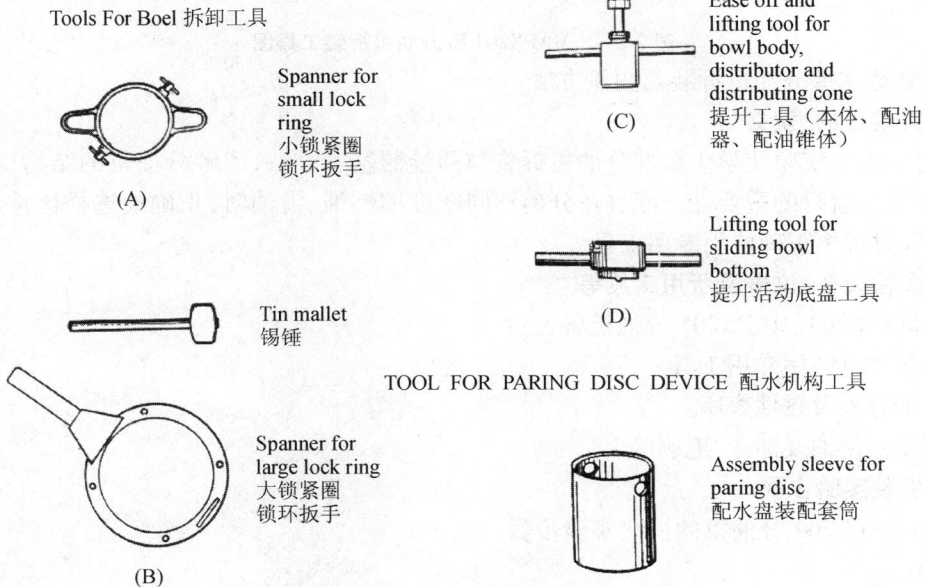

Tools For Boel 拆卸工具

Spanner for small lock ring
小锁紧圈锁环扳手
(A)

Tin mallet
锡锤

Spanner for large lock ring
大锁紧圈锁环扳手
(B)

Ease off and lifting tool for bowl body, distributor and distributing cone
提升工具（本体、配油器、配油锥体）
(C)

Lifting tool for sliding bowl bottom
提升活动底盘工具
(D)

TOOL FOR PARING DISC DEVICE 配水机构工具

Assembly sleeve for paring disc
配水盘装配套筒

图 2-2-3　MAPX204 型分油机拆装工具图

（2）正确按技术规定对分油机进行拆装；

（3）了解配水盘机构的结构、工作原理；

（4）按说明书规定测量分离筒的下沉量、立轴的跳动量；

（5）根据比重环选择表,正确地选择比重环。

2. 实验要求

（1）了解分油机内外部的具体结构及工作原理；

TOOLS FOR POWER TRANSMISSION
主要拆卸工具

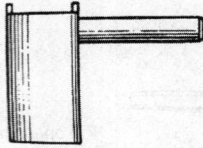

Pin spanner for throw-off collar of bowl spindle
拆卸本体主轴锁紧帽工具

Pin spanner for round nuts
叉形带锁扳手

GENERAL TOOLS 一般工具

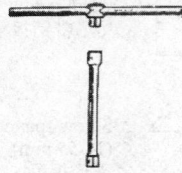

T-handle
T形杆

Extension rod
延长杆

(E)

Socket：
11 mm
13 mm
14 mm
1/2″
9/16″
15/16″
24 mm
套筒

TOOL FOR MOTOR ASSEMBLING 电机装配工具

Lining-up tool
定位调整工具

not included when motor has been lined up before delivery
不包括电机在运输的调整

图 2-2-4　MAPX204 型分油机拆装工具图

（2）熟练掌握分油机拆装及测量方法。

四、实验目的、意义

通过本拆装实验使学生掌握分油机拆装与测量的基本方法，了解分油机的结构以及分油机对船舶安全航行的重要性。能够在分离不同密度的燃油、滑油时，正确地选择比重环，在拆装、测量等过程中正确使用专用工具。

五、实验设备、仪表及所用工具等

（1）MAPX204、MAPX205 分油机各三台。

（2）各种拆装用专用工具。

（3）千分表及磁性表座。

（4）清洁用油及油盒、毛刷等。

六、拆装实验步骤

（一）MAPX204 分油机的拆装实验步骤

1.分油机的拆卸

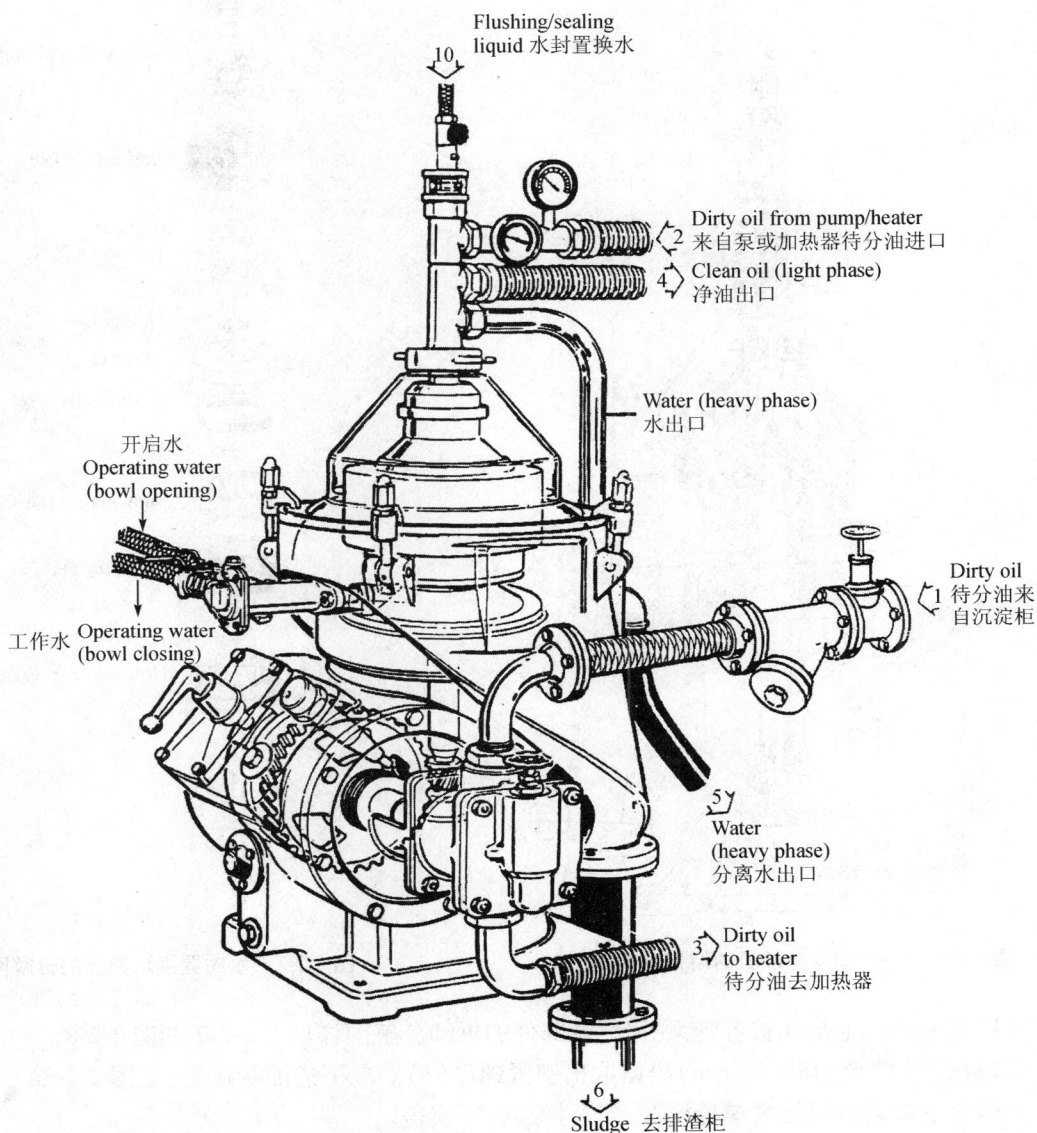

图 2-2-5   MAPX204 分油机的外观结构图

MAPX204 与 MAPX205 型分油机的拆卸基本相同,所用的拆装工具也很相近。图 2-2-5 示出了 MAPX204 分油机的外观图,并示出了油、水、渣各管路的进出口;图 2-2-6 示出了 MAPX204 型分油机的结构原理,供拆装时参考。

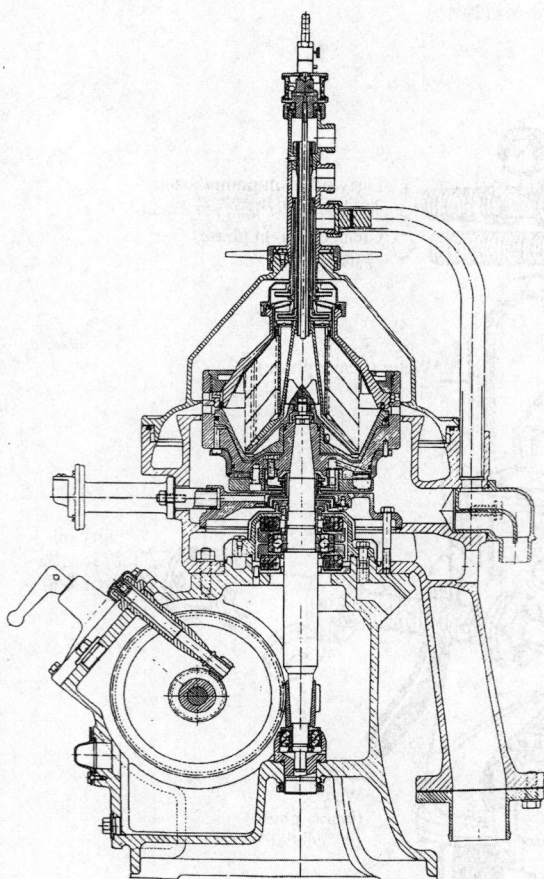

图 2-2-6 MAPX204 分油机的结构原理图

图 2-2-7 水封置换水部分的分解图

（1）将分油机上部端盖各管系拆除，各部件的拆卸分解图详见图 2-2-7 和图 2-2-8。

（2）用长"T"形套筒（24 mm）松懈取出锁紧螺母（3）。取下进油管接头（见图 2-2-8）。

（3）将上端盖四只压紧螺栓松开，向上抬起打开端盖。

（4）用拆除小锁紧圈的专用工具，顺时针方向拆除小锁紧圈（见图 2-2-9）。取出进油管、向心泵、比重环等部件。

（5）用专用工具再将大锁紧圈按顺时方向用手锤敲击拆下，若有必要的话，用起吊工具将分离筒上盖吊出（见图 2-2-9）。

（6）用专用的工具起吊将分离盘及配油器整体吊出（见图 2-2-10）。

（7）顺时针拆下立轴锁紧螺母，取出配油锥体（见图 2-2-10）。

（8）用起吊工具及专用工具将分离筒吊出（见图 2-2-10）。

（9）拆除分离筒本体底部弹簧座后，取出弹簧（见图 2-2-11）。

（10）拆除工作水机构和配水机构（见图 2-2-12）。

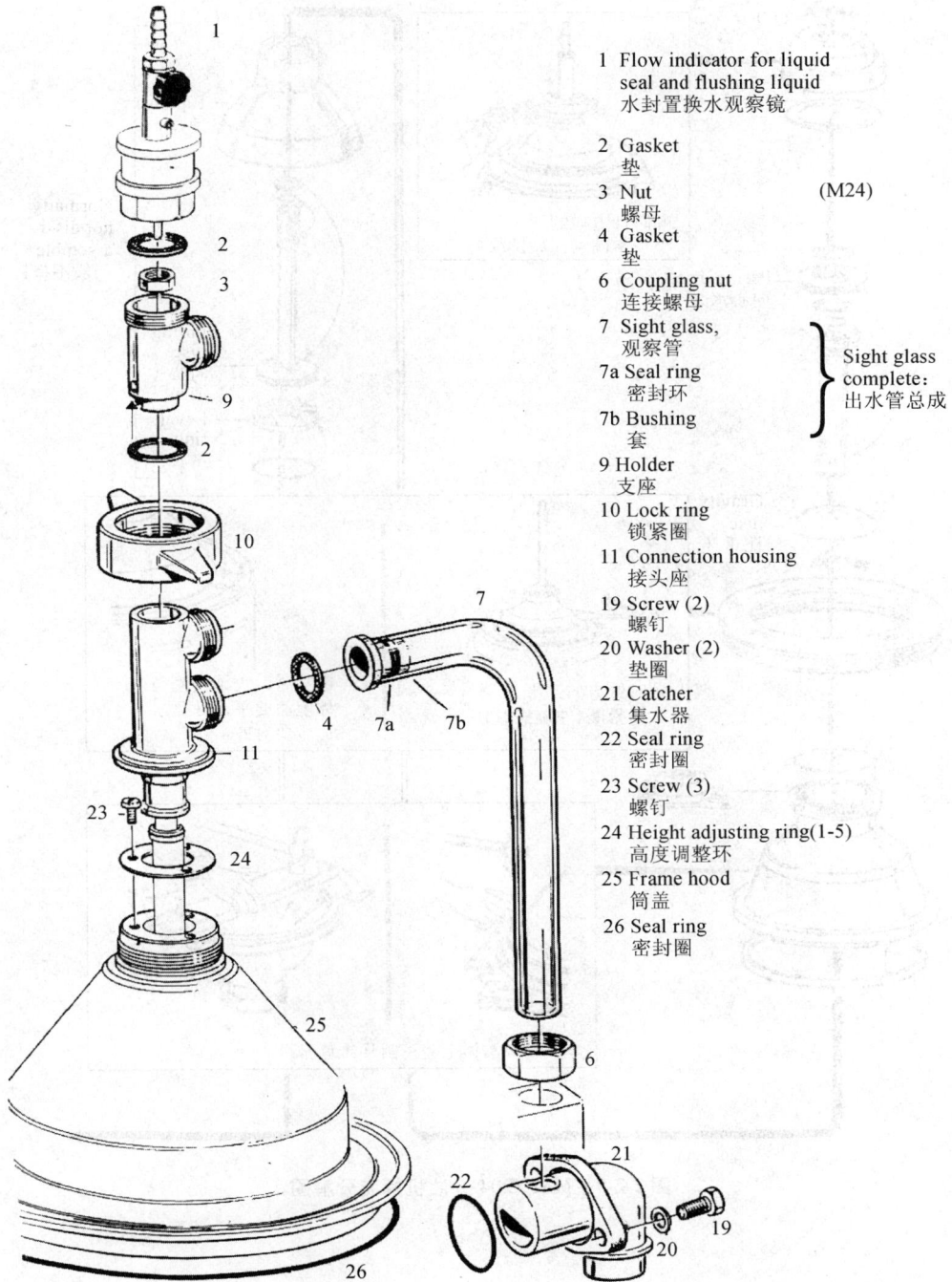

1 Flow indicator for liquid
  seal and flushing liquid
  水封置换水观察镜

2 Gasket
  垫

3 Nut   (M24)
  螺母

4 Gasket
  垫

6 Coupling nut
  连接螺母

7 Sight glass,
  观察管

7a Seal ring
   密封环

7b Bushing
   套

9 Holder
  支座

10 Lock ring
   锁紧圈

11 Connection housing
   接头座

19 Screw (2)
   螺钉

20 Washer (2)
   垫圈

21 Catcher
   集水器

22 Seal ring
   密封圈

23 Screw (3)
   螺钉

24 Height adjusting ring(1-5)
   高度调整环

25 Frame hood
   筒盖

26 Seal ring
   密封圈

Sight glass
complete:
出水管总成

图 2-2-8　上部管系部分拆卸分解图

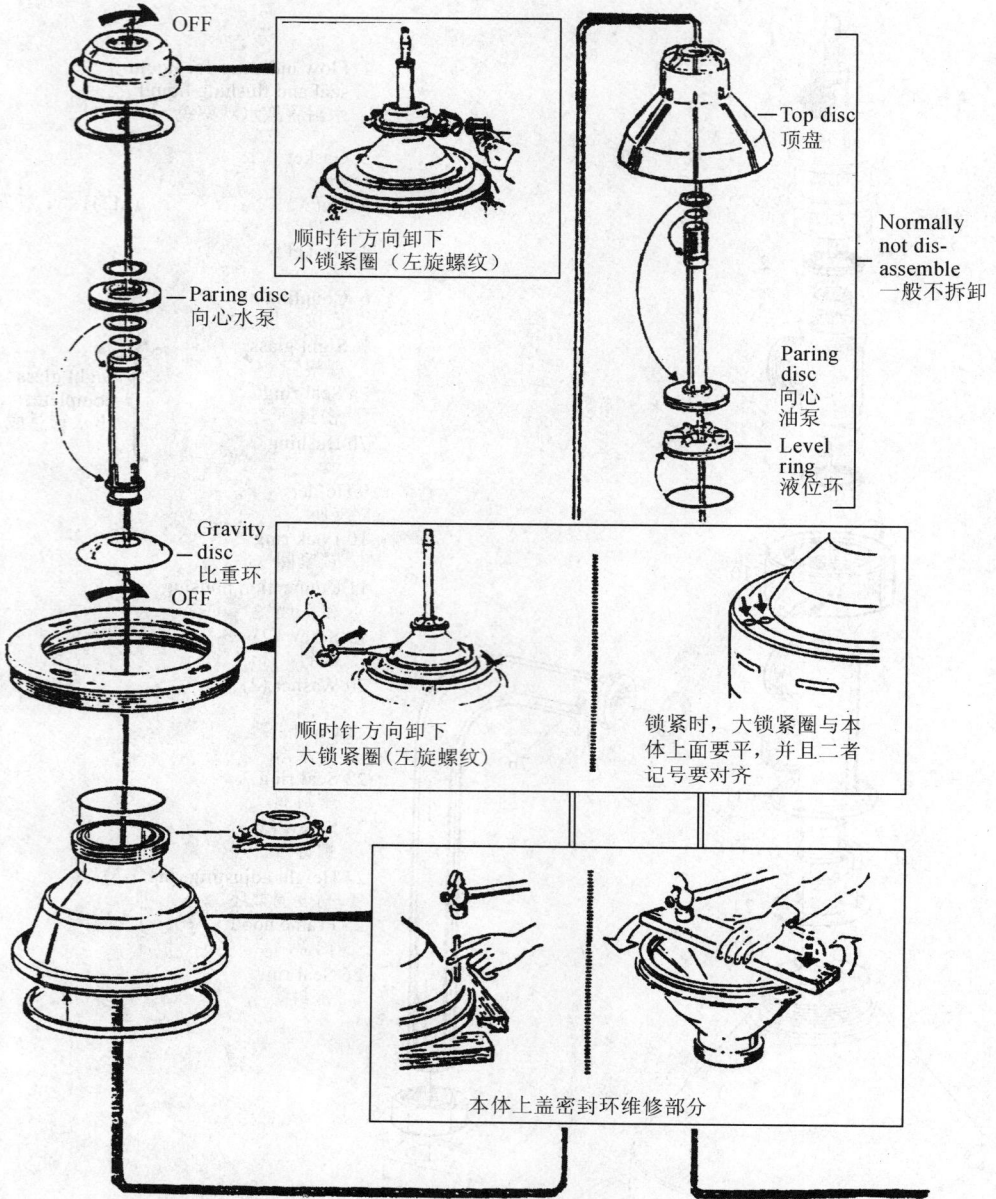

OFF

顺时针方向卸下
小锁紧圈（左旋螺纹）

Paring disc
向心水泵

Top disc
顶盘

Normally
not dis-
assemble
一般不拆卸

Paring
disc
向心
油泵

Level
ring
液位环

Gravity
disc
比重环

OFF

顺时针方向卸下
大锁紧圈（左旋螺纹）

锁紧时，大锁紧圈与本
体上面要平，并且二者
记号要对齐

本体上盖密封环维修部分

图 2-2-9 MAPX204 分油机拆装分解图

分离盘片组由装有或不装有分离盘托架和
分离盘片组成，保证分离盘片满足设定压力

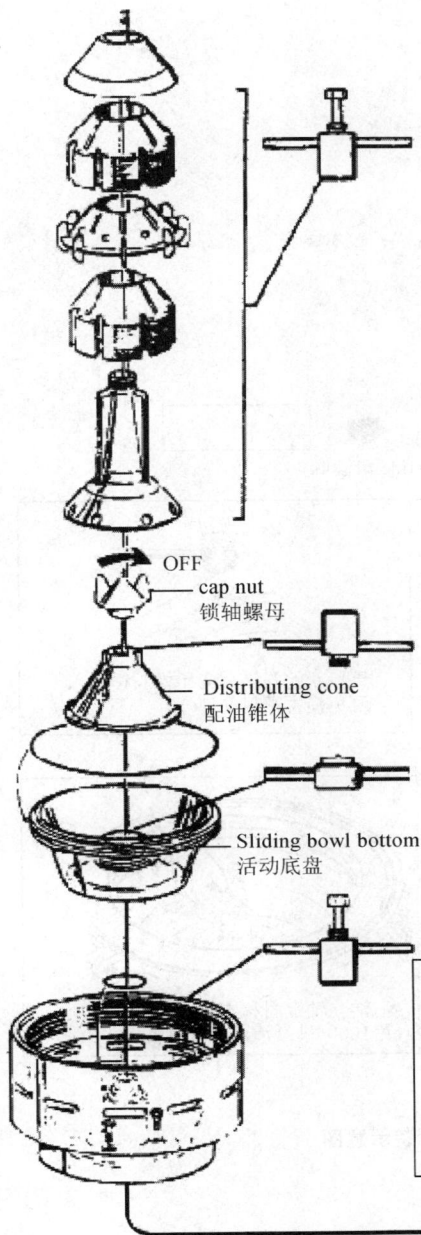

用提升工具旋入中央螺钉，缓慢提起

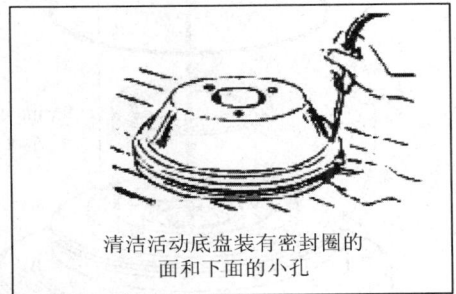

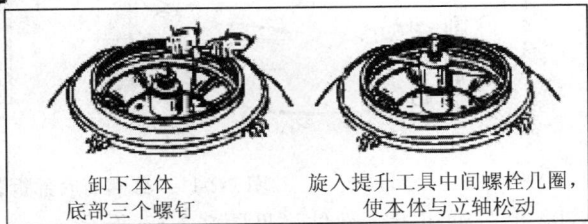

OFF
cap nut
锁轴螺母

Distributing cone
配油锥体

Sliding bowl bottom
活动底盘

清洁活动底盘装有密封圈的
面和下面的小孔

卸下本体　　　　旋入提升工具中间螺栓几圈，
底部三个螺钉　　　　使本体与立轴松动

图 2-2-10　分离筒拆装示意图

Spring support 弹簧座

Spring 弹簧

开启水喷嘴
Operating
water nozzle

清洁

Operating slide 滑动圈

Valve plug
阀堵

更换新的阀堵,应用橡胶锤敲入,
避免损害密封面

清洁
里面

Paring disc device
配水盘机构

清洁立轴上面和本体下面中心孔,
用1000#砂纸清洁立轴锥面

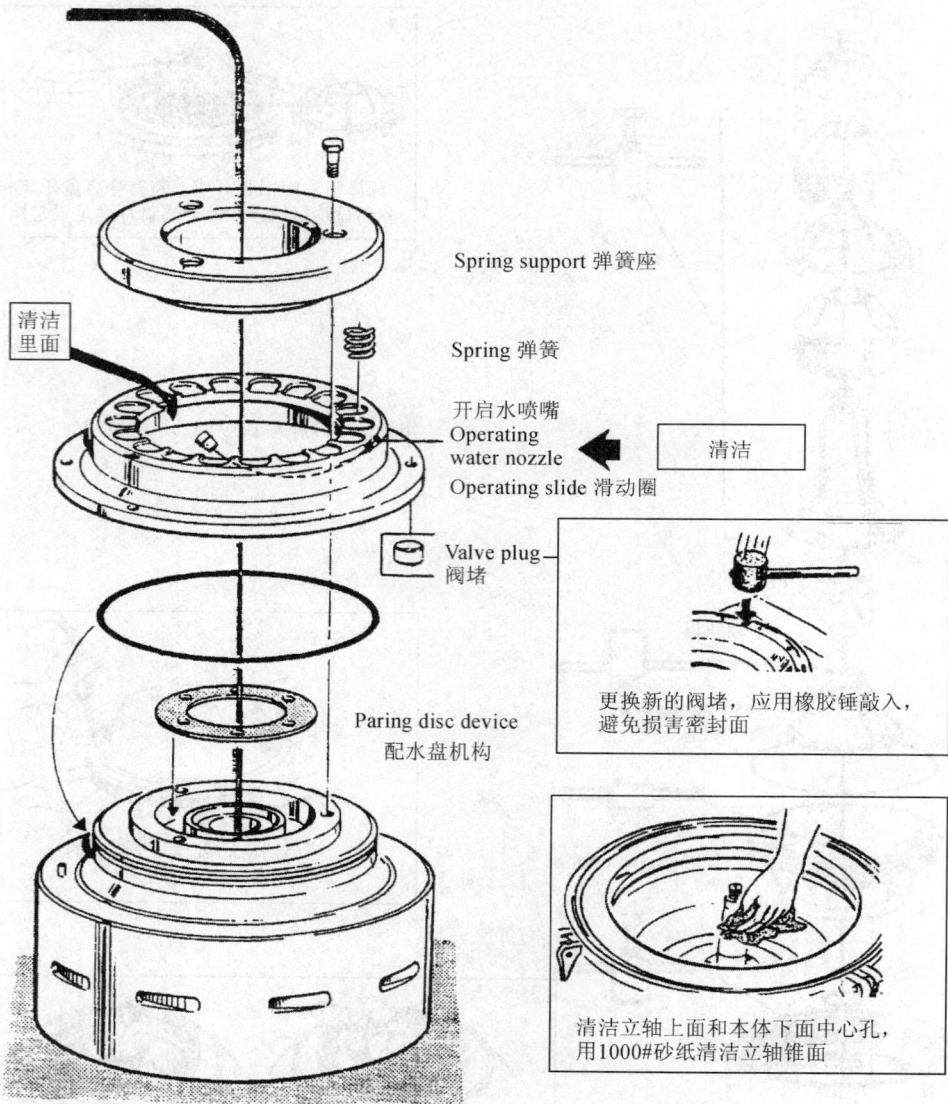

图 2-2-11   分离筒底部拆装示意图

MAPX204 型分油机拆装部件详见图 2-2-13 所示。

2. 分油机的测量部位及测量方法

(1)分离筒立轴径向跳动量的测量

当分油机拆卸清洗完毕后,应将立轴安装工作做好。这时要特别注意立轴的径向跳动间隙的测量,因为这个间隙可直接影响分油机的正常工作。若间隙超过说明书所规定的数值时,运行中将会发生抖动、偏磨。正确的测量方法是将磁性千分表座放在分油机体上表面,将千分表安装好,找好距离,将千分表对零位。随后人工盘车使立轴转动,这样就可以得出立轴的径向跳动量。对这种机型要求立轴的最大径向间隙为 0.04 mm,测量时若超过这个数值,应检查立轴安装的全过程,查明原因并消除之。分油机立轴的测量方法及部位详见图 2-2-14 所示。

(2)立轴轴向距离的测量

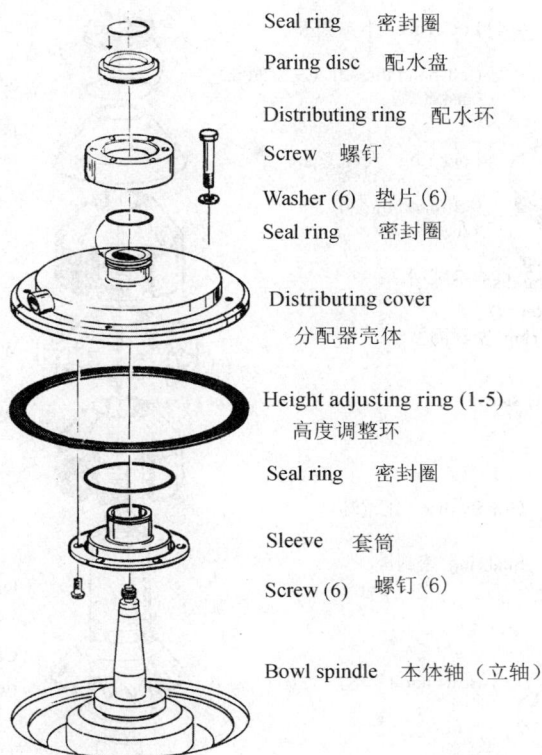

Seal ring　密封圈

Paring disc　配水盘

Distributing ring　配水环

Screw　螺钉

Washer (6)　垫片(6)

Seal ring　密封圈

Distributing cover
　分配器壳体

Height adjusting ring (1-5)
　高度调整环

Seal ring　密封圈

Sleeve　套筒

Screw (6)　螺钉(6)

Bowl spindle　本体轴（立轴）

图 2-2-12　工作水机构和配水机构部件拆装示意图

　　分油机立轴是由蜗轮、蜗杆和摩擦离合器组成,从而带动分离筒以较高的速度回转的。在安装好立轴后,应对立轴做如图 2-2-15 所示的这段距离的检查。即从分配器壳体下部的套筒(见图 2-2-12,Sleeve)最上方到立轴顶部的这段距离,应为 86.5 ± 0.5 mm,可用图中用①标记的高度调整环(还可见图 2-2-12,Height adjusting ring)来调整这个距离。这是立轴第一个距离的测量,它可验证配水盘机构安装的正确与否,也是检查分离筒本体底部平面与分配器壳体之间距离是否符合要求。拆装及测量当中可参照图 2-2-6、图 2-2-12。

　　第二个测量距离如图 2-2-16 所示,即从外侧锁紧环(见图 2-2-8,10)到进油口上 T 形螺纹(见图 2-2-8,9)处的距离。正确的尺寸应为 166.25 ± 0.5 mm,这主要为了确定向心泵的纵向位置,防止向心泵碰到壳体。这段距离可通过调整环(见图 2-2-8,24)进行调整。

Lock ring　小锁紧圈
(left-hand thread)（左旋螺纹）
Gasket　垫

Lock ring　大锁紧圈
(left-hand thread)
（左旋螺纹）

Gasket　垫
Paring disc　向心水泵
Gasket　垫
Seal ring　密封圈

Guide sleeve　导管

Gravity disc　比重环

Seal ring　密封圈

Bowl hood　本体上盖

Seal ring　密封圈

Top disc　顶盘

Gasket　垫
Seal ring　密封圈

Paring disc with tube
向心泵管

Paring disc　向心油泵

Level ring　液位环

Seal ring　密封圈

Filler piece　填隙盘

Winged bowl disc
　　　分离盘托架

Bowl disc　分离盘

Distributor　配油器

Cap nut　螺母
(left-hand thread)（左旋螺纹）

Distributing cone　配油锥体

Seal ring　密封圈

Sliding bowl
bottom
　滑动底盘

Seal ring　密封圈

Bowl body　本体

Screw with
hole　　　带孔螺栓

Screw (2)　螺栓（2）

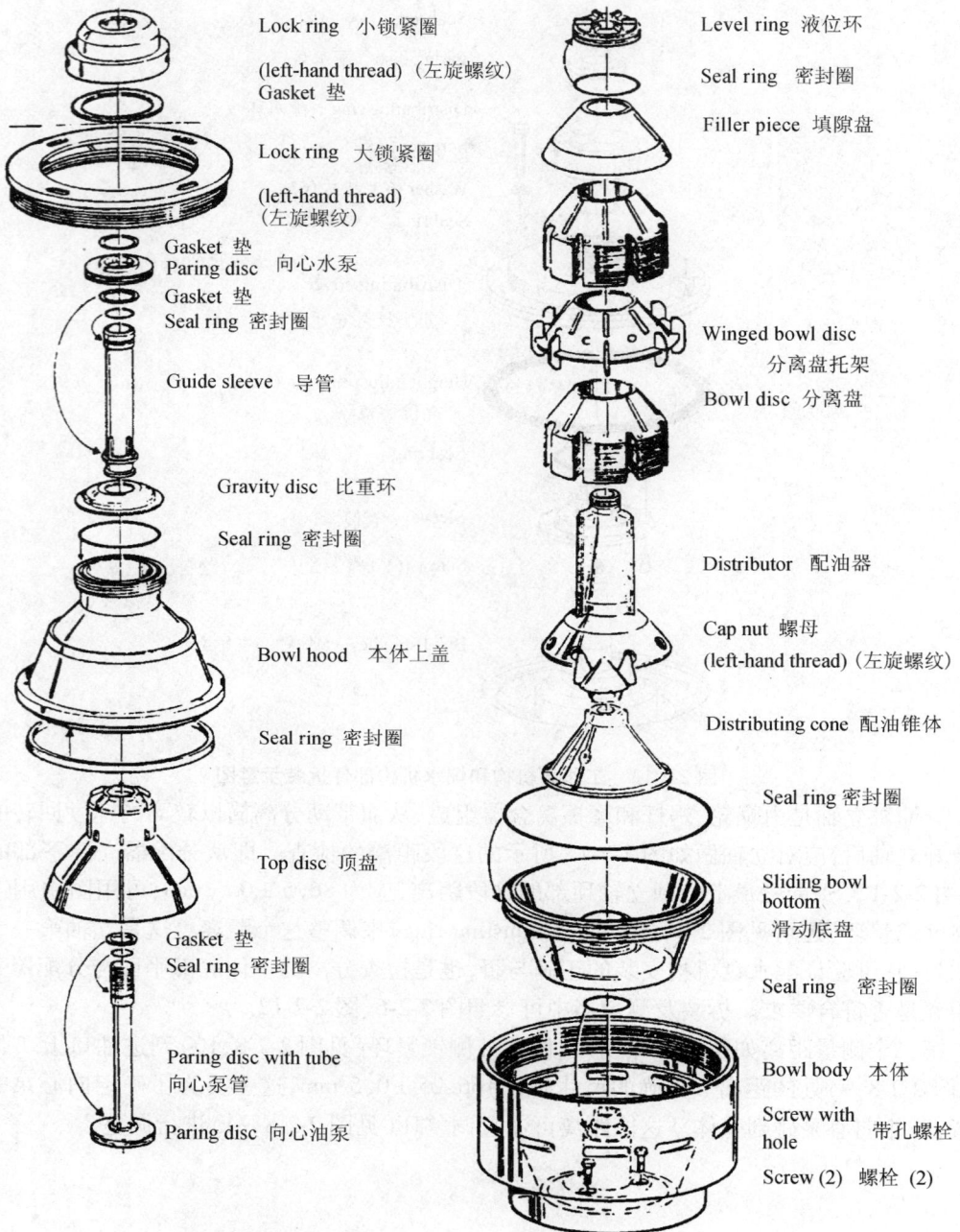

图 2-2-13　MAPX204 分油机拆装部件分解图

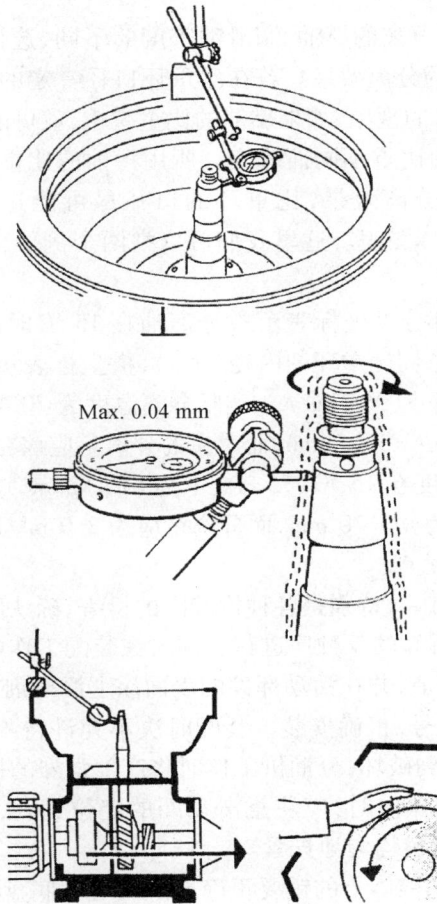

图 2-2-14 MAPX204 分油机立轴径向间隙测量图

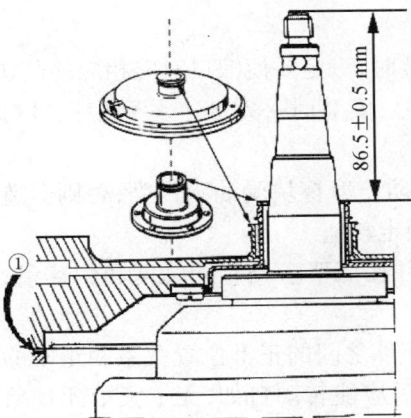

图 2-2-15 MAPX204 分油机立轴轴向距离测量图

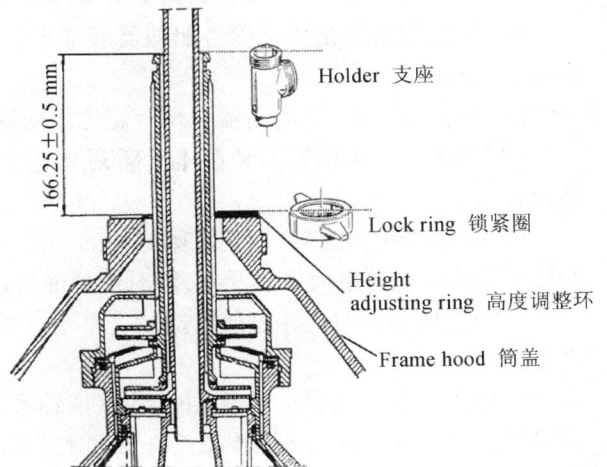

Holder 支座
Lock ring 锁紧圈
Height adjusting ring 高度调整环
Frame hood 筒盖

图 2-2-16 MAPX204 分油机轴向距离测量图

3.比重环的选用

对分油机来说,应根据所分离的燃油、润滑油密度的不同,选择合适的比重环。比重环口径的大小直接关系到分油机的分离效果。若在比重环口径一定的情况下,所分离燃油的比重加大,则可能造成"水中含油"的现象,如果燃油的比重减小,就可能形成"油中含水"现象。因此,比重环的口径应根据油的比重不同而改变。所用污油的比重越大,所选比重环的口径越小。一般情况下,为了提高分离效果,比重环的口径尽可能选得大些。图 2-2-17 示出了 MAPX204 分油机的比重环选择图表。这里我们可以举两个例子来加以说明如何正确选用合适的比重环。

例1,图 2-2-17 中,左半部分纵坐标表示被分离油在 15 ℃时的密度,而横坐标为分离温度。右半部分的纵坐标表示选用比重环的内径(mm),横坐标表示分离量(m³/h)。如果被分离油的密度在 15 ℃(60 ℉)下为 965 kg/m³,实际分离温度为 70 ℃(160 ℉),经查图表,可以找出比重环的直径(内径)为 $\Phi = 56.5$ mm,而对应的分离量应该在 1.5 m³/h。

例2,如果被分离油的密度在 15 ℃(75 ℉)下为 875 kg/m³,实际分离温度是 60 ℃(140 ℉),与其对应的比重环直径为 $\Phi = 70$ mm,而分离量应为 2.0 m³/h。

4.MAPX204 型分油机的装配

分油机经拆卸、清洗、检查后,特别是各种橡胶圈的检查,确认所有零部件完好即可进行装配工作。装置操作程序可按拆卸的反顺序进行。同时在装配工作中应注意以下几点:

(1)所有零部件应保持清洁,并在活动部件的表面涂上润滑剂。

(2)注意零部件的装配记号,正确安装。装配时决不允许将不同分离筒上的零部件互换安装,否则分离筒的平衡将受到破坏,分油机工作时将产生强烈的振动。

(3)滑动圈装入分离筒本体内时,应注意滑动圈的定位销孔,一定要对准本体上的定位销。弹簧底座的紧固螺栓应对角均匀地拧紧。

(4)安装配油锥体时,配油锥体上的销要正确地落入滑动底盘的缺口中,可通过转动配油锥体来实现。

(5)安装分离盘时,应按分离盘上的编序号正确地将分离盘套在配油器上。

(6)安装配油器是要正确将配油器底部定位孔落在配油锥体的定位销上,可以通过转动配油器来实现。

(7)分离盘顶盖、分离筒盖上均有定位用的缺口,安装时,一定要使缺口对准相应的凸块。

(8)分离筒盖大锁紧圈和本体上部刻有上紧用的记号,安装时一定要上紧到使记号对准的位置。

(9)安装摩擦离合器,要注意磨擦片的安装方向。要防止摩擦块受油脂污染,否则会造成摩擦块因长时间打滑而发热受损,同时使分油机达不到额定转速。

(10)装电动机时应注意使摩擦片全部进入摩擦筒,并按照要求调整同轴度和偏移量,使之符合安装要求。

(11)安装立轴系和水平轴系时,应保证轴系上各零部件之间的正常位置关系和正常的配合间隙。安装时应避免碰擦现象。立轴和水平轴系装好后应能转动自如,无卡紧卡死现象和不正常声响。

(12)分离筒装配完毕后,应用手转动分离筒,看、听、转动是否灵活,有无异常。

(13)装配工作完成后,确信全部安装过程正常,可按分油机的操作程序及规则启动分油机,检查分油机的工作状况,判断安装的优劣。

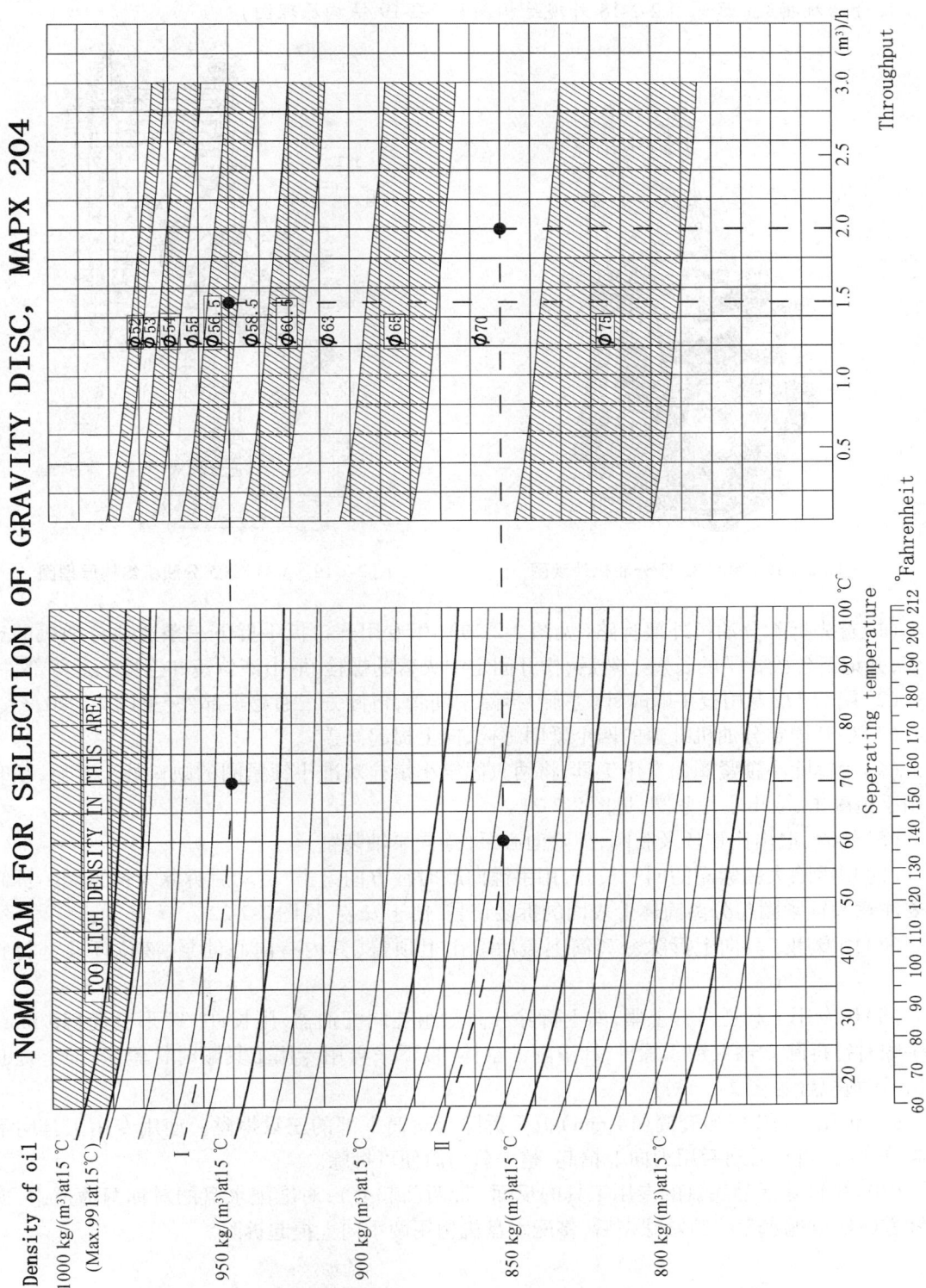

图 2-2-17　MAPX204 分油机比重环选择图

（二）MAPX205 型分油机的拆装实验步骤

1. 分油机拆装（参见图 2-2-18 外观结构图和 2-2-19 结构原理图）

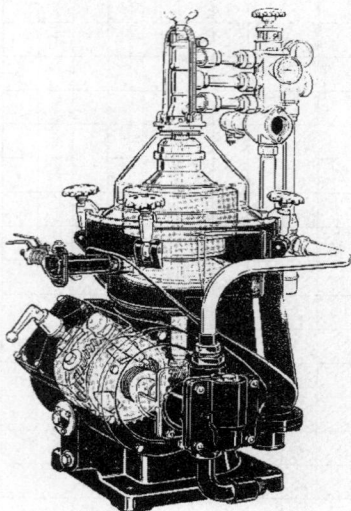

图 2-2-18　MAPX205 分油机外观图　　　图 2-2-19　MAPX205 分油机结构原理图

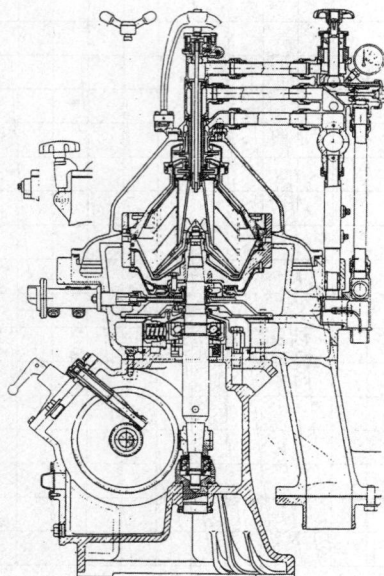

（1）首先拆除分油机外部管路（见图 2-2-20），用专用开口扳手拆下三条通往分油机的连接管，并记下各段管子的长短。然后，松开固定中央管的螺栓，取出液位镜和连接三通等部件。

（2）用"T"形专用扳手顺时针（左旋）拆除中间管，再卸去三通等零部件（见图 2-2-20,3）。

（3）松开固定分油机外盖的四个紧固螺栓，向上提起筒盖。

（4）用拆除小锁紧圈的专用工具，将两只固定小螺栓对准小锁紧圈的缺口处上紧后，顺时针用手锤敲击，取出小锁紧圈，见图 2-2-21。

（5）然后，取出比重环及胶圈，拆除向心泵（连同泵轴装置）。

（6）用拆除大锁紧圈的四个长孔，用手锤向顺时针方向敲击，活动后拆除大锁紧圈。拆卸前要注意大锁紧圈与分离筒体上表面的拆装记号，便于安装，见图 2-2-22。

（7）用专用工具向上拆除分离筒上盖后取出上顶盖（其内有向心油泵、液位环及密封胶圈）。

（8）用专用工具逆时针上紧，向上拆除分离盘组连同配油器，用长杆"T"形套筒（15 mm）扳手顺时针拆除立轴上锁紧螺母，卸下配油锥体，接下来再用专用工具顺时针紧后，向上提起取出活动底盘（见图 2-2-23）。

（9）再用长杆"T"形套筒（14 mm）扳手拆除分离筒下部的三只螺丝。使用专用工具向下顶起分离筒，当其活动后用力向上抬起，整个分离筒便可拆除。

（10）用拆除活动底盘的专用工具的反面（带两凸起处），对准配水盘的对称两槽道中，逆时针方向松出配水盘的锁紧螺帽后，将配水盘机构用两手向上提起拆除。

PARTS for INLET and OUTLET. FRAME HOOD.

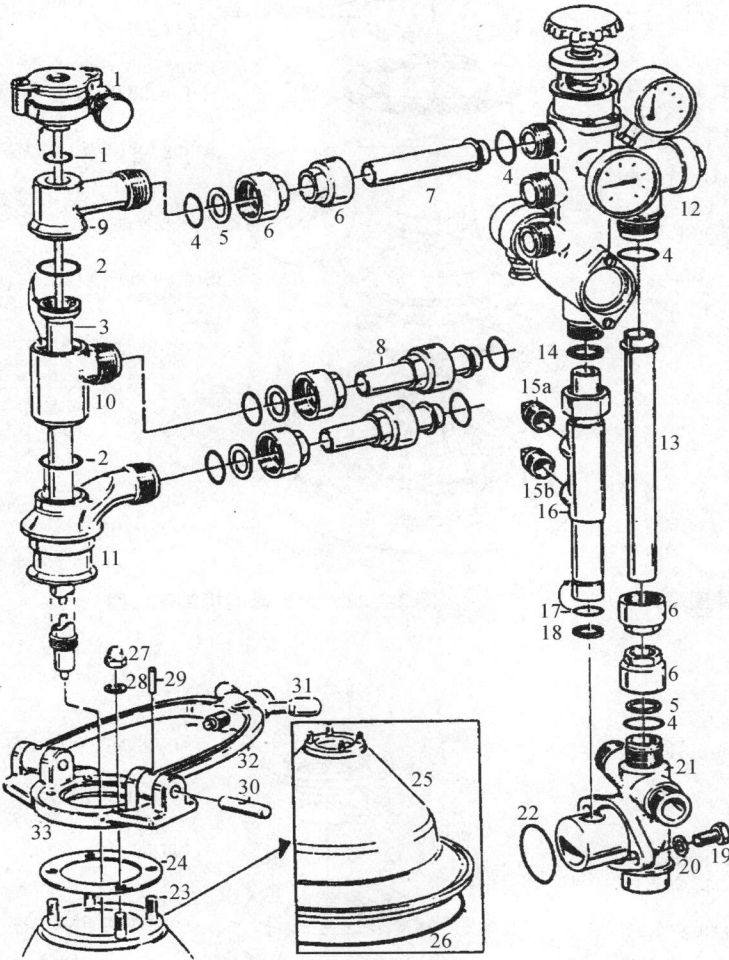

13 Return tube 出水管

14 Packing 垫片

15a Plug 堵

15b Plug 堵

16 Support 支承管

17 Seal ring 密封环

18 Height adjusting ring (0-6) 高度调整环

19 Screw (2) 螺钉

20 Washer (2) 垫片

21 Catcher 集水器

22 Seal ring 密封环

23 Stud bolt (4) 双头螺栓

24 Height adjusting ring (0-6) 高度调整环

25 Frame hood 筒盖

26 Seal ring 密封环

27 Cap nut (4) 螺帽

28 Washer (4) 垫片

29 Pin (2) 销

30 Hinge pin (2) 销轴

31 Clamp screw 夹紧螺栓

32 Clamping stirrup 锁紧马镫铁

33 Guide ring 导环

1 Flow indicator and seal ring 观察镜和密封环

2 Packing (2) 垫片

3 Inlet pipe 进管

4 Seal ring 密封环

5 Washer 垫片

6 Coupling nut 连接螺母

7 Tube 管

8 Tube 管

9 Connection piece 接头

10 Connection piece 接头

11 Connecting housing 连接座

12 Flow regulator 流量调节

图 2-2-20 MAPX205 分油机外部管系零件图

Small bowl spanner 小锁紧圈扳手

Small lock ring 小锁紧圈

Seal ring 密封环

Upper paring disc 向心水泵

Seal ring 密封环
Packing 垫片

Gravity disc 比重环
Seal ring 密封环

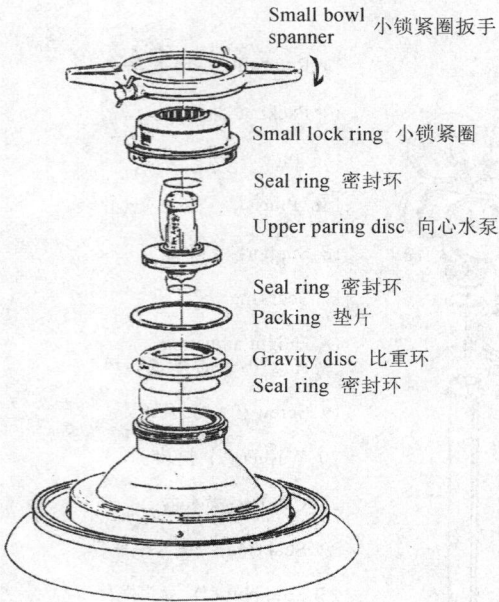

图 2-2-21　小锁紧圈拆卸部件图

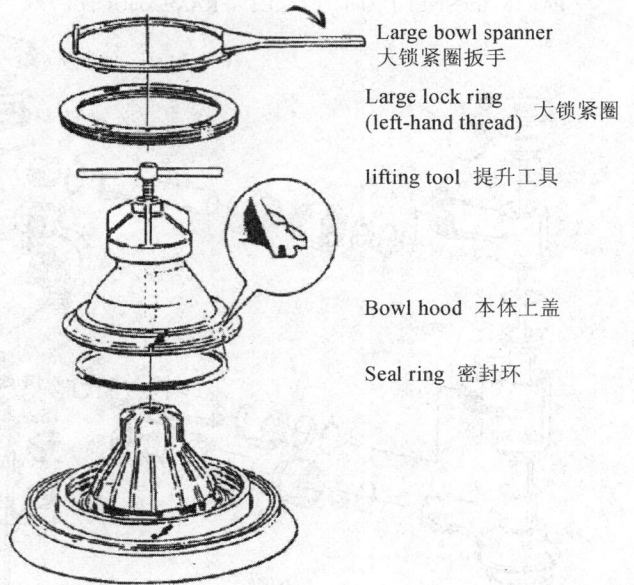

Large bowl spanner 大锁紧圈扳手

Large lock ring (left-hand thread) 大锁紧圈

lifting tool 提升工具

Bowl hood 本体上盖

Seal ring 密封环

图 2-2-22　大锁紧圈拆卸部件图

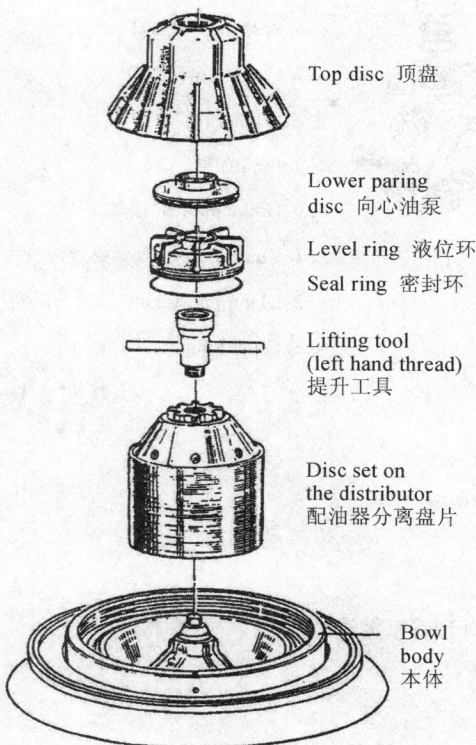

Top disc 顶盘

Lower paring disc 向心油泵

Level ring 液位环
Seal ring 密封环

Lifting tool (left hand thread) 提升工具

Disc set on the distributor 配油器分离盘片

Bowl body 本体

图 2-2-23　分离盘组拆卸部件图

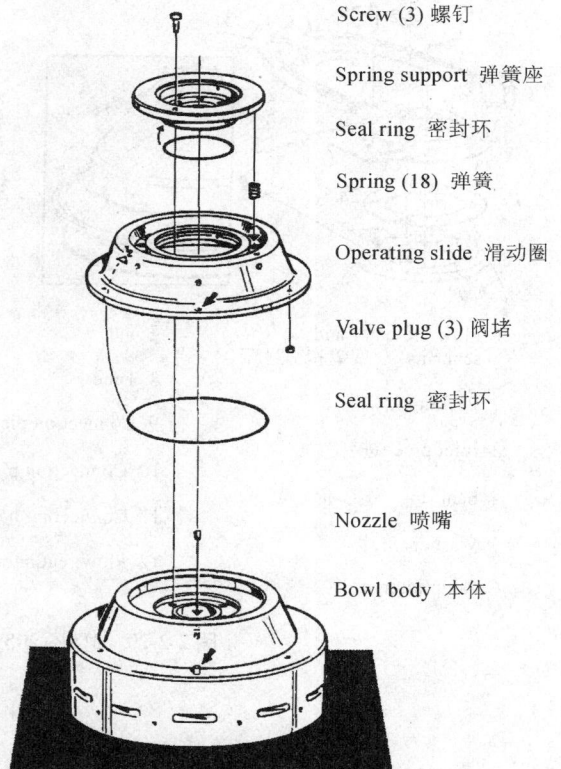

Screw (3) 螺钉

Spring support 弹簧座

Seal ring 密封环

Spring (18) 弹簧

Operating slide 滑动圈

Valve plug (3) 阀堵

Seal ring 密封环

Nozzle 喷嘴

Bowl body 本体

图 2-2-24　分离筒底部拆卸部件图

138

（11）将已经拆卸的分离筒本体倒放在地面的合适垫板上,用长"T"形套筒（13 mm）扳手拆除三只螺丝后,向上抬起取出弹簧座,下有十八只弹簧,并注意弹簧座与滑动圈的拆装记号。这整组计十八只弹簧高度应一致,这里要特别注意检查三只泄水阀及阀座表面情况,滑动圈和弹簧座的水道、泄水喷嘴应畅通（参看图 2-2-24）。

MAPX205 型分油机的拆装部件分解图见图 2-2-25 所示。

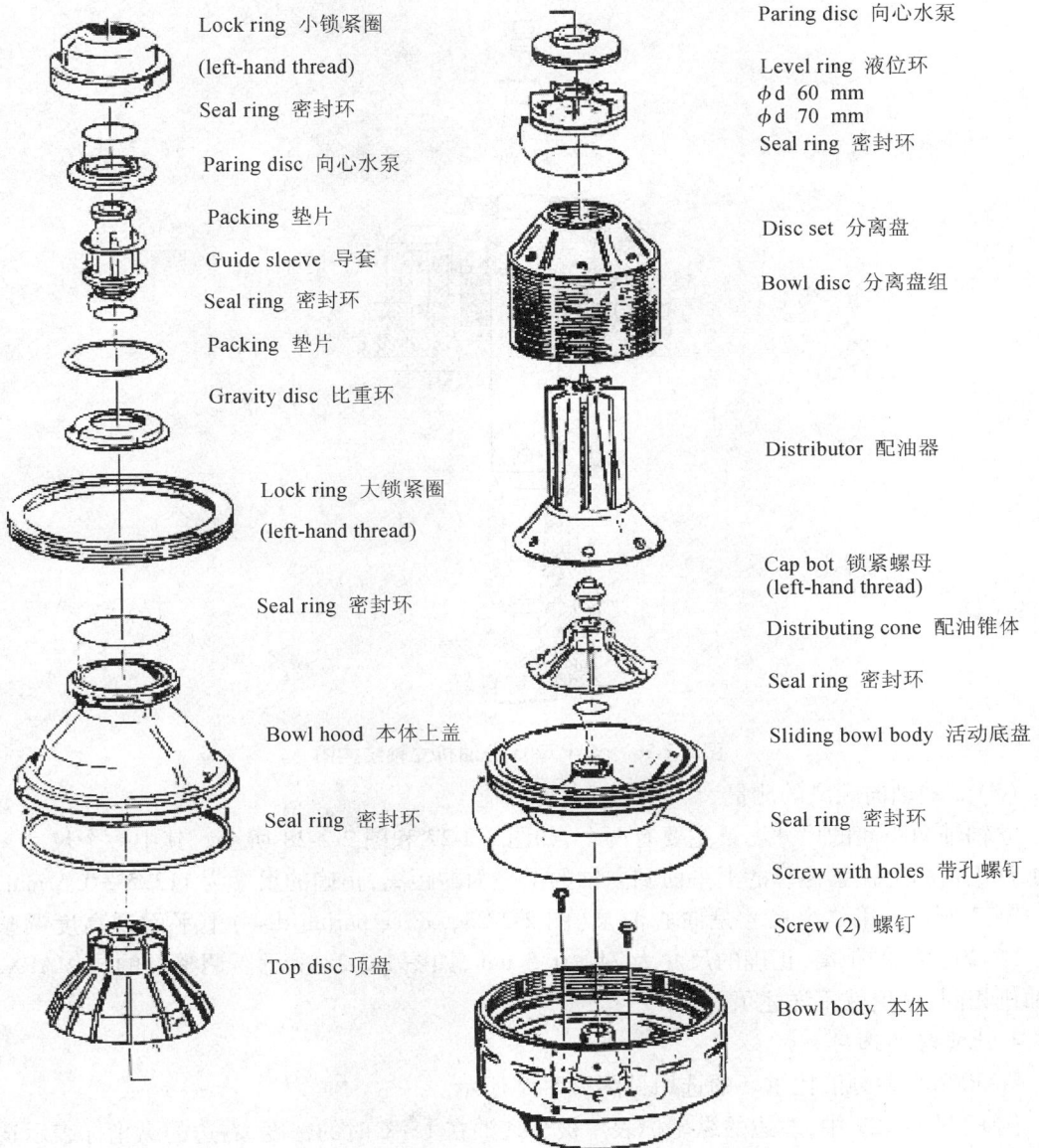

Lock ring 小锁紧圈 (left-hand thread)
Seal ring 密封环
Paring disc 向心水泵
Packing 垫片
Guide sleeve 导套
Seal ring 密封环
Packing 垫片
Gravity disc 比重环
Lock ring 大锁紧圈 (left-hand thread)
Seal ring 密封环
Bowl hood 本体上盖
Seal ring 密封环
Top disc 顶盘

Paring disc 向心水泵
Level ring 液位环 ϕd 60 mm ϕd 70 mm
Seal ring 密封环
Disc set 分离盘
Bowl disc 分离盘组
Distributor 配油器
Cap bot 锁紧螺母 (left-hand thread)
Distributing cone 配油锥体
Seal ring 密封环
Sliding bowl body 活动底盘
Seal ring 密封环
Screw with holes 带孔螺钉
Screw (2) 螺钉
Bowl body 本体

图 2-2-25　MAPX205 型分油机拆装部件分解图

2. 分油机安装

按照拆卸相反顺序,结合 MAPX204 安装步骤,这里就不详述了。

3. 分油机的测量部位及测量方法

（1）分离筒立轴径向跳动量的测量

MAPX205 型分油机分离筒立轴径向跳动量的测量与 MAPX204 型分油机相同，故这里不再加以说明。但 MAPX205 分油径向跳动量可以用上轴承径向减振弹簧位置进行调整，见图 2-2-26。

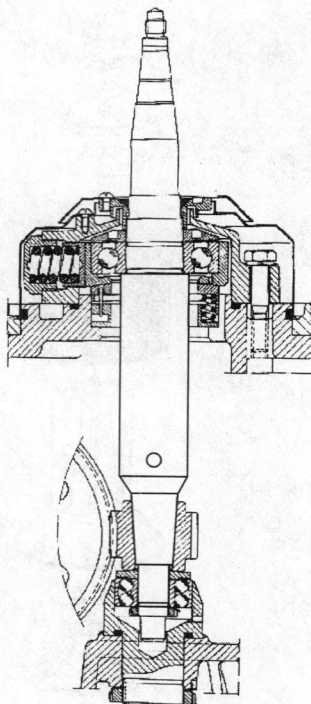

图 2-2-26　MAPX205 分油机立轴结构图

（2）立轴轴向距离的测量

立轴轴向距离的尺寸测量主要有两个，如图 2-2-27 和图 2-2-28 所示。其中一个尺寸是从配水盘机构的上锁紧螺母的上平面到立轴的上平面的距离，正确的尺寸为 113.5 ±0.5 mm，如图 2-2-27 所示。第二个尺寸是向心油泵（图 2-2-23，Lower paring disc）上平面到高度调整环（图 2-2-20,24）的距离，正确的尺寸为 74 ±0.5 mm，如图 2-2-28 所示。调整目的与 MAPX204 分油机相同，这里就不详述了。

4. 比重环的选用

MAPX205 型分油比重环的选用见图 2-2-29 所示。

例 1，图 2-2-29 中，左边的纵坐标表示被分离油在 15 ℃时的密度，右边的纵坐标表示选用比重环的内径（mm）的选择范围，而横坐标为分离温度。如果被分离油的密度在 15 ℃（60 ℉）下为 0.96，实际分离温度为 70 ℃（160 ℉），经查图表，可以找出比重环的直径（内径）为 Φ =73.5 mm。

例 2，如果被分离油的密度在 25 ℃（75 ℉）下为 0.87kg/m³，实际分离温度是 60 ℃（140 ℉），与其对应的比重环直径为 Φ =90 mm。

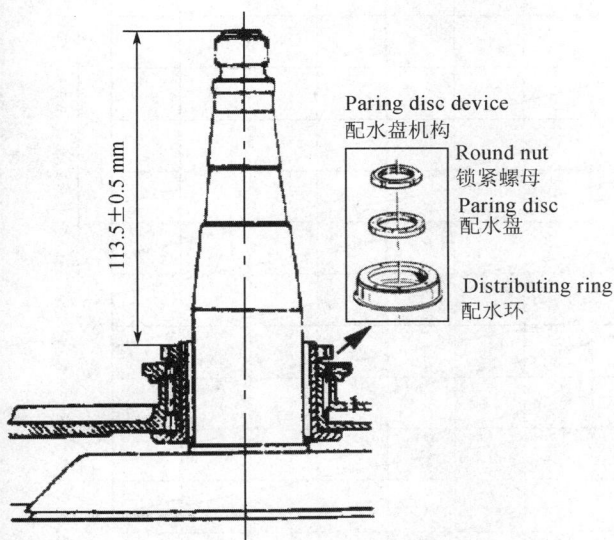

图 2-2-27　MAPX205 型分油机轴向距离测量图

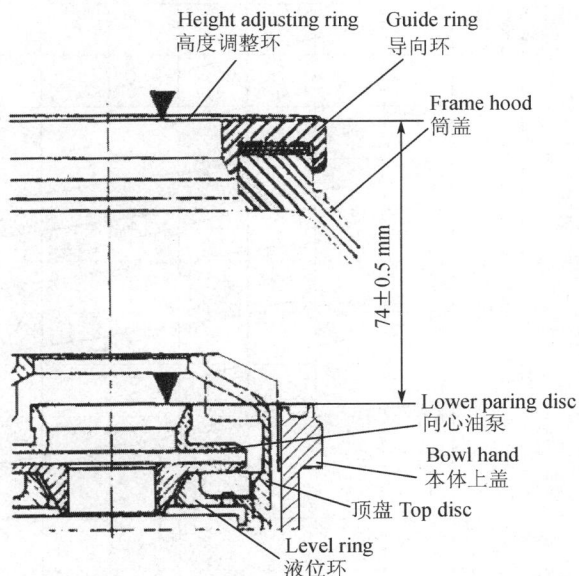

图 2-2-28　MAPX205 型分油机轴向距离测量图

七、分油机的检查部位及清洁工作（见图 2-2-6、图 2-2-19）

当分油机全部解体后，要特别注意检查各部件是否异常，各密封胶圈是否完好无缺，配水盘机构的水道有无堵塞现象，特别要注意泄水喷嘴、泄水阀的检查，保持畅通。

（1）检查时应仔细清洗分离筒等部件，检查各处水道、油道及排渣口是否畅通。

（2）将拆下的分离盘放到清洗槽内用柴油浸泡，将配油器、顶盘和分离筒盖用带有柴油的湿布浸湿并去掉污垢。将分离筒本体内的沉积为硬块的杂质、油泥等清除并擦净。最后用刮刀或毛刷将各分离盘污垢去净，并在组装前用压缩空气或干净布吹擦干净，以备检后组装。

（3）检查分离盘表面有无损伤、变形，如有裂纹损伤应更换。

（4）本体下部的三个阀面（即泄水孔的密封面，见图 2-1-9，2）不允许有破碎现象。如有轻微损伤，可经研磨消除后使用。

（5）检查滑动圈上的下支撑弹簧有无折断、扭曲变形、裂纹。弹簧长度是否相同，若有异常，应整组弹簧换新。

（6）滑动底盘的检查主要是检查密封面（与分离筒盖上的主密封圈的配合面）有无损伤或划痕、压迹、如有应在平台上研平。

（7）检查分离筒盖上的密封圈（嵌入在筒盖底部）有无破损、老化现象，是否有很深压痕。如果失效则应换新。

（8）检查其他各处密封圈是否有损伤、老化等缺陷，并视其损伤程度决定是否更换。

（9）检查立轴中部的径向减震弹簧及立轴下部轴向止推轴承，若有弹簧断裂应成组更换。检查止推轴承磨损状态，在必要时换新（如图 2-2-26 所示）。

（10）还应检查各运动部件的磨损程度及工作情况，如摩擦离合器、蜗轮、蜗杆、传动轴、定位轴承、齿轮油泵、制动器等。如有不正常现象，应查明原因予以消除。

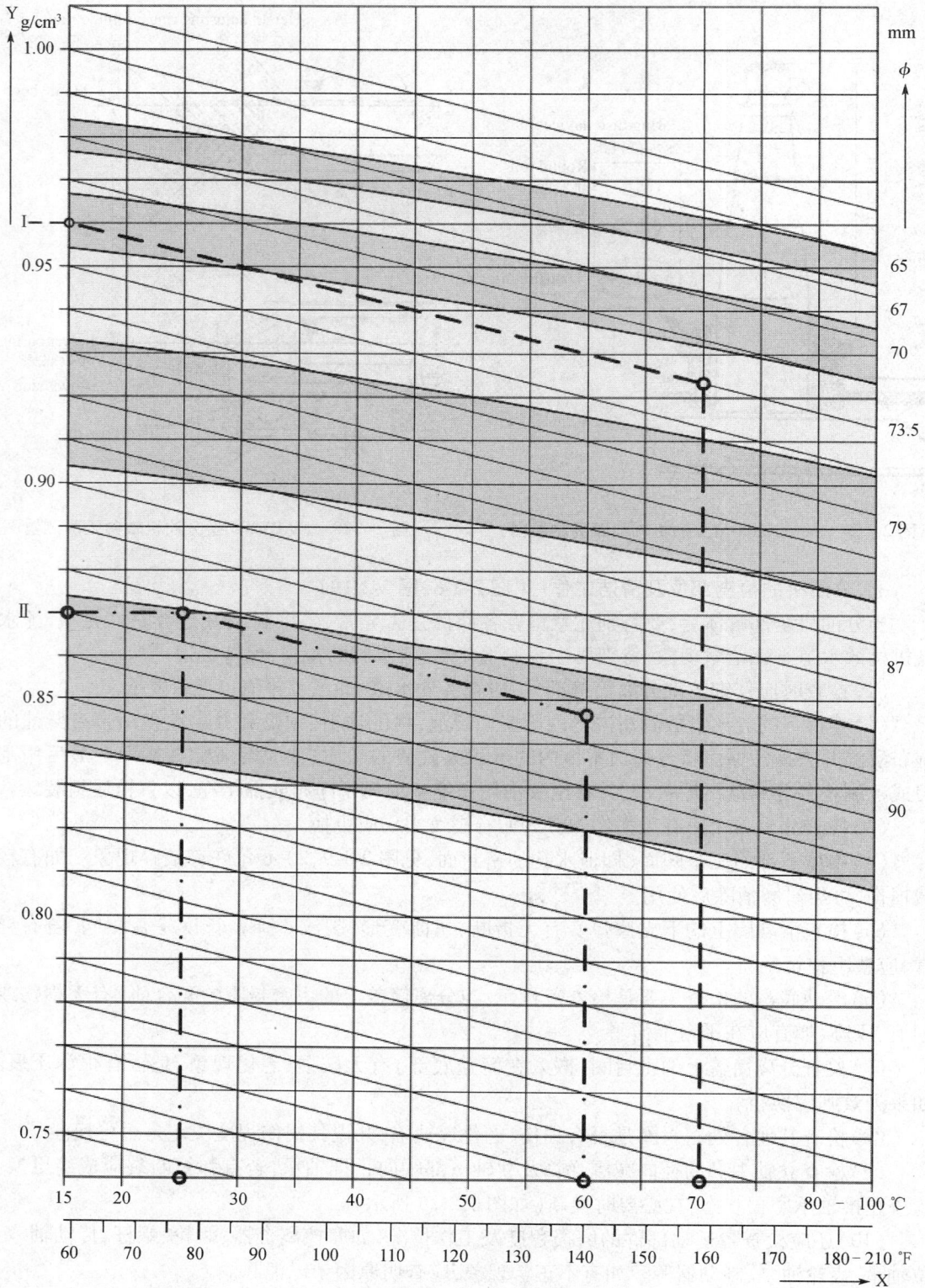

图 2-2-29　MAPX205 分油机比重环选择图

八、实验报告要求

试验名称：　　　　　　　　　实验日期：

班级：　　　　姓名：　　　　学号：

实验设备型号：

(1)在分油机清洁后,注意测量相关尺寸,并填入表 2-2-1 中。对测得数据进行整理并写出分析意见。

(2)叙述分油机拆装的主要步骤和测量要点及实验心得体会。

表 2-2-1　分油机拆装实验记录表

分油机型号		立轴尺寸(mm)	
分油机分离盘数量		尺寸 1(mm)	
比重环尺寸(mm)		尺寸 2(mm)	
立轴径向跳动量(mm)			
备注			

实验二　EPC41/400 程序模拟器操作实验

一、模拟器简介

1. 设备

EPC 41/400 程序模拟器包含以下部件：

一个 41/400 控制单元；

一个模拟器单元(如图 2-2-30 所示)；

一根主线路电缆。

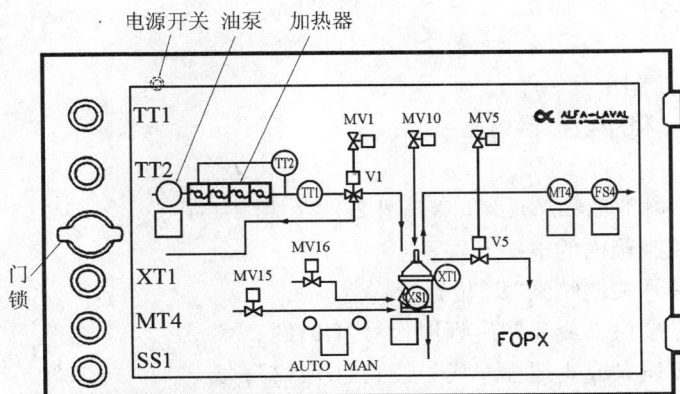

图 2-2-30　EPC41/400 程序模拟器外视图

2. 设计

EPC 41/400 控制单元是一个应用于模拟的带有一些特殊修正的标准单元。本单元由模拟器单元通过 48VAC 电缆进行供电,并且两单元由电缆连接在一起。

模拟器单元采用在前面板内设计显示回路面板来控制模拟的输入输出。程序的模拟可以通过面板外来监测。

模拟过程中一个流程图将显示程序参数。来自控制单元的输出信号将通过 LED 灯显示在图 2-2-30 中。输入信号的选择将通过流程图上的按钮或置于左边的电位器来实现。输入信号数据将通过 LED 灯来显示:

断路 = 红色 LED 灯亮;

通路 = 绿色 LED 灯亮。

手动或自动选择排渣模式。模式的选择由按钮实现并由绿色 LED 灯显示。

二、实验内容与要求

α – LAVAL 公司的 EPC 41/400 程序模拟器主要用于检测 EPC 41/400 控制单元的程序。本模拟器可以对 FOPX 型和 LO 型系列分油机的程序进行检测(转换开关在模拟器箱内)。

1. 实验内容

(1)α – LAVAL FOPX 型分离系统 EPC – 400 控制单元的程序设定实验;

(2)α – LAVAL FOPX 型分离系统操作实验;

(3)系统报警及排除实验。

2. 实验要求

(1)通过实验使学生掌握 α – LAVAL EPC 41/400 程序模拟器的设备结构、功用及工作原理;

(2)对 α – LAVAL FOPX 型分离系统的 EPC – 400 控制单元会做程序参数的设定以及系统报警排除等。

三、实验目的、意义

通过本实验,了解 α – LAVAL EPC – 400 控制单元组成,程序设定方法;掌握 FOPX 型分离系统的特点、基本组成、操作程序;学会 FOPX 型分油机计算机(EPC 41/400 程序模拟器)远程控制的设定和操作,为今后实际工作打下一定的基础。

四、实验设备

(1)EPC – 400 控制单元一个;

(2)EPC 41/400 程序模拟器单元一个;

五、实验步骤

1. EPC – 400 控制单元程序设定(参照图 2-1-47、图 2-1-48)。

(1)打开位于控制箱内的电源开关;

(2)将状态选择开关调整到"P"位置;

(3)用参数编号按钮 1 或 2 按出程序代号"C1、1";

(4)用参数值按钮 3 或 4 把程序代号按到"C1、12";

(5)用参数编号按钮 1 或 2 选出所要调整程序参数的编号;

(6)用参数值按钮 3 或 4 按出所要修改的程序参数值;

(7)根据(2)、(3)步骤把程序代号按到"C2、12";

（8）根据（5）、（6）步骤调整安装参数；

（9）在调整或改变安装参数时，显示窗口中新的数值就会出现，并一直闪亮。应再一次按动该参数所对应的编号，以确认这个新的数值；

（10）将状态选择开关调回到"L"（本机控制），或"R"（遥控控制）的位置。

2. α - LAVAL FOPX 型分离系统操作实验

（1）打开位于 EPC41/400 程序模拟器箱内的电源开关 ON，所有输入信号 LED 红灯亮。

（2）打开位于 EPC - 400 控制箱内的主开关 ON，显示窗口显示"OFF"。

（3）将 EPC - 400 控制单元各程序和安装参数按 FOPX 分油机"HFO"工作程序要求整定好。调整维修状态参数 P90 = 1，以备观察参数 P50 - P89 计数器倒数情况。

（4）检查参数 P36，若安装 P36 = 2（外加计算机），则状态选择开关模式要选择在"R"（遥控）位置；若安装 P36 = 3（外加控制单元），则状态选择开关模式要选择在"L"（本机控制）位置。

（5）检查电位器 TT1、TT2、XT1、MT1、SS1 旋钮是否在零位位置，否则须调整。

（6）按下模拟器上程序自动手动转换按钮，将程序转换为自动。

（7）按下油泵按钮，此时模拟器面板显示燃油在分离系统经 V1 阀在外部打循环。

（8）按下分油机振动保护开关 XS1 按钮。

（9）按下 EPC - 400 控制箱上加热按钮，使加热器工作。此时模拟器上加热器 4 个指示灯全亮。

（10）逐步顺时针转动调整待分油控制温度旋钮 TT2 给待分油加温，当加热器指示灯逐渐全部变灭后，说明待分油温度已经达到分离温度。在调整 TT2 同时，还应同步调整油温高/低温报警开关 TT1。可以逐步按下 EPC - 400 控制箱上警报复位按钮，检查此时的分离温度（1C）和高温报警温度（2C）。

（11）按下 EPC - 400 控制箱上分油（停止分油）按钮（分油机默认已经启动，分油机转速用 SS1 调整，但本模拟器不显示）。此时，待分油经 V1 阀进入分油机分离，外部循环同时被切断；水分传感器 MT4 指示灯、低流量开关 FS4 指示灯由红变绿。

（12）观察分油机分离期间，每个参数工作时模拟器对应的显示情况。

（13）分油机停止。

①按下 EPC - 400 控制箱上停止分油（分油）按钮；

②观察模拟器停机显示状况；

③按下 EPC - 400 控制箱上加热按钮，关闭加热器；

④关闭振动保护开关 XS1；

⑤逆时针旋转 TT1、TT2 旋钮至零位位置；

⑥关闭油泵；

⑦待 V16 阀灯熄灭后，关闭电源开关。

3. 系统报警及排除实验

在 FOPX 型分离系统操作实验期间，根据表 2-2-2 的实验内容，做好相应的实验。

表 2-2-2　FOPX 分离系统报警实验表

实验内容	现象	故障原因及排除方法
调整 TT1 使 2C 温度超过 1C 温度 30 ℃		
关闭控制箱电源,再打开		
备注		

六、实验报告

实验名称:　　　　　　　　　　　　　　　　实验日期:

班级:　　　　　　　姓名:　　　　　　　　学号:

实验设备:

(1)简述 FOPX 型分油机的工作流程;

(2)FOPX 型分油机在排渣时 FS4 指示灯显示状况;

(3)EPC－400 控制箱显示的 1C、2C 温度分别由哪个温度传感器控制。

实验三　α－LAVAL 分油机的运行操作实验

一、实验内容与要求

α－LAVAL FOPX 分离系统是目前较先进的对燃油进行净化的分离系统,它所分离净化燃油的最大密度为 1010 kg/m^3(15 ℃),这样基本满足了当今船用柴油机燃用劣质燃油的要求。

1. 实验内容

(1)α－LAVAL FOPX 分离系统加温实验;

(2)α－LAVAL FOPX 分离系统运行实验;

(3)α－LAVAL FOPX 分离系统 EPC－400 控制单元的程序设定实验;

(4)系统报警及排除实验。

2. 实验要求

(1)通过实验使学生掌握 α－LAVAL 分离系统的设备、仪器、仪表、各部件的功用及工作原理;

(2)对该分离系统的 EPC－400 控制单元会做程序参数的设定,以及系统报警排除等。

二、实验目的、意义

通过本实验,掌握 α－LAVAL FOPX 分离系统的特点、基本组成、运行管理方法以及正确操作等,为以后上船工作打下一定的基础。

三、实验设备

(1)α－LAVAL FOPX 分离系统(如图 2-2-31 所示);

(2)α－LAVAL EPC－400 控制单元;

(3)加热油温度的控制系统;

(4)泵送系统。

〔注:本实验用分油机的型号为:WHPX405TGD 型,用此代替 FOPX 型分油机,其电动机功

率为 4 kW,转速为 1420 r/min〕

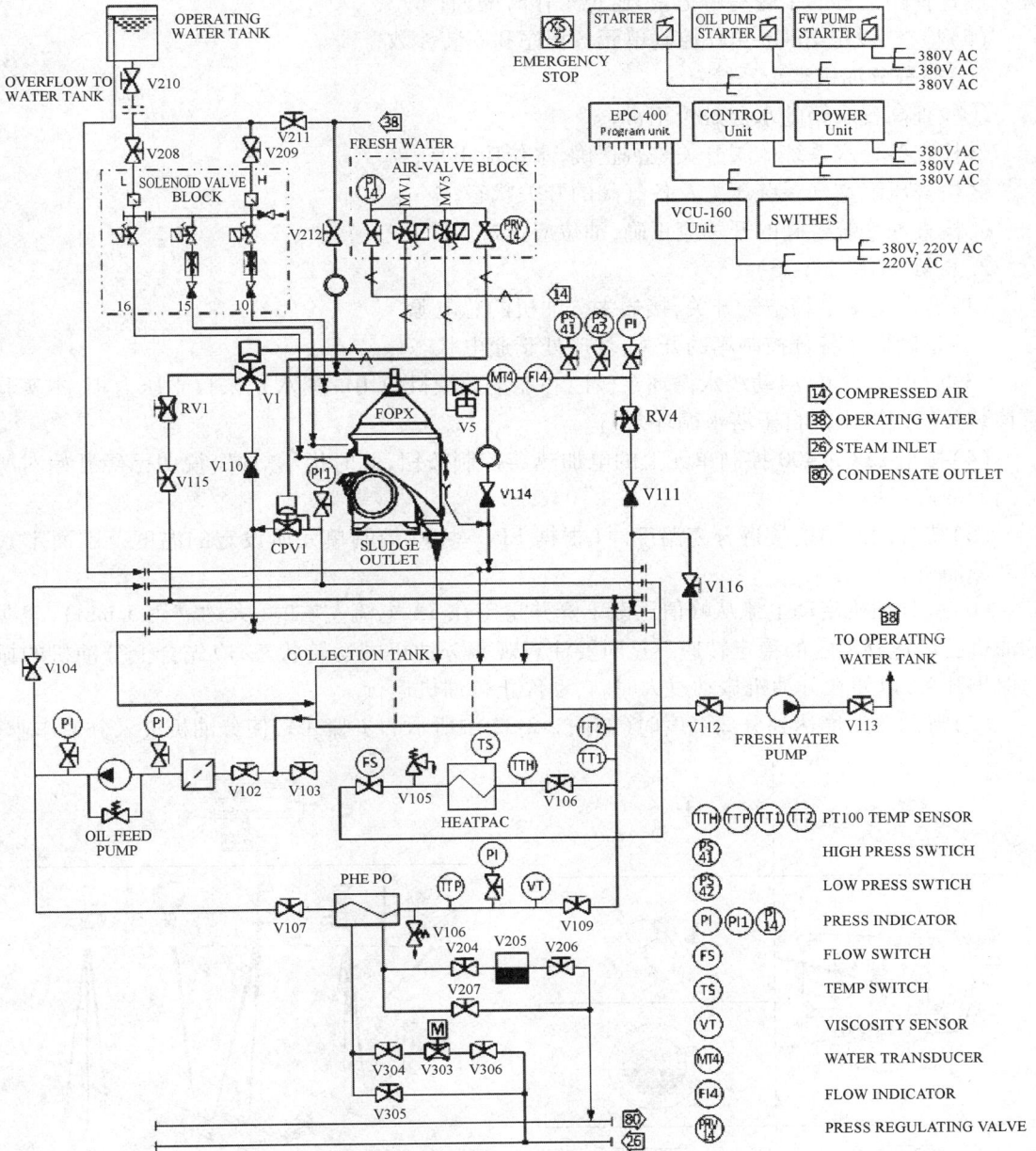

图 2-2-31　α‐LAVAL FOPX 型分油机分离系统流程图

四、实验步骤

1. 启动前的准备工作(见图 2-2-32)

(1)检查分油机分离筒的位置是否正确;

(2)检查分油机制动刹车是否脱离;

(3)检查分油机齿轮箱油位是否正常;

（4）检查分油机外盖上的四只固定螺栓是否把好,同时检查油进、出管路上的各活动接头处及竖直管路上方的手轮是否把紧,避免工作时漏油;

（5）检查、设定 EPC - 400 控制单元各程序和安装参数;

（6）检查分油机整个系统:

①检查高置水箱的水位是否正常;

②检查各处水系统的阀开关是否正确,水位应正常;

③检查压缩空气系统压力及各气阀的开关状态;

④检查油系统各阀的开关应正确,油位应正常。

2. 启动（见图 2-2-33）

（1）合上主配电箱空气开关,接通去分油机的总电源。

（2）正确操作各分控制箱的开关,均应处于通电状态。

（3）启动供油泵,启动淡水循环泵（注:在船上分油机使用的淡水是来自于压力柜,本实验室该装置所用淡水来自于淡水循环泵）。

（4）按下 EPC - 400 控制单元上的电加热器控制按钮,此时指示灯亮,说明已经开始对所分离的油进行加温。

（5）待分油的温度接近分离温度时（根据 EPC - 400 控制单元所设定的温度范围而定）,启动分油机。

（6）待分油机启动电流从峰值逐渐下降并稳定在 5 A 电流左右时（大约需用 5 min）,表明分油机已经达到额定的稳定转速。这时要注意观察分油机的运转状态,应先合上分油机的振动保护开关,以便在分油机振动过大时,自动停止分油机运行。

（7）待加热温度达到分离温度时（按图 2-2-32 中所示的步骤⑤）,使分油机进入分油作业。

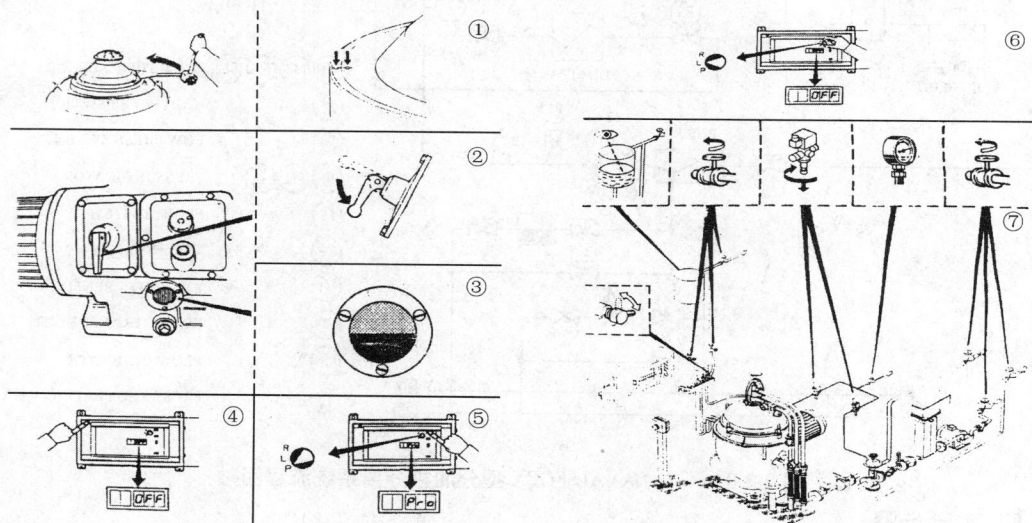

图 2-2-32　启动前的准备工作

3. 运 转

（1）在分油机运转过程中,经常检查油温以及 EPC - 400 显示窗口所显示的各个技术参数（方法是按复位按钮便可依次检查各运行的参数）;

（2）检查并调整分油机净油出口的压力（应在 1.5～2 bar）；

（3）应注意观察分油机排渣口的密封情况；

（4）检查进、出口油管的泄漏情况，检查分油机分离筒的振动及噪声，检查齿轮箱润滑油位及蜗轮、蜗杆的运转情况，检查电动机是否过热及振动和噪声情况；

（5）分油机在运行中，要特别注意各技术参数的变化，并及时调整在正常的工作范围内，禁止超负荷运行；

（6）报警及警报的排除。

若分油机运转参数超出 EPC - 400 控制单元的程序控制范围时，EPC - 400 随即发出声光报警。此时，首先可按复位按钮消除声光报警，然后消除引发报警的故障，分油机在其工作条件正常后，便可以自动进行分油作业。

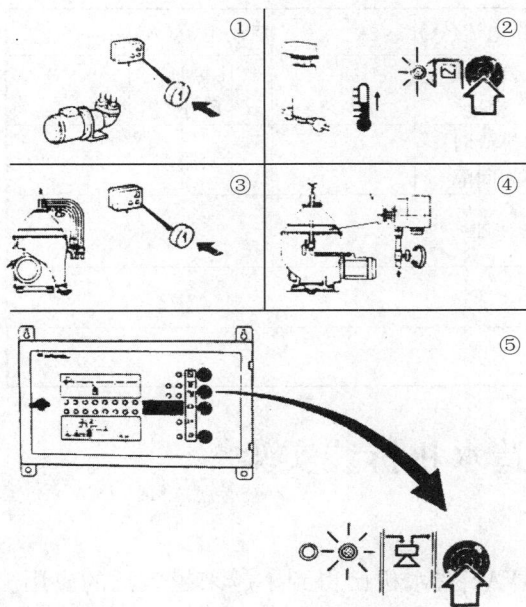

图 2-2-33 FOPX 分离系统的启动

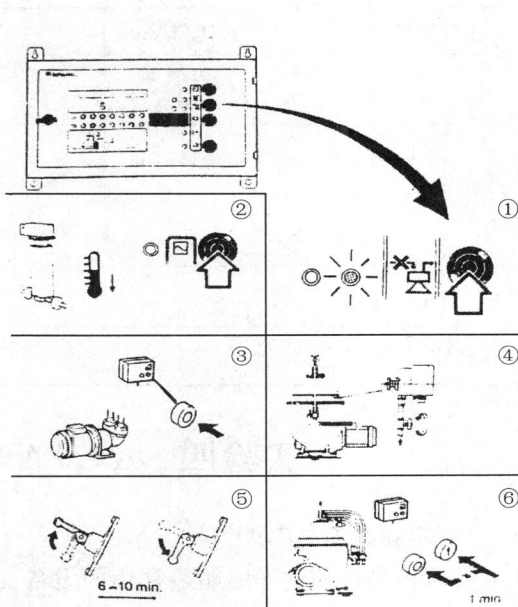

图 2-2-34 FOPX 分离系统的停止

4. 分油机停止（如图 2-2-34 所示）

（1）若准备停止分油作业，首先按下 EPC - 400 控制单元的程序停止开关，该分油机就会停止进油，然后进行自动排渣、清洗分离筒，用密封置换水进行赶油，赶油程序完成，最后分油机便会自动停止运转，电流表的读数回到零；

（2）关闭 EPC - 400 控制单元的电加热器控制开关；

（3）关闭供油泵开关；

（4）待分油机的密封置换水和活动底盘下方的密封水停止进入时，可从电磁阀的进水指示器的红色指针看出（即 MV10 阀和 MV16 阀），这时可以停掉淡水循环泵；

（5）关闭分油机的振动保护开关；

（6）若有必要，按下制动器进行刹车，分油机将在 6～10 min 停稳，当听到摩擦离合器有响声时，分油机即将停下来；

（7）分油机停稳后 1 min 才能再次启动；

(8)断掉分油机的全部电源,拉下主电源开关,挂上警示牌(禁止启动);

(9)将分油机各系统的阀正确开关好,关掉压缩空气系统的气源。

五、实验报告

实验名称:　　　　　　　　　　　　　　　　实验日期:

班级:　　　　　　　　姓名:　　　　　　　　学号:

实验设备:

(1)绘出本实验分油机系统流程图;

(2)将分油机运行实验的数据填入表2-2-3;

(3)实验中所遇到问题和处理过程详细记录,并填入表2-2-3备注栏中。

表2-2-3　分油机运行实验记录表

分油机型号		转速(r/min)		工作电流(A)		启动电流(A)	
滑油油位		分离油牌号		分离油密度		比重环尺寸	
分离油加热温度 ℃		运转时间		排渣时间间隔		有无振动	
有无警报,如何处理?							
备注							

实验四　α-LAVAL 造水机拆装实验

一、实验内容与要求

造水机是目前远洋船舶最常用的设备,α-LAVAL造水机已得到了越来越广泛的应用。在船舶上造水机所制造出的淡水主要供机械的用水、日常生活用水、锅炉用水等。随着造水机使用时间的延长,造水机的蒸发器、冷凝器以及其他有关设备就会结垢,从而影响造水机的造水量下降。因此,造水机的拆装、清洁便成为船舶上船员维持造水机良好运转的日常工作,必须熟练掌握。

1. 实验内容

(1)造水机的拆装;

(2)造水机的清洁工作;

(3)造水机附属设备检查及保养。

2. 实验要求

(1)掌握造水机拆装及清洗工作的全部过程;

(2)掌握造水机的结构及相关设备的流程和工作原理等。

二、实验目的、意义

通过本实验可使学生掌握造水机的拆装技能,掌握造水机易结垢的部位和清洁方法,了解造水机附属设备的功用和日常的管理工作,为今后实际工作打下良好基础。

三、实验设备、工具及清洗用具等

（1）本实验所用海水淡化装置（造水机）型号为：α－LAVAL JWP－26－C50，前视图如图2-2-35 所示；

（2）扳手等拆装工具；

（3）清洗用药品、清洗桶、软刷等。

图 2-2-35　JWP－26－C50 造水机前视图

图 2-2-36　造水机外壳的拆卸图

四、拆装实验步骤

（1）停止造水机的工作，停止与造水机有关的各泵的工作，关闭造水机装置系统的相关阀门，停止盐度计的工作，若有必要可挂上警示牌（禁止启动）。

（2）打开造水机的放空气阀、真空破坏阀、放水阀，放掉造水机内残水。

（3）用扳手卸下造水机外壳体上的所有螺栓，拆下造水机的外壳（见图 2-2-36）。

（4）蒸发器、冷凝器的拆卸、清洗等工作。

①用直尺测量造水机蒸发器、冷凝器的厚度 A 值，并做好记录。

②分别拆除蒸发器、冷凝器的各锁紧螺帽，分别拆下蒸发器、冷凝器的各板片，这时要特别注意各板片的原始记号，且勿搞错。若记号不清可重新做好标记，避免安装时出错（见图 2-2-37）。

③将蒸发器和冷凝器的板片浸泡在清洗药剂的槽中若干时间，注意温度不超过50 ℃。然后用温水冲洗、用软刷刷各板片，清除各板片的污垢，再用清洁水冲洗，最后用压缩空气吹干（蒸发器和冷凝器各板片的正确排列顺序见图 2-2-38 所示）。

④仔细检查各个板片的状态及密封垫的密封情况，若密封垫破坏及板片损坏，应及时更换备件。

JWP-26-C50 型造水机的后视图如图 2-2-39 所示。

⑤用热水冲洗汽水分离器的滤网，最后用压缩空气吹干。

⑥蒸发器、冷凝器的安装

按蒸发器和冷凝器拆卸程序的相反顺序开始安装各板片，按照所做的记号，保证安装顺序无误，并对号入座。各板片安装完毕后，上好蒸发器、冷凝器各锁紧螺帽，要特别注意不要把

图 2-2-37　蒸发器、冷凝器的拆卸图

偏,每个螺帽的拧紧顺序要正确,应该锁紧到原来所测量的 A 值尺寸值。

⑦可接通缸套水对蒸发器进行试验是否安装好,直到符合要求为止。然后再开启造水机的海水泵可试验冷凝器是否安装好,若试验正常,可将加热用缸套水和冷却用的海水停掉。

⑧最后,检查造水机外盖的密封橡胶圈是否完好无缺,若正常,待正确装好汽水分离器的滤网后,将外盖安装好。这样造水机本身的拆装工作全部结束。

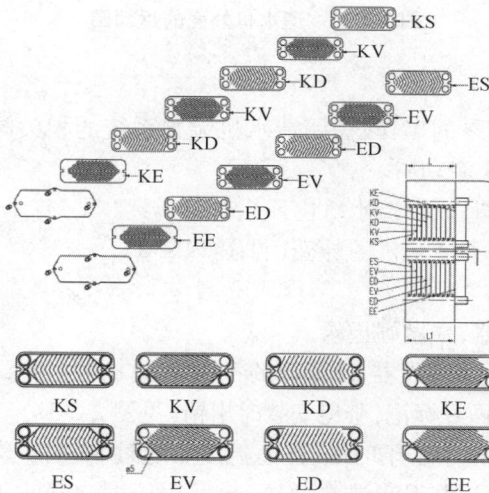

图 2-2-38　蒸发器、冷凝器的排列顺序图

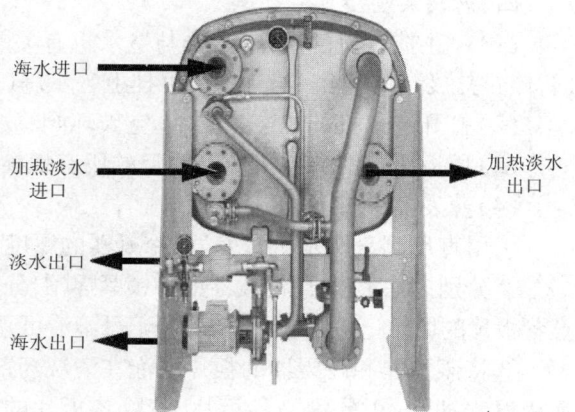

图 2-2-39　JWP-26-C50 型造水机的后视图

五、附属设备的拆装

附属设备有海水泵、淡水泵、喷射泵、热源水泵(本实验专用)、盐度传感器。这些水泵的拆装显得简单,故这里不做叙述。需要提到的是关于盐度传感器的检查问题,因为盐度传感器所测量的是造水机所制造淡水的含盐量,盐度计是利用盐度传感器所测得淡水中电阻值的大小,来控制电磁阀的动作,即控制造水机所造出淡水进入淡水舱的数量。所以应经常检查盐度传感器的两个导电极,以免因腐蚀结垢而使盐度计所得到电信号失真,这样便会影响造水机的

正常工作。

六、实验报告

实验名称：　　　　　　　　　　　　　实验日期：

班级：　　　　姓名：　　　　　　　　学号：

实验设备型号及规格：

(1)通过造水机的拆装实验,画出造水机工作原理流程图,并辅以文字说明；

(2)简述拆装实验的心得体会。

实验五　α-LAVAL 造水机的运行操作实验

一、实验内容与要求

对远航船舶而言,主机、副机、锅炉等动力设备所用淡水及船上人员的生活用水,主要来自于海水淡化装置所造出来的水。特别是前者,不仅节约了淡水的费用,增加了船舶的续航力,而且还由于造出来的淡水含盐量低,不易腐蚀机器,延长了设备的使用时间,同时还简化了管理工作。因此,管理好海水淡化装置是轮机管理人员必须掌握的基本功之一。α-LAVAL 造水机是船舶比较典型的海水淡化装置,由于它具有结构紧凑、占地面积小、易于管理、维修方便等优点,所以得到了广泛应用。

1. 实验内容

(1)造水机装置的使用操作及系统的真空实验；

(2)造水机制造淡水的性能实验；

(3)盐度计的调试及报警实验；

(4)改变系统参数,观察和测定对造水量及造水含盐量的影响。

2. 实验要求

(1)通过实验掌握装置的基本组成与相互关系以及 α-LAVAL 造水机的特点、系统流程和造水原理；

(2)掌握影响造水机造水量和淡水含盐量的各种因素及解决方法；

(3)了解盐度计的原理,掌握参数设定及调整方法。

二、实验目的、意义

通过本实验使学生掌握真空沸腾式海水淡化的基本结构、组成、系统及相互关系；掌握其正确的操作方法和日常管理以及盐度计的使用和调整方法；了解加热量及真空度的变化对装置性能的影响。

三、实验设备、仪器等

本实验所用装置系统的组成如图 2-2-40 所示。其主要设备如下。

(1)α-LAVAL 造水机:型号为 JWP-26-C50,造水量为 7.5 m³/24 h；

(2)热水循环泵:型号为 PVLS2040-2X-011；

(3)海水泵:型号为 BV32 型；

(4)喷射泵；

(5)凝水泵:PV II 1532-2X-011 型；

(6)热水柜和盐水柜；

（7）盐度计和控制箱,盐度计型号为 SL－20;

（8）流量计和回流电磁阀等。

四、准备工作

（1）按本实验装置系统图 2-2-40 熟悉各组成部件、管路流程、测试仪表和自动化元件等;

（2）检查热水柜 A 的温度,用增减电加热器的方法来保持一定的温度,使水温处于基本稳定的工况;

（3）用比重计检查盐水柜 B 的盐水浓度,必要时可加入适量的自来水或 NaCl,使比重达到 1.1;

（4）合上总电源开关;

（5）调整和校对盐度计。

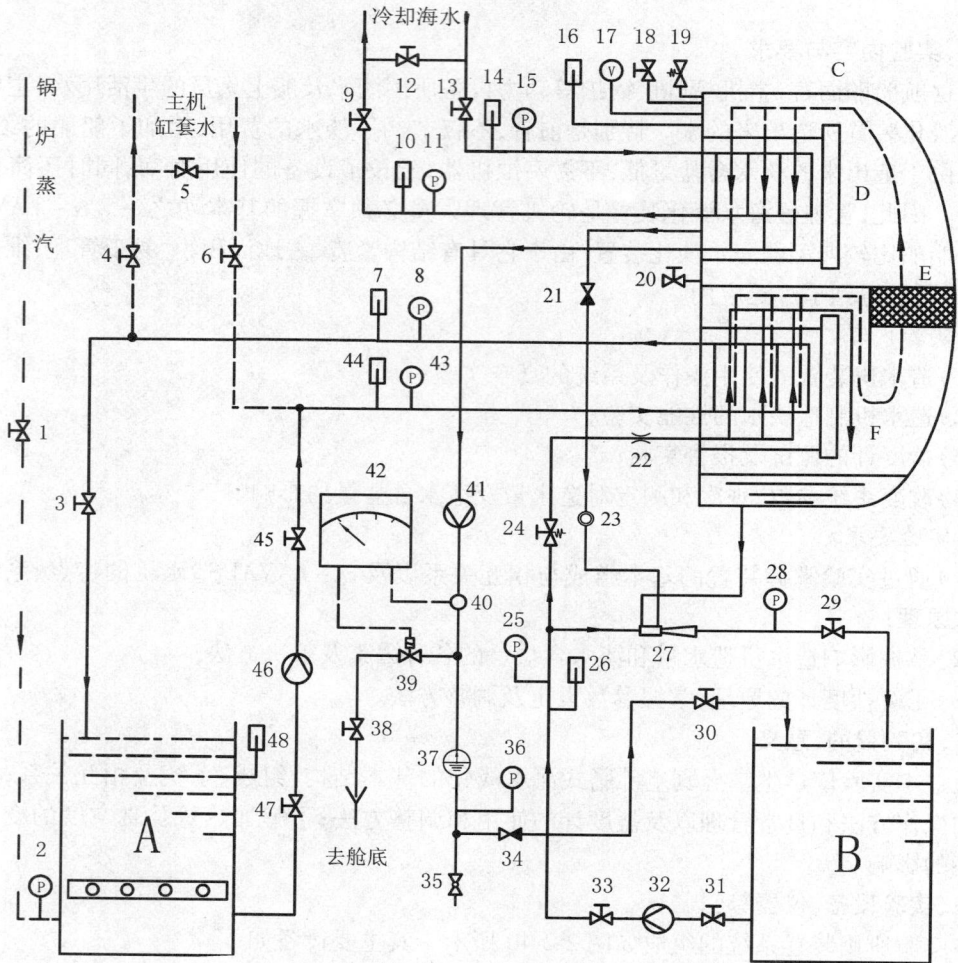

图 2-2-40　海水淡化装置实验室系统原理图

1、3、4、5、6、9、12、13、29、30、31、33、38、45、47－截止阀;2、8、11、15、25、28、36、43－压力表;17－真空表;7、10、14、16、26、44、48－温度计;18－放空气阀;19－安全阀;20－真空破坏阀;21、34－单向阀;22－节流孔板;23－观察镜;24－稳压阀;27－真空喷射泵;32－盐水泵;35－检验阀;37－流量计;39－电磁阀;40－盐度传感器;41－淡水泵;42－盐度计;46－热水泵;A－热水柜;B－盐水柜;C－造水机;D－冷凝器;E－汽水分离器;F－蒸发器

五、实验步骤

1. 装置的启动

（1）关闭真空破坏阀20和放空气阀18。

（2）打开盐水泵32的进出口阀31及33。

（3）打开喷射泵27的出口阀29。

（4）用手转动盐水泵32的泵轴,无卡阻后,按下启动按钮启动该水泵,调节出口阀33的开度,使压力表25的读数控制在0.5 MPa（5 kg·f/cm²）左右,同时注意调节造水机蒸发器的给水阀和弹簧稳压阀24,使其水位正常（1/3~1/2之间）。

（5）当真空压力表17的读数达到-0.01 MPa以下时,其真空度已达到要求（93%左右时）,打开热水泵46的进出口阀47和45及加热水回水阀3（若只是用热水柜A中的水应打开从主机来的缸套水调节阀5,关闭缸套水进出口阀6和4）。

（6）将热水泵46盘车,无卡阻后,按下启动按钮启动该水泵,调整排出阀45的开度,控制加热水的流量。正常情况下,加热水进出口温差应在6~10 ℃之间。

（7）打开冷凝器的冷却水进出口阀13和9,使从主海水泵来的海水对冷凝器进行冷却,并注意其参数的变化。

（8）将凝水泵的控制箱电源开关转到"1"位置,当冷凝器中的凝水水位达到观察镜23的上限时,按下淡水泵41的启动按钮,打开淡水泵出口阀30和38,关闭阀35,并调节出口阀30的开度,使凝水水位控制在观察镜的1/3~1/2之间,造水机进入正常工作状态。

2. 参数的测定

当造水机正常运作时,根据表2-2-4测取下述几种不同工况下的参数:

表2-2-4　造水机运行实验记录表

参数名称 参数 序号	真空压力 （MPa）	流量表读数 （m³）	蒸发温度 L（℃）	盐度计读数 （ppm）	喷射泵压力 （MPa）		加热水温度 （℃）		冷却水温度 （℃）	
					进口	出口	进口	出口	进口	出口
1										
2										
3										
4										
5										
6										
7										
8										
9										

（1）在正常工况下，每隔 5 min 测取表中各参数一次，共测三次，分别填入表格 1、2、3 栏中；

（2）关小热水泵 46 出口阀 45，减小加热水流量，同样每隔 5 min 测取表中各参数一次，共测三次，分别填入表格 4、5、6 栏中；

（3）恢复热水泵 46 出口阀 45 的开度，稍开真空破坏阀 20，使真空度变为 85%，同样每隔 5 min 测取表中各参数一次，共测三次，分别填入表格 7、8、9 栏中。

3. 装置的停用

（1）停热水泵 46，关闭进出口阀 47 和 45 以及回水阀 3，停止全部电加热器工作，停止向热水柜 A 加热；

（2）停淡水泵 41，关闭出口阀 30 和 38；

（3）打开真空破坏阀 20 和放空气阀 18；

（4）停盐水泵 32，关闭其进出口阀 31 和 33；

（5）待冷凝器冷却后，关闭其冷却水进出口阀 13 和 9，停主海水泵；

（6）拉下各电源开关；

（7）如果停用时间较长，则还应将蒸馏器中的盐水经泄水阀放空。

六、注意事项

（1）若用主机缸套水作为加热水时，其进出口阀 6 和 4 应全开，再通过改变缸套水调节阀 5 的开度来控制缸套水的流量。而在装置停用时，应先全开缸套调节阀 5，后关闭阀 6 和 4，否则气缸套会出现断冷却水现象，这将会造成严重事故。

（2）装置启动后，有时真空抽不下来，其主要原因往往是由于淡水泵盘根漏气所致。所以通常在装置启动前，应检查一下淡水泵的盘根，将盘根紧一点或更换一、两道盘根，但不要紧过度，否则不仅电机负荷大，而且泵轴容易发热，甚至于烧坏盘根。

七、实验报告

实验名称：　　　　　　　　　　　　　实验日期：

班级：　　　　　　姓名：　　　　　　学号：

实验设备：

（1）根据实验测量结果，填写海水淡化装置实验记录表。

（2）分析加热水流量改变后，对真空度、造水量、水质等有何影响，为什么？

（3）稍开真空破坏阀使装置的真空度下降后，对造水量何水质有何影响，为什么？

实验六　α-LAVAL 板式换热器的拆装实验

一、实验内容与要求

由于板式换热器具有换热效率高、耐腐蚀、结构紧凑、易于清除污垢及维修方便等优点，目前在船舶上得到了广泛的应用，并且 α-LAVAL 板式换热器在船舶的机舱中占据了统治地位，如中央冷却器、缸套水冷却器等。特别是对中央冷却器而言，由于其冷却介质为海水，运行一段时间后，中央冷却器就会经常脏堵，这就会影响冷却效果，因而板式换热器的拆装、清洁以及维修是管理中的一项重要工作。

1. 实验内容

(1)板式换热器的拆装；

(2)板式换热器的清洁；

(3)板式换热器的维修及更换破损密封垫等工作。

2. 实验要求

(1)了解各种形式换热器的结构和工作原理；

(2)熟练掌握板式换热器的拆装、清洁及维修的一般方法,并注意拆装当中所提出的应注意事项。

二、实验目的、意义

通过本拆装实验使学生掌握板式换热器的拆装顺序、清洁方法及维修的基本过程。了解板式换热器的几种形式、基本结构和换热的原理,并通过此拆装实验,使同学掌握拆卸、安装船用设备的一般程序,为以后上船实际工作打下一个良好的基础。

三、实验设备、测量工具等

(1)α-LAVAL 板式换热器(见图 2-2-41 和图 2-1-55);

(2)拆装工具、量具等；

(3)清洗用药剂、清洗槽、桶等；

(4)软刷、备用密封圈、密封胶、胶水等。

四、拆装实验步骤

1. 板式换热器的拆卸

(1)将板式换热器上各连接管的阀门关闭好。

(2)拆卸板式换热器上连接各管法兰,卸下进出管,排净换热器中介质。

(3)检查承载杆的滑动面,并对其进行清洁和润滑。

(4)在板片组装置外表面上画一条对角线进行标记。

(5)用直尺在对称的四个位置上测量板式换热器的厚度 A 值(固定板和压力板之间的板片组厚度),并记下该 A 值和位置。各位置的 A 值应相等,且与板式换热器上的铭牌所标的 A 值一致。

(4)用扳手对称地、均匀地卸下板式换热器紧固螺杆上的螺帽。

(5)移开压力板,卸下板式换热片。拆卸时应注意各个换热片的编号,及上、下端与正、反面,切记不要搞错,若有必要可重新按拆卸的方位做好记号。如果仅用水(不使用清洁剂)进行清洁,则不需要拆卸板片。

2. 板式换热器的清洗及维修

(1)将卸下来的换热器板片放置于清洗药剂的槽中浸泡若干时间(浸泡时间依照清洗药剂的不同而异),然后用软刷将换热板片两面的污垢刷净,切记一定要用轻水冲洗干净,再用压缩空气吹干。

(2)要认真检查各个密封圈,看其是否有缺陷,如橡胶密封圈老化,破损变形,则应从换热板片上剥下,用备用密封胶代替,或用胶水将新的密封圈粘在板片上。

(3)仔细检查各板片是否严重变形,是否有砂眼等缺陷,若无法维修,则应更换新的备用板片。若无备件应成组拆下该板片,可临时减少板片工作,但要注意温度变化,随时调整工作参数。

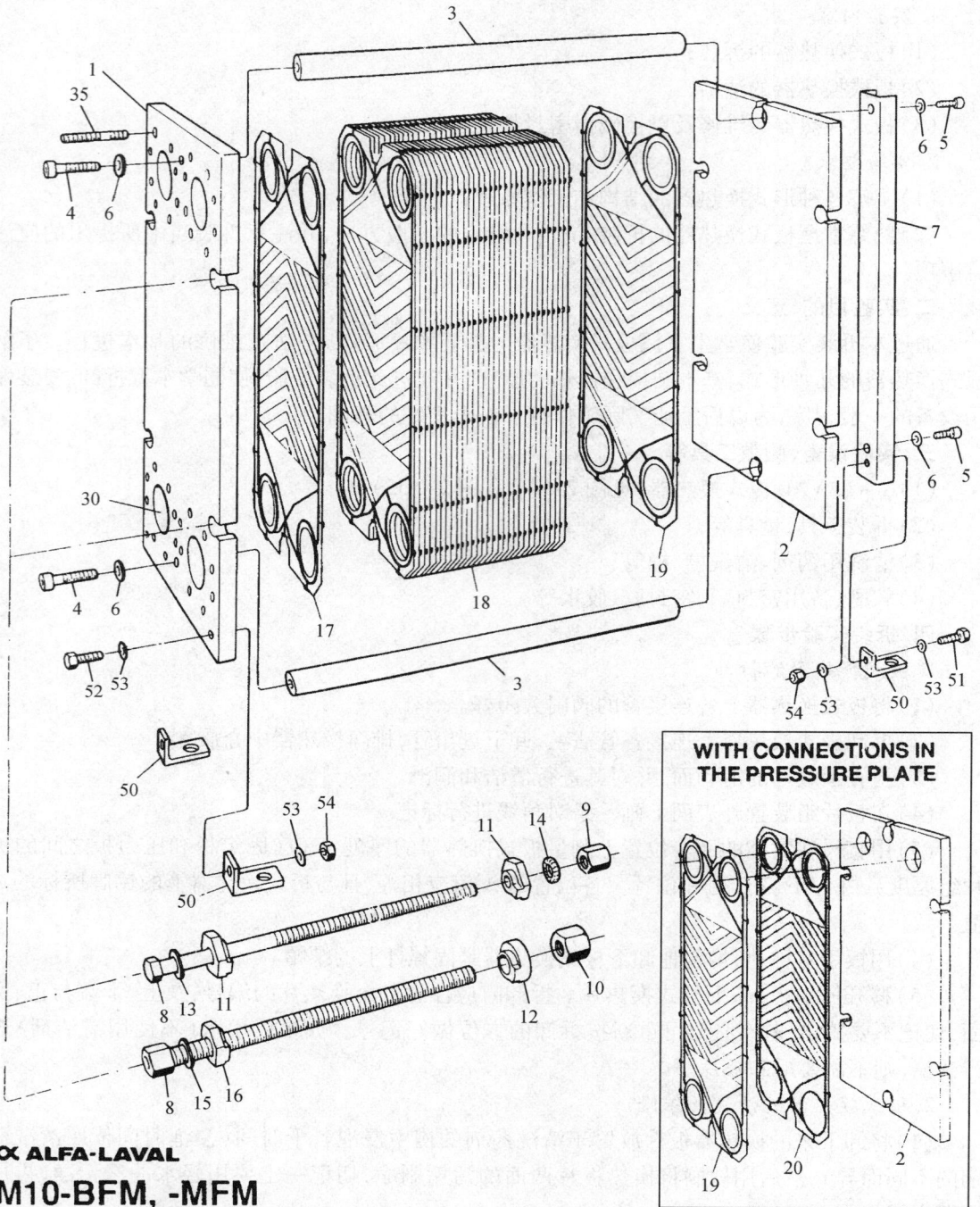

WITH CONNECTIONS IN
THE PRESSURE PLATE

ALFA-LAVAL
M10-BFM, -MFM

图 2-2-41　α – LAVAL 板式换热器拆卸分解图

3. 板式换热器的安装

（1）将清洗干净的换热片按所编顺序号安装在承载杆和导杆上。应特别注意换热板的上、下端及正反面，交错插入板片，并将密封垫，依据板片悬挂列表中的规定朝向、方向和拆卸前板片组画的对角线标记来确定板片位置,绝对不能装错。

(2)将压力板装回,上紧压力板,将螺杆重新装妥,用专用扳手将其按对角顺序均匀上紧,或用专门的扭力扳手上紧,正确的上紧力矩由说明书给出。

(3)用直尺在原来的四个位置测量板式换热器的 A 值,均匀地调整螺杆螺母,直到 A 值达到拆卸前或很接近拆卸前的 A 值尺寸。

(4)先将换热器的一种流体的进出管路与板式换热器相连,打开相应的进出口阀,检查其换热器是否存在外漏或混流。若无泄漏,则应拆卸下这一流体的连接管路,再将另一流体的进出管路连接到换热器上,加压,检查泄漏情况,若无异常,可连接所有管路,这样板式换热器便可投入使用。

五、注意事项

如果板式换热器的温度很高,请等到温度降至大约 40 ℃（104 ℉）以下。切勿将盐酸用于不锈钢板片。Cl 含量超过 330 ppm 的水不能用于配制清洁溶液。必须对铝制承载杆和支柱施加保护以免接触化学品。由于板式换热器的密封橡胶圈在正常使用中非常重要。因此,在清洁工作中,要特别注意保护各道密封胶圈,严禁用钢丝刷、铜刷或硬刷清洁换热片。在拆装过程中,根据介质的类型,使用适当的保护设备,如安全靴、安全手套和护目设备等。

六、实验报告

实验名称：　　　　　　　　　　　　实验日期：

班级：　　　　　姓名：　　　　　　学号：

实验设备型号：

(1)写出板式换热器拆装的心得体会及拆装过程;

(2)将拆装过程中所测得的数据记录在表 2-2-5 中。

表 2-2-5　换热器拆装测量记录表

换热片数量	拆卸前换热器厚度（mm）				安装后换热器厚度（mm）				安装后检漏压力（MPa）	
	左上	右上	左下	右下	左上	右上	左下	右下	海水进口	滑油进口

第三部分

船舶柴油机拆装

第一章　简介

第一节　概述

一、故障及维修

（一）故障

故障是指船舶系统、机械或零部件丧失了规定的功能。

1.故障的分类

（1）结构性故障：由于设计时结构上的缺陷或选材不当等引起的故障。产生这种故障大多是设计时忽略某种工作条件所致。例如，船体振动造成船体裂缝。

（2）工艺性故障：由于制造和安装的质量不佳导致的故障。例如，轴系安装质量不佳引起轴承发热或严重磨损等。

（3）磨损性故障：是在正常条件下长期工作产生的故障，由于长期使用，机械或零部件的性能参数逐渐变坏而达到极限状态。例如，正常磨损使零件尺寸变化、配合间隙增大，以致达到磨损极限的状态。

（4）管理性故障：是由于违反操作规程或管理不当造成的人为故障。

2.故障的规律

船舶机械和零件在全部使用过程中，不同时期出现故障的机率不同，大量的时间和实验表明，故障与时间成"浴盆曲线"的关系，即故障规律曲线，如图 3-1-1 所示。图中横坐标表示时间 t，纵坐标表示故障率 $\lambda(t)$。

（二）维修

维修又统称修理，是指为了保持或恢复船舶机械或设备的规定功能所采取技术措施。维修又可分为预防维修、计划预修两种。设备的可靠性是由设计、制造确定的固有特性，通过维修能保持或恢复设备的性能。

1.预防维修

预防维修方式可分为三种：

（1）定时维修方式

定时维修是以磨损理论为依据，以设备主要零部件的磨损率为基础来预测设备或设备中某一部件的维修或更新周期。

此种维修方式对处在磨损故障期的设备在减少故障方面具有重要的作用。

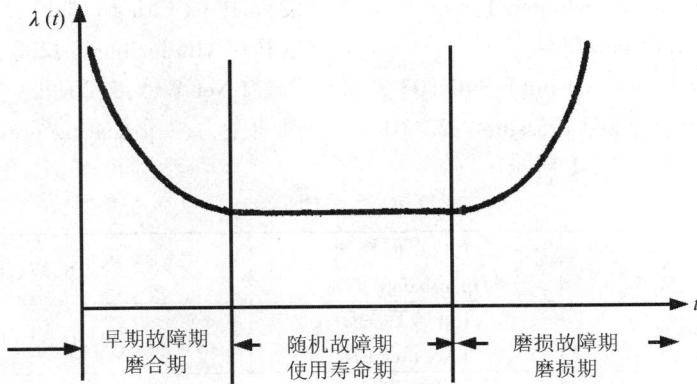

图 3-1-1　故障率曲线（浴盆曲线）

（2）视情维修方式（状态维修方式）

这种方式对一个具体设备不确定其维修期，而是根据不断地定量分析设备技术状态确定是否需要维修。由于视情维修方式的实施是预防性的，能够充分发挥设备的潜力，因此也是理想的维修方式。

（3）事后维修方式（故障维修方式）

由于有些设备的许多零件仍保持基本功能，其故障无法预测，只能在故障发生后进行维修。这种维修方式并非平时不做任何维修工作，在故障发生前同样要不断地监控其技术状态并进行经常性的保养工作。

2.计划预修

计划预修以计划性、预防性修理为基础，着重为生产使用服务，但对日常维护保养和综合效益不甚注重。计划预修依照其发展过程分为三个阶段，即计划修理阶段、部门的计划预修阶段和统一的计划预修阶段。

二、柴油机拆装是柴油机检修过程的重要组成部分

根据柴油机的结构形式不同和柴油机存在的缺陷不同，制定合理的拆装方案，是加快修理进程，确保修理质量的必要措施。因此要求学员能认真学习和熟练掌握柴油机的拆装技能。

（1）学会正确使用各种工具、专用工具及量具；

（2）学会确定合理的拆装程序及采用必要的维修技术；

（3）学会保证拆装作业中的安全措施。

第二节　柴油机拆装设备的简介

动力装置拆装实验室目前用于拆装教学、拆装培训的柴油机共有五台，机型分别是：日本 YANMAR 5MAL – K 型柴油机两台，新中动力机器厂 GZC – 6250 型柴油机两台，日本 DAIHATSU 6PSTb – 20 型柴油机一台。这些用于拆装训练的机器，在实船上均为发电机或主机，具有一定的代表性，都属于四冲程单作用直接喷射式船用柴油机。

一、DAIHATSU 6PSTb – 20 型柴油机

DAIHATSU 6PSTb – 20 型柴油机是一种船用增压的四冲程柴油机，其主要参数如下：

标定转数（Rated engine speed）:720 r/min　　余隙（Top clearance）:3.5 mm

气缸数目（Number of cylinders）:6
冲程（Stroke）:250 mm
功率（Continuous rate out-put）:340 HP
喷油压力（Fuel injected pressure）:22 MPa
正时（Timing）如表 3-1-1 所示。

发火顺序（Firing order）:1 - 2 - 4 - 6 - 5 - 3
缸径（Cylinder bore）:200 mm
重量（Net Wt）:5120 kg
滑油压力（Lubricating pressure）:0.2 MPa

表 3-1-1　正时（Timing）

进气阀 Inlet valve	上止点前打开 Open before TDC	77、78、77、78、78、78
	下止点后关闭 Close after BDC	30、30、32、30、30、31
	阀间隙 Valve clearance	0.35 mm
排气阀 Exhaust valve	下止点前打开 Open before BDC	47、49、47、49、49、48
	上止点后关闭 Close after TDC	59、60、59、60、60、60
	阀间隙 Valve clearance	0.35 mm
燃油喷射泵 Fuel oil injection pump	上止点前 Before TDC	25°CA
气动阀 Starting valve	上止点前打开 Open before TDC	0°CA
	下止点后关闭 Close after BDC	125°CA

柴油机的结构特点：

1. 总体结构

总体结构及各主要零部件的相对位置，如图 3-1-2 所示。

2. 气缸盖

气缸盖为单体式，内部具有冷却水腔，该机型每个气缸盖上设有一只进气阀和一只排气阀、一只启动阀、一只安全阀、一只喷油器。冷却水从缸套冷却水腔经过四个水孔由缸盖下部进入，对缸盖进行冷却。

进、排气阀座直接镶嵌在气缸盖底部，进、排气阀导管对进排阀起到导程的作用。缸盖和缸套之间通过六根双头螺栓紧固，如图 3-1-3 所示，部件名称见表 3-1-2。

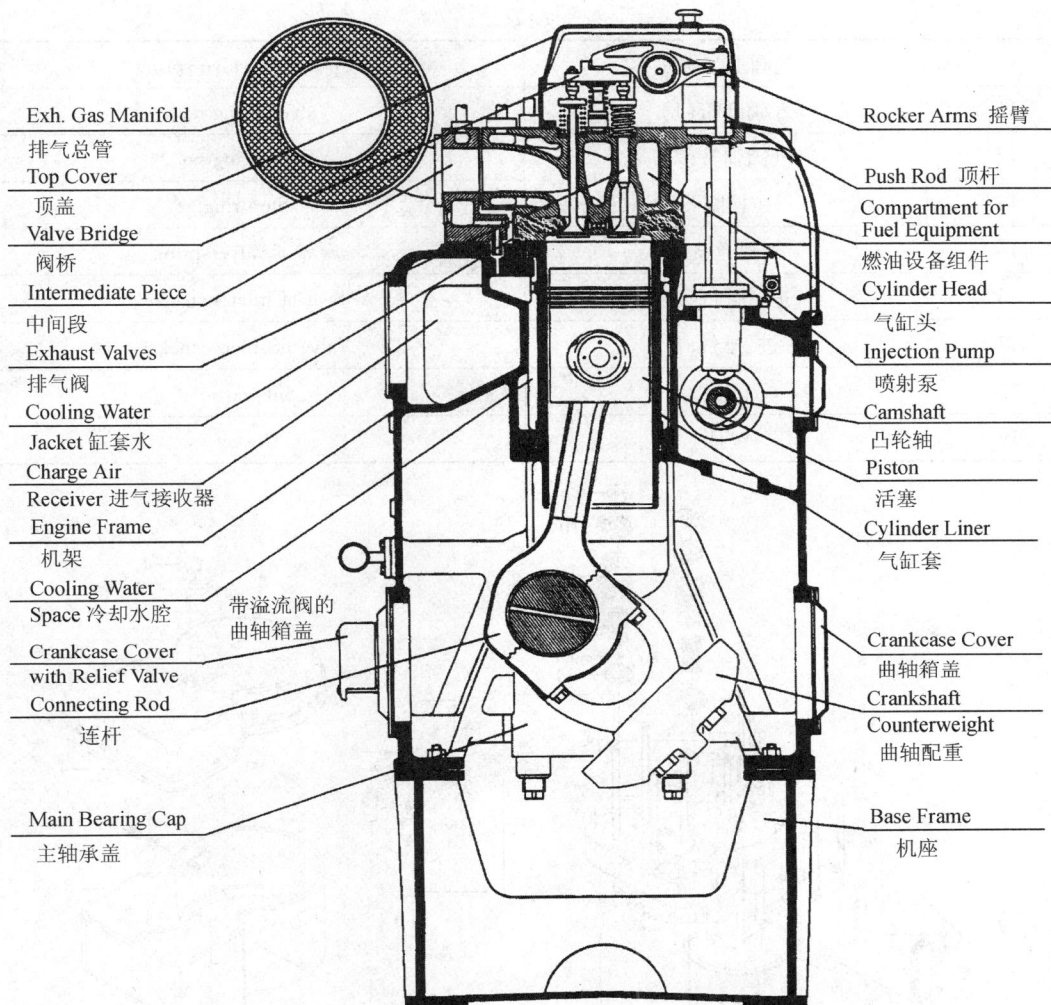

Exh. Gas Manifold
排气总管
Top Cover
顶盖
Valve Bridge
阀桥
Intermediate Piece
中间段
Exhaust Valves
排气阀
Cooling Water
Jacket 缸套水
Charge Air
Receiver 进气接收器
Engine Frame
机架
Cooling Water
Space 冷却水腔
Crankcase Cover
with Relief Valve
Connecting Rod
连杆

带溢流阀的
曲轴箱盖

Main Bearing Cap
主轴承盖

Rocker Arms 摇臂
Push Rod 顶杆
Compartment for
Fuel Equipment
燃油设备组件
Cylinder Head
气缸头
Injection Pump
喷射泵
Camshaft
凸轮轴
Piston
活塞
Cylinder Liner
气缸套

Crankcase Cover
曲轴箱盖
Crankshaft
Counterweight
曲轴配重

Base Frame
机座

图 3-1-2　DAIHATSU 柴油机总体结构

表 3-1-2　气缸头零部件名称

1	手柄	Knob of cylinder head cover
2	弹性销	Spring pin
3	缸盖罩壳(1)	Cover(1)of cylinder head
4	橡胶密封件	Rubber seal
5	缸盖罩壳(2)	Cover(2)of cylinder head
6	缸盖罩壳垫片	Gasket of head cover
7	摇臂	Rocker arm
8	摇臂轴座	Holder of rocker arm shaft
9	卡块	Valve cotter

续表

10	气阀上弹簧座	Up seat of valve spring
11	气阀弹簧(1)	Valve spring no. 1
12	气阀弹簧(2)	Valve spring no. 2
13	挡圈	Stop ring
14	气阀弹簧座	Seat of valve spring
16	进、排气阀座	Seat of inlet/exhaust
17	进、排气阀	Valve of inlet/exhaust
18	闷盖	Side cover
19	垫片	Gasket

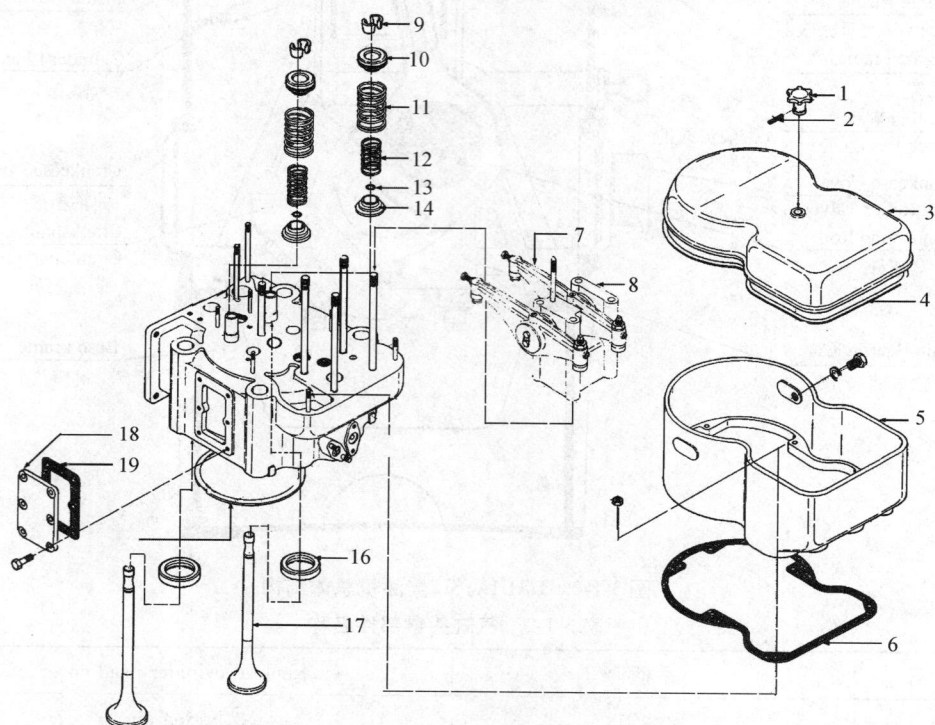

图 3-1-3　气缸盖的解体及结构

3. 机身、机座和缸套

缸套,为湿式气缸套,缸套材料为球墨铸铁或合金铸铁。气缸套端面对应进、排阀的位置由两个半圆形凹槽用以避开进、排阀。

缸体,由优质铸钢制成,和机座一起形成曲柄箱,缸体和缸套之间形成冷却水空间,如图3-1-4 所示,零部件名称见表3-1-3。

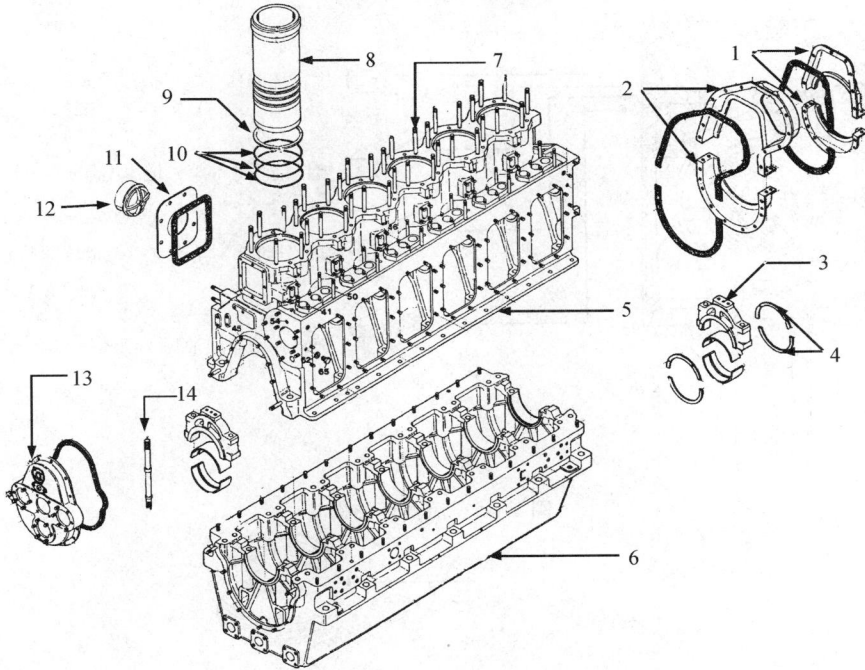

图 3-1-4 机身、机座和缸套

表 3-1-3 机身、机座零部件名称

1	挡油环罩	Cover of oil cut plate	8	缸套	Cylinder liner
2	齿轮箱壳体	Timing Gear Case	9	气缸套垫片	Gasket of cylinder liner
3	主轴承盖	Main metal cap	10	O 型圈	O ring
4	制推轴瓦	Thrust bearing	11	检查孔盖	Side cover
5	机身	Engine frame	12	曲柄箱安全阀	Engine frame safety valve
6	底座	Sole Plate	13	泵传动齿轮顶壳体	Aux. machinery gear Case
7	缸盖螺栓	Bolt of cylinder head	14	主轴承盖螺栓	Bolt of main metal cap

4. 活塞连杆组件

该机型活塞由铸铁制成,顶部呈凹形,和缸套内壁及缸盖共同组成燃烧室。

活塞环由铸钢制成,共有四道,前三道均为密封环,最后一道为刮油环,这些环都位于活塞销的上部,如图 3-1-5 所示。

连杆由锻钢制成,中间钻孔用以将润滑油从连杆大端输送到连杆小端,连杆小端孔内压入锡青铜衬套作为活塞销轴承,连杆大端采用斜切口车用大端,如图 3-1-6 所示,部件名称见表 3-1-4。

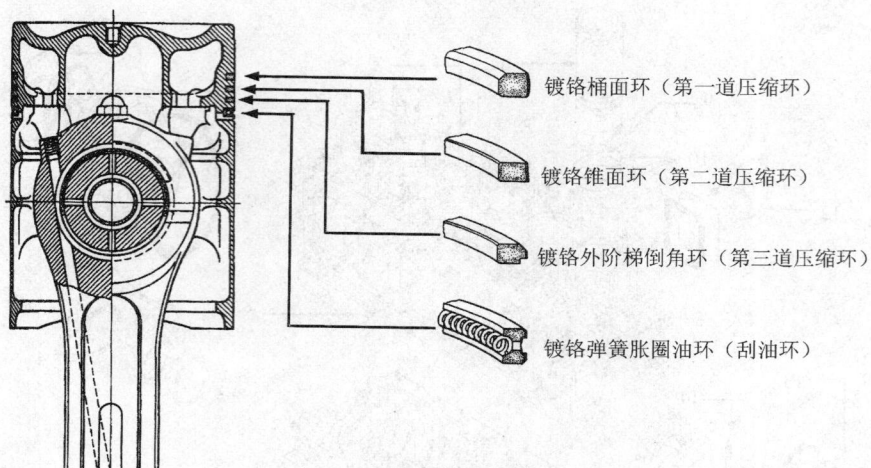

图 3-1-5　活塞环结构

镀铬桶面环（第一道压缩环）

镀铬锥面环（第二道压缩环）

镀铬外阶梯倒角环（第三道压缩环）

镀铬弹簧胀圈油环（刮油环）

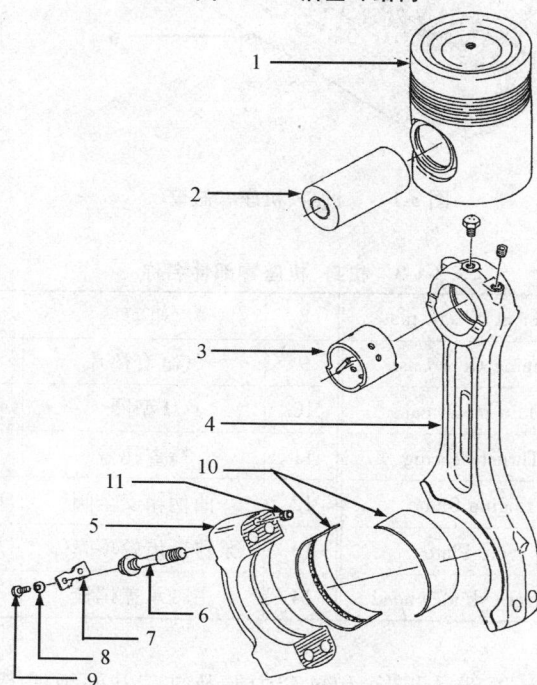

图 3-1-6　活塞连杆

表 3-1-4　活塞连杆组件名称

1	活塞	Piston	7	锁紧片	Lock washer
2	活塞销	Piston pin	8	齿形锁紧垫片	Toothed lock of washer
3	活塞销衬套	Piston pin bush	9	螺栓	Bolt
4	连杆	Connecting rod	10	连杆轴瓦	Crank pin bearing
5	连杆下瓦座	Seat	11	圆柱销	Straight pin
6	连杆螺栓	Bolt of connecting rod			

5.曲轴

柴油机的曲轴由高强度球墨铸铁铸造而成,为了提高曲轴的抗疲劳性能及减轻曲轴重量,全部轴颈与曲柄销颈铸成空心的,由油孔连通主轴颈与曲柄销颈,以便润滑。曲轴端法兰与飞轮连接,飞轮外圆上钻有盘车孔,及刻度有与各缸上止点对应的标记和角度,如图3-1-7所示,部件名称见表3-1-5。

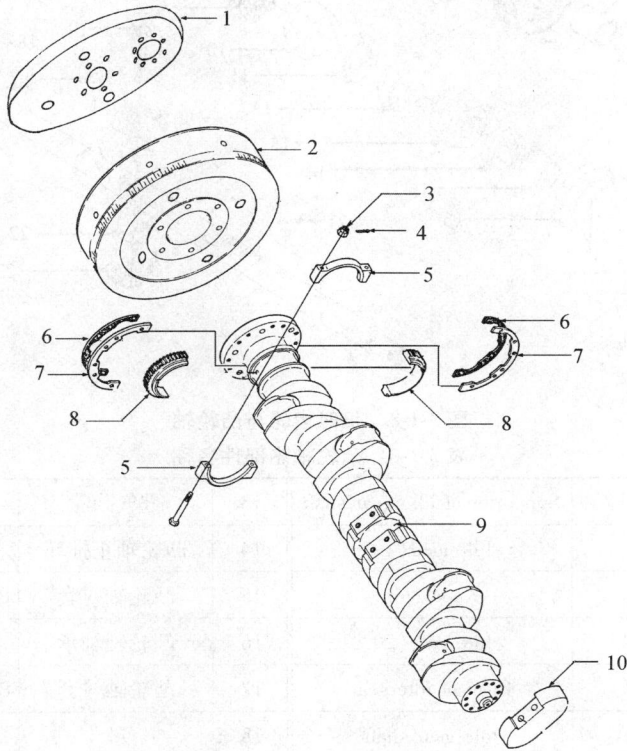

图 3-1-7　曲轴

表 3-1-5　曲轴零部件名称

1	惯性圆盘	Inertia disc	6	挡油环垫片	Gasket of L. O. cut plate
2	飞轮	Flywheel	7	挡油环	L. O. cut plate
3	曲轴齿轮螺母	Bolt of crank shaft gear	8	曲轴齿轮	Crank shaft gear
4	开口销	Split pin	9	曲轴6D	Crank 6D
5	曲轴齿轮卡环	Crump band of crank shaft gear	10	平衡重	Balance weight

6.凸轮轴

凸轮轴安装在机体高压油泵平台下方,由飞轮端曲轴经过两级齿轮驱动,凸轮轴结构如图3-1-8所示,零部件名称见表3-1-6。

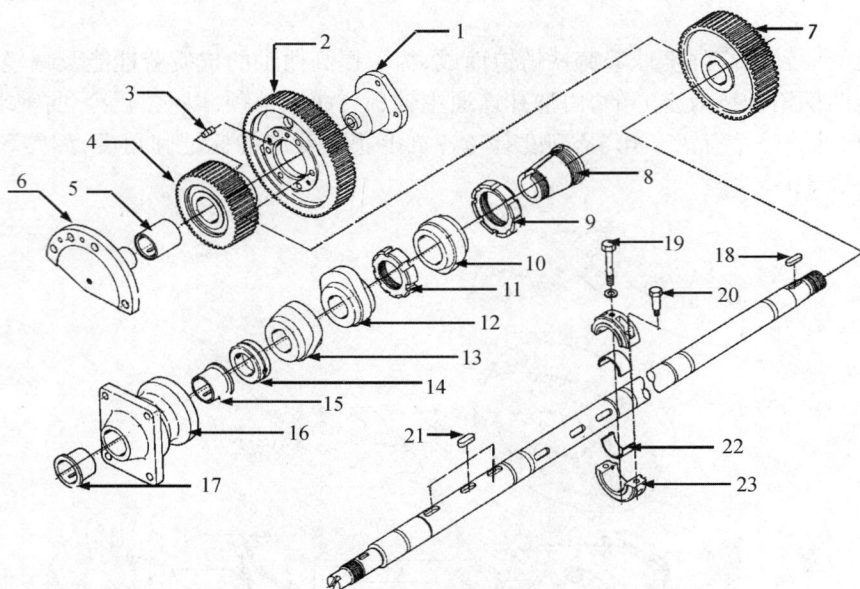

图 3-1-8　正时齿轮与凸轮轴

表 3-1-6　凸轮轴零部件名称

1	齿轮轴承座	Supporter of idle gear shaft	13	进气凸轮	Intake cam
2	中间齿轮(1)	Idle gear(1)	14	凸轮轴止推环	Stop ring of cam shaft
3	定位销	Knock pin	15	凸轮轴衬套	Bush(cam shaft bearing)
4	中间齿轮(2)	Idle gear(2)	16	凸轮轴轴承	Camshaft bearing
5	中间齿轮衬套	Bush of idle gear	17	凸轮轴衬套	Bush(cam shaft bearing)
6	中间齿轮轴	Idle gear shaft	18	键	Sunk key
7	凸轮轴齿轮	Cam shaft gear	19	凸轮轴轴承螺栓	Bolt of camshaft
8	锥形套筒	Taper sleeve	20	绞制孔螺栓	Reamer Bolt
9	燃油凸轮拆卸螺母	Removing nut of fuel cam	21	键	Sunk key
10	燃油凸轮	Fuel cam	22	凸轮轴轴瓦	Camshaft bearing shell
11	燃油凸轮紧固螺母	Fixing nut of fuel nut	23	凸轮轴轴承	Camshaft bearing
12	排气凸轮	Exhaust cam			

二、YANMAR 5MAL－K 型柴油机

YANMAR 5MAL－K 型柴油机是一种船用非增压的四冲程柴油机,其主要参数如下:

标定转数:900 r/min　　　　　　　缸径行程:200 mm×240 mm

气缸数目:5　　　　　　　　　　　发火顺序:1－4－3－2－5－1

转向:右旋　　　　　　　　　　　　滑油消耗量:3 g/kW·h

燃油消耗量:185 g/kW·h　　　　　　冷却系统:水冷

启动系统:压缩空气　　　　　　　　最大爆压:7.5 MPa

外形尺寸:2450 mm×1213 mm×1629 mm　　　净重:4500 kg

气阀间隙:0.3 mm

1．气缸盖

气缸盖由优质铸钢制成,内部有冷却水腔,由冷却水进行冷却。上部装有一只进气阀、一只排气阀、一只气缸启动阀、一只示功阀和一只喷油器。从缸套冷却水腔来的冷却水经过导管由缸盖下部进入,对缸盖进行冷却后,由缸盖上部流出,然后流经排烟管,对排烟管进行冷却,冷却完排烟管的冷却水,其中大部分冷却水回到冷却水泵进口,少部分冷却水经过一根支管和膨胀水柜相通。

进、排气阀均采用不带阀壳式,阀座直接镶嵌在气缸盖底部,进、排气导管对进、排气阀起导程的作用,缸盖和缸套之间的紧固通过四根双头螺栓。

2．缸体和缸套

缸体,由优质铸钢制成,和机座一起形成曲柄箱,缸体和缸套之间形成冷却水空间,冷却水腔的密封上部靠的是铜质密封圈,下部靠的是两道橡胶密封圈。

缸套属于湿式气缸套,由耐热耐磨的特种铸钢制成,其上端对应进排气阀的位置有两个半圆形凹槽用以避开进、排气阀,内表面精加工。

3．活塞组件

活塞由铝合金制成,外表面精加工,其顶部呈凹形,与缸套内壁以及缸盖共同组成燃烧室。

活塞环由特种铸钢制成,共有四道,上边两道镀铬;刮油环共有两道,分别位于活塞销的上部和下部。

活塞销由特种钢制成,属于全浮动式,两端装有由螺栓固定的盖板防止活塞的轴向窜动。

连杆由优质锻钢制成,工字型截面,中间钻孔用以将润滑油从连杆大端输送到连杆小端。连杆小端孔内压入锡青铜衬套作为活塞销的轴承,连杆大端采用车用大端,平切口结构,由四个连杆螺栓将大端上下瓦和曲柄销连接到一起。

4．曲轴和轴承

曲轴由优质锻钢制成,其主轴颈和曲柄销颈精加工,一端装有飞轮,另一端装有一个齿轮,作为齿轮箱内的齿轮传动机构的主动齿轮。

主轴承采用正置滑动式主轴承,由润滑油泵的滑油进行强制润滑。

5．燃油喷射系统和调速器

燃油喷射系统采用回油孔式高压油泵,油压启阀式喷油器,起阀压力为 26 MPa,调速器采用机械式调速器。

三、GZC－6250 型柴油机的结构特点

GZC－6250 型柴油机是上海新中动力机器厂设计和建造的船用四冲程柴油机,采用脉冲式废气涡轮增压。

该柴油机的主要参数如下:

标定转数:400 r/min　　　气缸数目:6

缸径行程:250 mm×270 mm　　转向:右旋

发火顺序:1－4－2－6－3－5－1　　燃油消耗量:121 g/kW·h

滑油消耗量:3.7 g/kW·h　　启动系统:压缩空气

冷却系统:水冷　　　净重:9000 kg

最大爆压：12 MPa

柴油机的结构特点：

1. 气缸盖

气缸盖由优质铸钢制成，由冷却水进行冷却。上部各装有进、排气阀各两只，两阀之间通过阀桥连接，一只气缸启动阀，一只示功阀和一只喷油器。从缸套冷却水腔来冷却水经过八个水孔由缸盖下部进入，对缸盖进行冷却后，由缸盖上部流出并汇总到一根水管，其中大部分冷却水回到泵进口，少部分冷却水经过一根支管与膨胀水柜相连。

进排气阀均采用不带阀壳式，阀座直接镶嵌在气缸盖底部，进、排气阀导管对进气阀起到导程的作用，缸盖和缸套之间通过八根双头螺栓紧固。

2. 缸体和缸套

缸体由优质铸钢制成，内部一侧形成扫气空间，下部和机座一起形成曲柄箱，缸体和缸套之间形成冷却水空间，冷却水腔的密封上部靠的是铜质密封圈，下部靠的是两道胶密封圈。

缸套属于湿式气缸套，由耐热磨的特种钢制成。

3. 活塞组件

活塞由铝合金制成，外表面精加工，其顶部呈凹形，和缸套内壁以及缸盖共同组成燃烧室。

活塞环由特种铸钢制成，共有六道，上边两道镀铬，第三、四道环采用内切扭曲环，刮油环二道，四道密封环和一道刮油环都位于活塞销的上部另一道刮油环位于活塞销下部。

活塞销由特种钢制成，采用浮动式，两端由卡环固定防止活塞销的轴向窜动。

连杆由优质锻钢制成，采用浮动式，两端由卡环固定防止活塞销的轴向窜动。

连杆由优质锻钢制成，工字形截面，中间钻孔用以将润滑油从连杆大端输送到连杆小端，连杆小端孔内压入锡青铜衬套，作为活塞轴承，连杆大端采用车用大端。斜切口结构，由六个连杆大端螺栓将连杆大端上、下瓦和曲柄销连接到一起。

4. 曲轴和轴承

曲轴由优质锻钢制成，其主轴颈和曲柄销精加工，一端装有飞轮，另一端装有一个齿轮，作为齿轮箱内的齿轮传动机构的主动齿轮。

主轴承采用正置滑动式主轴承，由来自润滑油泵的滑油进行强制润滑。

5. 燃油喷射系统和调速器

采用回油孔式高压油泵，油压启阀式喷油器，调速器采用液压调速器。

第三节　工具及专用工具介绍

在船舶主、副机拆装和维修保养工作中，各种工具的使用是必不可少的。了解掌握各种工具名称、用途、使用方法及使用中的注意事项，对于加快拆装和维修保养工作的进度，延长工具使用寿命，进行安全操作无疑是十分重要的。本章将介绍在船舶轮机工作中常用、常见的各种工具。

拆装工具的种类很多。一般来说，根据被拆装的船用机械结构的点，将使用的工具分为两大类：标准工具类和专用工具类。

所谓标准工具是指在机舱日常保养维修工作使用的工具及装置，例如：各种扳手、套筒扳手、提升工具、手锤、螺丝刀等；所谓专用具类是指依设备而随机配置或推荐的专用工具，这种工具是随设备携带的或根据需要专门加工制作。例如:各种专用扳手、专用拉具、专用吊环、专用液压工具、气动工具专用测量工具等。

一、标准工具的名称、用途、使用方法

(一)扳手

1.双头开口板手

双头开口板手(Double Open End Wrench),见图3-1-9。

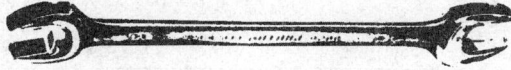

图3-1-9　双头开口扳手

用途:用来松开或拧紧具有两种尺寸的六角或方头螺栓和螺母。

规格:按开口宽度(螺母平行对边距离)来表示,单位用mm。具体规格见表3-1-7。

表3-1-7　双头开口扳手(规格:mm)

成套扳手	六件	5.5×7、8×10、12×14、14×17、17×19、22×24
	八件	6×7、8×10、9×11、12×14、14×17、17×19、19×22、22×24
	十件	5.5×7、8×10、12×14、14×17、17×19、22×24、24×27、30×32
单件扳手		4×5、5.5×7、6×7、8×10、9×10、10×12、12×14、14×17、17×19、19×22、22×24、24×27、27×30、30×32、32×36、41×47、50×55、65×75

2.单头开口板手

单头开口板手(Open End Wrench),见图3-1-10。

图3-1-10　单头开口扳手

用途:与双头开口扳手相似,但只能松紧一种尺寸的螺母。

规格:开口宽度(mm),8、10、12、14、17、19、22、24、27、30、32、36、41、46、50、55、65、75。

上述两种扳手松紧常见螺栓时,螺栓直径与对应的扳手开口尺寸见表3-1-8。

表3-1-8　扳手开口与螺栓直径对应表(mm)

螺栓直径	M4、M5、M6、M8、M10、M12、M14、M16、M18、M20、M22、M24、M27
扳手开口尺寸(mm)	6、8、10、14、17、19、22、24、27、30、32、36、41
螺栓直径	M30、M33、M36、M39、M42、M45、M48
扳手开口尺寸(mm)	46、50、55、60、65、70、75

3.梅花扳手

梅花扳手(Double Box Offset Wrench),见图3-1-11。

用途:可拧紧或松开六角螺栓、螺母,适用于工作空间窄小的地方。

规格:梅花扳手分为乙字型、扁梗型和矮颈型三种。以六角螺母对边距离为扳手的公称尺

图 3-1-11　梅花扳手

寸,见表3-1-9。

表 3-1-9　梅花扳手的规格(mm)

成套扳手	六件	5.5×7、8×10、12×14、14×17、19×22、24×27
	八件	5.5×7、8×10、9×11、12×14、14×17、17×19、19×22、22×27
单件扳手		5.5×7、8×10、9×11、12×14、14×17、17×19、19×22、22×27 30×32、36×41、46×50

4.两用扳手

两用扳手(Box Open End Combination Wrench),见图3-1-12。

图 3-1-12　两用扳手

用途:一端为梅花扳手,另一端为开口扳手,两端适宜於规格相同的六角螺栓和螺母。

规格:以六角螺母对边距离为公称尺寸,详细规格见表3-1-10。

表 3-1-10　两用扳手规格(mm)

成套扳手	六件	10、12、14、17、19、22
	八件	8、9、10、12、14、17、19、22
	十件	8、9、10、12、14、17、19、22、24、27
单件扳手		8、9、10、11、12、14、17、19、22、24、27

5.套筒扳手、驱动工具

套筒扳手、驱动工具(Hand Sockets and Drive Tools),见图3-1-13。

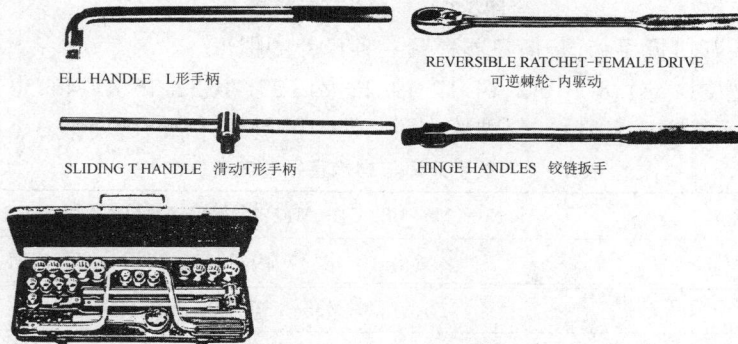

图 3-1-13　套筒扳手及驱动工具

用途:除具有一般扳手的功能外,特别适用于各种特殊位置和维修空间狭小的地方。

规格:以套筒尺寸、划分(梅花扳手相同),详见表3-1-11。

表 3-1-11　套筒扳手规格(mm)

品种	配套项目			
	套筒扳手	方孔或方榫孔尺寸	手柄及连接头	接头
小 12 件	4、5、5.5、7、8、9、10、12	7	棘轮扳手、活络头手柄通用	
6 件	12、14、17、19、22	13	弯头手柄	直接头
9 件	10、11、12、14、17、19、22、24			
10 件	10、11、12、14、17、19、22、24、27			
13 件	10、11、12、14、17、19、22、24、27		棘轮扳手滑行头手柄摇手柄长接杆短节杆	
17 件	10、11、12、14、17、19、22、24、27、30、32			
28 件	10、11、12、13、14、15、16、17、18、19、20、21、22、23、24、26、27、28、30、32			直接头万向旋具接头
大 19 件	22、24、27、30、32、36、41、46、50、55	20	棘轮扳手滑行头手柄弯头手柄加力杆、接杆	活络头滑行头
	65、75	25		

6. 活动扳手

活动扳手(Adjustable wrench),见图 3-1-14。

图 3-1-14　活动扳手

用途:拧紧或活松开各种规格的六角和方头螺栓和螺母。

规格:以活动扳手开口和扳手长度来标记,详见表 3-1-12。

表 3-1-12　活动扳手规格(最大开口宽度×把扳手长度)mm

扳手全长	100、150、200、250、300、370、450、600
最大开口尺寸	14、19、24、30、36、46、55、65

7. 管扳手

管扳手(Pipe Wrench),见图 3-1-15。

图 3-1-15　管扳手

用途:拆卸各种管子和管路附件的连接,也可以扳动。

圆柱形工件、零件。

规格:以扳手可以夹持的最大直径和扳手长度来标记,见表 3-1-13。

表 3-1-13　管扳手规格(mm)

扳手全长	150、200、250、300、450、600、900、1200
夹持的最大直径	20、25、30、40、45、60、75、85、110

8. 内六角扳手

内六角扳手(Hex Key),见图 3-1-16。

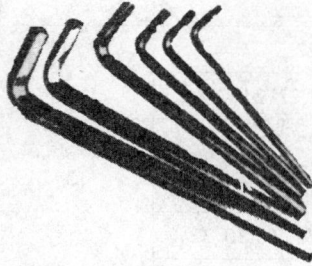

图 3-1-16　内六角扳手

用途:专用于拆装各种内六角螺栓联接的扳手。

规格:以内六角扳手六角头对边的距离来标记,详见表 3-1-14。

表 3-1-14　内六角扳手的规格(mm)

公称尺寸	3、4、5、6、8、10、12、14、17、19、22、24、27
短脚长度	20、22、25、30、40、45、50、55、60、65、70、80
长脚长度	65、75、85、95、110、125、140、150、170、185、210、225、250

9. 钩形扳手

钩形扳手(Hook Spanner),见图 3-1-17。

图 3-1-17　钩形扳手

用途:专用在拆装各种圆螺母。

规格:以扳手开口所适用的圆螺母外径范围来标记,见表 3-1-15。

表 3-1-15　钩形扳手的规格(mm)

适用范围	22~26、28~32、34~36、38~42、45~52、55~62、68~72、78~85
	90~95、100~110、115~130、135~145、150~160、165~170

(二)手钳

1. 克丝钳

克丝钳(Wiring Pliers Cutter),见图 3-1-18。

用途:铁柄钳供夹持或剪短金属丝材用,绝缘柄钳可用于夹持或剪断各种电线。

规格:详见表 3-1-16。

图 3-1-18　克丝钳

表 3-1-16　克丝钳的规格(mm)

柄部种类	工作电压	钳身长度		
铁柄		150	175	200
绝缘	500	150	175	200
能切断硬度 HRC≤30 中碳钢最大直径		2.0	2.5	3.0

2. 鲤鱼钳

鲤鱼钳(Slip Joint Pliers),见图 3-1-19。

图 3-1-19　鲤鱼钳

用途:供夹持及拉拔各种扁平或圆柱形工件,也可以代替扳手拆装规格小的螺栓和螺母或管件。

规格:以钳身长度为标记,有 165 mm、200 mm 两种。

3. 尖嘴钳

尖嘴钳(Long Nose Pliers),见图 3-1-20。

图 3-1-20　尖嘴钳

用途:能在较小范围内操作,不带刃口的还能夹持尖端细小的工件或线材。

规格:以钳身的长度来标记,详见表 3-1-17。

表 3-1-17　尖嘴钳的规格(mm)

柄部种类	工作电压	钳身长度			
铁柄		130	160	180	200
绝缘	500	130	160	180	200
能切断硬度 HRC≤30 中碳钢最大直径		1.5	2.0	2.0	2.5

4. 扁嘴钳

扁嘴钳(Flat Nose Pliers),见图 3-1-21。

用途:用于弯曲金属薄片和线材成需要的形状,在检修工作中一般用来装配销钉、弹簧等零部件。

规格:有铁柄和绝缘柄两种,按钳身全长有 110 mm、130 mm、160 mm 三种。带绝缘柄的其工作电压不超 500 V。

图 3-1-21　扁嘴钳

图 3-1-22　斜切口钳

5. 斜切口钳

斜切口钳(Side Cutting Nippers),见图 3-1-22。

用途:专供安装和切断电线用。

规格:按钳身全长分有 130 mm、160 mm、180 mm、200 mm 四种规格。

6. 挡圈钳

挡圈钳(Snap Ring Plier),见图 3-1-23。

用途:安装用于拆装弹性挡圈,因挡圈分为孔用和轴用两种,又因挡圈的按装部位不同,挡圈钳可分为直嘴钳和弯嘴钳;轴用和孔用挡圈钳。

规格:按钳身长度可分为 125 mm、175 mm、225 mm 三种规格。

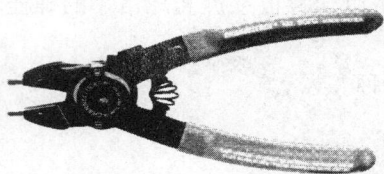

图 3-1-23　挡圈钳

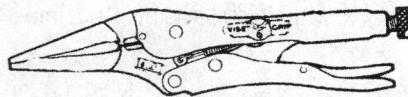

图 3-1-24　大力钳

7. 大力钳

大力钳(Nose Locking Pliers),见图 3-1-24。

用途:在一定范围内可以紧紧夹住任何尺寸的工作物。多用于拆卸销子、发生变形的螺帽及螺栓。

规格:按钳身的全长有 185 mm、224 mm。

(三)螺丝刀

1. 一字螺丝刀

一字螺丝刀(Screwdriver Slotteed),见图 3-1-25。

用途:用于拆卸一字形槽口的螺钉或木螺丝。

规格:以旋杆长度×旋杆直径($L \times d$)作为规格标记,单位是毫米或英寸。同时有木柄和塑料柄之分。

2. 十字形螺丝刀

十字形螺丝刀(Screwdriver Phillip),见图 3-1-26。

用途:适用于拆装十字形槽口的螺丝或木螺丝。

规格:以旋杆长度×旋杆直径($L×d$)作为规格标记,单位是毫米或英寸。同时有木柄和塑料柄之分。

3.夹柄螺丝刀

夹柄螺丝刀,见图3-1-27。

用途:能承受较大扭矩,拆装一字形槽口的螺钉、木螺丝钉。刀柄可以用锤子敲击,对于难以拆卸的螺钉尤为好用。

图3-1-25　一字螺丝刀　　　　图3-1-26　十字螺丝刀　　　　图3-1-27　夹柄螺丝刀

(四)冲头

冲头,见图3-1-28。

用途:冲头分为三种形式,空心冲(Arch Punch)、销式冲(Pin Punch)和尖心冲(Center Punch)。空心冲(打眼孔、皮带冲)用于在非金属材料上,如橡胶板、石棉板及各种纸板上冲制圆孔;销式冲主要用于拆卸空心销、实心直销等;尖心冲用于冲中心点或做记号。

规格:

①空心冲:按冲孔直径作为规格标记,单位是 mm。

1.5、2.5、3、4、5、5.5、6.5、8、9.5、11、12.5、14、16、19、21、22、24、25、28、32 等。

②销式冲:按端部直径作为规格标记,单位是 mm。

2、3、4、5、6、8、10。

③尖心冲:按端部直径作为规格标记,单位是 mm。

1、2、3、4、5、6、8、10。

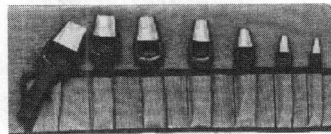

(a) 空心冲

(b) 尖心冲　　　　　　　　　　　(c) 销式冲

图3-1-28　冲头

(五)锉刀

锉刀,见图3-1-29。

用途:用于对零件表面进行修正。

可分为平锉(Hand File)、半圆锉(Half Round File)、三角锉(Three Square File)等。

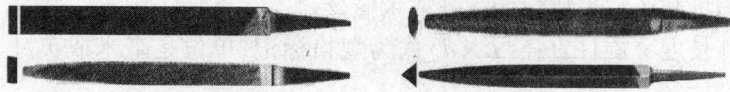

图 3-1-29　锉刀

（六）刮刀

刮刀（Machinis's Scrapers），见图 3-1-30。

用途：用对金属零件进行修正与刮研的工具。可分为半圆刮刀、三角刮刀、平刮刀三种。

其中半圆刮刀用于刮削圆孔、圆弧形工件及部件；三角刮刀用于刮修工、部件上的油槽与孔的边沿；平刮刀用于刮削平面或铲花。

规格：以刮刀杆长度为规格标记，单位是 mm。有 50、75、100、125、150、175、200、250、300 等。

图 3-1-30　刮刀

（七）拉码

拉码（Puller），见图 3-1-31。

用途：用于拆卸轴承零部件的工具，如从轴上拆卸轴承、齿轮、皮带轮等。

拉码根据爪数多少可分为两爪式和三爪式。拉码的规格标记是指可拉拔的、零件的最大直径。

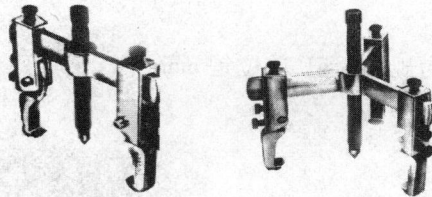

图 3-1-31　拉码

（八）喷灯

喷灯（Torch），见图 3-1-32。

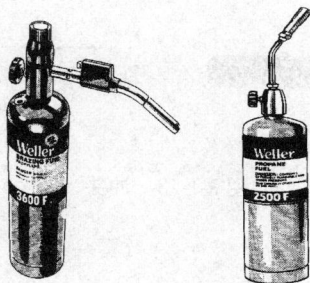

图 3-1-32　喷灯

用途：用于对工件进行加温的工具。如对某些工件的热处理加热；有些热装零部件拆卸时也可用其加热。

喷灯根据其使用燃料的不同可分为煤油灯和汽油灯两种。喷灯的规格按喷灯的所能盛装煤油或汽油公升数为规格标记。

（九）其他常用工具

如：扁铲（Flat Chisel）、手锤（Ball Pein Hammer）、钢锯（Hack Saws）、丝锥（Cut Thread Hand Tap）、板牙（Hexagon Rethreading Die）、铁皮剪（Straight Pattern Snip）、角磨机（Angle Grinder）、扭力扳手（Torque Wrench）、螺纹修理锉刀（Thread Files）、油壶（Pump TypeOiler）等。

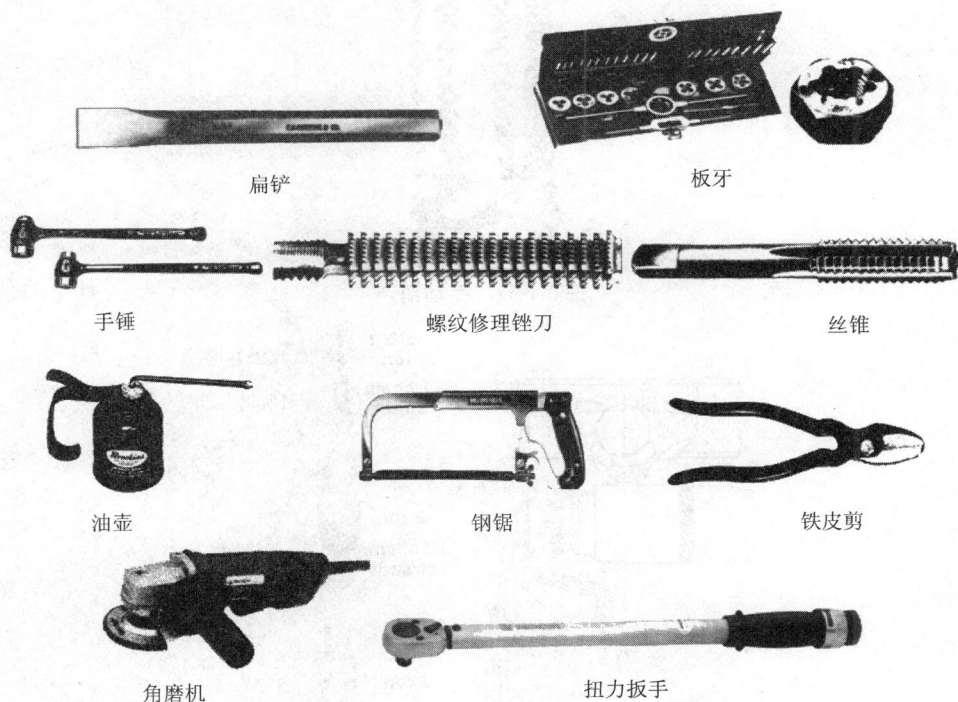

扁铲　　　　　　　　　　板牙

手锤　　　　　螺纹修理锉刀　　　　丝锥

油壶　　　　　钢锯　　　　　铁皮剪

角磨机　　　　　扭力扳手

图 3-1-33　其他常用工具

（十）起重设备

在进行主、副机拆装时，常常需要各种起重设备、工具。

1.手动葫芦

手动葫芦（Hand Operated Chain Hoist），见图 3-1-34。

这是一种悬挂式手动提升重物的工具，在没有起重设备时，能较灵活地装卸重物。使用时应注意被吊部件的重量应与手动葫芦的起重的吨位相匹配。

2.天车

天车，见图 3-1-35。

天车适用于吊装大型零部件的专用起重设备。如主机吊缸时，气缸头、活塞的吊装。根据动力源的不同又分为手动式（Hand Wire Rope Hoist）和电动式（Electric Wire Rope Hoist）。

3.其他工具

吊装工作中还常使用一些其他的工具、索具等。如液压千斤顶（Center Hole Cylinder）及油压泵（Hand Pump），见图 3-1-36；卸扣（Chain Shackle），见图 3-1-37；钢丝绳轧头（Wire Rope

Clips），见图3-1-38；钢丝绳索具（Wire Sling），见图3-1-39；吊环（Nut Eye Bolt），见图3-1-40。

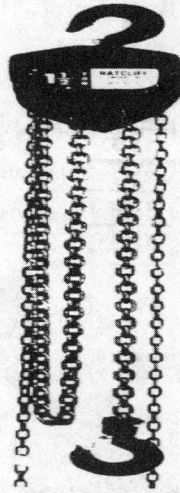

图 3-1-34　手动葫芦

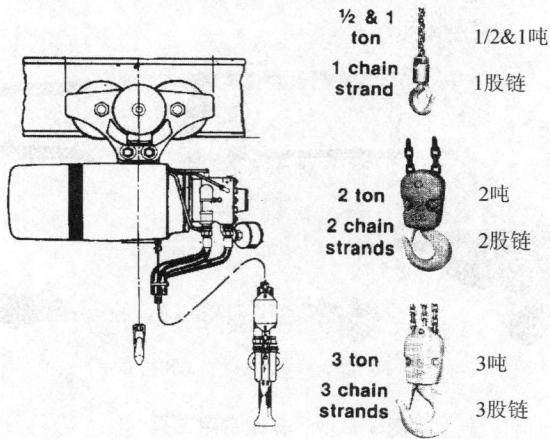

½ & 1 ton	1/2&1吨
1 chain strand	1股链
2 ton 2 chain strands	2吨 2股链
3 ton 3 chain strands	3吨 3股链

图 3-1-35　天车

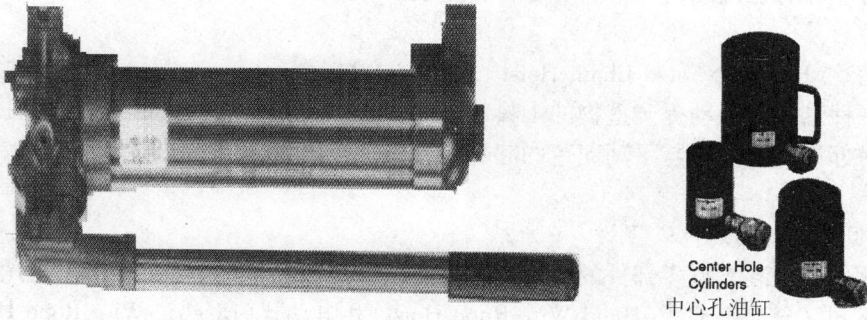

Center Hole Cylinders
中心孔油缸

图 3-1-36　液压千斤顶及油泵

图 3-1-37　卸扣　　　　图 3-1-38　钢丝绳轧头

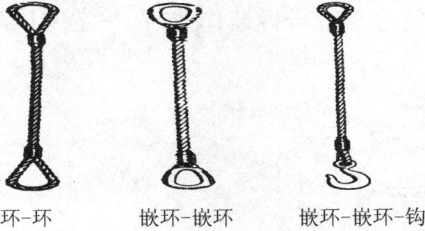

环-环　　嵌环-嵌环　　嵌环-嵌环-钩

图 3-1-39　钢丝绳索具　　　　图 3-1-40　吊环

二、专用工具名称及使用

在船舶主、副机拆装工作中，所使用的专用工具很多。这里主要对船用大中型柴油机常用的主要拆装专用工具做简单介绍。主要目的是为了向学员介绍专用工具以便在拆装工作中能正确使用它。

（一）气缸头螺帽拆装专用工具

1.缸盖螺帽拆装液压专用工具

缸盖螺帽拆装液压专用工具（Hydraulic Jack），见图 3-1-41。

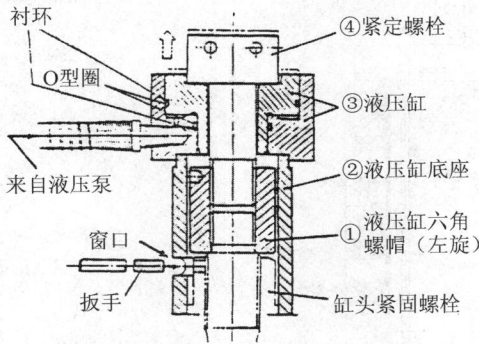

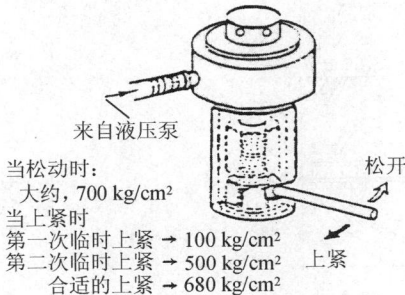

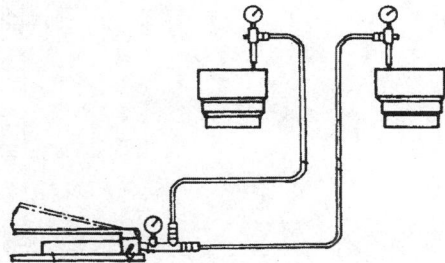

图 3-1-41　液压拆装螺母专用工具

　　该工具用于拆装大中型柴油机气缸盖螺母,使用时要根据及其说明书中气缸盖螺母旋紧力的大小,用手动高压液压泵给出的标准压力来实现螺母的拆卸工作。为了保证液压工具的良好状态,应定期地对液压泵的液压拉伸器进行保养,同时要根据说明书的规定正确地安装和操作。

　　该工具也可拆卸主机的其他紧固螺母,如活塞杆下部的海底螺母、十字头轴承螺母。

　　2.气缸盖螺母拆装机械专用扳手

　　气缸盖螺母拆装机械专用扳手,见图3-1-42。

　　该工具用于拆装缸盖螺母,启动力源为压缩空气,俗称气锤(Pneumatic Hammer)。使用时必须首先检查压缩空气压力是否够用,在进行缸盖螺母拆装作业时,一定要认准原始记号,上紧时,打到原始记号处为止。

图 3-1-42　气锤

　　(二)气缸套的拆装专用工具

　　气缸套的拆装专用工具(Drawing – out\Inserting Tool),见图3-1-43。

　　该工具用于拆装气缸套。使用时,要正确安装缸套悬吊梁(94202),托底梁(94204),带螺母和提吊钩块的吊杆(94205),要使天车吊钩与吊装工具吊点在同一垂直线。

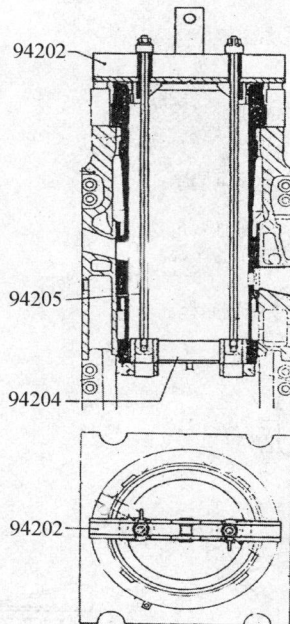

图 3-1-43　缸套的拆装工具

（三）活塞环拆装专用工具

活塞环拆装专用工具（Piston Ring Detaching/Attaching Tool），见图3-1-44。

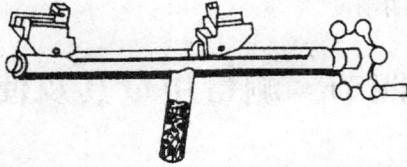

图3-1-44　活塞环拆装工具

这种工具适用于拆装缸径大的柴油机活塞环，使用时不要用力过猛，以免拆断活塞环。

（四）活塞装入气缸的专用工具

活塞装入气缸的专用工具（Piston Inserting Tool），见图3-1-45。

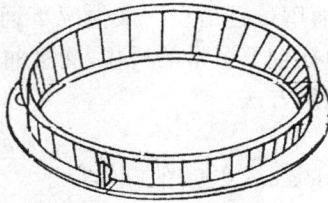

图3-1-45　安装活塞入气缸工具

这种工具在使用时，要平稳地放置在气缸体上平面，注意定位销的位置。将带环的活塞涂上滑油，并保证环的搭口相互错位后，轻放入气缸内，依靠专用工具的喇叭口将活塞环逐渐收拢。

（五）主轴承拆装专用工具

主轴承拆装专用工具（Taking - out\In - Corporating the Main Bearing Metal Tool），见图3-1-46。

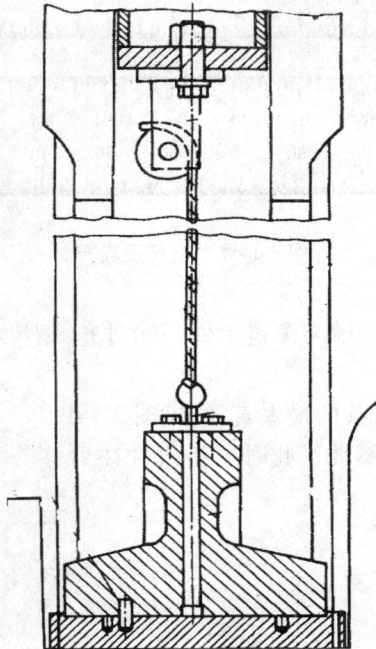

图3-1-46　主轴承拆装工具

183

这种工具适用拆装主轴瓦上瓦,使用时吊板用螺栓把紧,拆装时要注意主轴承上挖盖的定位销,以保证主轴承安装位置的精度。

第四节　测量用量具及使用

一、量具的概述

在柴油机拆装和维修保养工作中,各种量具的使用是必不可少的。了解和掌握各种量具的名称、用途、结构和使用方法对一个轮机员来讲是十分必要的。

二、量具的分类

量具的分类原则也很多,根据其在柴油机拆装和维修保养工作中的用途来分,则可分为通用量具和专用量具两大类。所谓通用量具是在一般情况下通常使用的标准量具,专用量具是指随机推荐的专用量具,如测量曲拐轴下沉量的桥规、测量曲拐挡差用的曲轴量表等。

三、通用量具的名称、用途、使用方法

1. 钢尺、卷尺

钢尺、卷尺(Steel Rule\Tape Measure),见图 3-1-47。

用途:用以测量工件、零件长度尺寸。

规格:钢板尺按所能测量的工件、零件长度上限为规格标记,单位是毫米。有 150、300、500、1000、1500、2000 六种规格。

钢卷尺安测量上限(米),可分为 1、2、5、10、15、20、30、50、100 九种。

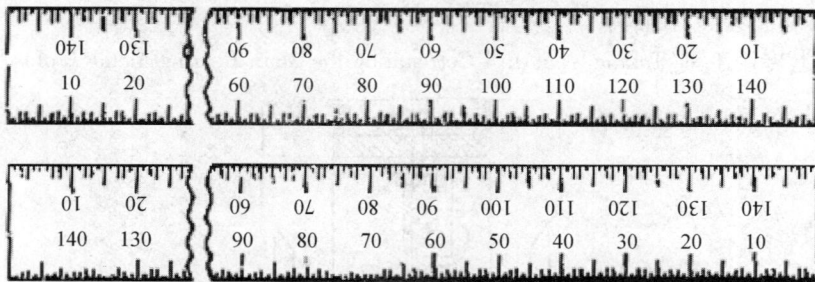

图 3-1-47　钢尺及卷尺

使用方法:

(1)在测量长度时,钢尺的一端与测量工件一端对齐,钢尺在工件上要放正、放平,见图 3-1-48。

(2)测量圆形工件时应测量圆的最大直径,见图 3-1-49。

(3)钢尺头部磨损后,测数不准。此时可将机件往后移若干刻度后测量。将量得数字减去后移的数字即可,见图 3-1-50。

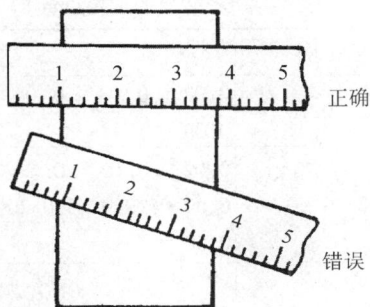

图 3-1-48　钢尺的使用

图 3-1-49　钢尺的使用

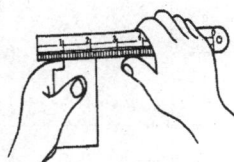

图 3-1-50　钢尺的使用

（4）测量时,视线必须与所量刻度线对正。

（5）用后放妥。

2. 塞尺

塞尺,又称厚薄规(Thickness Gages),见图 3-1-51。

用途:用于测量两机件相互之间的微小间隙,如气阀间隙、活塞环搭口及天地间隙等。

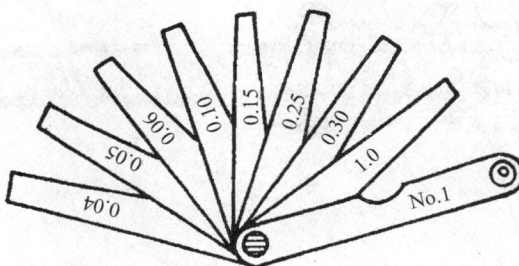

图 3-1-51　塞尺钢尺的使用

塞尺的规格可见表 3-1-18。

使用方法:

（1）使用前将塞尺擦净。

（2）使用时根据机件之间间隙大小选出一片或数片,重叠一起塞进间隙内,使钢片在间隙内既能推动又能拉动,且有摩擦力的感觉。

表 3-1-18　塞尺的规格(mm)

组别	塞尺公称长度	厚度范围	厚度系列	片数
1	100	0.02 ~ 0.10	0.02☆、0.03☆、0.04☆、0.05☆、0.06、0.07、0.08、0.09、0.10	21
2		0.02 ~ 0.50	0.02☆、0.03☆、0.04☆、0.05☆、0.06、0.07、0.08、0.09、0.10、0.15、0.20、0.25、0.30、0.35、0.40、0.45、0.50	
3	100 / 150	0.02 ~ 0.50	0.02、0.03、0.04、0.05、0.06、0.07、0.08、0.09、0.10、0.15、0.20、0.25、0.30、0.35、0.40、0.45、0.50	17
4	200 / 300	0.05 ~ 1.00	0.05、0.06、0.07、0.08、0.09、0.10、0.15、0.20、0.25、0.30、0.35、0.40、0.50、0.75	17
5	500 / 1000	0.05 ~ 1.00	0.05、0.10、0.15、0.20、0.25、0.30、0.35、0.40、0.45、0.50、0.55、0.60、0.70、0.75、0.80、0.85、0.90、095、1.00	20

注:表中带☆的塞尺片应配制两片。

3. 卡尺

(1)游标卡尺(Caliper),见图 3-1-52。

用途:测量工件、零件的内外尺寸,如内径、外径、高度、厚度、深度等。游标卡尺的规格见表 3-1-19。

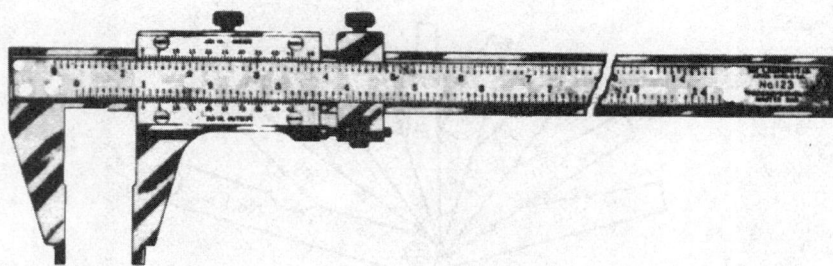

图 3-1-52　游标卡尺

表 3-1-19　游标卡尺的规格

型式	测量范围	游标分度值
Ⅰ 型三用游标卡尺	0 ~ 125	
Ⅱ 型用游标卡尺	0 ~ 200、0 ~ 300	0.02、0.05
Ⅲ 型双面游标卡尺		
Ⅳ 型单面游标卡尺	0 ~ 500、300 ~ 100	0.02、0.05、0.10

使用方法：

①用前先检查游标尺的准确度,擦净测量机件,根据尺的精度等级正确读出测量值。

②游标卡尺只适用于测量精密零部件,不准用于测量粗糙面、高温工件和旋转工作。

③用后应擦净,涂上机油或防锈油放妥。

④测量方法实例：

测量工件内径见图 3-1-53。

测量工件外圆见图 3-1-54。

测量工件槽深见图 3-1-55。

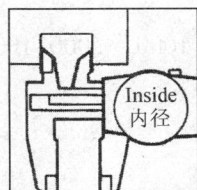

图 3-1-53　测量内径　　　　图 3-1-54　测量外径　　　　　图 3-1-55　测量槽深

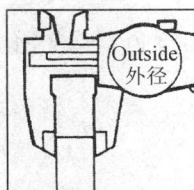

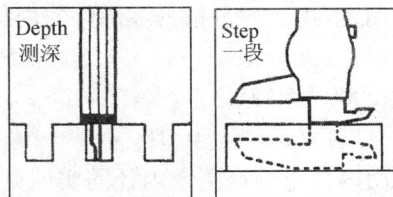

（2）深度游标卡尺（Vernier Depth Gage）,见图 3-1-56。

用途：用于测量工件深度尺寸,台阶高度或类似尺寸等。

规格：测量范围（mm）,有 0～200、0～300、0～400。

游标分度值（mm）有 0～200、0～300、0～500、0～1000 四种。

游标分度值（mm）有 0.02、0.05、0.1。

（3）高度游标卡尺（Vernier Height Gage）,见图 3-1-57。

用途：用于测量工件的高度和用于精密划线。

规格：测量范围（mm）,有 0～200、0～300、0～500、0～1000 等。

游标卡尺分度值（mm）有 0.02、0.05、0.1。

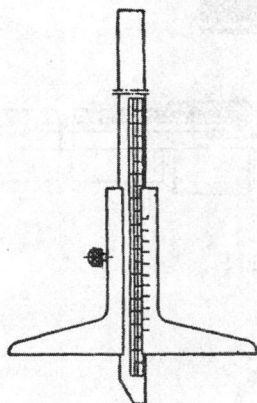

图 3-1-56　深度游标卡尺　　　　　　图 3-1-57　高度游标卡尺

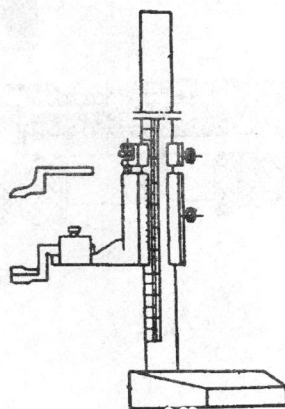

4.千分尺

千分尺,又名百分尺或分厘卡,有内径千分尺和外径千分尺之分。

（1）外径千分尺（Outsid Micrometer Caliper）,其结构见图 3-1-58。

用途:用于测量精密工件的外形尺寸。

规格:测量范围(mm),有 0～25、25～50、50～75、75～100、100～125、125～150、175、175～200、200～225、225～250、250～275、275～300、300～400、400～500、500～600、600～700、700～800、800～900、900～1000、1000～1500、1500～2000、2000～2500。

分度值是 0.01 mm。

使用方法:根据被测机件大小选准适当的尺后,检查是否对零,不对零时要校正。擦净工件和千分尺测量面,而后进行测量。测量实例如图 3-1-59 所示。

(2)内径千分尺(Inside Micrometer),见图 3-1-60。

用途:用于测量精密零部件的内径尺寸。

规格:测量范围(mm)有 50～250、50～600、150～1400、150～2000、1000～2000、1000～4000、2000～5000。

分度值(mm)是 0.01。

用内径千分尺测量内径的实例见图 3-1-61。

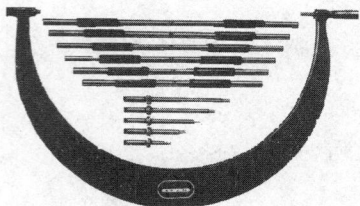

图 3-1-58　外径千分尺

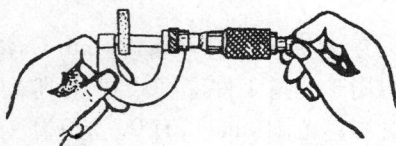

图 3-1-59　外径千分尺的使用

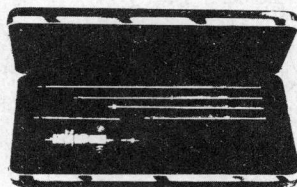

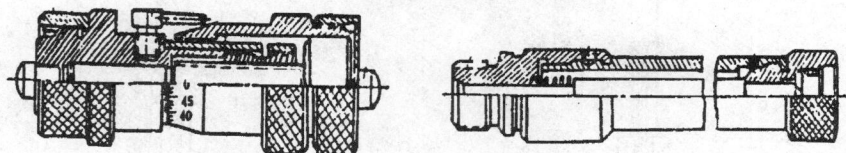

图 3-1-60　内径千分尺

图 3-1-61　内径千分尺的使用

5. 百分表

按结构分类,百分表有外径百分表和内径百分表之分。

(1)外径百分表(Guide Outside Micrometer),见图3-1-62。

用途:测量工件各种几何形状和相互位置的正确性及位移量。

规格:测量范围(mm),有0~3、0~5、0~10之分。

分度值是0.01 mm。

使用方法:

①使用百分表要轻拿轻放,使用前需检查表是否灵活,测量时要注意表与工件的清洁。

②测后放妥。

(2)内径百分表,又称量缸表(Bore Gauge),见图3-1-63。

用途:用比较法测量圆柱形内孔尺寸及其几何形状的正确性。

规格:测量范围(mm),有 10 ~ 18、18 ~ 25、35 ~ 50、50 ~ 100、100 ~ 160、160 ~ 250、250 ~ 400。

分度值为0.01 mm。

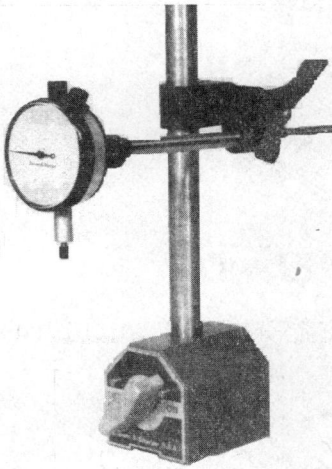

图 3-1-62　外径百分表

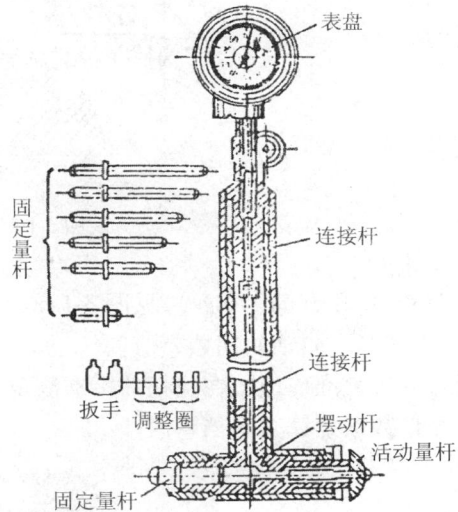

图 3-1-63　内径百分表

6. 螺纹规

螺纹规(Steel Screw Pitch Gage),又称螺纹样板,见图3-1-64。

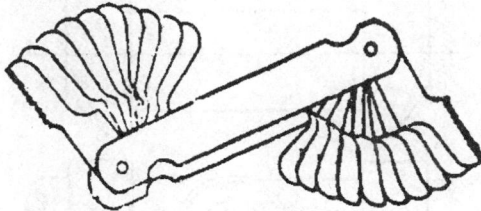

图 3-1-64　螺纹规

用途：用于检查普通螺纹的螺距或每寸牙数。

规格见表3-1-20。

表3-1-20　螺纹规规格

公制螺距 （mm）	0.40、0.45、0.50、0.60、0.70、0.75、0.80、1.00、1.25、1.50、1.25、2.00、2.50、 3.00、3.50、4.00、4.50、5.00、5.50、6.00	20片
英　制 每寸牙数	4、4$\frac{1}{2}$、5、6、7、8、9、10、11、12、13、14、16、18、19、20、22、24、25、26、28、30、32、 36、40、48、60	27片

四、专用量具的名称、用途及使用方法

1. 桥规

桥规，见图3-1-65。

用途：用来测量柴油机曲轴下沉量。

使用时按图示位置放妥后，准确读出测量数值即可。

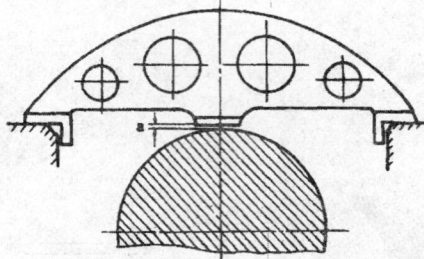

图3-1-65　桥规

2. 臂距差表

臂距差表（Deflection Gauge），见图3-1-66。

用途：用来测量曲轴的拐挡差值。

使用时需将表准确地放在曲拐的标准测量点上，将曲柄销分别到0°、90°、165°、195°、270°五个位置测量数据计算其拐挡差值。

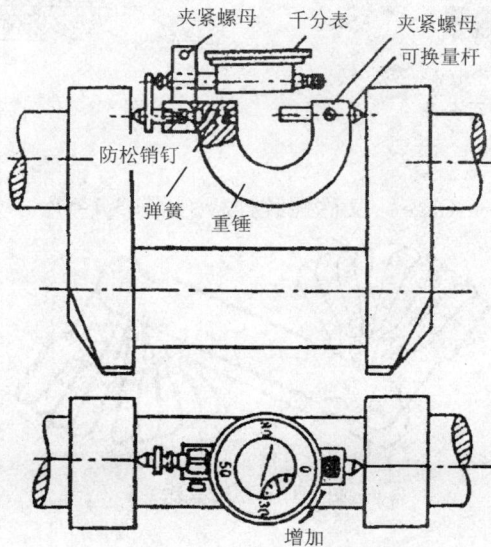

图3-1-66　拐挡表

第五节　柴油机拆装安全规则及拆卸程序

一、起重时的安全规则

1.起重安全

为了人身和机械的安全,在起重工作时,应注意和遵守下列安全规则:

(1)禁止起吊重量超过起重设备允许负荷部件或设备;

(2)捆绑机件时应避开仪表和管路,防止被拉紧的绳索压坏或拉坏;

(3)在绳索与机件接触处,应垫以硬纸壳或麻布等,以防磨断绳索;

(4)吊钩的位置和绳索的悬挂中心与机件的重心相一致,以防起吊时机件甩荡碰坏或伤人;

(5)起吊前应检查索具连接是否正确与可靠,是否均匀拉紧,起吊重件开始时不可太快太猛,当吊起 5 ~ 10 cm 时应检查绳索的可靠性和拉紧的均匀性,可用撬扛敲打绳索数次,使绳索受力均匀;

(6)起吊过程应统一指挥,协同配合;在起吊现场附近不准有人站立。

2.钢丝绳索

起重用的钢丝绳索、麻绳及吊环都有规定的允许荷重,起重量应小于允许荷重的 20% ~ 40% 。使用旧钢丝绳索及旧麻绳要注意检查,若发现其中一股绳索损坏,则不应使用。

绳索在捆绑机件和往吊钩上悬挂时,为了不使绳索打滑和脱钩,要求有正确地捆绑方法和绳索打结方法。具体方法应根据吊机件的形状、重量及体积而定。

在拆装过程中,要学会几种捆绑和打结的方法。如图 3-1-67、表 3-1-21 所示。

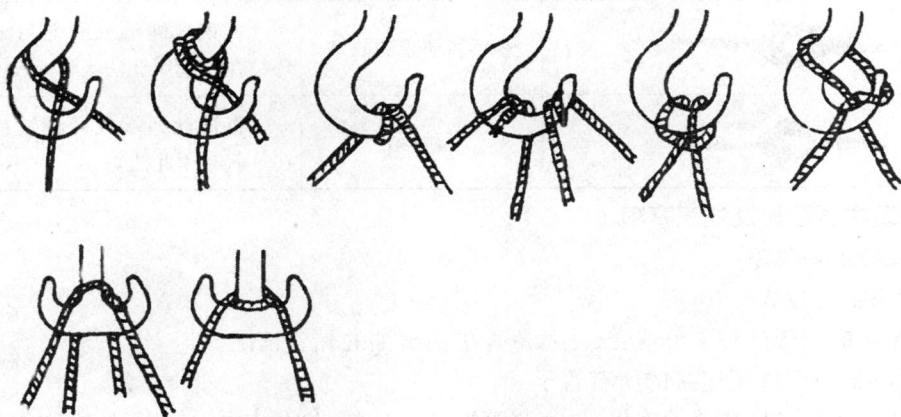

图 3-1-67　绳索在吊钩上的悬挂方法

表 3-1-21　捆绑和打结的方法

结绳法	绳结名称	绳结用途
	绞绳法（简而固的绳结）	用麻绳提升轻物品时用此法。
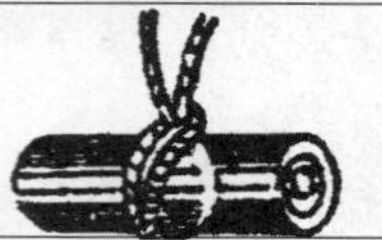	死结	用钢丝绳提或麻绳提升荷重时用此法。
	8字结	用麻绳提升小荷重时用此法。
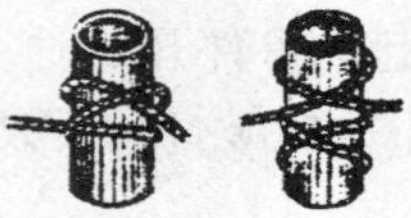	梯形结，双梯形结。	桅杆套拉线时用此法。
	平结（交差结）	临时将麻绳的两端结在一起时用此法。
	活结	同上，但当绳结必须迅速解开时用此法。
	节结	临时将麻绳的两端结在一起时用此法。
	索环和环套的联结	将钢丝绳端或麻绳与索环或套环结在一起用此法。
	展帆结	将钢丝绳端或麻绳端与套环结在一起时用此法。

二、拆装主要程序及注意事项

1. 拆装的主要程序

（1）拆下摇臂罩壳

拆下摇臂罩壳螺钉并取下罩壳，注意罩壳里面滑油的黏着情况。

（2）拆除缸头附件相连接的所有管子

拆除高压油管与喷油器的连接；进气与管缸该的连接；缸体与缸盖之间的冷却水管连接；启动空气与气缸启动阀的连接等。

（3）拆下气缸盖

拆除气缸盖螺丝，吊起气缸盖。进一步拆卸气缸盖上的附件：如摇臂机构、进排气阀、喷油器、气缸启动阀、示功阀和安全阀等。

（4）吊出活塞连杆组件

拆除曲柄箱导门固定螺丝，取下曲柄箱导门。拆除曲柄销轴的连杆螺栓，取下连杆大端瓦，由气缸上部吊出活塞连杆组件。

2. 注意事项

（1）要弄清楚机器设备的构造和作用原理,按其结构的不同预先考虑好合理的拆装方案。一般应按先外部后内部,先上部后下部的顺序,先拆附件后拆总成、部件、零件的原则依次拆卸。

（2）应尽可能避免做不必要的拆装,该拆的必须拆,能不拆的就不拆。

（3）正确地使用拆卸工具。有专用工具的则应使用专用工具拆卸。

（4）拆卸螺帽时,首选梅花扳手、套筒扳手,尽量少用开口扳手及活动扳手,因为此两种扳手容易打滑伤人和螺帽棱角变形。

（5）不许随意加长扳手的长度,以防力臂过大使人滑倒或过大力矩时的螺栓被扭断。

（6）不许用扳手锤击物体,以防工具被损坏。

（7）拆卸螺帽时,应一手抓住固定物体,另一手向身体方向转动扳手,否则容易伤人。

（8）拆卸时,对配合较紧的部件,如果一时找不到合适的拆卸工具,只允许用干净的木槌或铜棒慢敲打,对必须敲打才可以分开的零件则要用干净木块作衬垫,然后用铁锤敲击。注意不得将零件打毛、打变形或损伤。

（9）拆卸时要为装配着想。为了减少装配时寻找费时和装错,有记号的应在拆卸前加以辨认,没有记号的要在易看到的非工作面上做好记号,对一些需要调整的零部件,拆卸时,应首先研究原来的调整状态（如调整垫片数、调整螺栓螺纹数等）,并做好记号,注意以后有无调整的可能和调整的范围;对活塞、活塞环、连杆、连杆轴承、主轴承等,要尽量保持原已磨合好的配合关系、注意方向性。

（10）拆卸的零件应按部件和精度不同,进行分别存放,应尽可能按零件的拆装次序和原配的位置关系摆好。

对轴、杆件应平放垫稳,切不可以斜靠在任意地方,以免变形,对垫床等应用铁丝串起来竖直吊挂好;活塞环应近顺序整齐叠放好;气阀应竖直放稳。不要杂乱堆放,否则会产生零部件的损坏。

（11）拆卸螺母时,应采用尺寸合适的扳手,如能采用适当的套筒扳手或梅花扳手或专用扳手,则更能使工作可靠,并提高工效。一般应不用或尽量不用活动扳手。

（12）螺栓和螺母生锈不能拆卸时,应尽量选用以下方法:

①在螺栓及螺母的螺纹配合部分加注少量的强力渗透剂或者煤油,待浸半小时后再拆。

②先将螺栓或螺母旋紧1/4转,然后旋出。

③用手锤轻击螺栓或螺母（注意不要损坏螺丝）,以松动其锈皮,然后旋出。

④用喷灯加热,利用热膨胀的原理,使锈蚀或卡住的部位松动。

（13）螺栓组件连接的拆卸（如气缸盖螺栓组件,导门盖板螺栓组件等）:

①首先将所有螺栓都拧紧松1~2扣,然后再逐一拆卸,以免力量最后集中到一个螺栓上,造成螺栓拆卸的困难,甚至造成零件的变形或损坏。

②按对角线对称拆卸,这样可以防止零件的变形和损坏。

③将处在难拆卸部位的螺栓首先拧松或拧下。

④拆卸悬臂部件的环形螺栓组件,应特别注意安全,除细致检查是否垫稳或起重吊索是否捆牢外,拧松螺拴时应首先从下面开始,按对称位置逐一拧松,最上部的一个或两个螺拴应该在最后取下,否则会造成安全事故变形或损坏。

对外部不易观察到的螺栓,往往容易疏忽,应该给予特别重视。当确认全部螺栓已拆除后,才可将连接件分开,如果还有一个隐蔽的螺栓尚未拆除,盲目地使用撬杠、手锤等工具强行分开连接件,会造成机零件的损坏。

第六节 常用的清洁方法

通常从柴油机上拆下来的零部件,一般均有油垢、积炭、水垢及腐蚀。为了便于检查测量、修配,必须进行清洁。

清洁的方法分为油洗、化学清洗和机械清洗三种。

清洁工作是一项繁重的劳动,要求清洗工作快速和高质量,而且不损伤对零件工作表面和被腐蚀等。下面介绍常用的清洁方法及其注意事项。

一、零部件油垢

(1)除去油垢通常采用油洗的方法。即采用柴油、煤油等溶解和清除零部件上的油垢。通常,不建议采用汽油,汽油容易引起火灾,若使用时要特别注意。

(2)对于一些难于清洗的零件,有条件时,应采用化学清洁法去除油垢。

化学清洗时,将零件置于有专门加热装置并盛有碱性溶液的清洗槽中。经过一段时间的煮沸后,取出零件并用清水反复冲洗干净。

碱性溶剂成分是:碱(苛性钠或碳酸钠)、乳化剂(水玻璃、肥皂、水胶)、磷酸钠或酸钠等。

(3)化学清洗除去油垢的机理:

碱可以分解或破坏油污成分如硬脂而生成易溶于水物质,如:

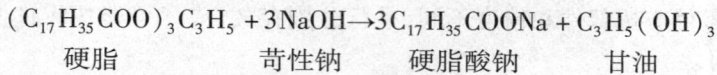

$$(C_{17}H_{35}COO)_3C_3H_5 + 3NaOH \rightarrow 3C_{17}H_{35}COONa + C_3H_5(OH)_3$$

硬脂　　　　　苛性钠　　　硬脂酸钠　　　　甘油

硬脂酸钠特别容易溶于水,使水变成胶状溶液。

除油污的物理过程是,附着在金属表面的油垢在热碱溶液的作用下膨胀,在表面张力作用下产生皱纹甚至破裂。由于清洗槽内沸水的冲刷或人工的搅动使零件上大部分油污与碱作用生成胶状硬脂酸钠,另一小部分油污可能脱落。为了提高清洗效果,清洗溶液一定要加热,同时还可用超声波或通入蒸汽等加强溶液的扰动。

由于苛性钠属于强碱,对有色金属和铝合金等有较强的腐蚀作用,所以清洗铝合金等零件时一般不用苛性钠,而采用碳酸钠。

化学清洗溶液中除碱外,还应加入如水玻璃、肥皂、水胶等乳化剂。乳化剂具有吸附油滴、削弱其黏着力及其分解等作用,故清洗效果更佳。

(4)化学清洗溶液应按配方配制,严格限制苛性钠的用量,通常碱总量<10%。为进一步提高去油垢效果,还可在化学清洗溶液中加入洗涤剂(皂精)。表3-1-22是一种清洗溶液的配方。

表3-1-22 去油垢和积炭的清洗溶液配方

成分名称	一升水内(g)	
	铝合金零件	钢质零件
碳酸钠(苏打)	10~15	35
苛性钠		35
水玻璃	10	15
肥皂	10	

二、除去零部件积炭

(1)零件上的积炭,可以采用机械的方法如用刮刀、刷子等清除,但切勿损伤零件工作表面。因为零件表面上的划痕在使用中容易再次积炭,受力的零件还容易形成应力集中以致引起裂纹。所以清除积炭时应特别谨慎,为此使用比零件材料软的工具如竹板、木刮板等。

(2)除去积炭采用化学方法效果更好。因为积炭是炭粒与油垢的胶结物,用去除油垢的化学清洗溶液同样可以去除积炭。

三、零部件水垢

在柴油机气缸套的外圆表面、气缸盖冷却水腔内,常有灰白色的水垢附着。各盐类在零件表面上沉积的结果,它的成分主要是钙、镁的碳酸盐。水垢一般质地坚硬,用机械方法难以除净,故一般用化学方法清除。

(1)清除水垢,常用酸溶液浸泡。如用稀盐酸浸泡时,发生以下化学反应

$$CaCO_3 + 2HCl = CaCl_2 + H_2O + CO_2 \uparrow$$

其中 $CaCl_2$ 溶于水。从而使零件表面的水垢除去。

(2)还可采用石油磺酸清除水垢。因为石油磺酸与水化合形成一种具有良好洗涤作用的溶液,使水垢变得松软,容易被水冲刷掉,而且对零件表面没有腐蚀作用。

用石油磺酸清洗时,应先将零件放入含10%苛性钠的溶液中去除油垢,然后再投入石油磺酸的清洗中。清洗时应加热1 h,取出后用清水冲洗,直至水垢全部去除为止。

气缸盖冷却水腔中水垢的清洗方法如下:

(1)桶容器中配制12% ~15%浓度的盐酸溶液,并用木棒搅拌均匀。

(2)拆下气缸盖冷却水腔内的防腐锌块后,用漏斗将盐酸溶液注满冷却水腔空间。对可能接触盐酸溶液的加工表面应涂上牛油防止腐蚀。注入时应缓慢进行防止溶液喷出。

(3)溶液在冷却水腔中应一直保留到发生汽化时止,如果溶液的化学反应很剧烈,放出大量的热和气体,一般只需经30 ~40 min 水垢即可全部溶解。若反应缓慢时,可经 2 ~3 h 后水垢方可全部溶解。

(4)酸溶液排出后,必须用清水或石灰水彻底清洗冷却水腔,以清除残存的盐酸。

四、除去零部件表面锈蚀

除锈时:

(1)对表面粗糙度要求不高和非配合面,可采用机械方法,如砂纸等将锈迹除掉,也可采用酸洗化学除锈。

(2)对精密的零件,如精密偶件不能采用上述方法,以免影响表面的精度。

(3)油泵柱塞的偶件可用下述方法除锈,用950 mL 的水加入 50 mL 磷酸(比重 1.88)和 20 g 铬酐配成溶液,加热至50 ~60 ℃,混合均匀后将脱过脂的偶件浸入溶液中浸泡 1 ~1.5 h,取出后用清水冲洗,最后分别用 60 ~80 ℃的热水或 2% 苏打溶液清洗。

第二章 柴油机拆卸及零部件清洁

实验一 柴油机的拆卸

一、实验内容与要求

1. 实验内容

(1)拆卸前的准备工作;

(2)气缸盖的拆卸;

(3)活塞连杆组件的拆卸;

(4)气缸套的拆卸;

(5)主轴承的拆卸。

2. 实验要求

(1)正确完成拆装前的准备工作;

(2)正确地使用吊具、通用工具、专用工具;

(3)掌握正确的拆装步骤和操作手法。

二、实验目的、意义

通过本节实验,学生能够掌握正确的拆装步骤,提高自主动手能力。

三、实验设备

日本 YANMAR 5MAL – K 型柴油机两台,新中动力机器厂 GZC – 6250 型柴油机两台,日本 DAIHATSU 6PSTb – 20 型柴油机一台。

四、拆卸前的准备工作

(1)检查起吊工具(如:手动葫芦、钢丝绳、吊环、卸扣等)是否完好。若有问题及时更换。

(2)准备吊缸工作所使用的工具、专用工具及量具。

(3)清理现场,准备好放置零部件所用的支架、垫木等。

(4)关闭空气瓶的截止阀,切断燃油、冷却水和滑油的供给。

在拆卸的全过程中应在操纵台前悬挂"禁止启动"的警示牌。

五、气缸盖的拆卸

(1)拆除与缸盖和缸盖附件相连的管路。如:进、排气管;喷油器的高压油管及回油管;启动空气管等。

(2)拆除进排气阀的摇臂机构,取出气阀顶杆,拆除气缸盖上的各种仪表。

(3)吊起气缸盖。

用起吊工具吊起气缸盖,必须注意,系好钢丝绳,将手动葫芦的吊钩挂住钢丝绳,调整葫芦的位置,使钢丝绳与气缸中心线在一条线上。在起吊气缸时切记不要用力过猛,因为气缸盖与其缸套接触平面之间经过长期工作后接触很紧,起吊时,当钢丝绳被拉紧后可用手锤垫上木块敲打气缸盖两侧,并用手摇动钢丝绳使其松动。一旦有所松动,即可缓慢地将其吊起。一旦黏结很紧,可以在起吊钢丝拉紧后用撬杠小心地试撬,如果此时仍未松动,可用楔子在缸盖一侧打松,但要特别注意避免损伤缸盖和缸体。吊起后,应将气缸盖用木板、木方垫好放稳,以免碰伤与气缸套相接触的密封面。

起吊方式如图 3-2-1、图 3-2-2 所示。

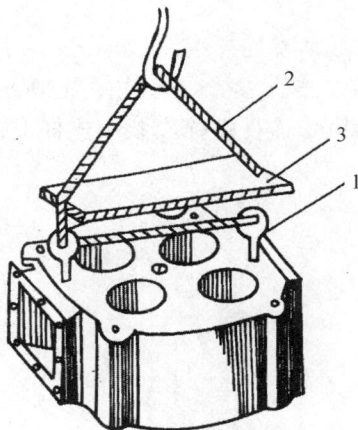

图 3-2-1　吊气气缸头

1 - 起重环;2 - 钢丝绳;3 - 撑板

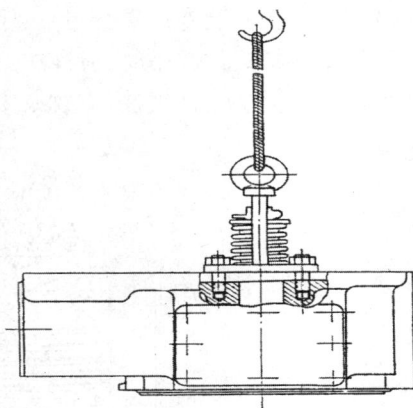

图 3-2-2　吊气气缸头

六、活塞连杆组件的拆卸

(1)盘车将活塞移至燃室下部,清除气缸内壁上的积炭,以避免起吊时,由于积炭的卡阻而松动缸套。为了避免缸套因起吊活塞被带起或松动,应当用专用压铁压紧缸套。

(2)转动曲轴,使活塞位于气缸内的上止点位置。

(3)若连杆大端为斜切口,则转动曲轴使曲柄臂在上死点前、后 90°位置,见图 3-2-3(b)。

Piston Lifting/Inserting Procedure
活塞吊起/插入程序

Eyebolt
带环螺栓

Piston Inserting Tool
"a"活塞插入工具

Piston
活塞

Approx. 30°
接近30°

Crank Pin
曲柄销

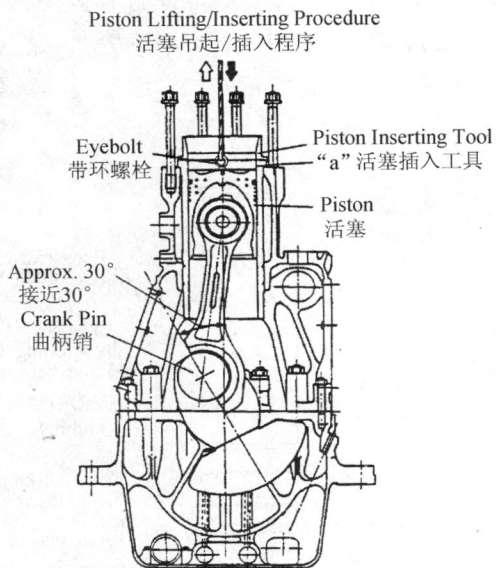

(a)拆卸连杆螺栓　　　　　　(b)斜切口连杆组件起吊位置

图 3-2-3　活塞连杆组件的拆卸

（4）牢记连杆大端轴承上下盖之间的记号，认准连杆螺栓螺帽上紧的记号，以备重新安装时对准记号。

（5）专用扳手在道门两边拧松连杆螺栓的固紧螺帽如图3-2-3（a）所示。

（6）在螺帽拆卸前将木方垫在连杆大端下方，均匀使连杆大端平稳地落在木方上，从道门取出。

（7）活塞顶上安装专用提升工具，用手动葫芦拉起活塞连杆组件，如图3-2-4所示。

（8）活塞连杆组件起吊时，应该注意避免连杆组件摆动，擦伤缸套内壁及碰伤活塞裙部。

（9）拆出的活塞连杆组件，应放在支架上，连杆轴承、连杆螺栓应装于连杆上，保护好连杆轴瓦。

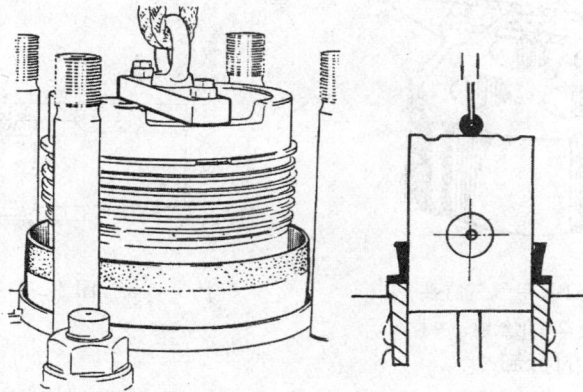

图3-2-4　活塞组件的吊出

七、气缸套的拆卸

（1）清除气缸体上部的油污，检查是否有标记，如标记不清楚或无标记，应重新做标记，因为缸套与气缸体有相对应位置如图3-2-5（a）所示。

（2）将待吊出的缸套曲柄销转至止死点，以利于专用工具的安装。

如图3-2-5（b）所示安装专用工具拧紧螺母，缓慢转动丝杠，将缸套拉起，当缸套完全松动后，再用手动葫芦将其拉出。

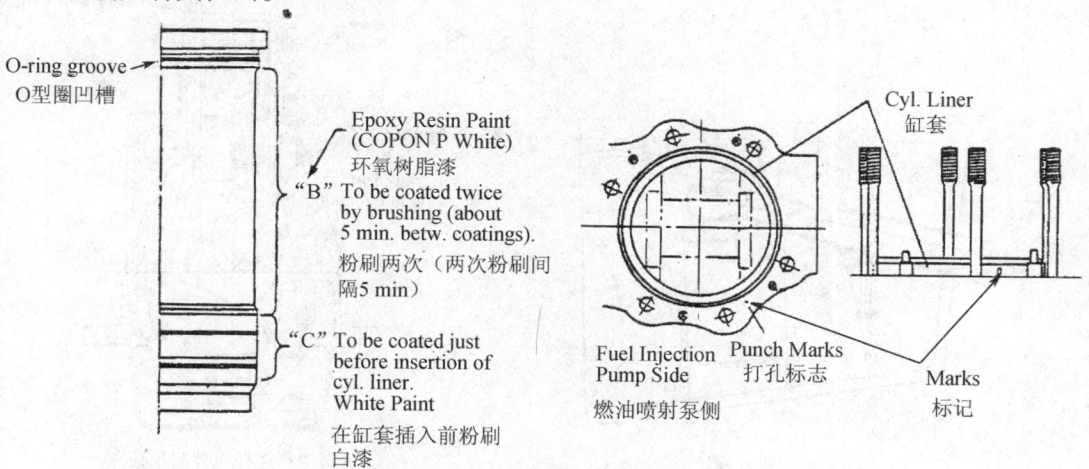

（a）缸套与机体的相对位置

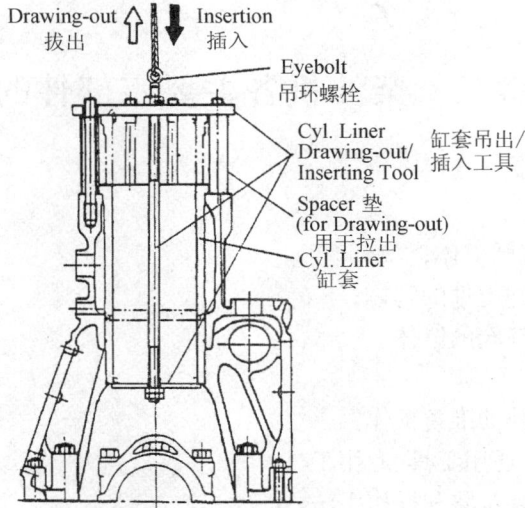

（b）气缸套的拉出

图 3-2-5 气缸套的拆卸

八、主轴承的拆卸

（1）拆下主轴承上盖的螺母，取出主轴承盖和主轴承上的轴瓦。

（2）使用专用工具中的 T 形销插入主轴径上的油孔内，转动曲轴，轴瓦在销子的推动下转至主轴颈上部，主轴瓦便可以取出，如图 3-2-6 所示。

（3）若主轴成为薄壁瓦，应该注意下轴瓦的定位唇的位置，从而决定曲轴的转向。

（4）轴承下瓦安装时：

①用抹布将主轴颈擦净，使用压缩空气将主轴颈上的油孔吹干净。

②在轴颈上浇注润滑油，将下瓦放在主轴上方，在油孔中插入 T 形销。

③将专用工具嵌装套安装在下轴瓦上（如图 3-2-7 所示），转动曲轴，转动方向与拆卸方向相反。

（5）安装轴承盖及上瓦，拧紧主轴承螺栓时，应采用扭矩扳手分两次按规定力矩的大小交替上紧。

（6）应该特别强调，在对主轴瓦进行拆检时，决不允许几道瓦同时盘出，每次仅盘出一道进行拆检，以免使曲轴变形。

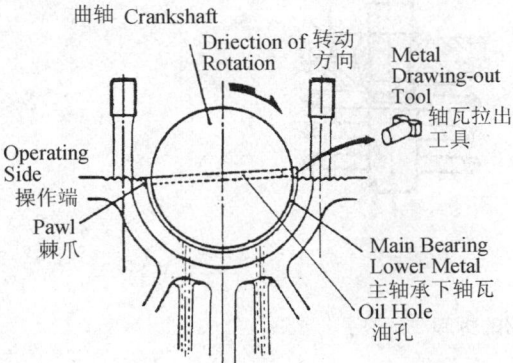

图 3-2-6 主轴瓦的取出

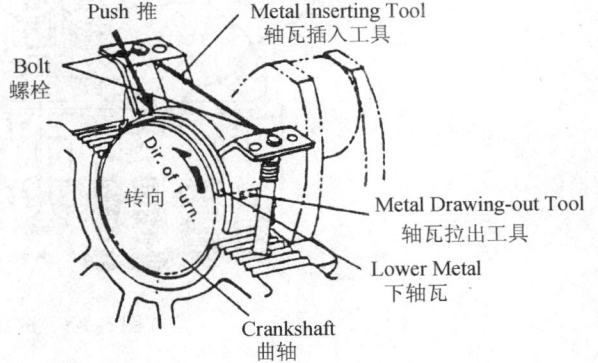

图 3-2-7 主轴瓦的安装

实验二　柴油机各主要零部件的解体

一、实验内容与要求

1. 实验内容

（1）柴油机进、排气阀解体；

（2）柴油机活塞连杆组件的解体；

（3）柴油机启动空气阀的解体。

2. 实验要求

（1）正确完成拆装前的准备工作；

（2）正确使用吊具、通用工具、专用工具；

（3）掌握正确的拆装步骤和操作手法。

二、实验目的、意义

通过本节实验，学生能够正确掌握各部件的解体操作步骤，加深对各零部件结构的了解，提高自主动手能力。

三、实验设备

日本 YANMAR 5MAL–K 型柴油机两台，新中动力机器厂 GZC–6250 型柴油机两台，日本 DAIHATSU 6PSTb–20 型柴油机一台。

四、柴油机进、排气阀解体

将气缸盖用木板或木方垫稳放平，采用如图3-2-8所示的方法进行进、排气阀的拆卸。

（1）用气阀拆卸工具，套在气阀杆上方，向下用力压紧气阀弹簧，从上弹簧座中取出锁块（两半的块），然后依次取下上弹簧座、气阀弹簧、下弹簧座。

（2）将缸盖翻转，取出进、排气阀。

（3）现在有很多柴油机排气阀采用阀壳式，安装在气缸盖上。首先，用专用工具将气阀从气缸盖上拆下，然后将气阀解体。这种气阀的拆卸、解体如图3-2-9、图3-2-10所示。

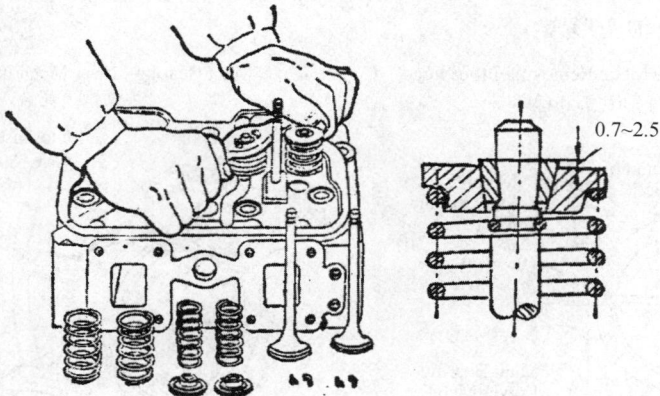

0.7~2.5

图 3-2-8　进、排气阀的拆卸

拔出螺栓（A）Drawing-out Bolt (A)
拔出工具 Drawing-out Tool
拔出螺栓（B）Drawing-out Bolt (B)
Turn it clockwise
Nut (B) 螺帽（B）(Turn it clockwise.) 顺时针转动
Valve Cotter 阀销
Exhaust Valve Cage 排气阀座

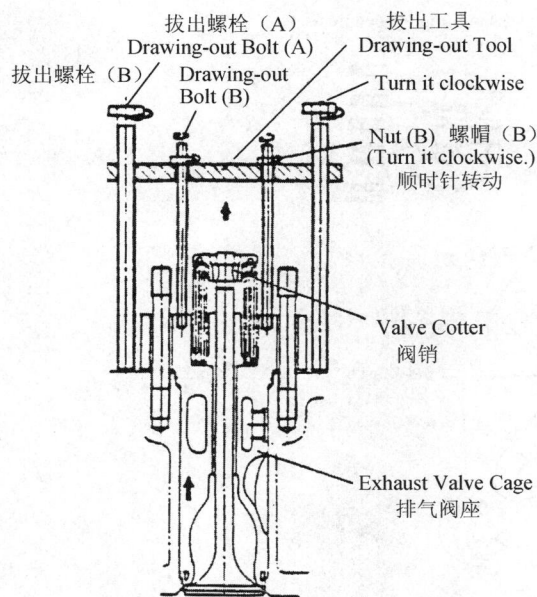

图 3-2-9　排气阀的拆卸

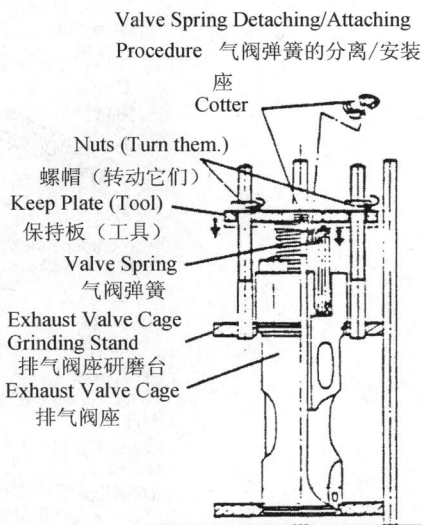

Valve Spring Detaching/Attaching Procedure　气阀弹簧的分离/安装
座 Cotter
Nuts (Turn them.) 螺帽（转动它们）
Keep Plate (Tool) 保持板（工具）
Valve Spring 气阀弹簧
Exhaust Valve Cage Grinding Stand 排气阀座研磨台
Exhaust Valve Cage 排气阀座

图 3-2-10　排气阀的解体

五、柴油机活塞连杆组件的解体

1. 活塞销从活塞、连杆中抽出

目前柴油机几乎全部采用浮动式活塞销,在它的两端用弹性卡簧定位。拆卸时,将活塞放置平稳,用卡簧钳拆下活塞两端的定位卡簧,如图 3-2-11 所示。然后用手锤垫上木块或铜棒由活塞一端敲击,活塞从一端推出。应特别注意,活塞销取下时方向位置不要弄错,最好做上记号,以备安装时参考,如图 3-2-12 所示。活塞、连杆、活塞销等零部件分别摆放于干净木板或平软的地方。

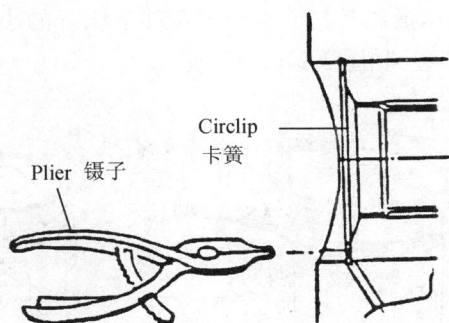

Circlip 卡簧
Plier 镊子

图 3-2-11　活塞销卡簧的取出

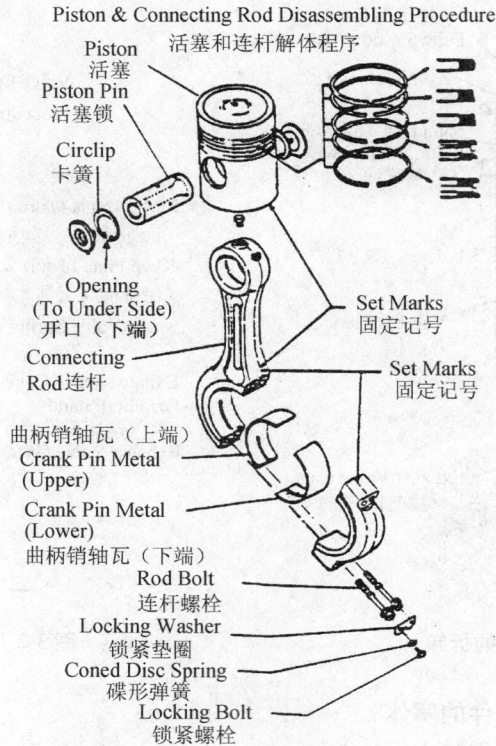

Piston & Connecting Rod Disassembling Procedure
活塞和连杆解体程序

Piston 活塞
Piston Pin 活塞锁
Circlip 卡簧
Opening (To Under Side) 开口（下端）
Connecting Rod 连杆
Set Marks 固定记号
Set Marks 固定记号
曲柄销轴瓦（上端）Crank Pin Metal (Upper)
Crank Pin Metal (Lower) 曲柄销轴瓦（下端）
Rod Bolt 连杆螺栓
Locking Washer 锁紧垫圈
Coned Disc Spring 碟形弹簧
Locking Bolt 锁紧螺栓

图 3-2-12　活塞连杆主件解体

2. 活塞环的拆除

（1）活塞环的拆卸尽量采用专用工具，如图 3-2-13（a）所示。在没有专用工具时，可以用麻绳系成环形，套在拇指上，分别挂在活塞环搭口两端，缓慢地用力使活塞环张开后慢慢地向上离开活塞环槽，将其取出。

（2）在张开活塞环时，应尽量使其在能拆卸的条件下张开的小一点，否则很容易折断或使活塞环变形，使之很快疲劳断裂，如图 3-2-13（b）所示。

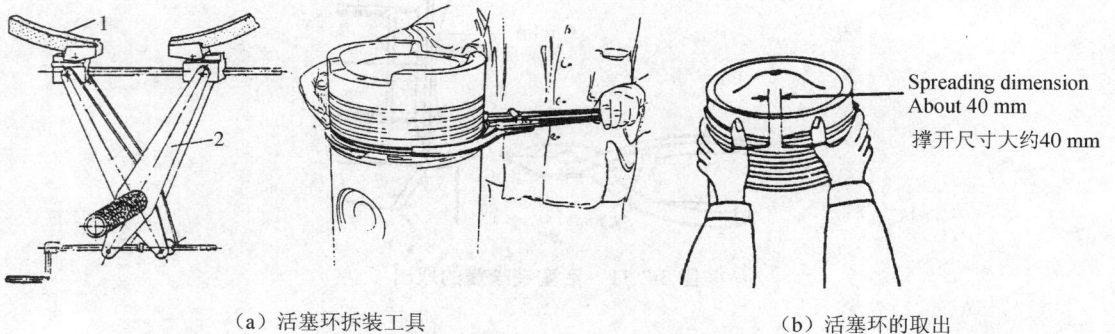

Spreading dimension About 40 mm
撑开尺寸大约40 mm

（a）活塞环拆装工具　　　　　　　　　　（b）活塞环的取出

图 3-2-13　活塞环的拆除

（3）拆下的活塞环应该按顺序摆放好，以备检查。

3. 保护好拆出件

拆出活塞连杆组件后，连杆轴承、连杆螺栓应装于连杆，并小心保护连杆轴瓦避免擦伤。

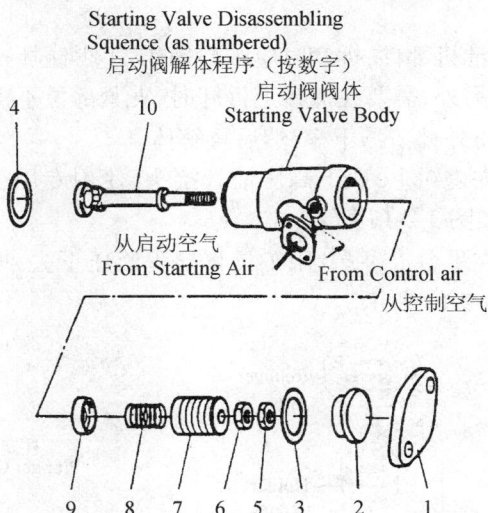

图 3-2-14　启动空气阀零部件

1 – Retainer 保持架；2 – Cover 盖；3 – Packing 填料；4 – Packing 填料；5 – Lock Nut 锁紧螺母；
6 – Nut 螺母；7 – Piston 活塞；8 – Spring 弹簧；9 – Valve Seat 阀座；10 – Starting Valve 启动阀

六、柴油机启动空气阀的解体

介绍一种双气路气压控制式启动空气阀的拆解

拆卸固定启动空气阀的两个螺栓,取出启动气阀,使用套筒扳手拆卸下气阀上的螺母,按顺序分别取出气阀、活塞、弹簧等,如图 3-2-14 所示。

实验三　柴油机喷油泵的解体与组装

一、实验内容与要求

1. 实验内容

（1）喷油泵的解体；

（2）喷油泵的检查；

（3）喷油泵的组装。

2. 实验要求

（1）正确完成拆装前的准备工作；

（2）掌握正确的拆装步骤和操作手法；

（3）通过拆装掌握喷油泵的结构、工作原理；

（4）正确判断偶件报废的原则及配合间隙检查。

二、实验目的、意义

通过本节实验,学生能够掌握正确喷油泵的拆装操作,加深对各零部件结构的了解,提高自主动手能力。

三、实验设备

6300 型柴油机高压油泵。

四、喷油泵的解体

喷油泵是精密的柴油机部件,拆卸时应细心操作,不得碰坏精密零件,决不能互相倒换,特别是柱塞及套筒偶件。另外,需要在虎台上拆卸时,夹紧部位不得在配合面及安装面上。

(1)喷油泵首先应将外部清洁干净,然后再解体。

(2)将泵体下部夹在虎钳上,取下高压油管接头,使用专用工具拉出出油阀紧固座,取出出油阀、弹簧、阀座等,如图3-2-15所示。

(3)将喷油泵倒置在平台上,用专用工具将导程筒压下去,取出卡簧,慢慢松手使导程筒缓慢上升至顶点,如图3-2-16所示。

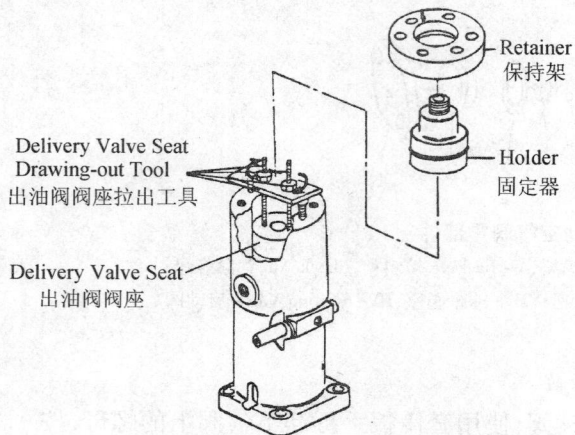

图3-2-15　用专用工具取出紧固座

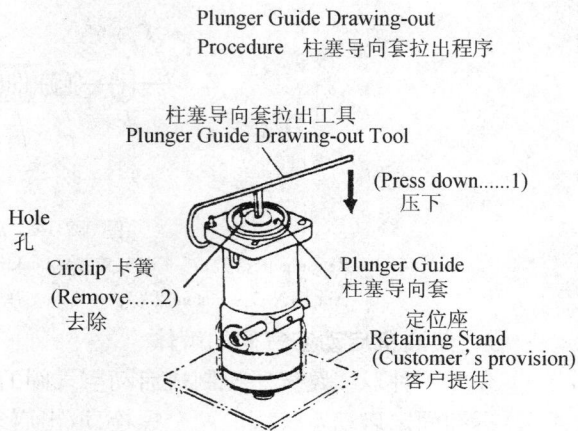

图3-2-16　用专用工具

(4)取出导程筒和弹簧上下座及弹簧,然后取出柱塞导向套筒、齿条及齿圈。

(5)喷油泵装复的顺序一般与解体的顺序相反,特别注意的是两处标记:柱塞凸肩上的标记必须对准控制套筒直槽上的标记,控制套上的齿圈上标记和齿条上标记对准。

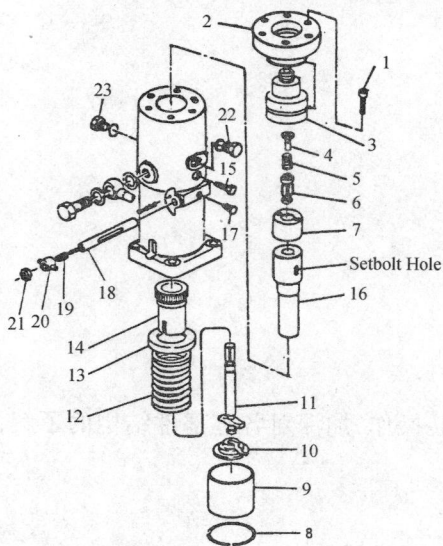

1 – Bolt 螺栓;2 – Retainer 定位器;3 – Holder 固定器;4 – Stopp 导程柱;5 – Spring 弹簧;6 – Delivery Valve 出油阀;7 – Valve Seat 阀座;8 – Circlip 锁圈;9 – Plunger Guide 导向套;10 – Spring Seat 弹簧座;11 – Plunger 柱塞;12 – Spring 弹簧;13 – Spring Seat 弹簧座;14 – Gear Rim 齿圈;15 – Bolt 螺栓;16 – Plunger Barrel 套筒;17 – Bolt 螺栓;18 – Rock 摇臂;19 – Adjusting Shaft Spring 调整轴弹簧;20 – Joint 接头;21 – Bolt 螺栓;22 – Plug 旋塞;23 – Plug 旋塞

图3-2-17　高压油泵解体

五、喷油泵的检查与组装

1.柱塞偶件的主要损伤部位

（1）柱塞偶件的磨损部位

柱塞的磨损部位主要在柱塞头部、螺旋斜槽的边缘及下肩部三个部位,如图3-2-18所示。

柱塞头部正对着油孔处产生纵向划痕,并且呈上宽下窄,深度逐渐减小,这是柱塞在堵住进油孔时,机械杂质卡入间隙中引起的擦伤。柱塞圆柱面下端磨损原因也如此,如图3-2-19所示。

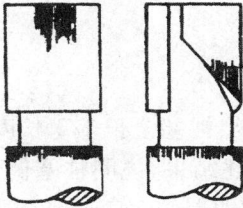

图3-2-18　柱塞的磨损部位

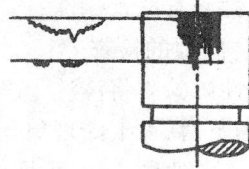

图3-2-19柱塞头部磨损情况图

柱塞斜槽边缘处的磨损,主要是高速油流和机械杂质的冲刷所致。

套筒的磨损部位,一般在进油孔附近,如图3-2-20所示。

（2）柱塞的穴蚀部位

柱塞的穴蚀部位,主要发生在螺旋槽附近的表面上。由于柱塞螺旋槽的斜边油压变化,造成金属的剥蚀。

2.出油阀偶件的磨损部位

出油阀的磨损部位,集中在密封锥面、减压凸缘及导向表面三个地方,如图3-2-21所示。

出油阀密封锥面磨损后使密封环带宽度增大,甚至出现环带沟槽,使密封性下降。

减压凸缘磨损后产生纵向沟痕,甚至呈锥形。

导向表面的磨损较小,磨损后使间隙增大,密封下降。

出油阀座主要在阀座面及孔的上部产生磨损。阀座面磨损后,常形成纵向沟痕,使密封性下降。

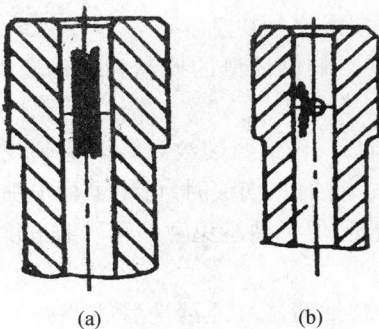

(a)　　(b)

图3-2-20　套筒磨损部位

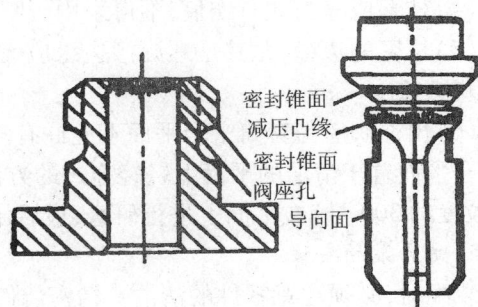

图3-2-21　出油阀偶件的磨损部位

密封锥面
减压凸缘
密封锥面
阀座孔
导向面

3.偶件报废的原则及配合间隙检查

（1）偶件报废的原则

①柱塞表面有明显严重磨损；

②塞头部端面,斜槽、直槽边缘有金属剥落；

③柱塞或套筒有裂纹；

④柱塞与套筒工作表面有锈蚀；

⑤柱塞与齿轮调节套筒配合松动；

⑥出油阀的减压凸缘有严重磨损；

⑦配合锥面有磨损严重或金属剥落成深的纵向划痕；

⑧出油阀座的端面和锥面有裂纹；

⑨配合锥面有严重锈蚀。

（2）配合间隙的检查

①滑动性试验。将清洗干净的柱塞倾斜45°,并使柱塞抽出柱塞全长 1/3 长度,使其靠自重缓慢、均匀下滑,无卡滞现象。如果在任何角度均能得到上述结果,说明柱塞偶件配合间隙正常。如果下滑速度太快,说明间隙太大;如有卡滞现象,则说明偶件有变形或杂质。

②出油阀偶件垂直抽出出油阀 1/2 ~ 1/3 长度,在任意角度均能靠自重无阻滞的落阀。

③吸力检查。可用食指盖住套筒顶部孔,用拇指和中指抵住进油孔,使柱塞处于中等或最大供油量位置后,将柱塞偶件垂直放置,向下拉动柱塞时,若能感觉到有真空吸力,且放手后柱塞能迅速回到原位,则说明密封性好;若拉出柱塞时感到吸力不足,柱塞又回不到原位,则说明间隙过大。

出油阀锥面的密封性也可以采用此法。

对减压凸缘密封性,可采用手抵住出油阀座下孔,将出油阀放入阀座中,当圆柱形减压凸缘进入阀座时,用手轻轻按一下出油阀,若感觉到有空气压缩力,而且松手使出油阀能微微弹起,则说明密封性好。

4.喷油泵的检修要求

（1）齿轮与齿条应无伤痕,二者间隙不应超过 0.15 mm。齿轮无弯曲变形。

（2）塞与套筒应能滑动自如。如有卡滞现象,应进行清洗,再用滑油使二者互研。如还不能消除,说明偶件有变形,应换新。

（3）内圆表面须采用灯光检查。

（4）柱塞或套筒如有伤痕,不得采用研磨方法恢复使用,必须更新。

（5）柱塞的边缘,尤其是螺旋槽边缘应无缺损,否则影响供油量的控制和擦伤套筒,故应更新。

（6）出油阀座与套筒密合平面不允许有轻微毛刺、油斑、伤痕及裂纹。轻微毛刺或伤痕可将密合平面置于清洁的平板上轻轻拖过的方法检查。如有油斑、伤痕时,可用少量很细的研磨剂（粒度约 300 号）在平面上进行研磨,最后用氧化铬精研,但必须避免磨偏和研磨过度。

5.喷油泵的安装

装配时,必须注意零件的清洁。精密偶件应用干净柴油清洗。经清洗后的偶件工作面禁止用棉纱或布去擦拭,以防止纱头进入偶件配合间隙内,引起卡涩。

装配的顺序一般按拆卸相反的步骤进行。

（1）将柱塞套筒从泵体上部装入泵体内。装入时应注意柱塞套筒上的长方形定位槽应对准泵体上的定位螺钉孔（柱塞套筒的定位槽一般都在回油孔上）。将定位螺钉套上密封铜垫拧入定位螺钉孔中,螺钉应对准柱塞套筒定位槽,不得顶住柱塞套筒。可用手转动和顶推柱塞套筒下端,看能否使柱塞套筒上下移动 1 ~ 2 mm 和左右微动,如有则安装正确。

(2)将出油阀总成装入泵体内,其底面与柱塞套筒顶面直接接触(有的泵靠橡皮圈密封),将出油阀紧座垫圈放到出油阀座上,拧紧出油阀紧固座。拧入时,要回松几次,最后按规定力矩拧紧。过紧会使柱塞套筒变形,柱塞运动发生阻滞。出油阀紧固座拧紧后,可将柱塞装入柱塞套筒内拉动几次,若发涩表明拧紧力过大,可慢慢拧松出油阀紧固座,直到柱塞运动自如为好。

(3)将泵体倒夹在虎钳上,把供油齿条插入齿条孔内。齿条上打有记号的齿应位于喷油泵导程套筒(泵体的部分)孔的中央,然后将控制套筒慢慢套入泵体的柱塞套筒上。放入时应注意控制套筒齿圈上有记号的齿要对正齿条上有记号的齿谷,如图 3-2-22 所示。拉动齿条检查是否在全行程中灵活。按住控制套筒,齿条的游动间隙应在 0.1 ~ 0.2 mm 之间。

(4)将柱塞弹簧上座与柱塞弹簧依次装入泵体中,再将柱塞弹簧下座套在柱塞尾端上,然后小心地插入柱塞套筒内,插入时必须使柱塞凸肩上的记号对准控制套筒直槽上的记号,如图 3-2-22 所示。

(5)在确认柱塞、柱塞套筒、齿条、齿圈相互装配位置正确后,将柱塞导程套筒装入泵体中,用力按下(也可用专用工具按下)导程套筒,然后将卡簧装入泵体环槽中。

(6)套有密封铜垫的放气螺钉拧紧到油泵体上。

图 3-2-22　柱塞、控制套筒与齿条的安装

实验四　柴油机喷油器的解体与组装

一、实验内容与要求

1. 实验内容

(1)喷油器的解体;

(2)喷油器的检查;

(3)喷油器的组装;

(4)喷油器的雾化实验。

2. 实验要求

(1)正确完成拆装前的准备工作;

(2)掌握正确的拆装步骤和操作手法;

(3)通过拆装掌握喷油器的结构、工作原理;

(4)正确判断偶件报废的原则及配合间隙检查;

(5)通过雾化试验台学会调整启阀压力及雾化效果的观察。

二、实验目的、意义

通过本节实验,学生能够掌握正确喷油器的拆装操作,加深对各零部件结构的了解,提高自主动手能力。

三、实验设备

6300 型柴油机喷油器。

四、喷油器的解体

(1)将喷油器夹在虎钳上,需提示的是不要夹在喷油器本体的密封面上,正确方法如图3-2-23 所示。

(2)旋松调压弹簧的锁紧螺帽,放松调压弹簧。

(3)依次取下调压弹簧螺栓、弹簧座、弹簧、下弹簧座及顶杆,如图3-2-25 所示。

(4)用专用扳手旋针阀体锁紧帽,取出针阀体偶件,如图3-2-24 所示。

(5)如果针阀体与针阀咬住,切不可硬拔,应放入柴油或煤油中经长时间浸泡后再拔出,针阀体与针阀应配对放置。

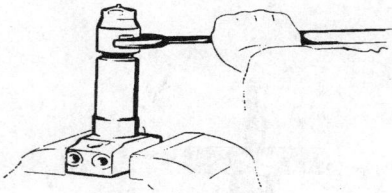

图 3-2-23　固定方法

图 3-2-24　针阀体取出

燃油喷射泵阀解体程序(Fuel Inject Valve Disassmbling Procedure):

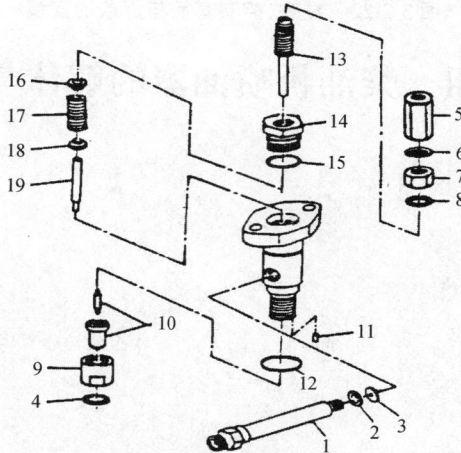

图 3-2-25　喷油器的解体

1 – Joint 接头;2、3 – Packing 填料;4、8、6、15 – Copper Packing 铜垫;5 – Adjusting Screw 调节螺钉;7 – Adjusting Screw Nut 调节螺钉螺母;9 – Nozzle Set Nut 喷嘴套螺母;10 – Nozzle Assy 喷嘴总成;11 – Parallel Pin 平销;12 – O – Ring O 型密封圈;13 – Spring Adjusting Screw 弹簧调整螺钉;14 – Nut 螺母;16 – Nozzle Spring Retainer 喷嘴弹簧固定器;17 – Nozzle Spring 喷嘴弹簧;18 – Seat 座;19 – Rod 杆

五、喷油器的检查与组装

喷油器主要是针阀偶件的磨损、卡死及喷油孔的磨损或堵塞。因此,在喷油器的拆检中主要应检查针阀的情况。

1. 针阀偶件磨损检查

针阀偶件的磨损部位主要发生在针阀锥面,针阀体座面及针阀偶件圆柱配合面上。

(1)密封锥面的磨损

针阀与针阀座的密封锥面磨损后使配合锥面的环形密封带变宽和针阀下沉(环形密封带一般只有0.3~0.5 mm)及针阀体座面密封环带上产生裂纹、沟痕、塌陷等损伤。

(2)圆柱配合面的磨损

针阀与针阀圆柱的配合面。磨损后使配合间隙增大,漏油量增加,影响喷油压力和雾化质量。

针阀磨损后表面有明显的轴向划痕,并集中于针阀的下端。针阀还可能因机械杂质或变形引起卡滞或咬死等事故。

2. 喷孔的检查

针阀体上的喷孔在高压燃油冲刷下,使孔径增大、形状失圆,影响燃油的雾化,可通过喷油器雾化试验进行检查。

由于针阀密封不良和高温燃气的作用,使喷孔四周积炭和喷油孔堵塞。在拆检时,一般采用钢丝刷清除积炭,喷孔堵塞时,采用直径小于喷孔0.15~0.20 mm的通针或钻头进行通孔,如图3-2-26所示。

3. 偶件的滑动性试验

针阀偶件的配合情况也可采用滑动性试验来检查。将清洁干净的针阀放入针阀体中,抽出全长的1/3,并使偶件倾斜45°,如图3-2-27所示。若有卡滞现象,应用滑油进行互研。

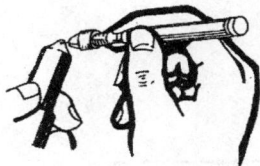

图3-2-26　喷孔通孔工具　　　　　图3-2-27　针阀偶件滑动性试验

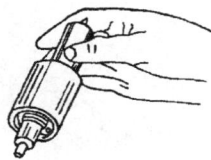

4. 喷油器的装配

喷油器经外观检查,所有缺陷均已消除,即可进行喷油器的装配。在装配过程中应注意以下几点:

(1)要保持非常清洁,尤其是针阀与针阀体的结合面必须绝对干净,以免密封不良。

(2)在装配顺序上,应将喷油嘴装在喷油器本体,再装顶杆及调压弹簧。在更换喷油嘴时,也应注意先将调压螺丝拧松,装上喷油嘴后,再按规定调整喷油压力。

(3)装配好后,应检查喷油压力和雾化质量。

5. 喷油器的检查与调整

喷油器装配后应在专用试验台上进行雾化试验和喷射压力的调整,如图3-2-28所示。要求如下:

（1）柴油机各缸喷油器的启阀压力应尽量调整一致,各缸相差不得超过 0.25 MPa。

（2）雾化试验的同时检查针阀的密封性。缓慢泵油,使油压升至 2 MPa,观察其油压下降速度,反复进行几次。如下降速度快,则说明针阀与针阀体之间间隙偏大、密封不良,产生漏油。

（3）按 10 次/分的速度泵油,使油压缓慢上升,直到喷油为止,然后察看喷嘴附近是否有漏油现象,喷嘴滴油是针阀与阀座密封不良所致。

（4）喷油器无论快喷(120 次/分)还是慢喷(20 次/分),雾化的形状、分布等检查喷油器雾化质量均符合规定要求。当雾化分布均匀,没有局部密集;喷油迅速、利落且发出清脆喷油声;连续喷油后无滴油现象则雾化合格。

（5）检查喷孔变形或堵塞。在喷油嘴下方放一张白纸,根据每个喷孔油迹的形状、大小,判断喷孔变形和堵塞情况。设喷孔距白纸的垂直距离为 h,每个喷孔油迹中心连成的圆形直径为 d,则可以计算出喷油器喷雾锥角 $\alpha = 2\arctan\dfrac{d}{2h}$,如图 3-2-29 所示。

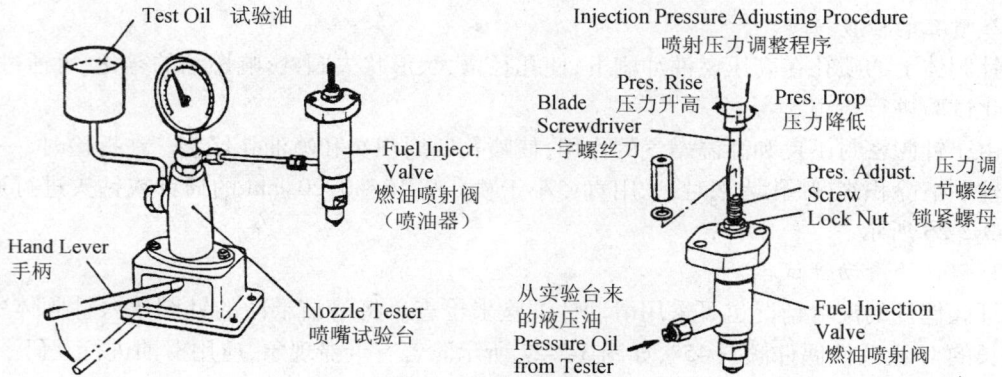

图 3-2-28　喷油压力调整

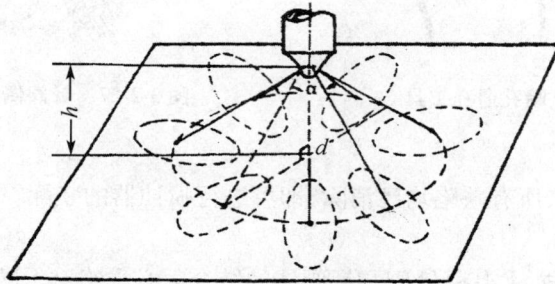

图 3-2-29　喷雾锥角的图检查

实验五　柴油机各零部件的测量与检修

一、实验内容与要求

1. 实验内容

(1)气缸盖的检查。

(2)气阀的检查。

(3)气缸内径测量及其圆度、圆柱度的检查。

(4)活塞外径测量及其圆度、圆柱度的检查。

(5)活塞销圆度、圆柱度的检查。

(6)活塞环的测量及弹性、密封性的检查。

(7)连杆及连杆螺栓的检查。

(8)压铅法测量主轴颈和曲柄销轴承的间隙。

(9)测量法测量曲柄销轴承的间隙。

2. 实验要求

(1)掌握各种检查方法。

(2)掌握正确的量具使用方法。

(3)掌握零件的报废和配合原则。

二、实验目的、意义

通过本节实验,学生能够掌握正确的检查和测量方法,提高自主动手能力。

三、实验设备

日本 YANMAR 5MAL – K 型柴油机两台,新中动力机器厂 GZC – 6250 型柴油机两台,日本 DAIHATSU 6PSTb – 20 型柴油机一台。

四、零部件出现的常见问题

(1)由于机器经过长期的运转产生磨损、疲劳或腐蚀等原因,零部件会发生如下一些变化:

①零部件尺寸的变化。

②零部件几何形状的变化,如产生圆度误差、圆柱度误差。

圆度:同一截面上最大直径与最小直径之差的一半。

圆柱度:不同截面上最大直径与最小直径之差的一半。

③配合间隙的变化。

④零部件表面破坏,如产生裂纹、拉毛、剥落、腐蚀麻点及过热变色等。

⑤零件之间相对位置的变化,如同轴度误差、位置误差等。

柴油机各零部件的上述各种变化均会使柴油机性能下降,为此应进行维修。通过检查发现这些变化,对于误差超过或接近超过说明书允许值的零件应进行检修,以恢复柴油机的性能。所以测量与检修是柴油机维护保养中极为重要的环节。

(2)在实验室进行柴油机拆装实习时,由于拆装范围和工作条件所限,主要进行一些常规的检查和测量。

五、气缸盖

柴油机的工作过程中,气缸除了承受最大爆发压力的机械应力作用外,还承受热力作用,由于它结构复杂、壁厚不均匀,在高温下各部分热负荷极不均匀,这些都会引起热应力集中,因此气缸盖的裂纹、烧蚀是损坏的主要形式。通常发生在启动空气阀、喷油器安装孔和进、排阀孔之间,或者在进、排气阀孔和燃气通道之间等部位。

首先,必须清除气缸盖上的油污、积炭及水垢(清除方法见第一章/第四节)。清洗后用干布抹干并用压缩空气将零件的孔道吹干。

1. 缸盖裂纹的检查

(1)放大镜观察法

从外观看是否有水迹、锈迹和细小的裂纹。

(2)着色渗透法

先用清洁剂将怀疑有裂纹处清洗干净,喷涂带色的渗透剂,然后在喷涂渗透剂的地方喷一层显影剂,待干燥后,如有一条裂纹则会显示出一条有色的线条。

(3)水压试验法

①正确地封堵各水孔,包括缸盖下部的进水孔、上部的出水孔以及两侧的冷却水腔道门。

②连接水压设备后进行加压,待起压后从上部放出空气。

③加压至 0.7 MPa,保持 5 min 压力不下降,检查气缸盖是否存在裂纹。

④或者在冷却水腔内加 1.5 倍冷却水工作压力,检查气缸盖是否有裂纹。

2. 烧蚀的检验

(1)正确地找出烧蚀的部位,正确地安放气缸盖样板。

(2)用塞尺测烧蚀深度,每 45°测量一次。视情况采取打磨后继续使用或先焊补后再打磨的方法。

3. 变形的检验

气缸盖的变形主要是指触火面不平,发生翘曲变形,其原因除与热负荷、机械负荷有关外,在许多情况下是因拆装不慎造成,如拆装时不按规定的次序和方法拧松或旋紧螺母,或在热状态下拆卸气缸盖都容易引起变形。

检查气缸盖变形的方法可以用直尺—塞尺法或平台着色法:

(1)直尺—塞尺法

将气缸盖的底面向平放,用钢质直尺侧立于触火面上并用塞尺检查即可看出变形的程度。

(2)平台着色法

将平台上涂一层薄而均匀的色油,将气缸盖底面与平台互研,根据底面的着色情况,判断缸盖的变形情况。若接触面积在 80% 以上,表明气缸盖底面无变形。

六、进、排气阀

柴油机工作时,进、排气阀与阀座不仅要承受冲击负荷,还要受到高温、高压燃气的冲刷和腐蚀的共同作用。

气阀与阀座在检修中可以发现以下缺陷:

(1)气阀与阀座密封锥面上产生凹陷,局部剥落、灼伤、斑点和积炭。

(2)气阀座严重磨损,密封带过大。

(3)气阀杆磨损和弯曲变形,气阀杆与气阀导套间隙过大,已超出极限。

（4）气阀弹簧折断、扭曲变形和弹力消失等。

1. 气阀阀杆与导管配合间隙的检查

气阀阀杆与导管的磨损，使配合间隙增大，严重时会造成烟气漏出或滑油流入燃烧室。此间隙的检查方法如下：

（1）可以分别测量导管的内径和阀杆的外径，计算二者之间的差即为间隙值。

（2）气缸盖倒置平放，将气阀从套中提起时阀头离开气缸盖平面 15～20 mm，用千分表抵在气阀头边缘处，然后用手沿触针方向来回推动气阀，测其间隙，一般间隙若大于 0.2 mm，应及时更换气阀导套，如图 3-2-30 所示。

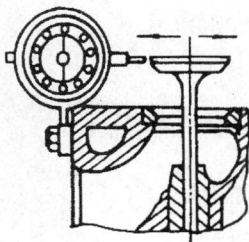

图 3-2-30　检查气阀杆与导套间隙

（3）更换气阀导套的方法

①拆卸气阀导套时，可以使用专用工具将其拉出。在没有专用工具时，可以用手锤垫着铜棒打出，如图 3-2-31 所示。

②装气阀导套时，应该注意气阀导套与气缸盖导套孔中的配合为过盈配合，过盈量为 0.025～0.075 mm，应用压入法较为妥当。不能用锤直接将导套打入导套孔中，因为导套多为铸铁件，材质较脆、易碎，它的内径也会由于锤击而变形，影响配合间隙。

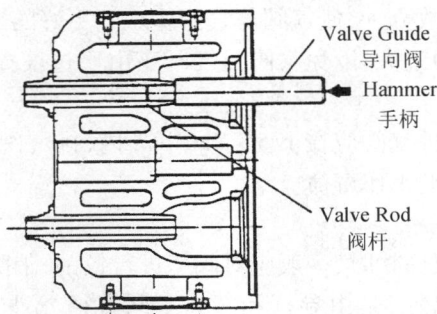

Valve Guide
导向阀
Hammer
手柄
Valve Rod
阀杆

图 3-2-31　更换气阀导套

2. 阀杆弯曲变形的检查

阀杆的弯曲变形应在平台上进行检查，一般要求弯曲度不超过 0.05 mm，否则应进行校正，或更换新阀。

3. 气阀阀面与阀座磨损的检修

气阀阀面与阀座的磨损，会使密封阀线变宽，气阀在气缸盖上会沉陷，柴油机说明书对气阀沉陷值都有明确规定，当超过规定值时则要视情况更换阀座或气阀。

气阀密封锥面严重磨损、烧蚀，可以在气阀研磨机上、也可以用车床进行阀面光车，消除缺陷后可与气阀座研磨。当气阀密封锥面磨损不大时,可将气阀与气阀座直接进行研磨,使其恢复正常配合。

(1)气阀与气阀座的互研

具体操作如下:

①将气缸盖清洁干净,特别是将进、排气道,气阀导套和阀座处的积炭清洁干净。

②研磨时,先在气阀密封锥面上部涂一层薄薄的研磨砂,用研磨专用工具,以拍打与转动相结合的方式进行研磨,如图3-2-32、图3-2-33所示。

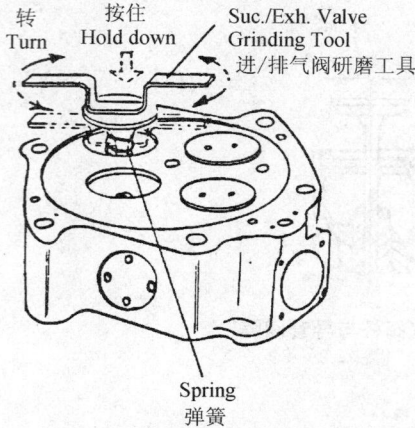

图 3-2-32　气阀的研磨　　　　　　　图 3-2-33　气阀的研磨

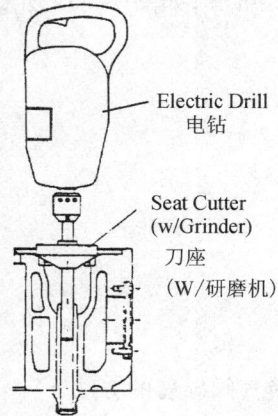

③研磨气阀时,最好先用粗砂研,并且要勤于更换研磨砂,每次更换研磨砂时要将气阀杆和气阀导套擦干净,以免造成阀杆和导套的拉毛和正常间隙的损坏,将气阀与气阀座的缺陷处磨掉。然后再用细的研磨砂进行细研,直到出现完整的、十分整齐的灰暗色密封带。最后在气阀上涂上一层机油,继续研磨数分钟,使气阀与气阀座之间更好的配合。

④研磨时应注意不要用力过大,以免气阀与气阀座由于过度撞击使密封锥面宽度磨宽或磨成凹形。

⑤研磨后的密封带宽度:进气阀应在1.5~2.0 mm内,排气阀应在2~3 mm内。密封带过宽则密封性不好,过窄则影响工作寿命。

(2)阀座铰削后的研磨

当阀座面烧蚀严重或磨成梯状时,一般应对阀座进行铰削,消除几何形状误差后再研磨。

①如图3-2-34所示,气阀铰刀是由导杆和一组不同直径、不同锥角的铰刀组成的。铰刀的锥角分别为15°、30°、45°、75°四种,其中30°和45°铰刀又分粗刃和细刃两种。

②铰削时,先根据阀面角(一般为30°或45°)选择铰刀。将整个锥形面铰光洁,再用15°和75°的铰刀将阀座密封带修整到规定宽度1.5~3.0 mm,如图3-2-35所示。

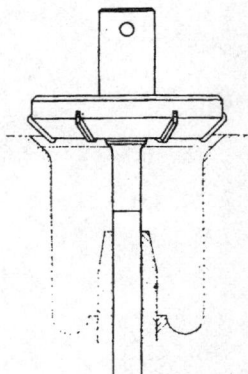

图 3-2-34　气阀座铰削角

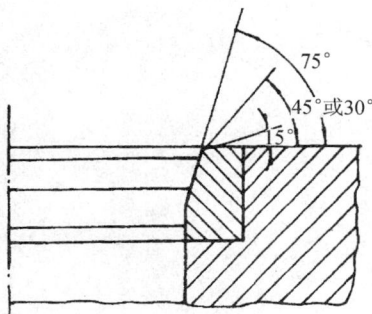

图 3-2-35　阀座铰刀

（3）气阀密封性的检查

检查方法如下：

①铅笔划线：在气阀密封锥面上沿圆周方向均匀地划出 8～12 条铅笔线痕（见图 3-2-36），将气阀在其阀座上轻轻拍打几次（气阀不要转动），如果铅笔线均在环带部分中断，则表明气阀密封性良好。

②着色法：在气阀锥面上抹一层薄红铅油，将气阀装在气阀座上轻轻转动 1/4 圈，取出后，如气阀座的环带上全部粘上红铅油，并且，看起来又非常整齐、均匀，则表示气阀密封性良好。

③灌油法：将气阀及气阀弹簧等装复，然后在进气道和排气道内注入煤油或轻柴油，如图 3-2-36 所示。保持 5 min 无渗漏，表示密封性良好。

图 3-2-36　气阀密封性检查

七、气缸套

气缸套在工作中的损伤形式主要有：工作表面磨损、拉痕、裂纹和烧伤；外表面的穴蚀、腐蚀等。

1. 气缸套的磨损测量

（1）气缸套的磨损规律：在气缸套的纵截面呈锥形，上部磨损比下部大，并且最大磨损位置，在活塞处于上止点时第一道活塞环附近，沿气缸套向下磨损逐渐变小；在气缸套的横截面上的磨损呈椭圆形，并且椭圆的长轴垂直于曲轴中心线的方向（左右方向），即横截面的磨损左右方向大于首尾方向，这是活塞运动时侧推力作用的结果，如图 3-2-37 所示。

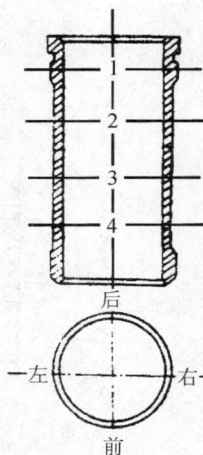

图 3-2-37　缸套测量部位

（2）气缸套的测量位置：

①第一道气环在上死点位置；

②第一道气环在行程中间位置；

③最末道刮油环在行程的中间位置；

④最末道刮油环在下止点位置。

（3）测量方法（见图 3-2-38、图 3-2-39）

①测量时使用测量样板，以确保每次测量时测量点位置不变；

②气缸套磨损测量可选用量缸表或内径千分尺，同一截面测首尾方向和左右方向的缸径值。

③缸套的正常磨损量应该为每工作 1000 小时磨损 0～5 mm，如果测量的结果磨损量超出上述数值，应查明原因予以消除。

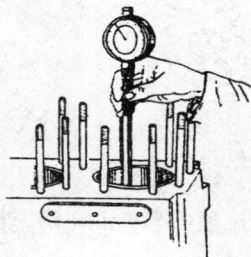

图 3-2-38　用内径千表测量气缸套磨损量

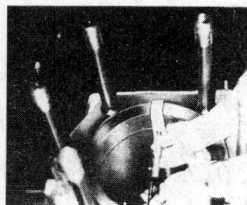

图 3-2-39　用内径千分尺

2. 气缸套磨损的检修

根据测量结果，然后再根据气缸套最大磨损量参考表来决定是否修理、更新。

气缸套磨损量还没达到极限，对于轻微的擦伤、划痕可用风动砂轮机将伤痕的棱角除去，用油石磨光气缸套上的磨台，气缸套磨损量超过极限时，一般采用镀铬、喷涂的方法恢复气缸套的原有尺寸。

八、活塞组件

首先要检查活塞外表面有无刮伤、烧伤及腐蚀等,然后再进行以下各项测量。

1.活塞外圆磨损的测量

(1)活塞外圆表面的磨损,一般发生在中小型柴油机的筒形活塞裙部位置上,它是由于运转中活塞裙部起导向作用和承受侧推力造成的,另外活塞头部承受高温容易引起高温腐蚀。

测量活塞外圆直径的目的是为了测定活塞磨损后的圆度和圆柱度情况。

(2)测量位置:对于中小型筒状活塞应测量四个部位尺寸。

在同一部位测量两个位置:

①活塞头部距第一道活塞环 10 mm 处测量一次。

②距裙部顶端 10~30 mm 处开始,每隔 100~200 mm 测量一次。

③使用外径千分尺在同一横截面上应测前后、左右方向两个直径,如图 3-2-40 所示。

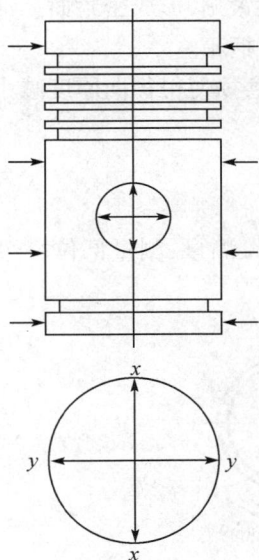

图 3-2-40　活塞的磨损测量部位

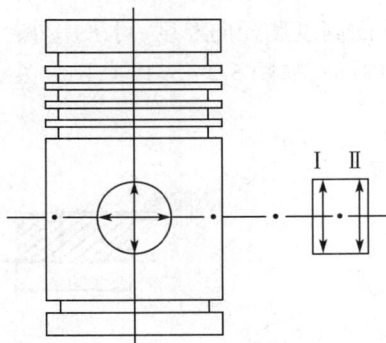

图 3-2-41　活塞销孔磨损测量部位

2.活塞销孔与活塞销的磨损测量

(1)柴油机的活塞销与销孔在冷态下为过盈配合,热态下为浮动式,加之上下方向受力大,左右方向受力小。因此,对于活塞销孔,一般是上下方向间隙大,左右方向间隙小。

(2)测量部位:

①塞销孔直径的测量应在距孔端 10 mm 以内的位置用内径千分(百分)表或内径千分尺测量。

②每个测量位置应测量互相垂直两个方向的数值,即一个是平行于气缸中心线方向,另一个是与此垂直的方向,如图 3-2-38 所示。

③活塞销外圆的磨损的测量采用外径千分尺,测量部位为 3 个互相垂直的两个截面上互相垂直的两个截面,如图 3-2-42 所示。

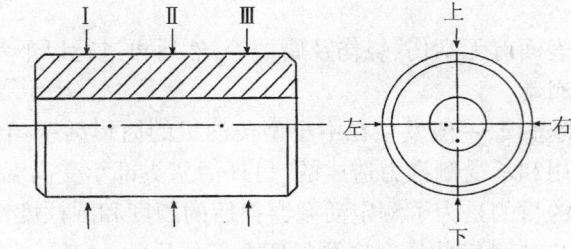

图 3-2-42　活塞销磨损测量部位

3. 活塞环、活塞环槽的磨损测量

（1）活塞环的磨损检查

①活塞环分气环、油环两种。气环以一定的弹力与气缸紧贴，形成密封面。油环的主要作用是将气缸壁上多余的润滑油刮下来，并通过斜油孔流回曲柄箱。

②活塞环的磨损发生在外圆表面和端面。外圆表面的磨损使得径向厚度减小及搭口间隙增大。端面磨损使环的高度减小和平面间隙增大。

（2）活塞环的测量

①活塞环高度和径向厚度测量

活塞环的高度和径向厚度，可采用外径千分尺、游标卡尺测量，测量部位一般在环的开口两侧和开口对面，如图 3-2-43 中 A、B、C 处。

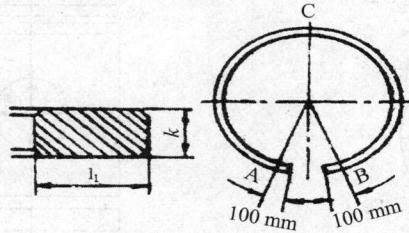

图 3-2-43　测量活塞环的高度和径向厚度

②活塞环平面间隙的测量

活塞环端面的磨损，可通过环与环槽的平面间隙来检查。如图 3-2-44 所示，将活塞环槽及活塞环清洁干净，将环依次装于各道环槽中（注意不可将上、下端面颠倒），使环下端面紧贴环槽下端面上，用塞尺沿圆周方向取 3~4 个位置测取天地间隙平均值。

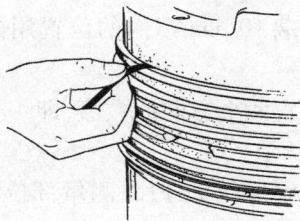

图 3-2-44　活塞环天地间隙测量

活塞环在气缸中,外圆面紧贴气缸壁,当外圆磨损后搭口间隙必然增大,如图 3-2-45 所示。所以,搭口间隙反映活塞外圆面的磨损情况。

测量方法:将活塞环依照在活塞上顺序正放于气缸套最小部位,一般在气缸下部 1/3 处,平放用塞尺测量搭口间隙,如图 3-2-45 所示。

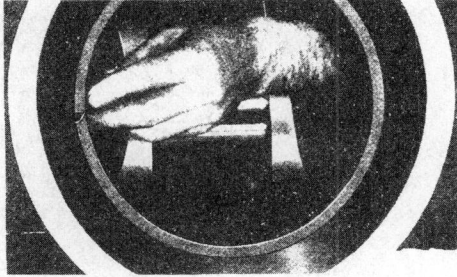

图 3-2-45　活塞环搭口间隙测量

(3)活塞环弹力检查

①比较环的自由开口

活塞环从活塞上取下后,测量环在自由状态下的开口尺寸,并与新环自由开口尺寸比较,若旧环开口小于新环开口值,则说明旧环的弹力下降。通常,新环的自由开口尺寸规定为 $(0.01 \sim 0.13)D$(D 为缸径)。环外圆紧贴缸壁,环搭口间隙 δ。当环外圆磨损后,环直径变为 d,若环仍然紧贴缸壁,则搭口间隙必然增大为 δ',如图 3-2-46 所示。

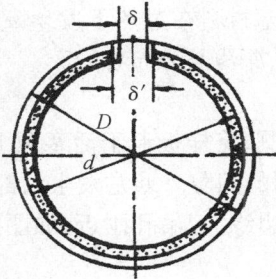

图 3-2-46　活塞环外圆面磨损与搭口增大关系

②测量开口变化

将活塞环人为地压缩使开口闭合或把自由开口扩大 1 倍后松开,测其开口值,若变形量大于自由开口值的 10% 时,可认为活塞环弹力下降。

(4)活塞环的密性检查

通常采用漏光法检查,具体方法如下:

①将活塞环正放于气缸中,中间用纸板盖住,下面放一个光源观察环与缸壁贴和处的漏光情况,如图 3-2-47 所示。

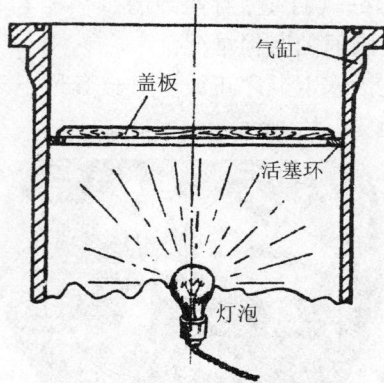

图 3-2-47　漏光检查

②环与缸壁的贴和要求是：一处漏光不超过30°，漏光的最大间隙不超过0.03 mm，各处漏光总和不超过90°，而且活塞环与缸壁贴合良好，不准漏光。

（5）环槽磨损的检查

由于活塞在气缸套中运动，使环槽端面产生不均匀的磨损，使环变形。环槽磨损后的形状可用样板进行检查，样板是以新环为标准的，如图 3-2-48 所示。环槽磨损后，使活塞与环槽的配合间隙增大，配合间隙即平面间隙或称天地间隙增大。测量方法同上。

（6）活塞顶烧蚀检查

活塞顶部直接与燃气和火焰接触，温度很高，尤其当喷油正时不正确或喷油器安装不正确时使顶部温度激增而过热，因此，活塞材料在过热下发生氧化脱碳，使活塞顶表面出现金属层剥落而逐渐变薄，出现麻点，其大小、深浅及分布各异。

活塞顶烧蚀检查方法：

可用活塞顶部样板尺进行检测，将样板卡于活塞顶上，使样板沿活塞轴线转动，每转动45°即测量一次样板与活塞顶面之间的间隙。通常发生的部位：

在喷油器喷油部位及活塞顶部边缘、起吊孔附近，如图 3-2-49 所示。

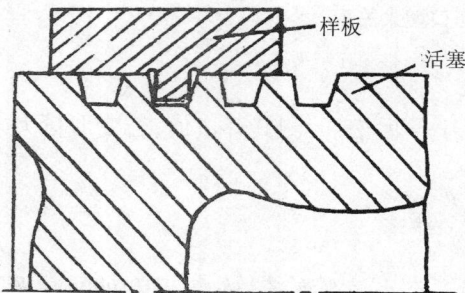

图 3-2-48　活塞环槽磨损检查

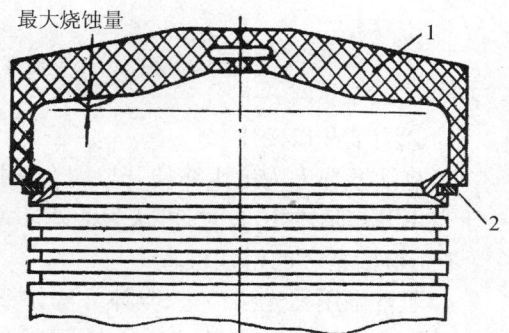

图 3-2-49　活塞顶部烧蚀检测
1－样板；2－专用活塞环

九、连杆及连杆螺栓

连杆是传递动力的重要部件。其常见损坏主要有变形、裂纹以及连杆大、小端轴承的磨损等。

1.连杆变形的检查

连杆的变形有弯曲变形和扭曲变形。连杆在摆动平面内的弯曲对柴油机工作影响不大,而侧向弯曲和扭曲的危害较大。侧向弯曲使大、小端轴心线不平行,造成活塞装置不正。扭曲变形的会使连杆小端与活塞销、活塞销座转动不灵活,严重时会引起强烈的振动。因此,连杆变形的检查主要是侧向弯曲和扭曲的检查。

连杆变形的检查,一般应在平台上进行。利用样轴测量连杆大、小端轴心线的平行度和扭曲度,如图3-2-50和图3-2-51所示。

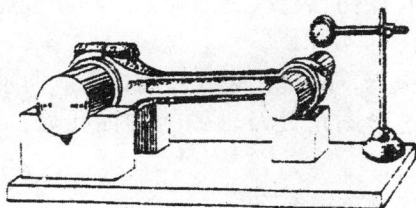

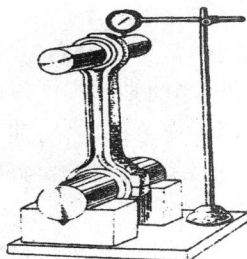

图 3-2-50　连杆弯曲和扭曲变形的检查　　　　图 3-2-51　连杆弯曲和变形的检查

2.连杆大、小端轴承磨损测量

连杆轴承的磨损,主要是连杆销端青铜衬套和连杆大端轴瓦的磨损,大端轴承的磨损测量将在轴承一节中介绍,现介绍小端轴承的磨损测量方法。

销端轴承衬套的磨损测量部位如图3-2-52所示。根据测量结果可计算出其圆度和圆柱度误差。与活塞销直径比较,可计算出小端轴承的配合间隙。

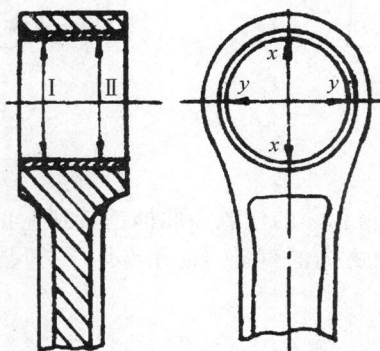

图 3-2-52　连杆小端轴承测量部位

3.连杆螺栓的检查

连杆螺栓是非常重要的零部件,一旦断裂,将会造成严重的机械事故。因此,连杆螺栓无论制造、装配及使用均要求极其严格。

在吊缸检修时,连杆螺栓的拆卸和装配均按一定顺序,切勿损伤配合表面,拆卸后应立即与螺母装配在一起。

检查方法:

(1)检查螺纹及螺栓过渡圆角处有无裂纹、损伤,检查方法是渗透探伤和磁粉探伤法。有裂纹和损伤的必须更换。

（2）检查螺栓有无残余变形。检查方法测量螺栓的长度与标准螺栓长度相比较，其长度不得超过原长度的0.3%。

（3）螺母与螺栓配合较松时应及时更换。

（4）不准损伤螺纹，杆身不得有碰伤和划伤，如果有微小的碰伤或划伤，应予修光。

（5）连杆螺栓、螺母与连杆上的支撑面应贴合紧密，否则螺栓会承受超过原有应力的好几倍。因此，装配时刻用色油检查，接触不良时可刮研连杆螺栓支撑面，但不可修锉螺栓和螺母的端面。

十、曲轴

曲轴在运转中常见的损伤主要有轴颈的磨损、擦伤、裂纹、腐蚀等。曲轴除按船检机关规定的定期检验外，当曲轴磨损严重时应进行检测。

在吊缸检修工作范围内，对曲轴只进行外部检查，如擦伤、裂纹及腐蚀等。曲轴的裂纹部位，多发生在曲柄销和主轴颈与曲柄臂连接的过渡圆角处及轴颈上的油孔处，如图3-2-53所示。

在船上，可采用外径千分尺或专用外径千分尺测量轴颈的磨损。

1. 测量曲柄销直径

将欲测的曲柄销转到上止点或下止点位置。测量每个截面上的水平和垂直方向上的直径。测量部位如图3-2-54所示。

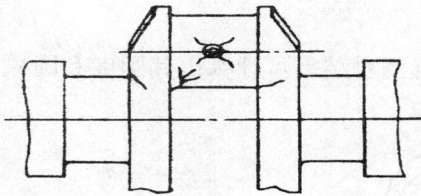

图3-2-53　曲轴上疲劳裂纹

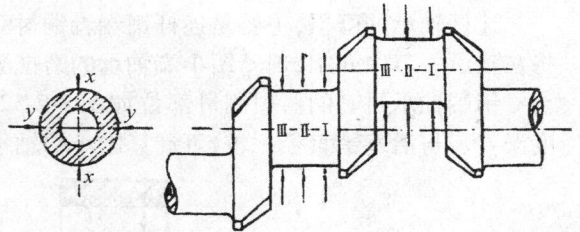

图3-2-54　曲轴的测量部位

2. 测量主轴颈直径

须拆去主轴承的上、下瓦，将相邻的任意一曲柄销转到上止点或下止点位置按三个截面位置，测量每一截面上水平和垂直方向的直径。使用专用千分尺或手提式外径千分尺测量，如图3-2-55、图3-2-56所示。

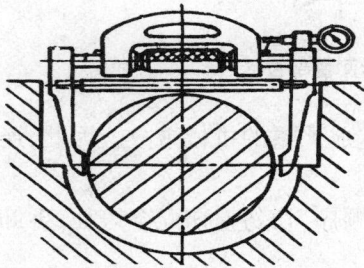

图3-2-55　手提式外径千分尺测量主轴颈

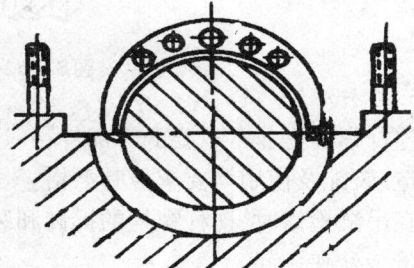

图3-2-56　专用千分尺测量主轴颈

十一、轴承

柴油机轴承的检测,主要指主轴承、曲柄销轴承和十字头销轴承的检测。

轴瓦的损伤主要有磨损、裂纹、擦伤、合金层的疲劳剥落及烧熔等。

检查分为:外观检查、磨损检查。

1. 外观检查

对轴瓦工作表面的划痕、剥落及烧熔可以从外观检查发现。

2. 磨损检查

由于柴油机本身工作循环的特点造成轴颈表面受力不均匀,而产生轴颈在圆周方向上的不均匀磨损;由于轴颈受力产生弯曲变形和活塞运动部件的安装误差等使得轴颈表面纵向受力不均匀,产生轴颈纵向不均匀磨损。另外,轴承磨损后将使轴承间隙增大。间隙过大,不仅影响润滑,而且会产生冲击使合金层裂纹和破裂。所以,柴油机说明书和标准对此有明确的规定。

轴承间隙的测量方法:

(1)塞尺法

对于能够从轴承端面插入塞尺的轴承,可以专用塞尺测量轴承间隙。轴承间隙值为实测值加上 0.05 mm 的修正值。此法测量精度不高,如图 3-2-57 所示。

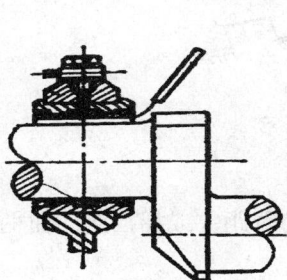

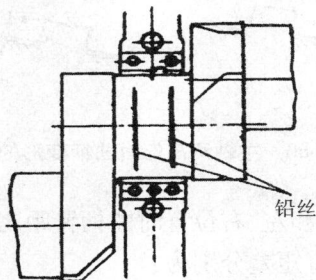

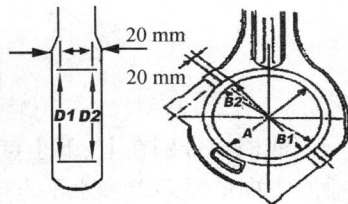

图 3-2-57 塞尺法测量主轴承间隙　　图 3-2-58 压铅丝测量主轴承间隙　　图 3-2-59 连杆大端的测量位置

(2)压铅法

压铅法是利用铅丝在主轴承和连杆轴承螺栓上紧后被压扁的厚度来确定轴承间隙大小的测量方法,如图 3-2-58 所示。

测量步骤如下:

①移去主轴承上盖。

②取直径$(1.5 \sim 2.0)\delta$(δ 为轴承装配间隙),弧度为 150°轴颈弧长的铅丝 2 ~ 3 条,沿轴线向按首、中、尾位置放在轴颈上。

③装好轴承上瓦及上盖,按规定上紧螺栓。

④打开轴承,取出铅丝进行测量并做好记录。

⑤测量铅丝的两端及中间位置的厚度。中间厚度为轴承径向间隙,两端厚度为轴承两侧间隙,通常小于径向间隙。

测量曲柄销轴承间隙时,可将铅丝放在连杆大端轴承下瓦上,按以上相同的方法进行测量。

（3）比较法

现在的柴油机中，主轴承、曲柄销轴承更多地采用薄臂壁轴瓦，故不适于用压铅丝测量轴承间隙，通常用内、外千分尺分别测量轴颈与孔径。曲柄销的测量方法如图 3-2-54 所示，连杆大端轴承孔径测量如图 3-2-59 所示，此两直径之差即为轴承径向间隙。

十二、曲轴臂距差的检查

1. 测量曲轴臂距差的目的

曲轴刚性较差，若机座变形或各道主轴承磨损后高低不等时，均会引起曲轴的弹性弯曲变形，使曲轴产生附加弯曲应力。变形严重时，将会造成曲轴的断裂。为此，通过测量曲柄臂距的变化，了解曲轴变形的程度和原因，从而可采取措施控制曲轴的变形。

2. 臂距差与轴承高低和曲轴轴线状态的关系

从图 3-2-60（a）可知，当曲柄所在的两个主轴承低于相邻的主轴承时，曲柄位于上止点，两臂向外张开，臂矩增大；曲柄转置下止点，两臂向内收拢，臂距缩小，此时曲轴轴线呈下塌状。

当曲柄的两个主轴承高于向邻的主轴承时，曲轴轴线呈上拱状，曲柄臂距会出现如图 3-2-60（b）的情况。

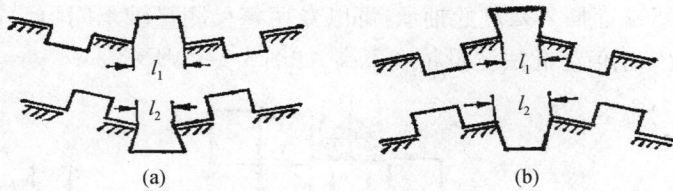

图 3-2-60　主轴承高低对曲柄变形的影响

曲柄销分别在上、下止点位置和左、右位置时曲柄臂距之差成为臂距差或拐挡差。曲柄在垂直方向的臂距差和水平方向的臂矩差分别为：

$$\Delta_{垂直} = L_上 - L_下$$
$$\Delta_{水平} = L_左 - L_右$$

$\Delta_{垂直} = L_上 - L_下 > 0$ 时，定为" + "值，说明该曲柄所在的两个主轴承偏低，曲轴轴线呈下塌状。

$\Delta_{垂直} = L_上 - L_下 < 0$ 时，定为" - "值，所明该曲柄所在的两个主轴承偏高，曲轴轴线呈上拱状。

同样又可规定 $\Delta_{水平} = L_左 - L_右 > 0$ 时，为" + "，

$\Delta_{水平} = L_左 - L_右 < 0$ 时，为" - "。

3. 测量方法

（1）测量点的确定

测量点通常规定在距曲柄销中线为 $S + D/2$ 处。在曲柄臂的内侧打好定位冲孔，以便于安装拐挡表，如图 3-2-61 所示。

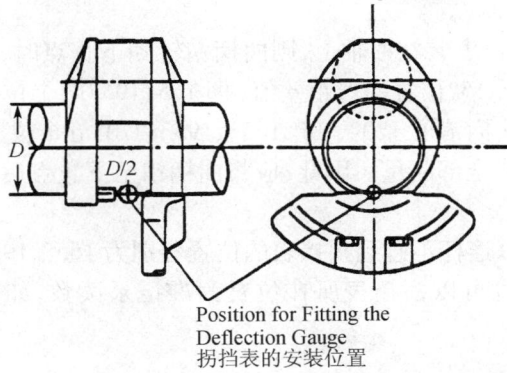

Position for Fitting the
Deflection Gauge
拐挡表的安装位置

图 3-2-61　拐挡表的安装位置

（2）测量用具

测量臂距差用专用的拐挡表，两杆的长度可根据曲柄臂距选择和调节。安装时，量杆一般要稍大于臂距，使表有一定的压缩量，指针调至"0"值，如图 3-2-62 所示。

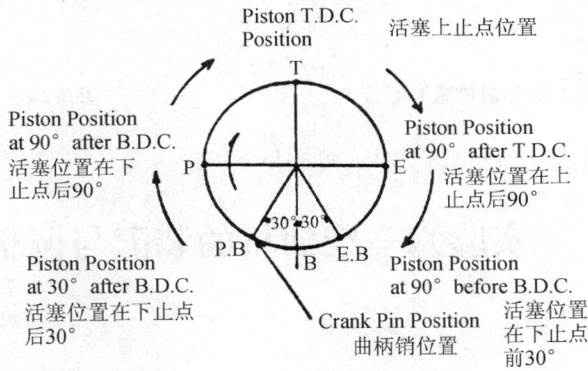

Piston T.D.C. Position
活塞上止点位置

Piston Position at 90° after B.D.C.
活塞位置在下止点后90°

Piston Position at 90° after T.D.C.
活塞位置在上止点后90°

Piston Position at 30° after B.D.C.
活塞位置在下止点后30°

Piston Position at 90° before B.D.C.
活塞位置在下止点前30°

Crank Pin Position
曲柄销位置

图 3-2-62　测量部位

（3）测量和记录方法

①未装连杆时，使曲轴沿正车方向回转一周，分别测出曲柄销在 0°、90°、180°、270° 四个位置的臂距差，现场记录如图 3-2-63（a）所示。

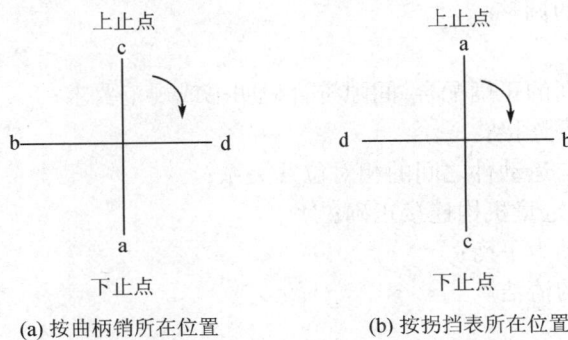

（a）按曲柄销所在位置　　　（b）按拐挡表所在位置

图 3-2-63　不装连杆时的测量方法

②如果活塞运动装置已安装在曲轴上,则曲柄销转到下止点时,连杆会碰掉拐挡表,为此可用曲柄销在下止点前、后15°位置的臂距差值(即165、195°两个位置)的平均值作为下止点的臂距差。这样,需要在曲柄销位于0°、90°、165°、195°、270°五个位置上进行测量。为了测量准确,应在曲轴一转中完成全部测量。因此,应将曲柄销至下止点后15°,即从195°位置开始测量,如图3-2-64所示。

实际测量时,一般都以连杆不碰到拐挡表的位置分别为165°、195°

为了现场记录方便,也可以拐挡表所在位置为准记录读数,如图3-2-63(b)和图3-2-65所示。

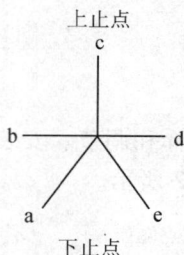

图3-2-64 装连杆时的测量位置和顺序

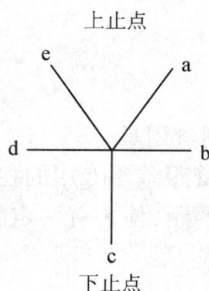

图3-2-65 臂距值的记录方法

备注:所有测量数据填写到附表中,见表格No.1~9。

实验六 柴油机的装配与调整

一、实验内容与要求

1. 实验内容

(1)装配的技术规则;

(2)吊缸后的装配程序;

(3)气缸套的安装;

(4)活塞组件的安装;

(5)气缸盖的安装;

(6)柴油机装配后的调整。

2. 实验要求

(1)保证配合件之间的正确配合,间隙符合说明书或规范要求;

(2)保证零件的可靠连接;

(3)保证各固定件与运动件之间的相对位置关系;

(4)保证正时准确,定量机构连接正确;

(5)保证运动件的动力平衡;

(6)保证装配工作的清洁。

二、实验目的、意义

通过本节实验,学生能够掌握正确装配和调试方法,提高自主动手能力。

三、实验设备

日本 YANMAR 5MAL－K 型柴油机两台,新中动力机器厂 GZC－6250 型柴油机两台,日本 DAIHATSU 6PSTb－20 型柴油机一台。

四、装配的技术规则

柴油机的装配,是柴油机拆装检修最后阶段的工作。柴油机检测、检修的目的是为了恢复其规定的性能指标,柴油机的性能指标不仅与各零部件的修理质量和调整工作有密切的关系,而且与各部件总体装配、调试质量密切相关。因此,在最后的装配过程中,必须认真按照装配工艺的各项技术要求进行安装,并且进行必要的检查和调整,以达到检修的目的。

装配工作要求正确安装,并且进行必需的检查和调整。装配工作要求各零件之间配合正确、紧固可靠、转动灵活和充分清洁。

柴油机的装配工作可分为部件装配和总体装配两个阶段。部件的装配阶段,如活塞连杆组件、气缸盖组件、喷油器和喷油泵等,均可单独装配成一个整体,并进行必要的检查、试验、调整及研配工作,使这些部件在装机前达到技术要求。

总装阶段,将各零件和部件按一定的安装要求和顺序进行总装,并进行大量的检查、调试工作,如活塞与气缸配合间隙的检查、正时机构的调整、各水油系统密封性的检查等。总装完成后,方可进行柴油机的试车运转。

(1)熟悉零件的结构和部件的连接关系,防止装错和漏装。一般来讲,装配过程是拆卸的反过程,拆卸工作符合要求,装配过程亦可顺利进行,否则会出现装错或漏装现象。

(2)配合件的工作表面,不许有划痕,而且应保持清洁。装配时应涂上滑油。

(3)对部件的活动部分,在装配过程中应及时检查和保证实现其灵活性。对密封要求的部件应保证装配后无渗漏。

(4)对有安装方向和记号要求的零件,均按要求装配,不得装错。

(5)在拆装中,完好的金属垫片可继续使用,而纸质、软木、石棉等垫片,每次拆装均应换新。

(6)重要的螺栓,其螺纹部分不允许有变形、拉毛或严重磨损,否则应予换新。上紧螺母时,应按规定的顺序和扭矩进行。

(7)防松零件如开口销、锁片、弹簧垫圈等,均按规定的尺寸、规格装配,切不可任意代用。

(8)安装开口销时,应把两尾按螺栓的轴线上、下分开,如图3-2-66 所示。安装防松钢丝时,其方向和螺母的旋紧方向一致,如图3-2-67 所示。

(9)在装配过程中,不允许用铁锤任意敲打零件表面,必要时可采用木棒或铜锤敲击。

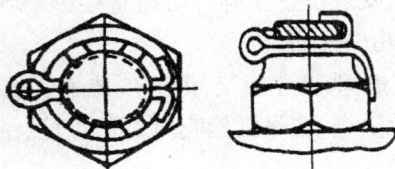

图 3-2-66　开口销的安装

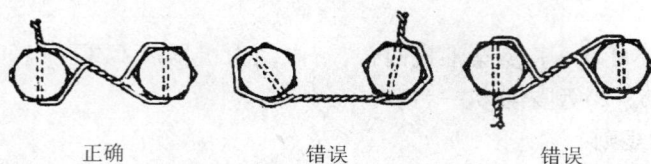

正确　　　　　　错误　　　　　　错误

图 3-2-67　防松钢丝的连接顺序

五、吊缸后的装配程序

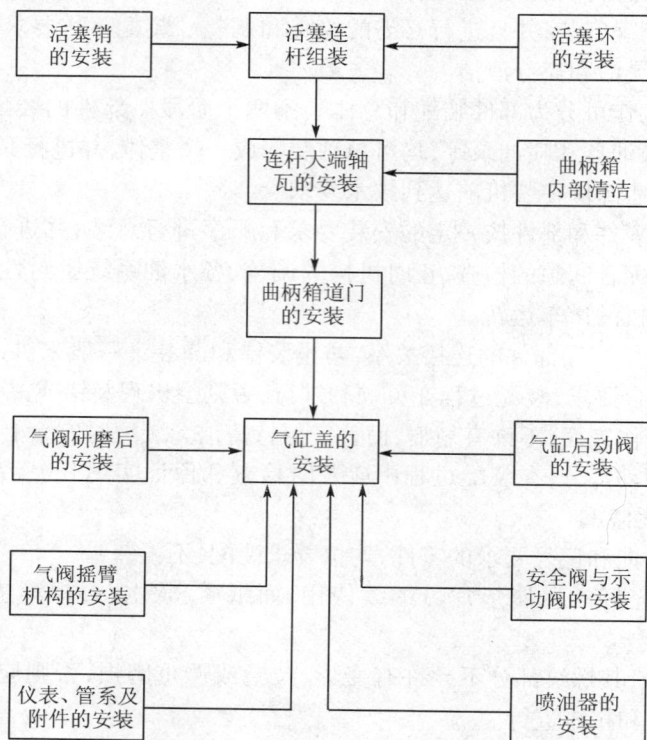

图 3-2-68　吊缸后的装配程序

六、气缸套的安装

气缸套安装于气缸体上,其安装位置正确与否将直接影响到与活塞的配合。

气缸套安装时应注意以下几个方面:

(1)气缸中心线与曲轴中心线垂直并相交,但这项技术要求,目前除大型柴油机的新机安装时检查外,其他情况下都不做检查,在吊缸检查时,可通过测量活塞与气缸的间隙进行检查,即可判断气缸套的安装质量;

(2)缸套与机体组成冷却水腔的上、下配合面的密封性;

(3)气缸套装入机体后,应检查气缸圆度误差,以检查因安装不良等引起的变形;

(4)密封圈安装在气缸套外表面后,应使其高出缸套表面 0.4 ~ 0.6 mm;

(5)缸套装配时,支撑凸肩下应装配平整无毛刺、并且退过火的紫铜垫;

228

（6）缸套安装后，应测量密封胶圈处的缸径，其圆度误差不大于 0.25 mm；

（7）气缸盖安装后进行冷却水腔的水压试验；

（8）检查气缸套与活塞的配合间隙。

七、活塞组件的安装

活塞连杆组各零部件经过检查、修复或更新后，完全符合质量要求才能进行组装。

1. 活塞销的安装

（1）先将其中一个弹性卡簧用尖嘴钳装进活塞销座孔内的沟槽内，将涂有滑油的活塞销垫着木块用手锤轻轻地打入活塞销孔和连杆销端衬套内。装活塞销时应特别注意活塞与连杆的安装方向。

（2）将另一端卡环装入活塞销座孔的沟槽内。

2. 活塞的安装

（1）活塞与气缸套之间的测量

当安装新活塞或缸套时，活塞连杆装好后检查活塞在气缸内的中心位置。检查方法：把不带活塞环的活塞连杆组件装入气缸中，按规定装好连杆大端，转动曲轴使活塞分别处于上止点后 15～30°、下止点前 15～30° 位置，然后用长塞尺分别查量活塞头部、裙部与气缸壁之间的间隙，如图 3-2-69 所示。

配合间隙不应超过说明书的规定，一般要求：

铸铁活塞配合间隙　　　　　$\delta \leq (0.001 \sim 0.0015)D$　（mm）

铝合金活塞配合间隙　　　　$\delta \leq (0.002 \sim 0.0025)D$　（mm）

D 为气缸套直径。

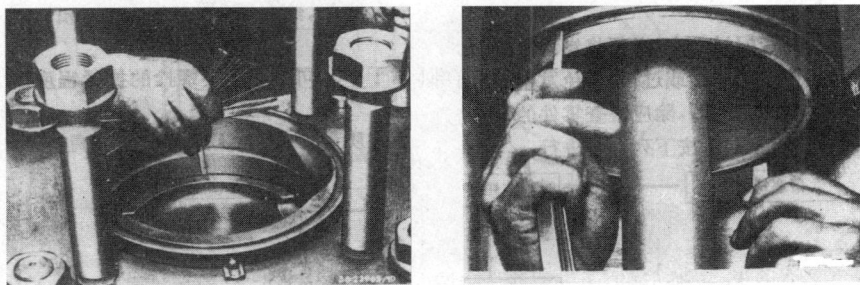

图 3-2-69　活塞环与气缸之间的间隙

（2）活塞环的安装

装配到活塞上的活塞环，搭口间隙、天地间隙和弹力检查均应符合说明书要求。

安装活塞环时，应注意气环端面导角，若是没有导角的普通气环，安装时没有反正之分。若有导角的气环，应将棱角的一边安装在下方，这种环能增加对气缸壁的压力，更好地刮去气缸壁上多余的机油。一般这种环面上均有记号，有记号的一面通常是朝上方安装。否则，不但不起刮油作用，相反会造成泵油。

装在活塞上的各道环，搭口应相互错开。三道环的每环相隔 120°；四道环的第一与第二道环相隔 180°，第三道与第四道环相隔 180°，第二与第三道环相隔 90°，刮油环的搭口要避开排气口。

（3）将活塞连杆组件装入气缸套

①装入前，应先转动曲轴，使准备安装活塞连杆组件的曲柄销位于上死点位置，将活塞环、气缸套表面及曲柄销颈上涂以滑油（如有气缸注油器的，应摇动气缸柱油泵，观察气缸壁上的注油孔是否畅通）。在活塞顶上装好专用提升工具，用手动葫芦将活塞吊起，活塞连杆组件装入气缸时，注意活塞在气缸中的方向，特别应注意的是，如果大端瓦是斜切口时，则连杆瓦盖一定是装在曲轴旋转方向相同一边（这样可以减轻连杆螺栓工作时的冲击力）。然后用锥形套筒收紧活塞环，缓慢地将活塞装入气缸套内。在连杆大端瓦平稳落座曲柄销上后，盖上连杆大端瓦轴承盖，上紧连杆螺栓。注意连杆大端上下轴承盖处的记号，有调整垫片的不要漏装、错装。

②上紧连杆螺栓时，应按说明书规定的扭矩均匀地上紧螺栓。最后用铁丝或开口销将连杆螺栓固紧螺母锁紧。

③连杆大端轴向间隙检查

连杆大端轴承两侧与曲柄臂之间有一定的间隙，而且两侧间隙值接近，否则会引起气缸偏磨或拉缸等故障。一般间隙为 $(0.01 \sim 0.015)d$，其中 d 为曲柄销直径。

用塞尺直接测量轴承两侧的间隙。如果所测间隙不等，可用撬扛扳动，如顺利移动，说明正常，否则应仔细查明原因。

八、气缸盖的安装

1. 气阀的安装

（1）安装气阀时，要保证气阀导套及阀杆的清洁并加注适量的滑油。

（2）进、排气阀如果不能互换，注意不要搞错。

（3）要防止气阀阀杆上的锁块错位，气阀装上后应将锁块装好以防止因气阀弹簧断裂使气阀掉入气缸内。

2. 喷油器的安装

（1）将合格的喷油器擦拭干净，在喷油嘴前部用少量的油脂将密封铜垫粘上，准确放入气缸盖。

（2）密封铜垫应保持原有的厚度，不要太薄和太厚，否则会改变燃油的喷射状况，使燃烧恶化。

（3）在紧固喷油器螺栓时，应按说明书要求的扭矩上紧，压得过紧会改变喷射压力，太松会漏气。

3. 气缸盖总体安装

（1）应严格按说明书规定的尺寸要求，选取气缸盖与机体之间垫片时。任意的更改尺寸，将会改变压缩比。

（2）装上气缸盖起吊专用工具，用手动葫芦将气缸盖吊起。用干净的布将气缸盖与缸体密封面擦干净。

（3）为了保证气缸盖各处受力均匀，要特别注意固定螺母的拧紧次序和力矩的大小。安装时，要按说明书要求的拧紧顺序分三次将气缸盖螺母拧紧，最后一次的拧紧力矩要符合说明书规定。

（4）多缸柴油机，各个气缸盖安装要互相照应，最好在进气总管和排气总管的螺丝均装好后，再最后拧紧气缸盖螺母。

九、柴油机装配后的调整

柴油机吊缸检修后，各机件的相对位置会发生变化，因此要在装配过程中进行一系列的检查与调整。

1.气阀间隙的调整

气阀间隙的大小对柴油机的工作影响较大。气阀间隙过大,一方面会使该处敲击声加大,另一方面使气阀升程和开启时间减小,降低柴油机的功率;间隙过小、气阀由于受热膨胀会使气阀关闭不严,也会使柴油机功率下降。

具体的调整方法:

(1)气阀间隙应在冷态下进行测量,盘车使滚轮与凸轮基圆接触,同时在摇臂的顶杆端略加力将摇臂压向下。这时,摇臂另一端的阀杆端部将出现间隙 x,用塞尺测量此间隙。

(2)用扳手松开摇臂后端的调节螺钉的锁紧螺母2,把塞尺插入气阀杆与摇臂前端,用螺丝刀调节摇臂后端的调节螺钉1,同时用手拉动塞尺,当稍有阻力(但能拉动)时,将锁紧螺母拧紧,再用塞尺检查一次。其余气阀均照此法进行调整,如图3-2-70所示。

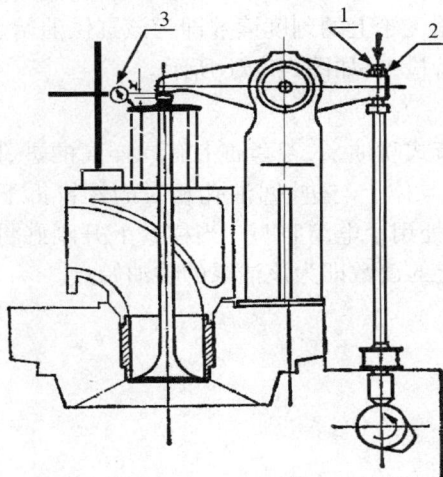

图 3-2-70　启阀机构

2.气阀正时的检查与调整

(1)千分表测量法:

在气缸盖上的适当位置放置一个千分表3,使表的触头置于气阀弹簧上弹簧盘上,注意应使千分表针指出 1 mm 左右的读数,将表的读数调整到零点,然后正车转动曲轴,并注意表上的指针是否转动。当指针从零位开始转动的瞬间,立即停止转动曲轴,此时正是气阀开启的时刻,观察飞轮刻度。继续按原方向盘车直至千分表指针回到及时对零的位置,停止盘车,此时为其阀管臂时刻,查看飞轮上指针所指出的相应于该活塞上下止点刻度即为关闭时刻角。检查一下是否符合说明书的要求。

(2)固定式凸轮的气阀正时的调整方法:

凸轮与凸轮轴为一体的或凸轮在凸轮轴的相对位置不可以改变的均属于固定式凸轮。

定时检查时,若发现定时与规定值相差较大时,应检查定时齿轮安装是否正确,齿轮记号是否对准,必要时需调整正时齿轮的配合位置。

(3)活动式凸轮的气阀正时的调整方法:

凸轮与凸轮轴的相对位置可以改变的均属于可动式凸轮或可调式凸轮。

这种类型的柴油机,若气阀定时与规定值不符时,可以将凸轮与凸轮轴的相对位置改变一下。如果开启时间过早,只要将凸轮逆着凸轮轴转向转动一定角度即可。调整完毕后,在将凸轮轴固定起来,否则工作时发生错位将使定时错乱。

3.喷油正时的检查与调整

喷油时间是影响柴油机正常运转的重要因素之一。若喷油时间不正确,柴油机会出现功率不足、燃烧不良、排气温度过高、工作粗暴、敲击等异常现象。

(1)喷油正时的检查:

①冒油法

a.将喷油泵上的高压油管拆除,油门拉杆放置于运行位置。对喷油泵进行手动泵油,直到喷油泵出口处充满燃油为止。

b.盘车,待接近上止点前时,放慢盘车速度,观察油泵出口处的油面变化,当油面刚刚升高,立刻停止盘车。此时,根据飞轮上的刻度读数即为该缸供油始点 – 喷油提前角。校准一个缸以后再按发火顺序逐缸进行检查,如图 3-2-71 所示。

②光照法

对于大型回油孔终点调节式喷油泵,若套通上有同样高的进、回油孔,可用照光法测量定时,如图 3-2-72 所示。把喷油泵体上与进、回油孔相对的螺钉拆下,缓慢盘车,从油孔中观察注塞的运动,并在对侧的螺孔处用手电筒照明。当柱塞上升刚好将回油孔盖住而看不到光线时,马上停止盘车,此时飞轮上的读数即为该油泵的供油始点。

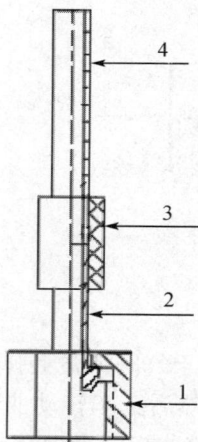

图 3-2-71　冒油法检查定时的工具

1 – 固紧螺母;2 – 高压油管;3 – 橡皮管;4 – 玻璃管

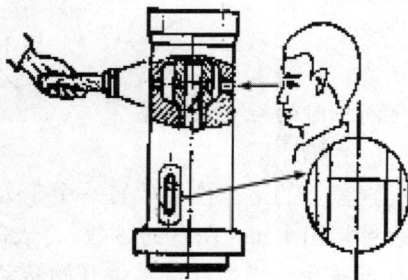

图 3-2-72　用光照法检查定时

(2)喷油定时的调整:

①微量调整

当喷油时间与规定数值相差不大时,可采用升降柱塞法和升降套筒法进行调整。调整如图 3-2-73 所示,松开喷油器顶杆上的所紧螺母 6;拧出(即升高)顶头螺栓 5,可使喷油时间提前;拧进(即下降)顶头螺栓可使喷油时间滞后。调整后,必须将锁紧螺母拧紧,然后再复查。

②较大的调整

当喷油时间与规定数值相差较大时,可采用调节凸轮与凸轮轴的相对位置。调整如图 3-

2-74 所示,将喷油泵凸轮的固定销 7 和锁紧螺母 4 松开(对于凸轮过盈配合在凸轮轴上的,用高压手动油泵向凸轮内孔泵油,使凸轮内孔胀大,便于调整),可沿轴线脱开凸轮进行调整。若是凸轮沿着凸轮轴工作转向向前转动,可使喷油时间提前;沿着与凸轮轴工作转向的反向转动,可以使喷油时间滞后。调整合适后,将凸轮固定螺栓拧紧,最后再复查一下,直到符合要求为止。

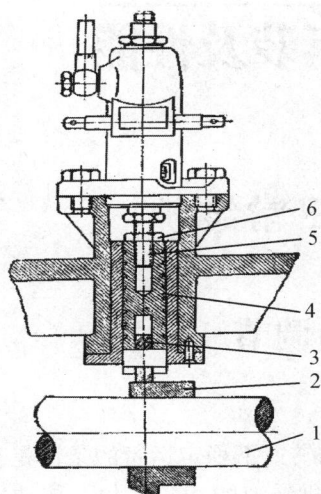

图 3-2-73　喷油泵正时调节
1 – 凸轮轴;2 – 凸轮;3 – 滚轮;4 – 顶头;
5 – 顶头螺栓;6 – 锁紧螺冒

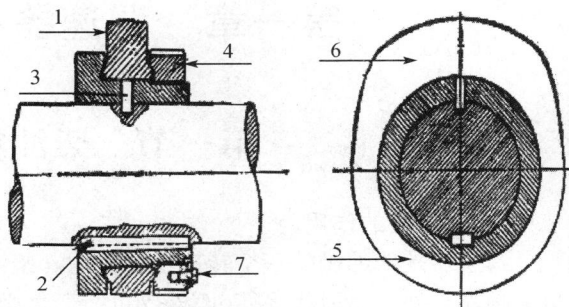

图 3-2-74　喷油泵正时调节
1 – 接合器;2 – 键;3 – 销钉;4 – 锁紧螺母;
5、6 – 凸轮;7 – 固定销

(3)喷油泵供油零位的调整:

喷油泵经过拆装后,其控制油量的齿条位置可能变化,与总调油杆连接后,各缸的供油位置也会不同,这将影响启动、停车和各缸供油的均匀性,所以喷油泵总装后应进行喷油泵的零位调整。零位调整就是当操纵手柄拉到停车位置时,所有缸都能停止供油,以确保停车的可靠性。

第四部分
船舶柴油机调速器拆装及性能

第一章 调速器结构及日常维护

第一节 柴油机转速的调节

一、调速器的作用

调速器是柴油机的一个转速控制机构。柴油机在一定的转速下稳定运行的条件是其输出功率必须与外界负荷相平衡,而外界负荷变化必将引起柴油机转速的相应变化。柴油机的输出功率直接与喷油泵送入气缸的燃油量有关,如果喷油泵供油量保持不变,那么外界负荷减小时转速就会升高;外界负荷增加时转速就会降低。调速器的作用是当柴油机转速降低时自动增加喷油泵的供油量;转速升高时自动减少喷油泵的供油量,使喷油泵的供油量始终保持与外界负荷相适应,从而来保证柴油机在给定的转速下稳定运行。

船舶主机和发电柴油机的运转条件和要求不同,当外界负荷变化时,其自身的适应能力也不同,因而对调速的要求不同。

发电柴油机工作特性为负荷特性。它要求在外界负荷(用电量)变化时能保持恒定的转速,以保证发电机输出的电压和频率恒定,满足并车及供电需要。所以发电柴油机必须装设定速调速器,确保外界负荷变化时,柴油机的转速基本不变。

船舶主机是用作船舶推进的柴油机,其工作特性为推进特性。它因受装载、风力、波浪及水流等影响,外界负荷(船舶阻力)就会忽大忽小,但为了保证主机在特殊航行条件下(风浪中螺旋桨露出水面、断轴、掉桨)的安全,根据我国有关规定必须装设"极限调速器"(简称限速器),当主机转速增至115%标定转速时自动切断燃油供给。现代船舶主柴油机为避免外界负荷变化所引起的转速变化以及由此对柴油机带来可靠性、寿命和经济性等不良影响,通常多装设全制式调速器。它可以保证柴油机在全部转速范围内稳定运转。

二、调速器的类型

按执行机构分类,船舶柴油机使用的调速器有以下类型:

1. 机械调速器

机械调速器是直接利用飞重产生的离心力去驱动喷油泵齿条。对于这种调速器,如果驱动喷油泵齿条所需要的力较大,飞重亦必然较大,调速器的外形尺寸也随之增大。在大型低速柴油机中,甚至不是一般增大就能满足得了的,因而机械式调速器一般用于中小型高速柴油机。

2. 液压调速器

液压调速器可以弥补机械调速器的缺点。它的飞重所产生的离心力只用来带动一个质量很小的滑阀,由滑阀来控制液压放大机构——动力活塞,然后由动力活塞去驱动喷油泵齿条。即飞重所产生的离心力是间接地作用于喷油泵齿条的,故液压调速器亦称间接作用式调速器。

液压调速器具有调速精度高、作用力大、使用寿命长、便于自控和遥控等优点,在柴油发电机组和低速大功率柴油机上被广泛采用。

3. 电子调速器

电子调速器是一种电子控制的调整装置。转速感测元件或执行机构采用电气方式的调速器,习惯上通称为电子调速器。

由于电子调速器不使用机械机构,因此其调速过程动作灵敏,响应速度快,响应时间只有液压调速器的 $1/10 \sim 1/2$;动态与静态精度高;无调速器驱动机构,装置简单,安装方便,便于实现遥控与自动控制,是近代发展起来的精密调速器,已经被多数新型船用柴油机所采用。

三、调速器主要性能指标

调速器的性能好坏直接影响柴油机运转的稳定性和可靠性。调速器装机后,在柴油机性能鉴定时,应对柴油机进行突变负荷试验,同时用转速自动记录仪记录柴油机的转速随时间的变化曲线,用以分析调速器的工作性能。图 4-1-1 所示曲线即为柴油机进行突变负荷试验时得到的调速过程转速变化曲线。柴油机先在最高空载转速 n_{omax} 下稳定运转,在某瞬时突加全负荷,转速立即下降,瞬时转速下降到最低瞬时转速 n_{min}。此后由于调速器的调节,转速又回升,经过一段时间 t_s 并经数次收敛性波动后,转速稳定在全负荷稳定转速 n_b。此调节过程称调节的过渡过程。试验还可以从其后某点突卸全负荷开始,转速突然增高至最高瞬时转速 n_{max},由调速器的调节,转速又下降,经过 t_s 时间后,转速又稳定在最高空载转速 n_{omax}。

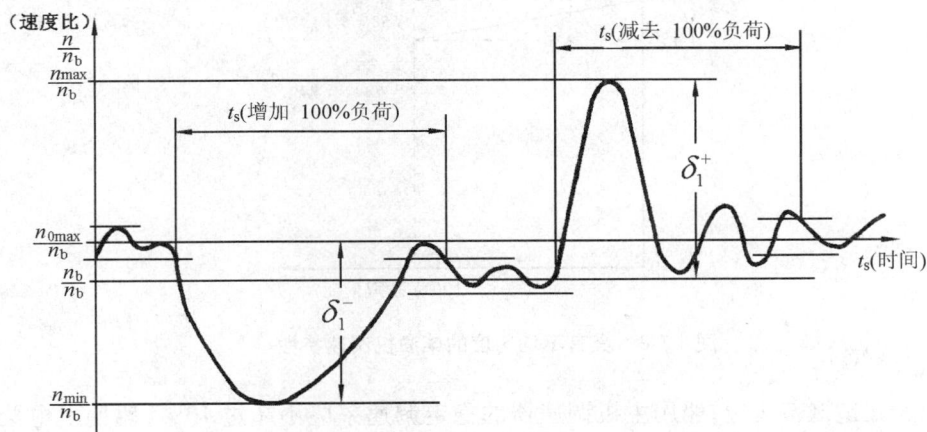

图 4-1-1　调速过程的转速变化曲线

表征柴油机调速性能的几个指标:

1. 瞬时调速率

柴油机突卸或突增负荷后的最高或最低瞬时转速和负荷改变前的转速之差,与标定转速之比的百分数,以绝对值表示。

突卸全负荷瞬时调速率:

$$\delta_1^+ = \frac{n_{max} - n_b}{n_b} \times 100\%$$

式中，n_{max}——突卸 100% 负荷时的最高瞬时转速，r/min；

　　　n_b——突卸 100% 负荷前的稳定转速（标定转速），r/min。

突加全负荷瞬时调速率：

$$\delta_1^- = \left| \frac{n_{min} - n_{omax}}{n_b} \right| \times 100\%$$

式中，n_{min}——突加 100% 负荷时的最低瞬时转速，r/min；

　　　n_{0max}——突加 100% 负荷前的稳定转速（空载转速），r/min。

我国有关规范要求发电柴油机的 $\delta_1^+ \not> 10\%$；δ_1^-（突加 50% 后再加 50% 全负荷）$\not> 10\%$。

2. 稳定调速率 δ_2

柴油机最高空载转速与标定转速之差，与标定转速之比的百分数，以绝对值表示：

$$\delta_2 = \frac{n_{0max} - n_b}{n_b} \times 100\%$$

式中，n_{0max}——空载转速，r/min；

　　　n_b——标定转速，r/min。

稳定调速率亦称"不均匀度"。它表明调速器在外界负荷增加时，使柴油机转速相应下降，而在外界负荷减小时，使柴油机转速相应增加的一种特性。图 4-1-2 所示的是负荷增加时，柴油机的调速特性。

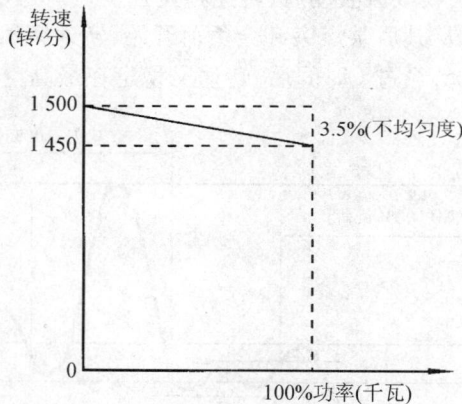

图 4-1-2　具有不均匀度的柴油机调速特性

　　我国海船建造规范规定，船用主机调速器的稳定调速率应不超过 10%，船用发电柴油机调速器的稳定调速率应不超过 5%。

　　稳定调速率调整方法将在以后叙述。

3. 转速波动率

　　在负荷不变的条件下，一定时间内测得的最大转速或最小转速和该时间内的平均转速 n_m 之差，与平均转速之比的百分数，以绝对值表示：

$$\emptyset = \left| \frac{n_{cmax}(n_{cmin} - n_m)}{n_m} \right| \times 100\%$$

式中,n_{cmax}——测定期间的最高转速,r/min;

　　　　n_{cmin}——测定期间的最低转速,r/min;

　　　　n_m——测定期间的平均转速,r/min,$n_m = (n_{cmax} + n_{cmin})/2$。

一般,在标定工况时 $\varPhi \leqslant 0.25\% \sim 0.5\%$。

4. 稳定时间 t_s

指从突加(或突减)全负荷后转速刚偏离最高空载转速的波动范围(或标定转速的波动范围)到转速恢复到标定转速的波动范围(或最高空载转速的波动范围)为止所需时间(s)。

我国有关规范规定,交流发电柴油机 $t_s \not> 5$ s。

第二节　UG 型调速器结构

柴油机的调速器有多种类型,我们将以 WOODWARD 公司生产的 UG 型液压调速器,特别是针对 UG8 表盘式调速器加以介绍。

一、UG8 表盘式调速器外形

UG8 表盘式液压调速器外部结构见图 4-1-3,其主要部件如下:

图 4-1-3　UG8 表盘式调速器外形图

1 - 驱动轴;2 - 放油塞;3 - 转速指示器;4 - 反馈指针;5 - 调速旋钮;6 - 输出轴;7 - 油位表;8 - 加油口盖;9 - 调速电机;10 - 应急停车电磁阀;11 - 静速差旋钮;12 - 负荷指示指针;13 - 负荷限制旋钮;14 - 表盘面板;15 - 补偿针阀堵

二、UG – 8 型调速器主要技术数据

(1)工作转速:500 ~ 1500 r/min;

(2)输出轴转角最大行程:42°;

(3)工作能力:13.2 N·m(9.7 英镑·英尺);

(4)稳定调速率可调范围:0 ~ 10%;

(5)工作油压:$8^{+1.5}_{-0.5} \times 10^5$ N/m²(827 kPa);

(6)动力活塞行程:38.8 mm。

三、UG8 调速器结构

1. 主要组成部分

如图 4-1-4 所示。UG8 调速器主要由如下 9 部分组成。

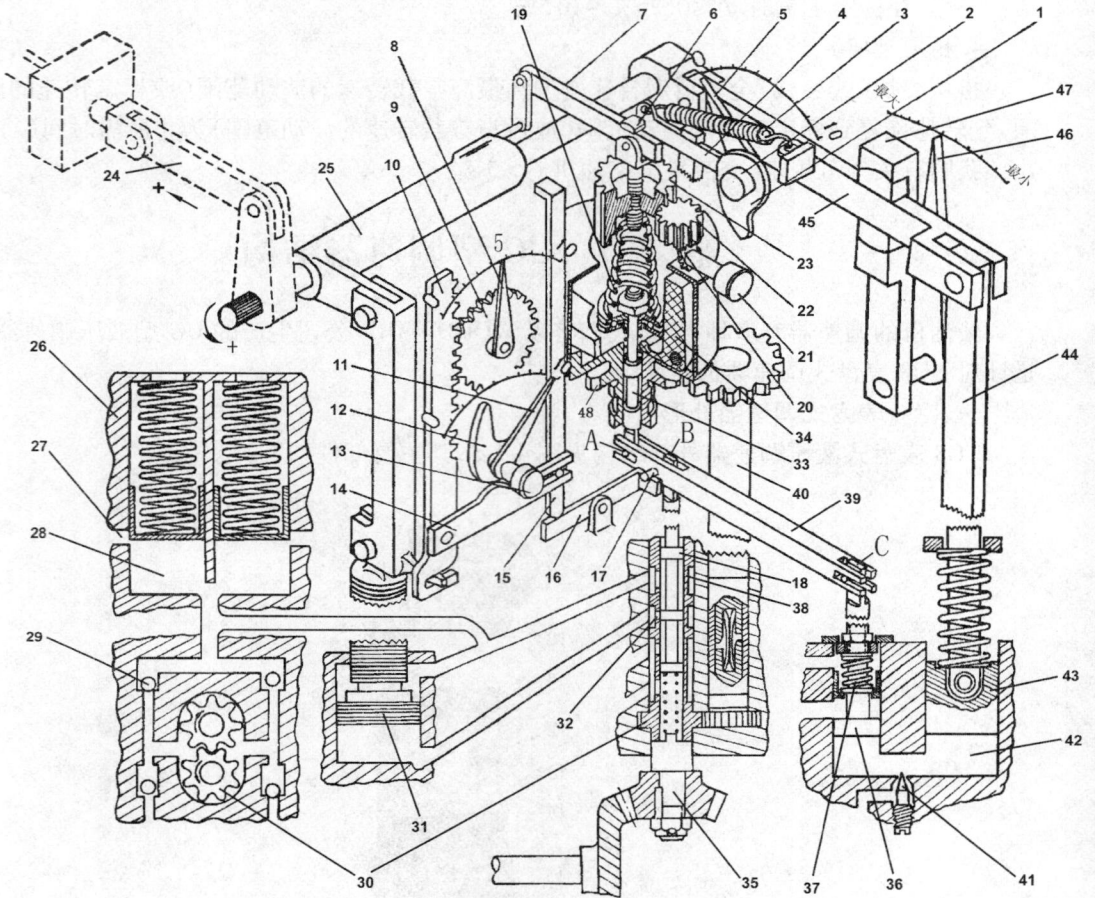

图 4-1-4　UG-8 调速器结构原理图

1－静速差凸轮;2－静速差旋钮;3－拉紧弹簧;4－顶杆;5－静速差指针;6－支持销;7－静速差杆;8－负荷指针;9－齿轮;10－齿条;11－负荷限制指针;12－负荷限制凸轮;13－负荷限制旋钮;14－控制杆;15－紧急停车杆;16－限制杆;17－限制销;18－滑阀;19－调速弹簧;20－传动齿轮;21－调速旋钮;22－传动齿轮;23－调速齿轮;24－油量调节杆;25－输出轴;26－稳压油缸;27－溢油孔;28－蓄压室;29－止回阀;30－油泵齿轮;31－动力活塞;32－控制孔;33－调速杆;34－飞重;35－驱动轴;36－小反馈活塞;37－反馈弹簧;38－控制阀套筒;39－浮动杆;40－弹性轴;41－补偿针阀;42－补偿空间;43－大反馈活塞;44－杆;45－反馈杠杆;46－反馈指针;47－活动支点;48－匀速盘;A－调速杆与浮动杆连接点;B－滑阀与浮动杆连接点;C－小反馈活塞与浮动杆连接点

（1）驱动机构

驱动轴 35 由柴油机凸轮轴经伞齿轮传动,通过油泵齿轮 30、弹性轴 40、传动齿轮和飞重架等使飞重 34 等转动,从而将柴油机的转速信号传给感应机构。

（2）转速感应机构

由飞重 34、调速弹簧 19、调速杆 33 组成,用以感受和反映转速的变化。

（3）伺服放大机构

它由控制阀 18、控制阀套筒 38、动力活塞 31 以及有关油路组成,用来放大感应机构的输出能量。控制滑阀套筒 38 由驱动轴 35 带动回转。

(4)调节机构

它主要由动力活塞 31、输出轴 25 及油量调节杆 24 等组成,用于操纵油量调节杆和调节供油量。

(5)恒速反馈机构

它主要由大反馈活塞 43、小反馈活塞 36、上下反馈弹簧 37、补偿针阀 41(图 4-1-3 中的 15)、反馈杠杆 45 和 44、活动支点 47、反馈指针 46(见图 4-1-3 中的 4)以及反馈油路等组成。其作用是保证调速过程中转速稳定。

(6)静速差机构(速度降机构)

它是由静速差旋钮 2(见图 4-1-3 中的 11)、静速差凸轮 1、顶杆 4、拉紧弹簧 3、支持销 6、静速差杆 7 和静速差指针 5 等组成。它是一种刚性反馈机构,不仅能使调节过程稳定,而且能调节稳定调速率 δ_2,使调速器能产生一定的静态速差,以满足柴油机稳定性和并联工作的需要。

(7)速度设定机构

该机构可通过改变调速弹簧 19 的预紧力来改变柴油机的稳定转速。它是由两部分组成的:一部分是由调速旋钮 21(见图 4-1-3 中的 5),传动齿轮 20、22 和调速齿轮 23 组成。通过手动转动表盘上的调速旋钮 21,改变柴油机的设定转速;另一部分是装在调速器盖上的调速电机(见图 4-1-3 中的 9)。经过蜗轮减速机构和摩擦离合器驱动齿轮 23 来改变柴油机的设定转速。

(8)负荷限制机构

它由负荷限制旋,13(见图 4-1-3 中的 13)、负荷限制指针 11(见图 4-1-3 中的 12)、负荷限制凸轮 12、控制杆 14、紧急停车杆 15、限制杆 16、限制销 17、齿条 10、齿轮 9、负荷指针 8 等组成,用以限制动力活塞的行程。在图示位置中,负荷限制指针 11 置于刻度"10"时,控制滑阀 18 的下移不受限制,动力活塞可以上行至最大供油位置。若把负荷限制指针 11 置于刻度为"8"、"6"、"4"处,则柴油机的供油量亦被限制在"8"、"6"、"4"位置。也就是说调速器上的负荷指示刻度与柴油机高压油泵齿条刻度是一一对应的关系。

如需紧急停车,应急停车电磁阀(见图 4-1-3 中的 10)通电,压下紧急停车杆 15 即可。这时限制杆 16 通过限制销 17 把控制滑阀 18 抬起,动力活塞 31 便下移把供油量减为零,柴油机自行停车。柴油机启动时为防止加速过快应将负荷限制旋钮 13 置于刻度"5"左右;待启动之后,运转正常再逐渐将旋钮 13 转至刻度"10"或所规定的其他位置。

(9)液压系统

它由低压油池、齿轮泵 30、稳压油缸 26 及油缸中的稳压活塞有和关油路组成。液压系统用来产生和维持系统中的油压。

第三节　UG 型调速器工作原理

一、UG8 调速器主要部件工作原理(如图 4-1-4 所示)

1. 油泵

油泵(30)是为了给调速器提供油压。

油泵依靠其自带的油腔供油。油泵是带有4个止回阀(29)的容积式齿轮泵,能够提供正反两个方向的旋转。油泵的两个齿轮一个是主动轮,一个是从动轮。主动轮是由调速器的驱动轴(35)驱动,而调速器的驱动轴的转速是由原动机提供的。当主动轮转动时,它驱动与之啮合的从动轮转动,压力油通过止回阀流入蓄压室(28)、动力活塞(31)上部空间和控制阀套筒(38)的上部进油孔,见图4-1-5。

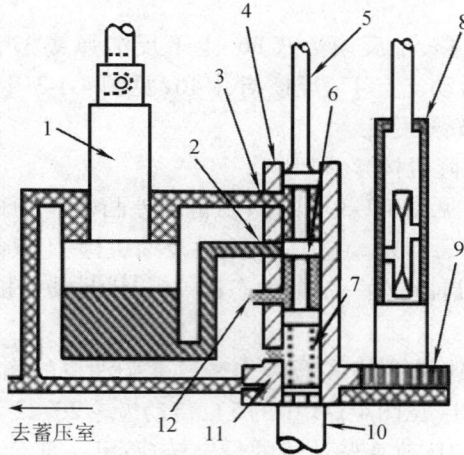

图 4-1-5　滑阀系统工作原理图

1－动力活塞;2－控制孔;3－进油孔;4－控制阀套;5－滑阀;6－控制凸台;7－复位弹簧;8－弹性轴;9－从动轮;10－驱动轴;11－主动轮;12－回油孔。

2. 蓄压室

蓄压室(28)的作用是保持调速器的工作油压。当油压高于120 psi/827 kPa 时,蓄压室(28)(双缸)起卸压的作用。

蓄压室(28)包括两个用弹簧压着的活塞。油被泵入蓄压室后,随着蓄压室弹簧的压缩,油的压力增加。当油压高于120 psi/827 kPa 时,油会通过油缸(26)内的溢油孔(27)进入油池中。因此,蓄压室不仅维持液压系统稳定油压,而且也是液压系统的安全保护装置。

3. 动力活塞

动力活塞(31)的运动可以使调速器输出轴转到增加或减少供油的位置。

动力活塞的活塞杆头部通过动力杆和连杆与调速器输出轴(25)连在一起。因动力活塞的下部面积大于上部面积(2/1),所以动力活塞上下两侧的压力油压力是不同的。动力活塞维持稳定时,底部的压力油压力小于上部压力。如果上下两侧表压相同时,动力活塞会向上运动,使调速器输出轴朝增加燃油方向转动。只有当动力活塞下部的油流回油池时,动力活塞才会向下运动,使调速器输出轴朝减少燃油方向转动。

4. 滑阀系统

滑阀柱塞(18)和滑阀套(38)用来控制压力油流入动力活塞底部,或是从活塞底部流回油池。

滑阀系统包括滑阀柱塞(18)和旋转的滑阀套(38)。柱塞保持稳定时,滑阀套(38)由驱动轴(35)驱动旋转。通过旋转,柱塞和滑阀之间的摩擦力降低。滑阀柱塞上有一个控制台(见图4-1-5中6),它可以控制通过滑阀套上的控制孔(32)的压力油流动。当柱塞(18)下降时,压力油流到动力活塞(31)下部,动力活塞上升。当柱塞上升,压力油从动力活塞下部流回油池,动力活塞上部的压力油推动动力活塞下降。当柱塞处于它的中央位置时,控制台挡住控制孔(见图4-1-5),动力活塞静止不动。

滑阀柱塞(18)的动作是由匀速盘(48)和大、小反馈活塞(43,36)来控制的。

5.匀速盘

匀速盘能够感知柴油机的速度变化并与调速弹簧(19)的设定速度进行比较,从而调节滑阀柱塞(18)的位置。

匀速盘系统(速度感应机构)包括匀速盘(48)、飞重(34)、调速弹簧(19)、推力轴承(见图4-1-6)、调速齿轮(23)和调速杆(33)。

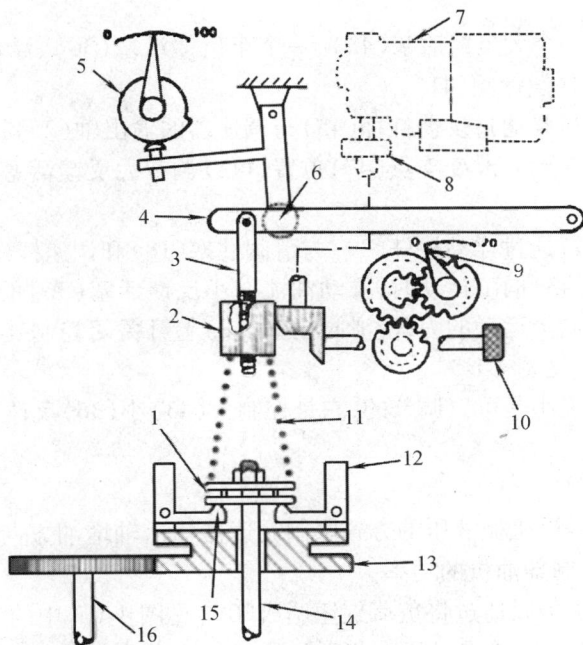

图4-1-6　匀速盘工作原理图

1 – 推力轴承;2 – 调速齿轮;3 – 调速螺杆;4 – 静速差调节杆;5 – 静速差调节凸轮;6 – 活动支点;7 – 调速电机;8 – 摩擦离合器;9 – 转速指示指针;10 – 调速旋钮;11 – 调速弹簧;12 – 飞重;13 – 匀速盘;14 – 调速杆;15 – 飞重趾部;16 – 弹性轴

当调速器驱动轴(35)旋转时,通过弹性轴(40)上的齿轮(见图4-1-6)随之转动并带动匀速盘(48)齿轮(见图4-1-6)旋转的从动盘上的齿轮连接,驱动匀速盘(48)转动。飞重(34)通过销子与匀速盘连在一起,推力轴承(见图4-1-6)的底部与飞重的趾部(见图4-1-6)接触。调速弹簧(19)通过调速齿轮(23)压在推力轴承(见图4-1-6)上,调速齿轮(23)是用来设定调速弹簧(19)的压力的。

匀速盘(48)转动,在离心力的作用下,飞重(34)被往外甩。同时,调速弹簧(19)通过推力轴承(见图4-1-6)给飞重的趾部一个向下的力。这个向下的力与飞铁受到的离心力方向相反。增加柴油机的转动速度,离心力也会增加。通过调速齿轮(23)增加调速弹簧的压力,也就增加了作用在飞铁趾部的力,这样就增加了调速器的速度设定。这时柴油机必须转动得更快,产生更大的离心力,才能使系统重新平衡。

调速弹簧的压力（即速度设定）是通过同步指示（速度设定）调节旋钮（21）（见图 4-1-3 中的 5；图 4-1-6 中的 10）来手动调节控制的。如果调速器配备了调速（伺服）电机（见图 4-1-6，7），同样可以通过对调速电机的远程控制来设定配速弹簧的压力。

6.补偿系统

补偿系统是为调速器提供稳定性，从而获得稳定的速度控制，所以说，也叫恒速反馈系统。通过对补偿系统的正确设定，当负载升高或降低时，补偿系统能够有效地调节供油量以满足柴油机输出要求。

补偿系统使设定转速随着调速器输出轴动作相应的产生了微小的、临时性的改变，称为稳定速降特性。设定速度的改变会慢慢地返回到原先的设定值。补偿系统也可简单地看作临时速降特性。

补偿系统包括一个大反馈活塞（43）、一个小反馈活塞（36）、浮动杠杆（39）、带支点（47）的反馈杠杆（45）和补偿针阀（41）。

大反馈活塞（43）是通过反馈杠杆（45）与调速器的输出轴（25）连在一起。反馈杠杆（45）在它的支点（47）上转动。改变支点（47）位置，可以调节大反馈活塞（43）的升降高度，从而控制它的行程量。

小反馈活塞（36）通过浮动杠杆（39）与滑阀柱塞（18）和调速杆（33）相连。

当大反馈活塞（43）向下运动时，推动油流向小反馈活塞（36）的下部，这样就产生了一个使小反馈活塞（36）向上运动的力，使滑阀柱塞（18）上升关闭控制孔（32），使压力油停止流向动力活塞（31）底部，见图 4-1-5。

针阀（41）开度大小是可以调节的，它是控制大（43）小（36）反馈活塞和油池之间流过的油的流量。

7.负荷限制控制

负荷限制控制是以机械液压的方式限制调速器输出轴增油方向的行程，也就是用供给柴油机的供油量，来限制柴油机的功率。

负荷限制控制也可以通过将负荷旋钮调成"0"（见图 4-1-3 中的 13），来关闭柴油机。

负荷控制系统包括一个负荷限制指示齿轮（9）、负荷指示指针（8）（见图 4-1-3 中的 12）与之随动、与齿轮啮合的负荷限制齿条（10），负荷限制旋钮（13）（见图 4-1-3 中的 13）也是连接到负荷限制凸轮（12）上的。负荷限制控制是通过手动调节旋钮（13），用凸轮（12）位置来设定负荷限制的机械位置。当负荷指示到达设定值时，滑阀柱塞（18）升起，停止增加燃油供应。

当将负荷限载旋钮调到"0"时，旋转的负荷限制凸轮（12）使紧急停车杆（15）下降，由于紧急停车杆（15）以支点旋转，这就使杠杆另一端的滑阀柱塞（18）上升，动力活塞（31）下部的油流出，动力活塞上部的压力油推动动力活塞（31）向下运动，调速器输出轴（25）向减油方向旋转，致柴油机停车。

这里特别要注意，将负荷限制控制旋钮调到最大位置（10）之前，不要人为地推动柴油机连杆来增加供油。否则可能导致调速器或调速器内部部件的损坏。

8.同步装置

同步装置，也叫调速旋钮（见图 4-1-3 中的 5），它是对速度进行调节控制的。当单机工作时用来改变柴油机的速度，当与其他柴油机并行工作时，常用来改变柴油机的负载。

它下面的旋钮速度指示器（见图 4-1-3 中的 3）本身没有任何功能，但它的指示盘能显示出上面同步(调速)控制旋钮的转数,见图4-1-6。

9. 有差调节(droop)(静速差)装置

有差调节(droop)或简单的有差调节,是使调速器稳定运行的一种方法。当两台机器驱动同一个轴,或在电网中并行运行时,有差调节(droop)也会起到分割和平衡负载的作用。

有差调节(droop)是当负载增加时,调速器的输出轴由最低燃料位置转到最高燃料位置发生的速度的降低,它是以速度减少占额定转速的百分比来表示的。

如果不是速度降低,而是速度增加,调速器就是负有差调节(droop)。负有差调节(droop)会导致调速器不稳定。

有差调节(droop)设定得过小,会出现游车、转速波动等不稳定的现象,或对负载的变化响应很慢。有差调节(droop)设定得过大,会出现负载增加或减少时调速器的反应缓慢的情况。

举例,见图4-1-2。当调速器分别处于1500rpm空载和1450rpm满载时,有差调节(droop)可以通过以下公式计算出来:

$$有差调节率(droop) = (空载转速 - 满载转速)/满载转速 \times 100\%$$
$$有差调节(droop) = (1500 - 1450)/1450 \times 100\% = 3.5\%$$

当调速器的输出轴由最小变到最大油位时,如果转速降超过50 r/min 的话,有差调节(droop)大于3.5%,反之则有差调节(droop)小于3.5%。

刻度盘上的有差调节(droop)调节旋钮(见图4-1-3中的11)的数值仅作参考,并不代表实际的有差调节(droop)百分率。因此刻度盘上的100并不表示100%有差调节(droop),只是代表该调速器可用的最大有差调节(droop)比率。

有差调节(droop)装置包括控制旋钮(2)、凸轮(1)和静速差杆(7),见图4-1-6。当设定了调速器的有差调节(droop)比后(图4-1-6中活动支点右移),调速器输出轴旋转时能改变调速弹簧的压力。增加燃油会降低调速弹簧的压力,从而改变调速器的转速设定。调速器通常当负荷增加时降低转速。

当调速器与其他的机械或电子元件相互联系时,这种负载和转速之间的关系可以抵抗负载的变化。

将有差调节(droop)设定为"0"(图4-1-6中活动支点位于调速螺杆正上方),可以使调速器负荷变化时不改变速度。通常在单机运行时把有差调节(droop)设为"0"。在并行系统中,将有差调节(droop)设定到尽可能小的值,以提供合适的负荷分配。

当交流发电机与其他发电机并网时,设定较高(刻度盘上数值30~50)的有差调节(droop)以防止二者之间的负荷交换。倘若其中一台发电机的容量足够大的话,将其调速器有差调节(droop)设为"0",这样原动机系统的频率就受它控制。如果没有超出它的容量,这台发电机将承担全部的负荷变化。

在有差调节率为"0"的情况下调节调速器的同步旋钮(21)(见图4-1-3中的5)来调整系统频率。在有差率不为"0"时调节同步旋钮可以调节负荷分配。

当两套系统并成一个系统使用,并让它最优化,那么就遇到了并机的问题。例如,一台调速器的响应可能太快,就需要很高的有差调节来防止两台调速器之间持续的负荷交换。此时就必须将补偿设置(46)(见图4-1-3中的4)到趋近于最大,用降低单机瞬态性能来维持适当的有差调速范围内并机运行的稳定性。同时,检查每个调速器的输出轴(25)行程。输出行程过小就需要很大的有差调节设置,以维持调速器的稳定控制状态。

如果调速器输出轴从空载到满载没有使用全部30°的行程,则有差调节(droop)也会相应减少。

二、UG 型调速器工作原理

这里以 UG 型表盘式调速器为例予以介绍,参看图 4-1-4。驱动轴(35)带动一对齿泵齿轮(30)(位于驱动轴35、阀套38 的端部)泵油。稳压油缸(26)和蓄压室(28)壁上的溢油孔(27)维持一定的工作油压。动力活塞(31)的上部、滑阀(18)的上部进油孔(见图 4-1-5)始终与稳压缸(26)中的压力油相通。动力活塞(31)下部与控制孔(32)相通。如果滑阀(18)下移,控制孔(32)上侧被打开,压力油与动力活塞的下部相通。由于动力活塞下部的承压面积比上部大,并且又作用着同样的压力油,使动力活塞向上移动。反之,滑阀上移,动力活塞下部与油池相通,控制油旁通到油池,则动力活塞下移。

调速器的驱动轴(35)带动具有油泵齿轮的控制阀套(38),通过弹性轴(40)中的弹簧片起到高频减震作用,滑阀(18)下部复位弹簧(见图 4-1-5 中的7)起到支撑滑阀和浮动杆(39)的作用,大反馈活塞(反馈主动活塞)杆(44)上的弹簧起到消除活塞销装配间隙的作用。

1. 稳定运行

调速器稳定运行状态,如图 4-1-7 所示。

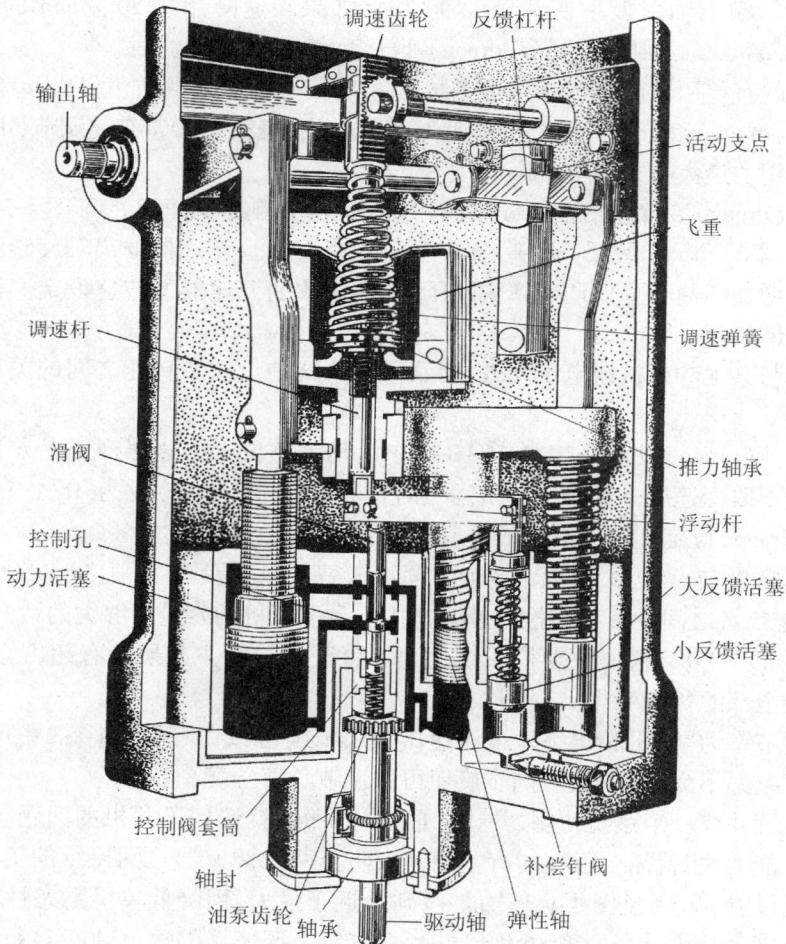

图 4-1-7　调速器稳定运行状态图

(1)柴油机负荷不变并处于某一转速下稳定运行。

(2)飞重、调速杆、滑阀和小反馈活塞(反馈接受活塞)在平衡位置、控制孔由滑阀控制台(见图4-1-5)盖住。

(3)动力活塞和输出轴处于稳定状态。

2. 负荷降低时调速器工作原理

当负荷降低时,若柴油机还维持原来的供油量,转速就会升高,调速器会发生如下的动作(见图4-1-4、图4-1-7):

(1)由于转速增加,飞重(34)的离心力也增加,并且大于调速弹簧(19)的压力。

(2)飞重(34)的顶部向外倾斜,将调速杆(33)上的A点向上移动,使浮动杠杆(39)的右端C点为支点向上摆动。带动滑阀(18)上部B点上移。

(3)B点上移,滑阀柱塞(18)升起,滑阀控制台打开了旋转的滑阀套(38)的控制孔(32)(详见图4-1-5),压力油从动力活塞(31)的下部流回油池。

(4)动力活塞上部的压力油推动动力活塞(31)向下运动,从而使调速器输出轴朝减油方向运动(顺时针)。

(5)与调速器输出轴(25)连接的反馈杠杆(45)降低,这个杠杆是以活动支点(47)旋转的,因此,将大反馈活塞(43)升起。

(6)由于大小反馈活塞通过补偿空间腔(42)相连,这时面积小的小反馈活塞(36)腔产生吸力,小反馈活塞下降,使与之相连的浮动杠杆(39)左端C点下降(以A点为支点顺时针转动),带动B点下降。

(7)滑阀柱塞(18)下降,滑阀控制台(见图4-1-5中的6)关闭控制孔(32)。

(8)由于油池中的油从针阀(41)流入补偿空间腔(42),小反馈活塞(36)通过反馈弹簧(37)作用,其返回它正常的中央位置。与之相连的调速杆(33)A点也回到中央位置;这就保证了滑阀柱塞(18)在它的中央位置。

(9)旋转的滑阀套(38)的控制孔被柱塞的控制台关闭。

(10)这就使调速器输出轴和动力活塞保持在一个降低了燃油的新位置。这个位置就是在当前负荷下,使柴油机按设定速度运行的位置。

3. 负荷升高时调速器工作原理

当负荷升高时,若柴油机还维持原来的供油量,转速就会降低,调速器会发生如下的动作(见图4-1-4、图4-1-7):

(1)由于速度降低,飞重(34)的离心力也减小,调速弹簧(19)的压力大于飞重(34)的离心力。

(2)飞重(34)的顶部向内倾斜,调速杆(33)上的A点下降,使浮动杠杆(39)的右端C点为支点向下摆动,带动滑阀(18)上部B点下移。

(3)B点下移,滑阀柱塞(18)下降,滑阀控制台打开了旋转的滑阀套(38)的控制孔(32)(详见图4-1-5),压力油经控制孔流入动力活塞(31)的下部。

(4)由于动力活塞下部面积比上部的大,因此压力油推动动力活塞向上运动,使调速器输出轴朝加油方向运动(逆时针)。

(5)与调速器输出轴(25)连接的反馈杠杆(45)上升,这个杠杆是以活动支点(47)旋转的,因此,将大反馈活塞(43)下降。

（6）由于大小反馈活塞通过补偿空间腔（42）相连，这时面积小的小反馈活塞（36）腔产生推力，小反馈活塞上升，使与之相连的浮动杠杆（39）左端 C 点上升（以 A 点为支点逆时针转动），带动 B 点上升。

（7）滑阀柱塞（18）上升，滑阀控制台（见图 4-1-5,6）关闭控制孔（32）。

（8）由于油池中的油从针阀（41）流出补偿空间腔（42），小反馈活塞（36）通过反馈弹簧（37）作用，其返回它正常的中央位置。与之相连的调速杆（33）A 点也回到中央位置，这就保证了滑阀柱塞（18）在它的中央位置。

（9）旋转的滑阀套（38）的控制孔被柱塞的控制台关闭。

（10）这就使调速器输出轴和动力活塞保持在一个增加了燃油的新位置。这个位置就是在当前负荷下，使柴油机按设定速度运行的位置。

在增加或减少负荷的这两种情况下，恒速反馈系统反馈的方向是相反的。反馈量的大小，即大反馈活塞（43）的动作量是补偿调节控制的，也就是靠调节反馈杠杆（45）的支点（47）的位置。若反馈指针（46）位于较大位置，大反馈活塞（43）行程就过大，滑阀（18）就会过早提前关闭，而产生柴油机供油不足现象。反之，供油量过度。

可以通过对针阀（41）的调节来控制小反馈活塞（36）返回到正常中央位置的速度，也就是控制压力油通过针阀（41）的流量。若针阀（41）开启过大，就会失去节流作用，反馈无法达到小反馈活塞（36），使反馈过分减弱，造成柴油机供油量过度。反之，供油量不足。

第四节　调速器日常维护

在调速器维护保养中，常用的设备有清洁的钳工台、台虎钳、小型压床、压缩空气、清洗汽油、瓷盘及普通的钳工工具。

一、油的规格

为了保证调速器的工作正常、性能良好并具有较长的使用寿命，正确选用调速器油是很重要的。要求调速器油洁净不易产生泡沫、不沉淀、不腐蚀调速器零件、耐热性好、黏度变化小，100 ℃以上不变质。因此，调速器油可采用，夏季用 30$^\#$透平油，冬季用 22$^\#$透平油。工作油温以不超过 80 ℃为宜。

调速器油的污染常常是调速器发生故障的重要原因，必须保持油的高度清洁，因此，换油时，必须注意盛器用具清洁，并用细滤网过滤后，方能加入调速器。调速器内的油面应始终保持油标刻度线范围内。经常运行调速器建议每隔三个月换一次油。

二、换油

（1）在柴油机上拆下调速器之前，先在调速器与喷油泵齿条间的联接机构上做好连接记号，然后拆下调速器，用托架垂直放置在稳妥之处，注意不能用调速器的传动轴支承调速器。

（2）用洁净的轻柴油反复清洗、清除脏物。如果能在调速器试验台上运转几分钟则更好。倒净清洗柴油后，加入新的调速器油。

（3）调速器直接在柴油机上换油可按下列方法进行：

①拆去底座上节流针阀旁边的放油塞，放尽调速器油。

②旋好放油塞，加入清洁的轻柴油，旋开节流针阀 2～3 圈，用启动的方法运转一下柴油机（不一定要启动起来）。

③拆去放油塞,放出柴油,重复几次,直至脏物洗净。

④加入干净的调速器油。

⑤换油后需重新进行补偿调整。为了保证放尽柴油,可重复上述步骤(1)、(2)、(3)、(4)。

三、补偿调整

(1)排出调速器油路中的空气。

①松开补偿指针锁紧螺帽,将补偿指针调到最大补偿的位置。然后拧紧螺帽。

②去掉针阀外面的堵,将针阀逆时针方向旋转两圈。允许柴油机游车约30 s,以便将调速器油路中的空气排出。

(2)松开螺帽,将补偿针调到接近最小补偿的位置。然后拧紧螺帽。

(3)逐渐关闭针阀直到停止游车。如果依旧游车,开启针阀一圈,同时将补偿针调大一个刻度。再慢慢关闭针阀直到游车停止。

倘若还不奏效,则先将针阀打开1/4圈,然后一个刻度一个刻度地调大补偿针。再次测试调速器直到游车停止。

(4)打开针阀一圈,然后转动一下负荷限制旋扭并马上转回原来的位置,以扰动调速器的稳定状态。逐渐关闭针阀直到调速器恢复到转速波动很小的位置。一般针阀的开度在1/8到3/4之间。

补偿指针的位置调整决定了转速响应,针阀调节决定了恢复时间。

针阀开度一旦设定正确,除非温度有大的、永久性的变化导致油的黏度变化,否则不必再调整针阀。

调整完以后,拧紧补偿指针的锁紧螺母,拧上针阀外面带铜垫片的堵。这种堵使油不能从针阀周围渗出来。

四、一般修理说明

(1)清洗和研磨调速器零件是修理工作的主要内容,调速器中的活塞、阀及杆均要求运动灵活,没有卡阻现象。这里还必须强调指出,小反馈活塞的灵活性特别重要,验证活塞杆灵活性,可把活塞杆慢慢按下或提起,放手后回复到自由状态时以能达到同一尺寸为好,允差±0.05 mm。

如果灵活性不够好,可将活塞孔研磨一下。注意研磨量,活塞与孔的配合间隙不宜过大,一般为0.01~0.03 mm。

(2)研磨滑阀时,必须保持上下控制面为尖角。

(3)UG型表盘式调速器如果前盖漏油,可拆去铭牌,旋紧前盖固紧螺钉,必要时更换垫片。

(4)调速器油有漏泄时,一般还需检查其他油封,护圈的垫片也可以更换。更换后要检查传动轴转动的灵活性,以手能自由转动为准。

第五节　调速器常见故障的排除与管理

调速器是柴油机的重要组成部分,它直接影响柴油机的运转性能。若调速器发生故障,可导致柴油机运转不稳,甚至发生熄火或"飞车"等事故。因此对调速器及其系统细心、正确地维护和管理十分重要。当对调速器进行调整检查时,为防止某些控制机构失控而使运转中的柴油机超速或飞车(转速失去控制而急剧上升,超过最高允许转速并达到危险程度),应备好柴油机的应急停车装置。

一、调速器的常见故障

1. 调速器工作异常前检查

当调速器工作性能不好时,通常应考虑以下三方面因素:柴油机工作性能恶化;调速器某些辅助设备失常;调速器本身失常。因此,当由柴油机转速变化过程的异常现象而暴露调速器的故障时,应首先进行以下检查:

(1)确认柴油机的负荷变化是否超出了柴油机的标定负荷。

(2)检查各缸负荷是否严重不均,是否正常发火,喷油器是否在正常工作状态。

(3)检查调速器与喷油泵之间的杠杆传动机构是否卡滞或因间隙过大而松动。

(4)检查调速器负荷指针的零位与喷油泵的零位是否一致。

(5)检查调速器的设定机构、控制空气压力等是否正常。

2. 调速器常见故障处理

当进行上述检查并排除之后,如调速器工作仍然不正常,则为调速器自身故障。这些故障通常有:

(1)柴油机游车或转速振荡

游车是指转速有节奏地变化,手动停住调速器可消除转速波动,但松手后仍恢复有节奏的转速波动。转速振荡是指转速有节奏地变化且幅值较大,手动停住调速器可消除波动,放手后转速不会立即重新波动,但在调速或负荷变化后波动仍会发生。原因可能有:

①调速器反馈系统发生故障,应重新进行稳定性调整;

②调油杆、高压油泵空动;

③调速器滑油太脏或起泡,油位过低(油位表不见油位);

④调速器内部故障,如飞重和轴承磨损,滑阀卡死,补偿(阻尼)弹簧性失效等。

(2)调速器输出轴颤动

调速器输出轴颤动(高频振动),原因可能有:

①调速器驱动不稳定,如传动齿轮磨损、啮合不良,凸轮轴传动机构松动;

②飞重的弹性驱动机构故障,调速器在支座上没有均匀固紧。

(3)柴油机达不到全速全负荷

柴油机达不到全速全负荷,原因可能有:

①喷油泵齿条拉出长度不够或调速器输出轴已达最大行程刻度"10",这可能由调油杆系卡滞、空动、调速器输出轴与喷油泵油门刻度匹配不当引起;

②控制空气压力或扫气空气压力太低或设定转速过低;

③动力活塞运动受阻;

④液压系统油压过低。

(4)柴油机启动时高压油泵齿条不能及时拉开

柴油机启动时高压油泵齿条不能及时拉开,其可能原因有:

①调速器中油压低,如齿轮泵磨损、齿轮泵单向阀漏泄;

②柴油机启动转速太低；

③升压伺服器（利用启动空气迅速增加燃油供油量的选用设备）动作不佳；

④某种断油机构未复位。

二、调速器的维护管理

调速器的管理应遵循说明书上的规定。下面介绍一些管理原则。

1. **按说明书规定选择调速器滑油**

调速器滑油既是润滑油又作为液压油使用。所以它必须具有适当的黏度指数以保证在整个工作温度范围（通常为 60～93 ℃）内黏度变化符合要求：100（或 50）～300SUS（赛氏通用黏度，s；20～65 mm^2/s）；必须含有适当的添加剂以保证在上述工作温度范围内性能稳定；必须对其密封材料（如脂橡胶、聚丙烯等）不产生腐蚀和损坏作用。

按照上述要求可选用黏度等级 SAE30、SAE40，质量等级 CB、CC、CD 级的石油基润滑油。

2. **防止调速器滑油高温**

调速器连续工作时推荐的使用油温是 60～93 ℃（在调速器外壳下部外表面处测量），实际油温大约比上述值高 6 ℃左右。油温过高，不但使调速器稳定性不好，而且也易导致滑油氧化变质，此时在调速器内零部件产生浸渍或产生沉渣。为了防止滑油氧化变质，应降低滑油的工作温度，如采用换热器进行冷却或换用抗氧化能力高的滑油。

3. **防止滑油污染，保证滑油清洁**

调速器滑油污染的途径主要有：油容器脏污，油反复加热与冷却导致油中产生凝水，滑油氧化变质。

滑油污染是调速器发生故障的主要原因。据统计约有 50% 的故障来自于滑油脏污。为此，应定期检查滑油，如发现滑油污染变质应及时换新。在正常情况下，一般每半年应换油一次。在理想工作条件下，若工作环境灰尘和水分很少且工作温度处于正常范围，换油周期可延长。

如果不允许调速器从机器上拆下来，则应趁油热的时候及时把旧油从放油塞放掉，然后充入清洁的轻柴油，把补偿针阀打开两转以上，启动柴油机让调速器波动约 30 s 自行清洗。停车并把清洗用的轻柴油放净，换上新滑油至规定油位。调速好补偿针阀。为了保证清洗柴油能全部放掉，在柴油机短时间运转后，把新换的滑油再放掉，重新注入新油即可。

4. **调速器内部油道驱气**

调速器经过装配或拆检后，油道内会掺混空气；运转中由于管理不当（如油面太低），油道内也会卷进空气。油道内有空气存在，会影响油流的连续性和补偿作用的敏感性，将引起柴油机产生严重的转速波动，迫使油道内的空气从出油孔中挤出。这种大幅度游车至少应持续 2 min，然后慢慢关小补偿针阀，直至游车完全消除为止。

5. **检查并保证调速器滑油液位的正常高度**

调速器工作时，其油位必须保持在油位玻璃表的刻度线之间，不可过高或过低。

如果液面下降过快，说明调速器有漏油或渗油处，应立即查找和处理。否则，滑油因泄漏而减少，会导致调速器咬死、柴油机"飞车"事故。

第二章　调速器拆装及特性实验

实验一　调速器拆装与调整实验

一、调速器拆装常用拆卸工具

常用工具结构如图 4-2-1 所示，工具用途见表 4-2-1。

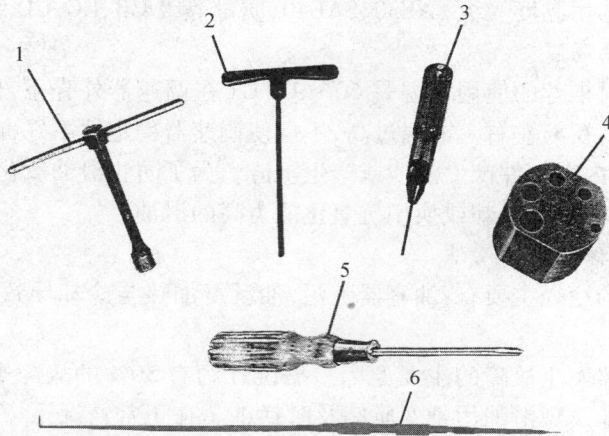

图 4-2-1 常用拆卸工具

表 4-2-1　常用工具列表

编号	名称	用途
1	T形固定式套筒扳手	拆卸底部固定螺丝
2	T形固定式内六角扳手	拆卸管连接堵头
3	螺丝刀	拆卸螺丝
4	工作模块	压出小的轴承和轴套
5	十字螺丝刀	拆卸螺丝
6	勾针	拆下和安装开口销

二、调速器通常修理所用工具

通用修理工具结构如图 4-2-2 所示，工具用途见表 4-2-2。

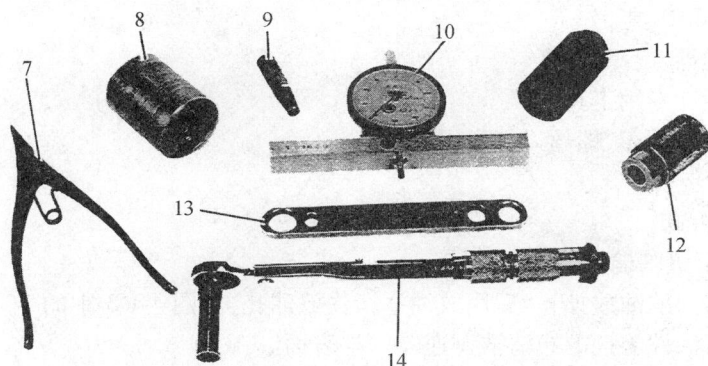

图 4-2-2　通常修理所用工具

表 4-2-2　通用修理工具列表

编号	名称	用途
1	卡簧钳	拆卸驱动轴卡簧
2	轴承座	拆卸驱动轴轴承
3	油封保护套	安装输出轴油封时起保护作用
4	千分表	检查静速差
5	轴封安装工具	安装输出轴轴封
6	轴套取出工具	取出输出轴轴套
7	花键杆	转动输出轴/驱动轴
8	力矩扳手	锁紧驱动轴轴承压盖螺丝

三、实验内容与要求

调速器是柴油机的一个转速控制机构。它能够根据柴油机负荷的大小自动调节供油量，使其转速维持在规定范围内。本实验可以锻炼学生的动手能力，并通过实践完善自己的理论知识，提高实践能力。

1. 实验内容

（1）UG8 调速器拆解、装配、调整、安装规范；

（2）调速器日常维护及常见故障排除。

2. 实验要求

在整个实践教学中要求学生做到课前预习，将实验课中涉及的设备原理熟练掌握。拆装操作中认真领会教师的讲解、演示，掌握各项拆装操作的程序、注意事项及管理要点。学生通过实验课的实践掌握船用柴油机调速器拆装、测量、检验、调整的操作方法。课后总结实验内容并做出实验报告。

四、实验目的、意义

通过本实验使学生了解典型调速器的结构特点、工作原理；掌握 UG8 调速器拆装、检查与测量的一般方法；培养学生在实际工作中具有分析和解决调速器典型故障的能力。

五、实验设备和工具

（1）UG8 调速器。

（2）调速器拆装专用工具。

（3）扳手、手锤、铜棒、螺丝刀等常用工具。

六、拆装实验步骤

（一）调速器拆卸

1. 从柴油机上拆下调速器

（1）把调速器内的油放掉，然后用放油塞堵住放油孔，见图 4-1-3 中的 2。

（2）用浸有清洁性溶剂的布清洁调速器的外表面。

（3）拆下辅助设备（如调速电机、应急停车电磁阀等）的连线。

（4）在拆下连杆之前，在输出轴和连杆上面做好标记，这样就能很容易地安装回原始位置。

（5）拆除固定调速器和底座的四个螺栓，把调速器抬起来，去掉调速器和底座之间的垫。

（6）把调速器放在木座上，以保护驱动轴（见图 4-1-3 中的 1）。要特别小心不要对驱动轴施加冲击力，否则可能损坏内部零件。

2. 伺服电机拆卸

（1）拆去伺服电机支架与顶盖之间的固定螺钉和弹簧垫圈。

（2）取下伺服电机和防尘盖，见图 4-2-3（a）。

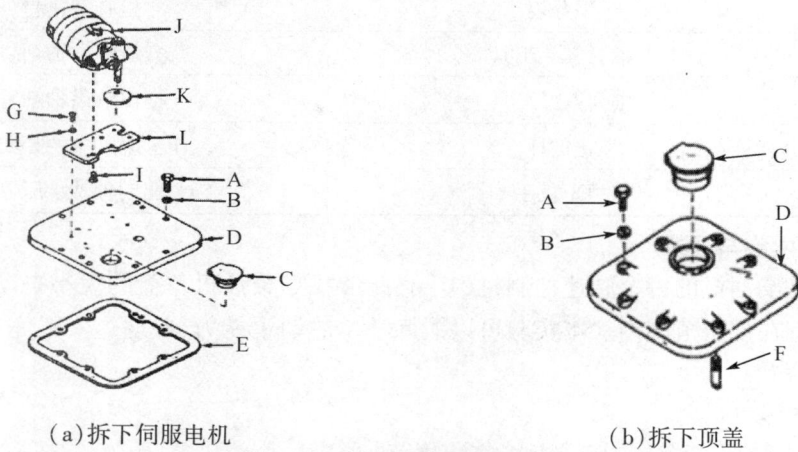

（a）拆下伺服电机　　　　　　　　　　　　　　（b）拆下顶盖

图 4-2-3　拆伺服电机和顶盖

A－顶盖固定螺丝；B－弹簧垫圈；C－加油孔盖；D－顶盖；E－密封垫；F－固定销；G－固定螺钉；H－弹簧垫圈；I－螺钉；J－伺服电机；K－防尘盖

3. 顶盖拆卸

拆去固定螺钉和垫圈，取下顶盖和垫片，见图 4-2-3（b）。

4. 前盖拆卸

前盖拆卸，见图 4-2-4。

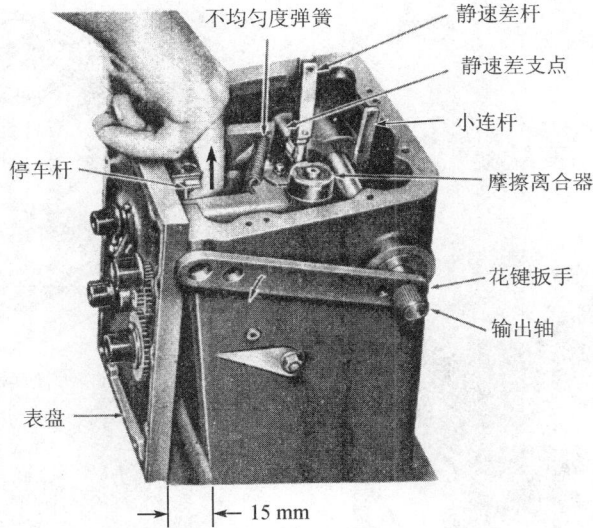

图 4-2-4　开启前盖

（1）把不均匀度旋钮转到零位。见图 4-1-3 中的 11。

（2）把负荷限制旋钮箭头放到位置"10"。见图 4-1-3 中的 13。

（3）用专用摇臂（见图 4-2-2 中的 13）转动输出轴,使负荷指示箭头处于"8.5"位置（见图 4-1-3 中的 12）。在转动输出轴使动力活塞向下运动时,应同时按下停车杆,以便放出封在油道里的油。

（4）拆去铭牌（见图 4-1-3 中的 14）与前盖之间的六只固定螺钉。

（5）取下不均匀度拉簧。

（6）拆下静速差杆的连接叉与小连杆的连接销和开口销。

（7）拆下前盖上八只固定螺钉和弹簧垫圈。

（8）用木榔头或铜棒轻击前盖,使之与壳体结合面松开。

（9）提起停车压杆,把前盖下侧拉出 15 mm 左右。如果拉出困难,可一手拉前盖,一手微量地来回转动输出轴,并提起停车压杆。下侧拉出后（前盖上齿条与动力活塞连杆脚脱开）再转动输出轴,使动力活塞处于最低位置。

（10）顺时针方向转动同步旋钮（见图 4-1-3 中的 5）,使调速齿轮处于高速位置。

（11）提起静速差杆,以消除调速弹簧的预紧力,与此同时用螺丝刀嵌进调速弹簧的上部几圈内,见图 4-2-5,轻轻压下弹簧使之脱开上弹簧座（调速齿轮下腔）,取出调速弹簧。

（12）取下前盖部件。

5.壳体拆卸

（1）拆去动力活塞杆与输出轴上摇臂之间的连接销;拆去大反馈活塞杆与上面连杆之间的连接销。

（2）拆下底座上外围四只六角螺钉和铜垫片,提起壳体,见图 4-2-6。

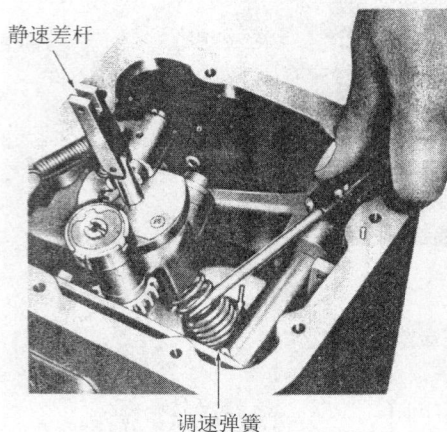
图 4-2-5　调速弹簧的拆卸

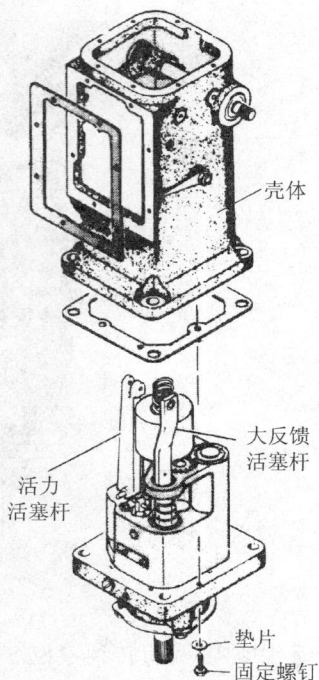
图 4-2-6　壳体拆卸

6. 转子部件拆卸

（1）拆下杠杆和滑阀连接销上里侧的开口销,并将阀销拉出。

（2）提起杠杆内端,用螺丝刀压小反馈活塞杆,见图 4-2-7,使杠杆滑出导杆销子,取出转子部件。

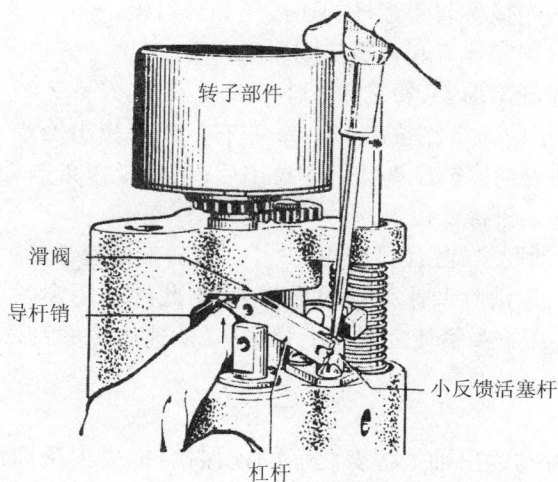
图 4-2-7　转子部件的拆卸

7. 中间体部件拆卸

（1）提起大反馈活塞杆,并在杆上小孔内插入装配销(见图 4-2-8),以防中间体拆离底座时,大反馈活塞弹出来。

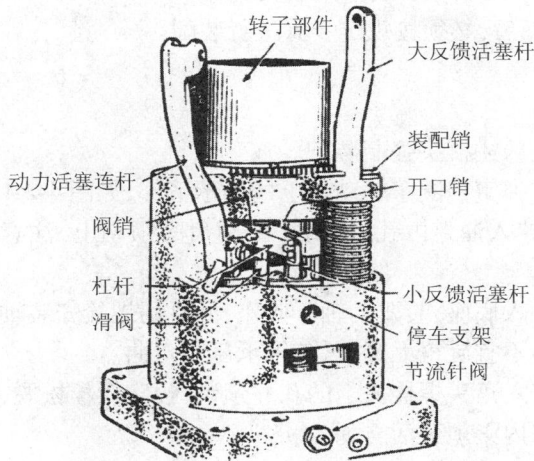

图 4-2-8　插入装配销

（2）将中间体底座结合部件倒置,用台钳在蓄压缸部位轻轻夹住,不宜过紧,以免中间体变形。拆下底座里面 5 只与中间体的连接螺钉和铜垫片。

（3）用木榔头或铜棒轻击底座,并小心提起底座部件,使之脱开中间体。蓄压缸弹簧的拆卸必须在台虎钳上进行,见图 4-2-9。

图 4-2-9　拆卸底座

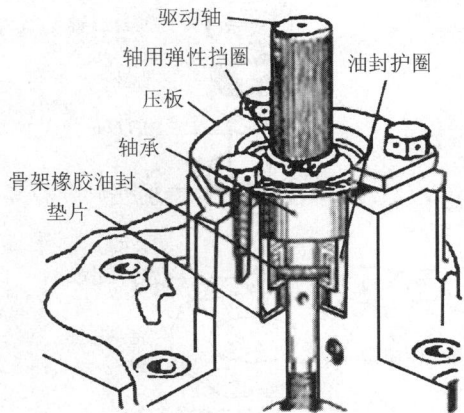

图 4-2-10　驱动轴的拆卸

8. 底座和驱动轴拆卸

（1）倒置底座（见图 4-2-10）,注意结合面不能碰毛,剪断锁捆铁丝,拆下三只螺钉和压板。

（2）用铜棒轻击并取出驱动轴部件,取出油封护圈、油封和端面垫片。

（3）拆驱动轴上的弹性挡圈,把轴承从轴上压出。

（4）如果底座平面不平,有刻痕,则应拆去底座平面上的定位销,然后研磨平整,如果在磨床上加工,磨去厚度不允许超过 0.15 mm。

注:拆卸范围,按整修要求而定。小反馈活塞组件与中间体的结合系轻压配,无特殊需要,不要轻易拆卸。小反馈活塞与杆的组件不允许拆开。

调速器每经拆卸修理后,必须按规定步骤进行装配。

(二)调速器的装配

1.驱动轴的安装

(1)运动件不能用压床或榔头强制装配。

(2)用弹簧圈铗钳装弹簧挡圈于驱动轴上的轴承下部,如图4-2-11所示。

(3)将驱动轴上端,装入油封内孔,油封护圈倒角必须朝上,注意检查油封夹紧弹簧是否松脱。

(4)将驱动轴垫圈放入底座,装驱动轴于底座,并且用螺栓安装轴承压圈。

(5)驱动轴压紧螺栓不宜旋得太紧,以免轴承压圈弯曲。

(6)用铁丝穿入三只六角头螺栓头上的孔并锁紧,预防螺栓松脱,如图4-2-12所示。

(7)全部运动件在孔内必须灵活自如。

(8)搬动调速器时,不能把驱动轴作支撑,以免碰毛轴的端部。

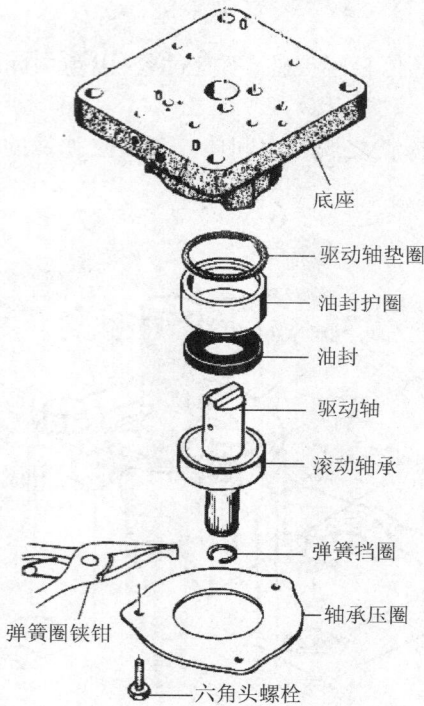

图4-2-11　驱动轴安装分解图

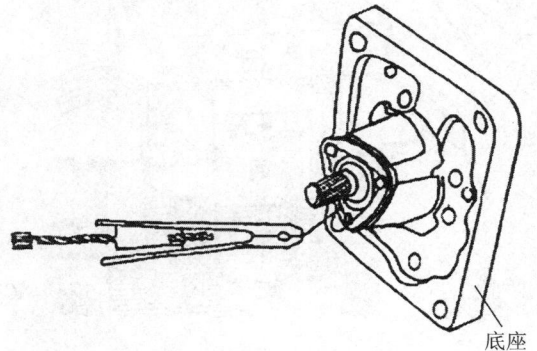

图4-2-12　铁丝锁紧六角头螺母示意图

2.中间体和底座部件的装配

(1)中间体结合面上不允许有任何凹痕和脏物,油泵齿轮的端面间隙必须符合要求。

(2)中间体中各零部件,如活塞、阀套、滑阀、滑阀弹簧及弹簧帽等必须装全。

(3)倒置中间体,在台钳上轻轻夹住,把底座里驱动轴的凸键和阀套末端的凹槽方向扳到一致,将底座上两个定位销对准中间体对应的定位孔,合上底座部件。如果凸键没有完全对准凹槽,可小范围正逆向转动驱动轴,直到底座平面与中间体紧密贴合,见图4-2-13。

（4）装上5个铜垫片和螺钉并对准螺丝孔拧紧。

（5）用手正反向转动驱动轴,必须很灵活。如果灵活性不够满意,应松开螺钉,用手榔头或铜棒轻击底座四角,直至驱动轴能正反向灵活转动为止。

3.转子部件装配

（1）把转子部件装入中间体,使导杆下端的圆柱销嵌入杠杆的槽中,用螺丝刀压下小反馈活塞杆,使杠杆另一端滑入小反馈活塞杆销,同时将滑阀顶部嵌入杠杆槽中。插上滑阀销,如果不易插入,把滑阀转过180°再插,暂时可不装开口销。

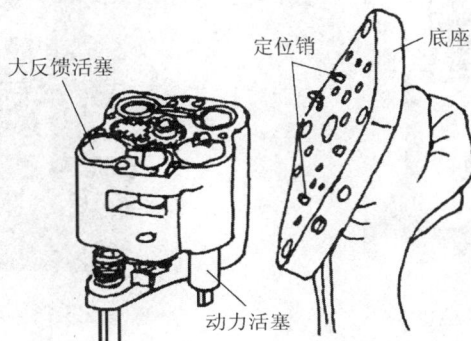

图4-2-13　中间体与底座安装图

（2）检查杠杆的灵活性：

①轻推导杆,全程移动飞块几次。

②压下小反馈活塞杆约6 mm,并全程移动飞块,见图4-2-14。

③提起小反馈活塞杆约6 mm,并全程移动飞块,见图4-2-15。

（3）如果杠杆不太灵活,导杆被按下去后就不能自由地复位。这时必须改变导杆、滑阀。小反馈活塞和杠杆的相对位置：

①将杠杆翻身装。

②把滑阀转过180°。

③旋转导杆或小反馈活塞杆或者再翻转杠杆。

④继续改变有关零件的相对位置,直到导杆、杠杆均灵为止。

（4）滑阀销两端装上开口销。

（5）调整滑阀位置,取出大反馈活塞杆上的装配销。

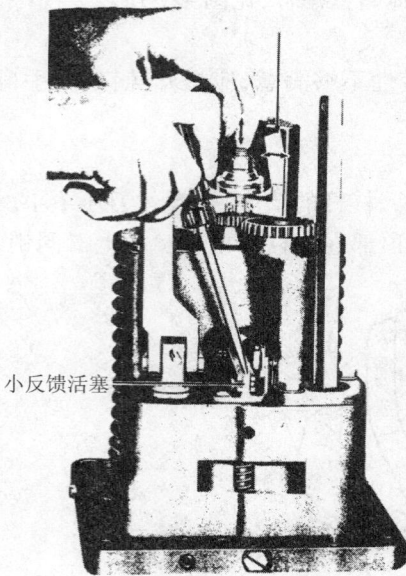

小反馈活塞

图 4-2-14　杠杆的灵活性检查 1

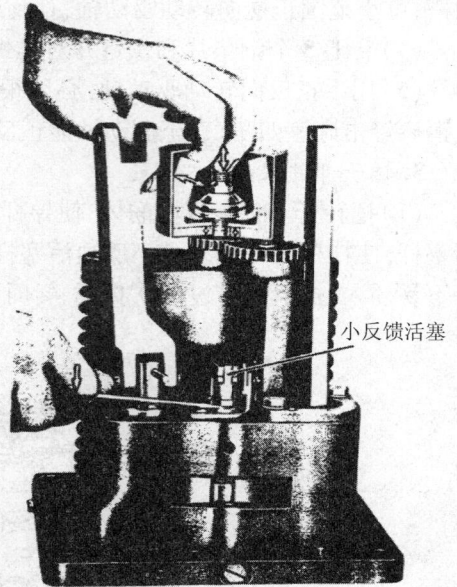

小反馈活塞

图 4-2-15　杠杆的灵活性检查 2

4. 前盖部件安装

UG－8 型表式调速器上有前盖部件,装配次序与拆卸次序相反。

(1)在转子部件里装上调速弹簧。

(2)负荷指示牌位于"8.5"处,负荷指示齿条、压杆和负荷限制凸轮的位置,见图 4-2-16。

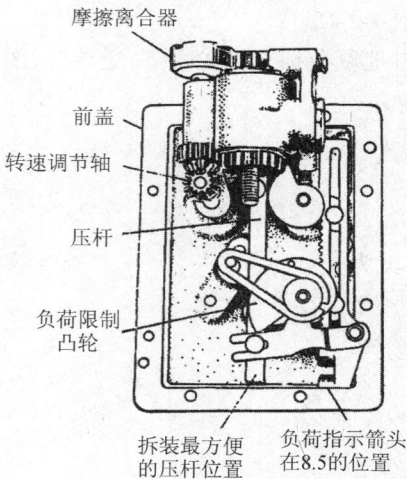

摩擦离合器

前盖

转速调节轴

压杆

负荷限制
凸轮

拆装最方便
的压杆位置

负荷指示箭头
在8.5的位置

图 4-2-16　前盖的安装

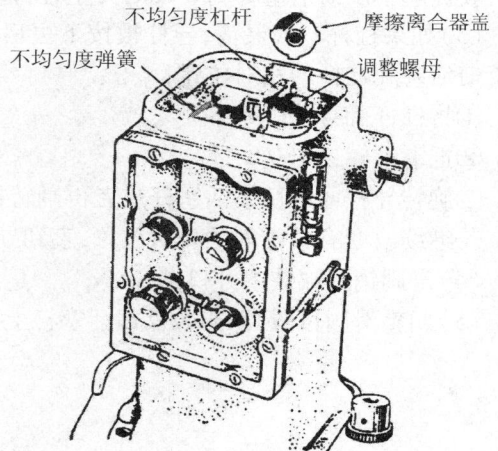

不均匀度杠杆

摩擦离合器盖

不均匀度弹簧

调整螺母

图 4-2-17　不均匀度销及弹簧的安装

(3)用专用摇臂转动输出轴,使动力活塞下移,提起连接叉,把前盖上部装进壳体,并使调速螺柱伸入调速弹簧中央。

(4)把负荷限制齿条的下端搁在壳体窗口上,前盖下侧离壳体窗口结合面 15 mm 左右,见图 4-2-5。

（5）转动输出轴,把动力活塞提到较高位置,一手小幅度转动输出轴,一手把前盖下侧轻轻推入,直至动力活塞连杆的脚嵌进负荷限制齿条的槽,前盖和壳体表面相贴合,然后装上两只螺钉和弹簧垫圈。

（6）用专用手柄全程转动输出轴一、二次,动力活塞向下时须同时按下停车杆。输出轴全程转动时,负荷指示牌箭头的转动范围必须从"0～10"。如果不能全行程转动,必须取下铭牌检查,然后使负荷指示箭头位于"8.5"处。

（7）压杆推下后必须能自由复位。

（8）装上全部弹簧垫圈和螺钉,将前盖固紧。

（9）转动转速调节旋钮,使转速指示位于"10",然后顺时针方向转动连接叉,直到碰到滑叉,不能转动为止,再向外侧放平,见图4-2-17,装上不均匀度连杆销。

（10）装上不均匀度拉簧。

（11）装上铭牌,转动旋钮和输出轴,观察指示牌外圆与铭牌内孔之间是否卡住。如果有阻卡,可拆下铭牌,用三角刮刀将孔扩大,直到不碰为止。

七、调速器的调整

1.最高转速和最低转速的限制

转速限制调整既可在柴油机运转时进行,也可在调速器试验台上进行。限制最低转速还是限制最高转速根据需要而定,一般限制最高转速较为普遍。

UG型表盘式调速器

（1）拆下铭牌和转速指示旋钮。

（2）拉出装有转速指示牌的传动齿轮,使之脱离啮合。柴油机若需要限制最高转速运行,然后将转速指示齿轮顺时针方向旋转,直至其上的限位销碰到传动惰齿轮,见图4-2-18。若需要限制柴油机最低转速时,让柴油机以最低转速运行,然后将转速指示齿轮拉出并逆时针方向旋转,直至其上的限位销碰到传动惰齿轮。调整完之后装复转速指示旋钮和铭牌。

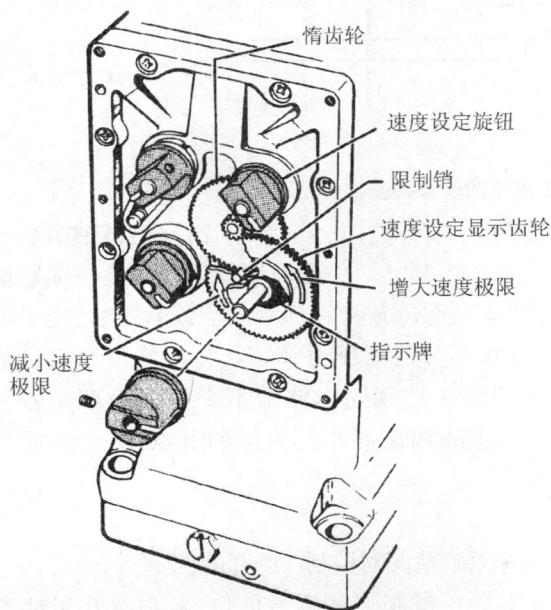

图4-2-18　最高转速和最低转速的限制

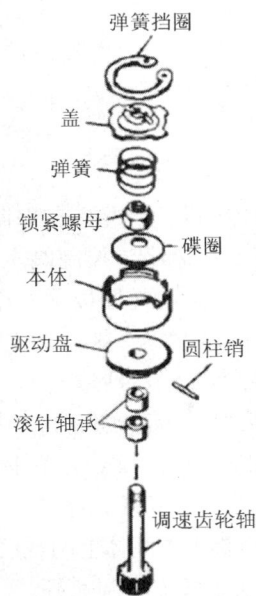

图4-2-19　摩擦离合器分解

2. 摩擦离合器的调整

UG 型表式调速器中具有实现转速遥控的摩擦离合器,其中,锁紧螺母的调整必须旋紧到如下的程度:既能使伺服电机可靠地驱动调速齿轮,同时在固定摩擦离合器的情况下,又能用手旋动转速调节旋钮。使用中如果出现摩擦离合器打滑,即伺服电机的转动操纵不了柴油机转速时,可拆去调速器顶盖,取出摩擦离合器上方的孔用弹簧挡圈和盖,固定调速横轴,顺时针方向旋转锁紧螺母,若螺母的自锁销作用失效,应予换新,见图 4-2-19。

3. 小反馈活塞的装配位置

为了确保小反馈活塞和其活塞杆装配后的同轴度,把小反馈活塞、小反馈弹簧、弹簧座和活塞杆组成一个部件进行机械加工;维修中不宜将这一部件任意拆开;装配的时候,将这一部件放在垂直位置,用木榔头轻击敲入中间体内并保证如下装配尺寸。

UG 型调速器中,在安装时要注意小反馈活塞连杆的活塞端面离控制阀体槽下平面的距离,有的调速器是 0.125 英寸。量度安装位置尺寸是用专门的厚度规进行测量的。这个尺寸很重要,见图 4-2-20。它保证当浮动杠杆处于水平位置时,能够从调速器结构上保证滑阀凸台盖住阀套上的控制口。

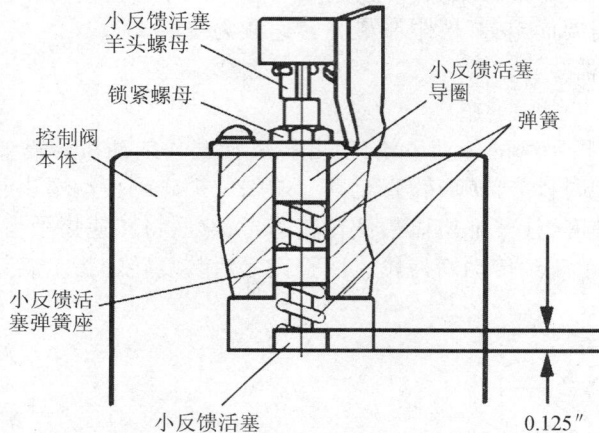

图 4-2-20 小反馈活塞的位置调整

具体的测量方法:在控制阀本体上,用厚度规为 0.125 英寸去量小反馈活塞连杆轴组合件的活塞上端边缘与控制阀本体槽下平面的距离为 0.125 英寸。一方面用开口扳手挟住锁紧螺母,另一方面用开槽扳手专用工具挟住小反馈活塞羊头螺母并将它锁紧。当锁紧之后,用手按下小反馈活塞羊头螺母的上端压下去,然后放手观察小补偿器压力弹簧在自由恢复原来位置后,去量小补偿器活塞连杆轴组合件的活塞上端边缘与控制阀本体槽下平面的距离是否为 0.125 英寸,一定要准确。因为不准确的话,一方面影响调速器原先数据的基点,另一方面可能在间隙上和弹簧受力不平衡而影响调速器的反应。

4. 滑阀位置的调整

(1)拆下中间体上的观察孔螺塞,用手电筒照亮来观察滑阀对控制口的开度,见图 4-2-21。

(2)食指按下调速杆,飞重同时合拢(见图 4-2-23),滑阀下移到最低位,从观察孔里注意控制口的开度,假如为 B 值,见图 4-2-23。

（3）食指顶住调速杆，中指同时向外张开飞重（见图4-2-23），滑阀上移到最高位，从观察孔里注意控制口的开度，假如为A值，见图4-2-23。

本调整要求飞块的合拢或者张开时，控制口上下开启大小A、B值要基本相等。

调整过程中，如果需要升高控制滑阀，则顺时针方向旋转调速杆上的锁紧螺母，反之则逆时针方向旋转调速杆的锁紧螺母。调整完毕，必须装复观察孔螺塞。

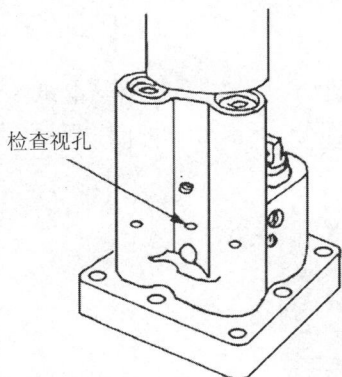

图4-2-21　滑阀位置检查视孔图　　图4-2-22　滑阀位置调节方法　　图4-2-23　滑阀控制台在阀套控制孔位

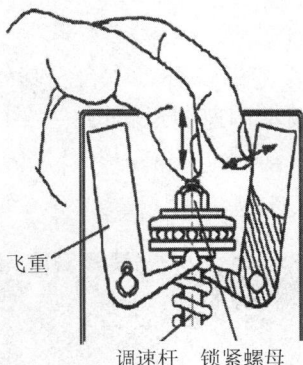

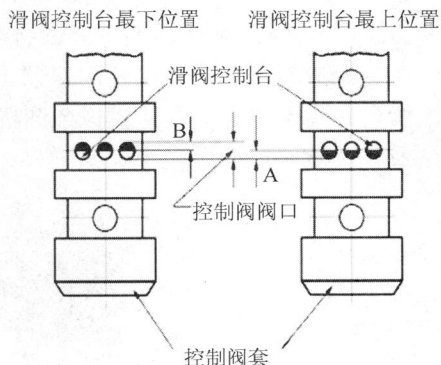

八、调速器的安装规范

（1）柴油机与调速器连接的花键套回转中心线，应与调速器的传动轴回转轴花键处的配合间隙要适当，以调速器传动轴能否靠自重滑入内花键为准，不宜过松或过紧。过紧时，切勿敲打，必须拆下有关零件，检查修整装配间隙。

（2）正确选择传速比。应使柴油机的标定转速接近或等于调速器工作转速的上限。

（3）柴油机的燃油调节机构必须灵活无卡阻，传动精确。间隙过大或过小均会造成柴油机转速不稳。应尽量减少杆件的数目，建议能采用球铰链结构。杆件与连接销的配合间隙保持在0.02 mm为宜。

（4）调速器的工作能力应比移动被调节柴油机的燃油调节机构所需的工作能力约大50%。为了获得较好的调速性能，在设计燃油调节机构时，要适当选择燃油泵齿条与调速器输出轴之间的传动杠杆比。同时要注意输出轴的角位移与油泵齿条的位移成线性关系。应使输出轴的加减油方向与燃油泵齿条的加减油方向一致，并应设置作用于减油方向的复位弹簧。

（5）调速器输出轴与燃油泵齿条连接好后，必须检查：在调速器输出轴的全部转角范围内，燃油泵齿条能否断油、能否提供所需的燃油量。

（6）调速器工作油的油面应处于油标刻度线之间。

（7）调速器在柴油机上紧固前，必须进行盘车或低速运转，使其传动轴与有关驱动系统自行对中，防止咬卡，损坏调速器。

九、调速器日常维护及常见故障排除

按第一章中第四节、第五节所述内容，进行调速器相关的日常维护及常见故障排除。

十、实验报告

实验名称：　　　　　　　　　　　　　　　　实验日期：

班级：　　　　　　　　姓名：　　　　　　　　　学号：

（1）简述 UG8 调速器拆卸及安装基本过程。

（2）简述蓄压器主要作用。

（3）简述柴油机负荷增加或减少时调速器的工作原理。

实验二　调速器特性实验

一、WOODWARD 调速器试验台简介

调速器试验台是检验调速器工作性能的一种工作台。其外视图如图 4-2-24 所示。本试验台是由电机无级变速模拟柴油机来驱动调速器运转，其主要由上部分、下部分、操作控制箱及相关软件组成。

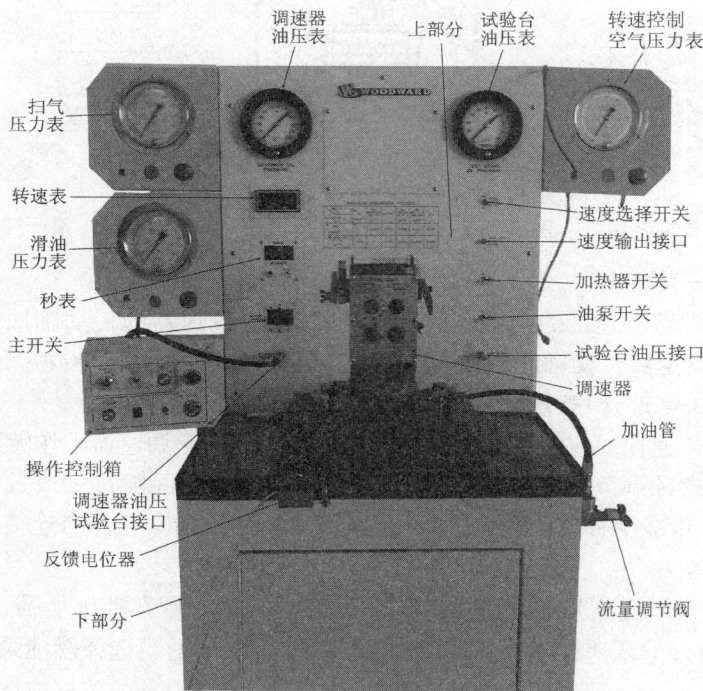

图 4-2-24　WOODWARD 调速器试验台外视图

1. 主要组成

（1）上部分

上部分主要由安装电器、开关、接口等组成，见图 4-2-24。

（2）下部分

下部分主要由电机、油泵、滤器、油箱、加热器、温度调节器及相关油管等组成，见图 4-2-25。

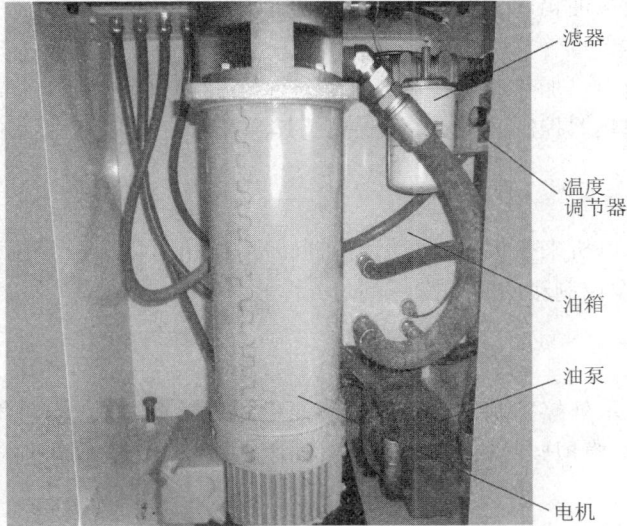

图 4-2-25　调速器试验台下部分组成

（3）操作控制箱

操作控制箱部分主要的作用是模拟柴油机的工作性能,主要包括:启动、停车、正转和反转、加速和减速、柴油机反馈调节等装置,见图 4-2-26。

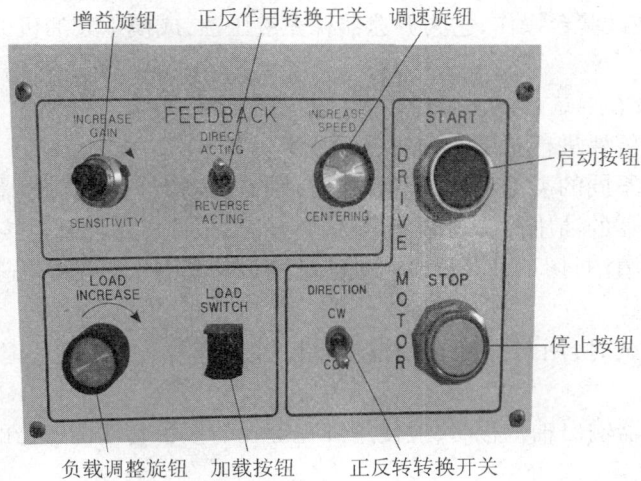

图 4-2-26　调速器试验台操作控制箱组成

2. 调速器试验台主要部件功能

（1）滤器

调速器试验台油箱滤器装在调速器试验台的底座内,型号为 AE － 25,由 25 微米过滤元件压制而成的过滤器,其使用压力为:250 PSI,油温为:250 ℉。

（2）油箱

调速器试验台油箱是由铁板焊接而成的,它的容积大约 5 加仑。干净的油是经过油箱上过滤网加到油箱内的,在油箱外有玻璃管式油位指示计。

油泵的吸入管接在油箱内和调速器的泄油流进油箱内。

（3）油箱内加热器

加热器装在油箱内。加热器要在调速器调试半小时前开启,使调速器的油温提高到工作温度再进行调试。加热器控制开关在工作台上,其温度设定和控制由装在下部分的温度控制器控制。

（4）电机

柴油机运转是由电机来模拟的,驱动调速器转动,电机可以无极变速,并且可以正反转,电机调速、正反转由操作控制箱的旋钮操作的。

（5）压力表

①空气压力表

空气压力表是指示外接控制空气来模拟柴油机相关性能的大小,空气压力的大小可以人工进行调节。它包括:模拟柴油机扫气压力、滑油压力、遥控柴油机调速的控制空气压力。

②油压表

油压表是指示调速器试验台油泵提供的液压油压力的大小和检测调速器液压系统的油压大小。

（6）反馈电位器

反馈电位器的作用是调速器的反应通过反馈电位器来模拟柴油机的性能。

（7）油泵

油泵是由人工在试验台操作,它为调速器补充液压油,或模拟柴油机的系统油来作为调速器工作的液压油。

3. 调速器在试验台调试应注意事项

（1）首先必须了解要进行调试的调速器的技术资料;

（2）根据调速器不同的类型,选择合适的连接轴,在实验台上将调速器固定在工作台上;

（3）将被测调速器的油压接口与调速器试验台的油压接口用油管连接好;

（4）保持试验台清洁,切不可以将没有被清洁的调速器,用于测试调速器基本性能的液压油倒入试验台内;

（5）调速器在调试时,用附有磁性的温度计贴在调速器的平面上,记录调速器油的工作温度;

（6）在搬动调速器输出轴行程时,应使用细花键孔的扳手套住调速器的输出轴上。

4. 微机自动测试系统简介

微机自动测试系统,主要对调速器进行突加负荷测试、突减负荷测试、瞬时测试、平稳测试,并且可以设置系统,根据用户情况,添加用户数据,打印测试报表等操作,见图4-2-27。

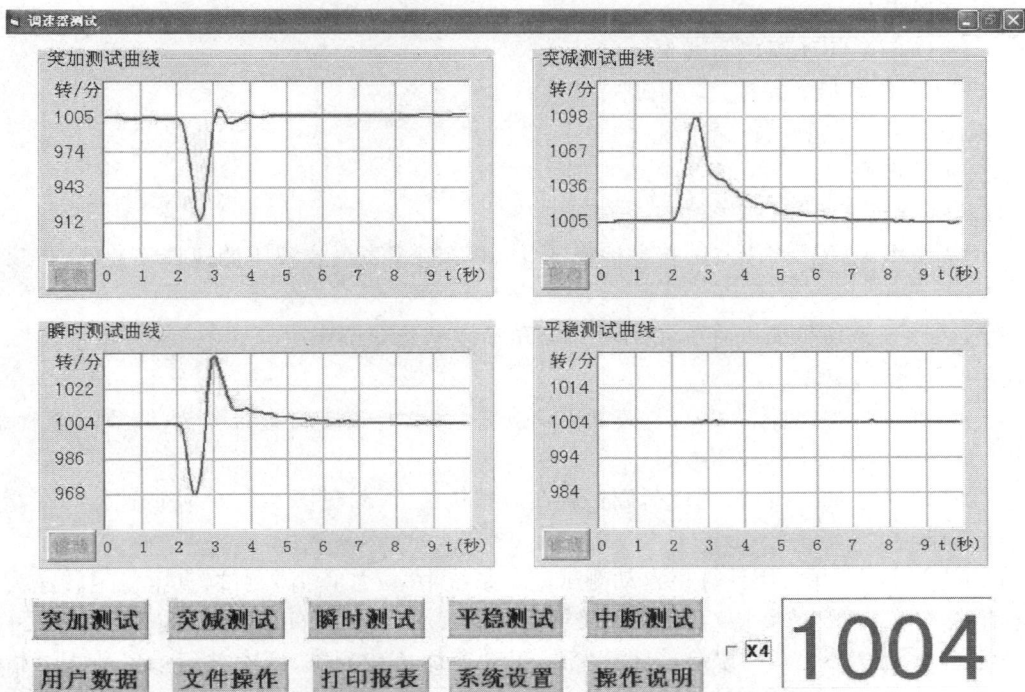

图 4-2-27　调速器微机自动测试系统操作界面

二、实验内容与要求

调速器的性能好坏直接影响柴油机运转的稳定性和可靠性。调速器装机后,在柴油机性能鉴定时,应对柴油机负荷从零逐渐增加到最大(或相反变化)时,进行突变负荷试验,同时用计算机自动测试系统记录柴油机的转速随时间的变化曲线,用以分析调速器的工作性能,也就是调速器性能试验。

1. 实验内容

(1)负荷限制调速器特性实验。

(2)稳定调速率为"0"时,突加或突卸负荷实验,调速特性曲线绘制。

(3)稳定调速率为"30~50"时,突加或突卸负荷实验,调速特性曲线绘制。

(4)改变针阀开度大小,突加或突卸负荷实验,调速特性曲线绘制。

(5)改变补偿指针位置,突加或突卸负荷实验,调速特性曲线绘制。

2. 实验要求

(1)了解实验仪器的使用方法。

(2)了解调速器的主要性能指标及调节方法。

(3)根据实验过程和结果,分析评定调速器在工作状态的稳定性及调速性能。

三、实验目的、意义

通过本实验可以了解调速器对柴油机的调速作用及其运转性能的影响;能够深入理解调速器工作性能参数的测定方法及其对柴油机工作的影响;掌握正确使用表盘式液压全制式调速器调节旋钮和稳定性调整的方法。

四、实验设备

(1)WOODWARD 调速器试验台;

(2)UG – 8 全制式表盘式液压调速器;

(3)计算机自动测试记录系统。

五、实验步骤

1.稳定调速率为"0"调速过程曲线测定

(1)WOODWARD 调速器试验台检查,UG – 8 全制式表盘式液压调速器安装,接好反馈电位器。

(2)UG – 8 调速器速度降旋钮调至"0",负荷限制旋钮调至"10",反馈指针指示"5",补偿针阀旋开 2 圈。

(3)接通主开关,见图4-2-24。按下启动按钮,启动电机使调速器运转,调节调速旋钮,使调速器负荷指示指针指向 2 格。

(4)手动按下加载按钮,用负荷调整旋钮调整负荷大小,见图4-2-26,使调速器负荷指示指针指向 8 格。

(5)逐步关小针阀,用计算机自动测试记录系统中"突加负荷"测试,直至稳定转速为负荷变化前的转速。观察速度特性曲线,记录针阀开启大小、稳定时间、稳定转速于表4-2-3 中。

(6)调整调速器上负荷限制旋钮至"5",手动突加负荷测试,观察并记录负荷指示指针指示的位置;计算机系统中"突加负荷"测试,观察速度特定曲线,记录稳定时间,负荷变化前后的转速。

(7)负荷限制旋钮调回"10",顺时针旋转调速旋钮一圈,再逆时针旋转调速旋钮两圈,分别记录调速器转速变化后的转速,并同时观察速度指示指针的变化。

(8)调速旋钮顺时针转一圈,使调速器转速维持在开始测试的转速,将针阀全部关闭,计算机系统中"突加负荷"和"突减负荷"测试,观察速度特定曲线,记录稳定时间,负荷变化前后的转速。

(9)将针阀开启两圈,在微机系统中"突加负荷"和"突减负荷"测试,观察速度特定曲线,记录稳定时间,负荷变化前后的转速。

(10)将针阀开度调回第(5)步针阀开启的位置,分别改变反馈指针到最大和最小位置,计算机系统中分别"突加负荷"和"突减负荷"测试,观察速度特定曲线,记录稳定时间,负荷变化前后的转速。

2.稳定调速率为"30 – 50"调速过程曲线测定

(1)将调速器调整到稳定调速率为"0"调速测定过程中的第(5)步。

(2)速度降旋钮调至"40"。

(3)微机系统中"突加负荷"和"突减负荷"测试,观察速度特定曲线,记录稳定时间,负荷变化前后的转速。

3.实验完毕

(1)调整调速旋钮,使调速器转速为0,按下停止按钮使电机停止运转,见图4-2-26。

(2)关闭电源主开关,见图4-2-24。

六、实验报告

实验名称：   实验日期：

班级：   姓名：   学号：

（1）测量结果记录

按表4-2-3的要求做好记录与计算，并画出调速特性曲线。

表4-2-3 调速器试验台调速过程曲线测定记录表

调速器型号				调速器编号					
环境温度				工作油温					
实验人				实验日期					
试验项目		负荷限制指针刻度	设定转速 n_{omax}	最高瞬时转速 n_{max}	最低瞬时转速 n_{min}	稳定转速 n_b	反馈指针位置	补偿针阀开度（转）	稳定时间
突加100%负荷	速度降旋钮为"0"								
	速度降旋钮为"30－50"								
突减100%负荷	速度降旋钮为"0"								
	速度降旋钮为"30－50"								
计算结果	负荷	瞬时调速率		稳定调速率		稳定时间			
		速度降旋钮为"0"	速度降旋钮为"30－50"	速度降旋钮为"0"	速度降旋钮为"30－50"	速度降旋钮为"0"	速度降旋钮为"30－50"		
	突加100%								
	突减100%								

（2）简述调速器稳定调速率测试过程。

（3）简述补偿针阀开度大小对柴油机稳定转速及稳定时间的影响。

（4）简述反馈指针位置对柴油机稳定转速及稳定时间的影响。

第五部分

船舶柴油机增压器结构与拆装

第一章　废气涡轮增压器结构与工作原理

第一节　增压器的结构

目前,柴油机主要是采用废气涡轮增压的方法来提高其平均有效压力。涡轮增压器弥补了自然吸气式发动机的某些先天不足,使柴油机在不改变气缸工作容积的情况下大大提高输出功率。采用这种废气涡轮增压技术来改进柴油机的输出功率,不仅提高了柴油机的经济性,而且降低了单位功率的重量。

船用柴油机增压器的品牌主要有:

ABB 公司:VTR 系列增压器,VTC、TPS 和 TPL 等系列增压器;MAN B&W 公司:NA、NR 系列、TCA、TCR 系列增压器;日本三菱公司:MET 系列增压器等。

一、废气涡轮增压分类及型号

1. 依据涡轮机类型分类

分为轴流式涡轮增压器和径流式涡轮增压器两种。

大型增压器多采用轴流式涡轮(即燃气在涡轮内的流动方向平行于转子轴方向),如图 5-1-1所示。小型增压器则采用径流式涡轮(燃气在涡轮内沿垂直于转子轴轴线的径向流动),如图 5-1-2 所示。

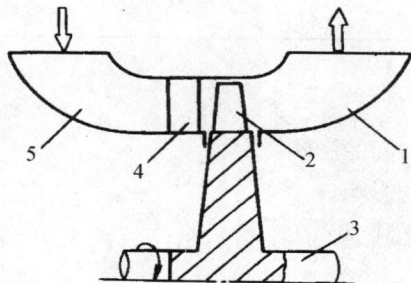

图 5-1-1　轴流式涡轮示意图

1 - 气壳;2 - 工作轮;3 - 涡轮轴;4 - 喷嘴环;5 - 进气壳

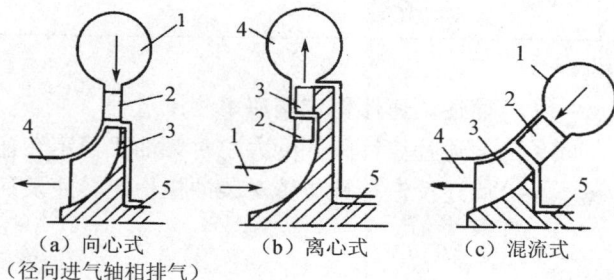

(a) 向心式
(径向进气轴相排气)　　(b) 离心式　　(c) 混流式

图 5-1-2　径流式涡轮示意图

1 - 进气壳;2 - 喷嘴环;3 - 工作轮;4 - 排气壳;5 - 涡轮轴

2. 废气涡轮增压器型号表示法

瑞士 ABB 公司增压器型号用字母和数字组成,以 VTR454A - 11 为例,具体规定如下:

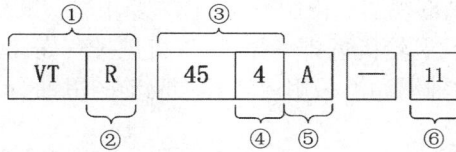

①VTR——结构型式。

②R——表示轴承支撑方式及型式。"R"表示外支撑轴承是滚珠或滚柱式。若轴承是内部滑动且全冷却式的用"C"表示,即 VTC。

③454——表示规格。

④4——表示结构系列。若表示为"0"统称 0 系列;表示为"1"统称 1 系列;表示为"4"统称 4 系列。

⑤A——表示特殊要求。"A"表示:高效率;"P"表示:高压比;"E"表示:特定的高效;"D"表示:高压比和高效率的结合。

⑥11——表示设计变动。"11"为冷却式铝合金的压气叶轮;"21"为冷却式钛合金的压气叶轮;"31"、"32"为非冷却式,铝合金的压气叶轮;"41"、"42"为非冷却式,钛合金的压气叶轮。

二、VTR 型涡轮增压器

VTR 型涡轮增压器是在船用柴油机中应用广泛的一种增压器。它由瑞士 ABB 公司制造,有 0、1、4、4A、4D、4E 及 4P 等系列产品,能满足 200～37000 kW 范围内柴油机的匹配要求。图 5-1-3

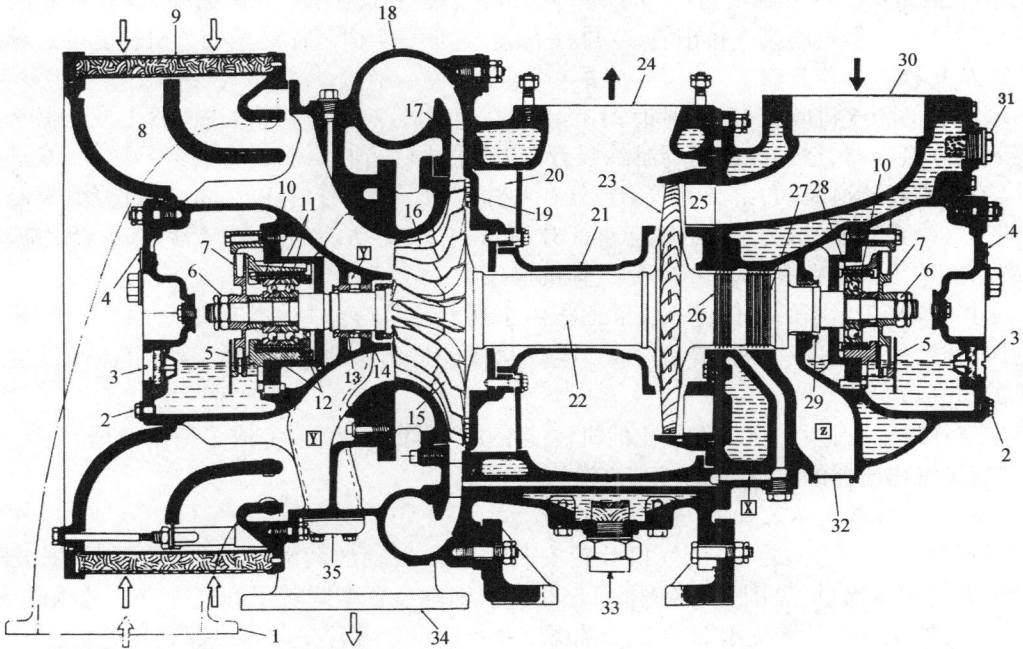

图 5-1-3　VTR200WE 型增压器纵剖视图

1－进气管;2－放油堵;3－油位观察镜;4－加油塞;5－挡油板;6－固定螺母;7－甩油盘;8－消声器;9－滤清器;10－径向减振片组;11－双列球轴承;12－轴向减振片组;13－油封;14－气封;15－压气机叶轮;16－导风轮;17－扩压器;18－空气排气蜗壳;19－气封;20－隔热墙;21－轴保护套;22－转子轴;23－涡轮机叶轮;24－废气排出口;25－喷嘴环;26－气封;27－油封;28－单列球轴承;29－轴封;30－废气进气口;31－防腐塞;32－平衡流道防护装置;33－冷却水进口;34－空气排气蜗壳排出口;35－平衡流道防护盖;X－密封通道;Y、Z－平衡室

269

为 VTR200WE 型增压器的纵剖视图。由图看出,它主要由轴流式涡轮机、离心式压气机、转子轴及其轴承、油、气密封装置、涡轮机进排气壳、压气机进排气壳、润滑与冷却等部分组成,轴承采用外置式。这种增压器的轴承润滑采用由转子轴驱动的甩油盘来提供封闭式压力润滑。

第二节　废气涡轮增压器的工作原理

柴油机排出的废气,具有 500 ℃以上的高温和 0.13 MPa 以上的高压。它以一定的速度进入废气涡轮后,进行膨胀作功,温度、压力降低,排到大气中,使涡轮发出一定的功率,并以几万转每分,带动同轴的压气机。而新鲜空气则被吸入压气机,在离心力作用下被压缩,压力和密度提高,压力可达 0.13 ~ 0.3 MPa 以上。这些被压缩了的空气进入柴油机气缸和燃油混合,则可以使柴油机发出更大的功率。

一、VTR200WE 增压器工作原理

VTR200WE 增压器为轴流式增压器,其主要由废气涡轮机和压气机组成,如图 5-1-3 所示。其工作原理如下:

1. 废气涡轮机的工作原理

具有高温高压的柴油机废气以一定的流速由废气进气管 30 进入增压器,然后进入喷嘴环 25,进行膨胀,速度增加。压力和温度降低,然后进入旋转的涡轮机叶轮 23,气体在叶轮流道内继续膨胀作功。压力温度进一步下降,同时产生燃气作用在叶片的力矩,驱动叶轮高速旋转。最后气体从涡轮的废气排出管 24 排往大气,这是一个由气体能量变为机械能的过程。

2. 压气机的工作原理

增压器的压气机叶轮 15 在涡轮 23 带动下高速旋转。新鲜空气由进气管 1 或滤器 9 和消声器 8 进入增压器,空气经滤清、导流、吸音(消声器由吸音材料制成),再经导风轮 16 进入工作叶轮 15 沿着流道流动,由于流道中空气在叶片带动下随工作叶轮转动。因此受到离心力作用,使空气受到压缩,压力、温度和流速都升高,具有很高动能的气流,然后进入叶片扩压器 17,将动能转化为压力能,从而提高了气体的静压。

从扩压器 17 出来的气体进入流通面积由小到大的涡轮壳 18,流速进一步降低,动能继续变为压力能,使压力进一步稳定和提高。空气从蜗壳排出口 34 排出后,经空气冷却器进入柴油机的扫气箱。

空气经过以上过程,将工作叶轮的机械能变为气体的压力能,完成了增压过程。

二、废气增压器的主要部件

1. 转子轴及其支承装置

如图 5-1-4 所示,涡轮机、压气机叶轮安装在同一根轴的两端,构成了增压器的转子轴。转子轴由两轴承支承,见图 5-1-3 中的 11、28。按轴承布置型式转子的支撑方式分为外支承、内支承、内外支承和悬臂支承四种形式,如图 5-1-5 所示。各种支撑方式都有其优缺点。

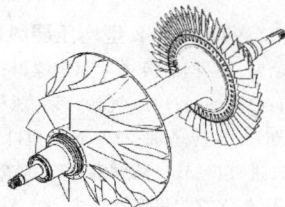

图 5-1-4　增压器转子轴

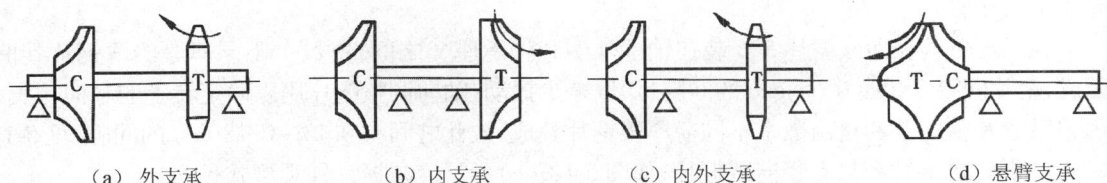

（a）外支承　　　　（b）内支承　　　　（c）内外支承　　　　（d）悬臂支承

图 5-1-5　增压器转子支撑方式

（1）外支承

两个轴承安装在压气机叶轮和涡轮转子的两端。在大型废气涡轮增压器中应用得很多，VTR200WE 型增压器为此种支承。如图 5-1-5（a）所示。

外支承式具有转子的稳定性好、便于转子轴的密封（轴承远离叶轮，轴向空间较大）、轴承受高温气体的影响较小优势。另外，增压器转子轴的中部刚性较大，支承轴颈可以适当细一些，不致影响转子的临界转速，这样，可以保证轴承有较低的表面切向速度，这对延长轴承的寿命是很有利的。同时对放在两端的轴承工作条件较有利，更换轴承较方便，缺点是增压器结构相对复杂，重量尺寸较大，清洗增压器叶轮较困难。此支承广泛应用于大型废气涡轮增压器。

（2）内支承

两个轴承在涡轮与压气机之间的内侧，叶轮两端悬臂放置，在小型废气涡轮增压器上获得广泛的应用，如图 5-1-5（b）所示。

内支承式的主要优点是增压器的结构简单，转子的重量轻、刚性好、对中性好，工作叶轮的可接近性好，清洗容易，轴向长度较短，但其油、水、气的密封布置较困难。缺点是有一侧的轴承很靠近涡轮端，轴承的工作条件较差，更换轴承很不方便，须先拆去叶轮后才能更换轴承。此支承应用在小型废气涡轮增压器。

（3）内外支承

两个轴承一个在压气机叶轮内侧，一个在涡轮机叶轮外侧，如图 5-1-5（c）所示。

内外支承具有外支承和内支承的特点，便于压气机叶轮的清洗。

（4）悬臂支承

两个轴承布置在转子轴的一侧，压气机和涡轮机叶轮背对背地靠着布置在转子轴的另一侧，如图 5-1-5（d）所示。

优点是减少了轮盘的摩擦损失，从而改进了综合效率。两个轴承均在冷的壳体内，轴承的工作条件很有利。

缺点是在设计时需要仔细地解决热传导，不同的线膨胀等问题以及转子有较大的悬臂力矩，要仔细地研究转子和轴承组合的动力特性，目前亦已开始在大型废气涡轮增压器上应用。

2. 轴承

增压器转子支承轴承类型有滚动轴承和滑动轴承。

（1）滚动轴承

滚动轴承摩擦损失较小，加速性能较好，适用于高转速。但其构造复杂，寿命短，使用后无法修复。

如图 5-1-6 所示，（b）为压气机端轴承，（c）为涡轮机端轴承。压气机端轴承采用成对双列滚动轴承,轴承 8 起支承转子作用,轴承 10 起止推作用;涡轮机端为膨胀自由端,其轴承 11 仅起支承转子作用。

在压气机端径向减振片 5 安装在轴承外圈和轴承座 9 之间,由数个不同薄厚的薄钢片卷曲而成,钢片间有 0.25 ~ 0.55 mm 的间隙,用以减少振动;轴向调整垫片用以确定转子的轴向位置,用它保证 K 值。垫片是由数个不同薄厚薄钢片叠成,彼此之间有 0.13 ~ 0.18 mm 的间隙,见 5-1-6(b)。涡轮机端轴承只有径向减振片,如图 5-1-6(c)所示。减振片外观型式见 5-1-6(a)。

(2)滑动轴承

采用滑动轴承时,由于它的摩擦损失较大,所需滑油循环量很大,滑油还需进行冷却,因此,轴承的滑油是强制循环的。

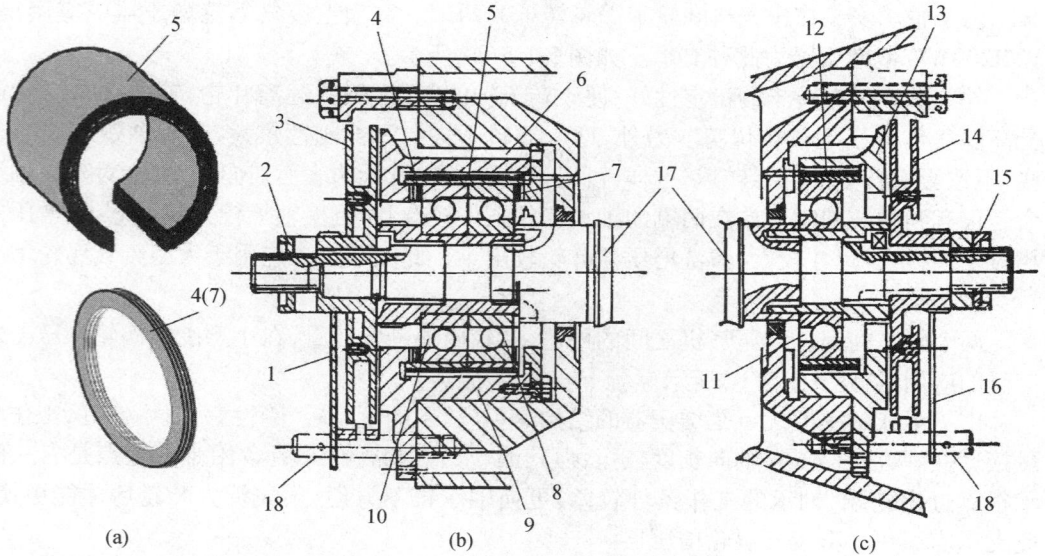

图 5-1-6　VTR200WE 型增压器轴承示意图

1、16 - 挡油板;2、15 - 锁紧螺母;3、14 - 甩油盘;4、7 - 轴向调整垫片;5、12 - 径向减振片;6 - 油道;8、11 - 支承轴承;9、13 - 轴承座;10 - 推力轴承;17 - 转子轴;18 - 导钉

(3)推力轴承

如图 5-1-3 所示,在涡轮部分,涡轮机叶轮 23 右侧的压力大于左侧,转子 22 上作用着一个自右向左的轴向推力。在压气机端,由于压气机叶轮 15 进口处为负压,再加上叶轮 15 出口的空气漏至叶轮右侧,也是叶轮 15 右侧压力大于左侧,又使转子上作用着一个自右向左的轴向推力。因此压气机端设置的双列轴承 11 中最外端轴承为推力轴承,详见图 5-1-6(b)中 10。

3. 轴承润滑方式

增压器轴承的润滑方式有:(1)靠装在转轴上的甩油盘进行飞溅润滑;(2)由涡轮增压器的专门油泵润滑;(3)由柴油机的润滑系统或增压器单独润滑系统供给滑油的强制润滑。

VTR200WE 型增压器靠装在转轴上的甩油盘进行飞溅润滑,见图 5-1-6。

增压器两端轴承处各有一个封闭式润滑油池,滑油保持在一定液位,甩油盘 3、14 浸入滑油 2 ~ 5 mm,甩油盘 3 和 14 和转子轴 17 一起旋转。在图 5-1-6(b)中,由于甩油盘 3 的转动,在离心力的作用下,甩油盘的侧面和对面(轴承座 9 靠近甩油盘为泵壳的静止部分)就产生部分负压,甩油盘 3 就将油池中滑油吸向上方,一部分滑油经油道 6 就流向轴承 8 的右侧,靠重力去润滑轴承 8 和 10,并流回油池,实现飞溅润滑。这种供油方法,当油面与甩油盘不接触时,也具有一定的吸油作用。因此,当船摇摆而使油面变化时,也能保证供油稳定。

4.密封装置

在增压器转子与固定件衔接的一些部位,装有多种结构形式的密封装置。其目的是尽量减少空气、废气和润滑油的泄漏量。如图 5-1-3 所示,增压器各部分的密封方法。在涡轮机端,转子与进气壳之间的间隙,为了防止废气通过间隙进入轴承箱污染滑油以及滑油通过间隙进入涡轮结炭污阻叶片和浪费滑油,设置了迷宫式气封 14、26 和油封 13、27,其结构分别如图 5-1-7 和图 5-1-8 所示。

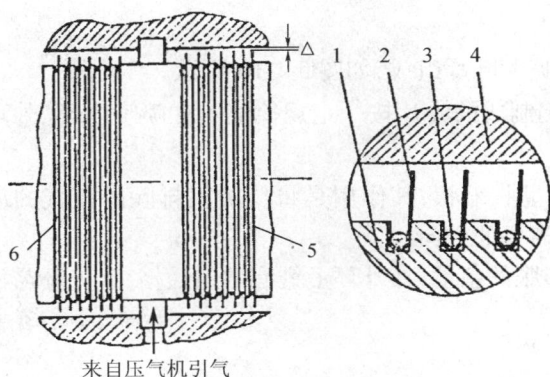

图 5-1-7 增压器涡轮端油气封
1－转子轴;2－气封圈;3－压紧圈;4－涡轮进气壳;5－油封;6－气封

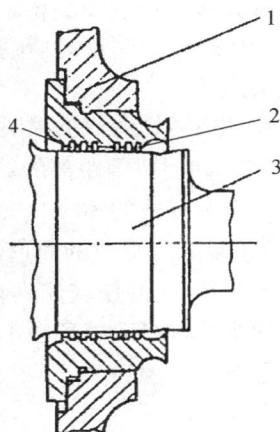

图 5-1-8 增压器压气机端密封
1－涡轮进气壳;2－气封;3－转子轴;4－油封

迷宫式密封原理:少量的气体(或油)经由密封件和轴之间的很小的间隙漏过,当通过间隙时受到节流,漏过后由于容积突然增大而使气体(或油)产生膨胀旋涡,速度减慢,压力下降;然后又从下一个密封环的间隙漏过,又再一次的节流膨胀和减压。经过几次以后气(油)压降低到接近于低压侧的压力就再也不能漏过了,就这样实现了密封。

如图 5-1-7 所示,涡轮端油封 5 和气封 6 的两组封圈之间,引入一股由压气机来的增压空气。此空气通过涡轮排气壳内的引气管道及 X 密封空气通道(见图 5-1-3)进入气封引气槽。密封空气往左挤出,防止了废气串入,挤出的少量密封空气就沿涡轮机叶轮右端面、动叶泄入排烟管。密封空气往右挤出,阻止了滑油串入。挤出的少量密封空气经通道 Z 通(见图 5-1-3)大气,通道 Z 同时保持油封 5 内、外两侧压力平衡,使密封更有效。

如图 5-1-8 所示,压气机端的密封装置由油封 4 和气封 2 组成,其紧固于中间壳上,与转子轴 3 组成迷宫式密封,阻止滑油窜入压气机和增压空气的漏泄。在轴承和叶轮之间的壳体上设有通大气的压力平衡腔 Y(见图 5-1-3),使其迷宫式油封 4 两侧压力平衡,防止滑油被吸出。

在压气机工作叶轮背面和隔热墙之间,存在一定间隙,工作叶轮出口的增压空气将会由此漏入涡轮排气壳进入排烟管,使压气机效率下降,而且使转子上的轴向推力增大,因此在图 5-1-3,19 处设置迷宫式气封,其结构如图 5-1-9 所示。

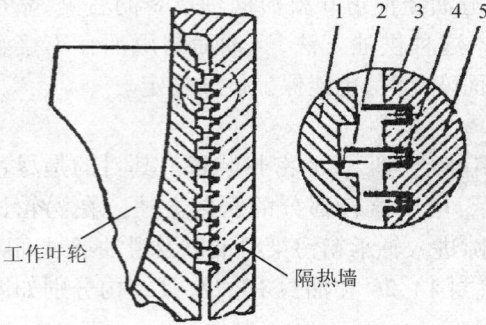

图 5-1-9　压气机叶轮轮背的气封　　　　　　　　图 5-1-10　涡轮喷嘴环

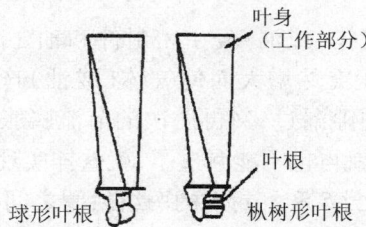

1－压气机叶轮;2、3－气封圈;4－压紧圈;5－隔热墙

5. 喷嘴环

喷嘴环由铸铁铸成的喷嘴内环、外环和喷嘴叶片组成,如图 5-1-10 所示。

(1)喷嘴叶片:等距离的数十个由耐热钢制成的叶片按一定规律浇铸在喷嘴内环、外环上而组成一个圆环式的喷嘴装置。

(2)喷嘴叶片形成的通道从进口到出口呈收缩状,其作用是将柴油机排除的废气的压力能都转换为动能,并使气流具有工作叶片所需要的方向。

为使叶片、内环、外环在工作中有径向膨胀的余地,在外环上铣有数道通槽,且外环与涡壳之间也留有一定的间隙。

6. 涡轮机叶轮

涡轮机叶轮由合金钢锻成的轮盘和耐热合金钢制成的工作叶片组成。工作叶片固定在轮盘外缘上,其叶根有纵树形和球形两种,如图 5-1-11 所示。

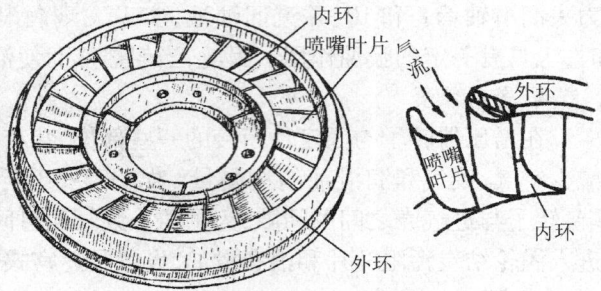

图 5-1-11　涡轮工作叶片

为了防止叶片在增压器工作中轴向滑出,在叶根断面用铆接或锁紧片等固定。

柴油机排除的废气伴随着激烈的波动,特别是在脉冲增压方式中,排气压力从零到最大压力之间波动更激烈;另外,涡轮机工作叶片还受到柴油机的高频干扰力作用。为此,在涡轮机工作叶片装有高强度耐热合金钢制成的拉筋丝来阻尼振动。

7. 消声滤清器

如图 5-1-3 所示,由消声器 8 和滤清器 9 组成的消声滤清器对进入压气机的新鲜空气起着过滤、消声的作用。为了消声,其内壁敷设消声材料。其表面由金属滤网组成,拆洗方便。

8. 导风轮

导风轮是前弯,他的扭曲方向和角度应适应气流进入叶轮的相对流动方向,是气流平顺地从轴向转到径向,见图 5-1-12。

图 5-1-12　压气机叶轮

图 5-1-13　叶片式扩压器

9. 压气机叶轮

压气机叶轮有半开式和闭式两种形式。叶轮叶片的进口部分向转动方向弯曲,出口部分则向后弯曲,即所谓的"前倾后弯"。可以大幅度地改善压气机的性能,从而使增压器的高性能化、大容量化成为现实。一般,前倾后弯叶片压气机比径向直叶片压气机的工作流量范围可扩大 30% ~50% ,甚至 70% ,效率也有所提高。

(1)半开式叶轮:工作叶片固定在轮盘上,没有盖板,回转质量较轻,一般用于大型高转速增压器。其特点是强度好、制造工艺简单、允许有较高的轮缘速度、能获得较高的增压压力。导风轮(与叶轮分开制造或一体制造)又称旋转导向装置:为了保证空气无冲击地进入叶轮。VTR200WE 型增压器采用导风轮和压气机工作叶轮一体形式,见图 5-1-12。

(2)闭式叶轮:与半开式叶轮所不同的是它有一个轮盖。避免了空气与静止的蜗壳间的摩擦,从而使叶轮的气流流动损失小,效率较高。此外,轮盖可以加强叶片的刚性,减少叶片的振动。但是重量增加,制造工艺复杂,目前较少采用。一般只用在中小型增压器中。

10. 扩压器

叶片式扩压器由叶片和金属圆环形平板组成,见图 5-1-13。

从压气机叶轮流出的气流速度相当高,高压比增压器已出现超音速流动。为了把气流的动能迅速有效地转变成压力能,在叶轮外周设置了叶片式扩压器,其叶片间的气流通道呈扩张形。

11. 冷却

增压器的冷却有水冷和非水冷两种方式。

VTR200WE 型增压器,压气机端为非水冷,涡轮机端为水冷。二者之间用隔热墙进行隔离,隔热墙内腔填充了绝热材料,防止废气加热压气机。

三、外支承型废气涡轮增压器测量

VTR200WE 型增压器 K、L、M、N 值的测量,见图 5-1-14。

K 值:K 值是装复转子时轴向定位标准,用以保证转子与机壳间的各种轴向间隙正确的主要依据。增压器 K 值是指压气机端转子轴 4 顶部与压气机端轴承油池 9 法兰面之间的直线距离,该值以红色字形式标记在端盖内侧。

测量时,先拆掉两边轴承端盖、拿去密封垫;拆去甩油盘及必要附件,用手转动转子使转子处于自由状态下,测量压气机轴端面与压气机涡壳端面间的距离。方法:将一把硬的钢尺置于

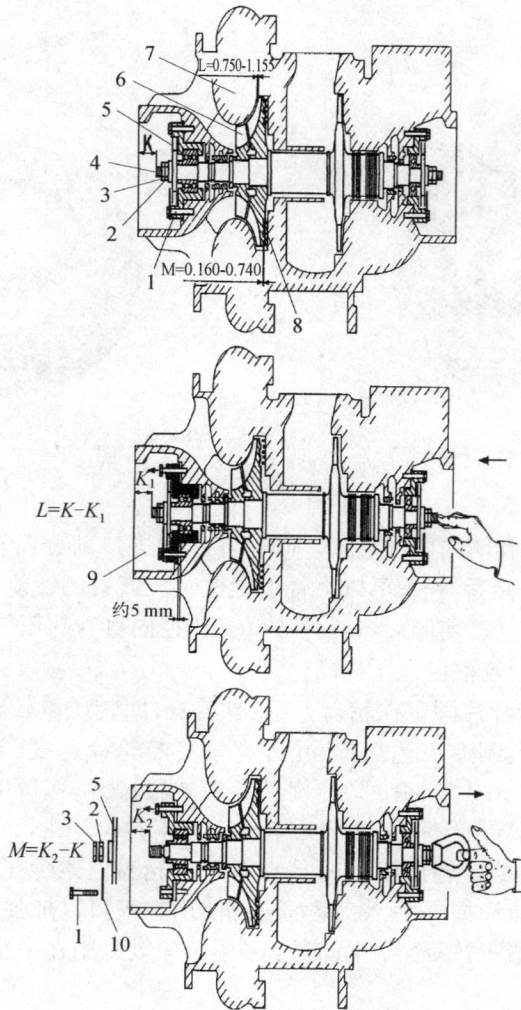

图 5-1-14　外支承型增压器间隙测量图

1 – 轴承座固定螺栓;2 – 固定螺母;3 – 锁紧螺母;4 – 转子轴;5 – 甩油盘;6 – 压气机叶
轮;7 – 压气机蜗壳;8 – 隔热墙气封板;9 – 油池;10 – 挡油板

轴承端盖法兰面,用测深尺测出转子顶部与钢尺外边面之间的垂直距离,再减去钢尺的厚度就是 K 值。一般测量三次,并取平均值。增压器拆装前和安装后都要测量 K 值,并进行比较。差值要在说明书规定的范围。K 值大小可以通过左右调整压气机轴承端面的轴向调整垫片来调整。

L 值:为压气机叶轮 6 前面与压气机涡壳 7 内壁之间的间隙,保证叶轮前面不与压气机涡壳内壁相碰撞;测量 L 值时,将压气机端的轴承座固定螺栓 1 旋松约 5 mm 后,在涡轮轴端向压气机方向施以轴向推力,使间隙 L 消失,用测量 K 值方法,测量出压气机轴端面至压气机涡壳端面的距离为 K_1 值,则压气机叶轮前面与压气机涡壳内壁之间的间隙 $L = K - K_1$。VTR200WE 型增压器 L 值允许范围:0.750 ~ 1.155 mm。

M 值:为压气机叶轮 6 背面与隔热墙气封板 8 之间的轴向间隙,保证叶轮背面不与气封板相碰撞;测量 M 值时,将压气机轴端的固定螺母 2 和锁紧螺母 3 及甩油盘 4 拆下,在压气机轴端向涡轮端方向施以轴向推力,使间隙 M 消失,用测量 K 值方法,测量出压气机轴端面至压气机涡壳端面的距离为 K_2 值,则压气机叶轮背面与气封板之间的轴向间隙 $M = K_2 - K$。

VTR200WE 型增压器 M 值允许范围:0.160～0.740 mm。

N 值:为转子轴的轴向窜动量,此移动量即为推力轴承的轴向间隙。用于保证转子轴在热膨胀的情况下,不会产生压气机叶轮或气封与增压器壳发生碰撞。N 值测量是分别在转子轴的左、右端施以轴向推力,使转子轴分别处于左、右两个极端位置,然后分别测量出转子在两个极端位置时,压气机轴端面至压气机端油池法兰面的距离 K_1、K_2 值,则推力轴承的轴向间隙 $N = K_1 - K_2$。N 值大小可以通过增减压气机端轴承端面的轴向调整垫片调整。

当各间隙值符合说明书要求时,表明增压器转子与壳体的对中性良好,否则应查明原因,调整后再度测量。

第二章　废气涡轮增压器拆装实验

一、增压器拆装专用工具

增压器的拆解和安装应首选专用工具。拆解和安装的每一步骤均需专用工具,以免损坏各零部件。VTR200WE 型增压器拆装主要的专用工具见图 5-2-1。

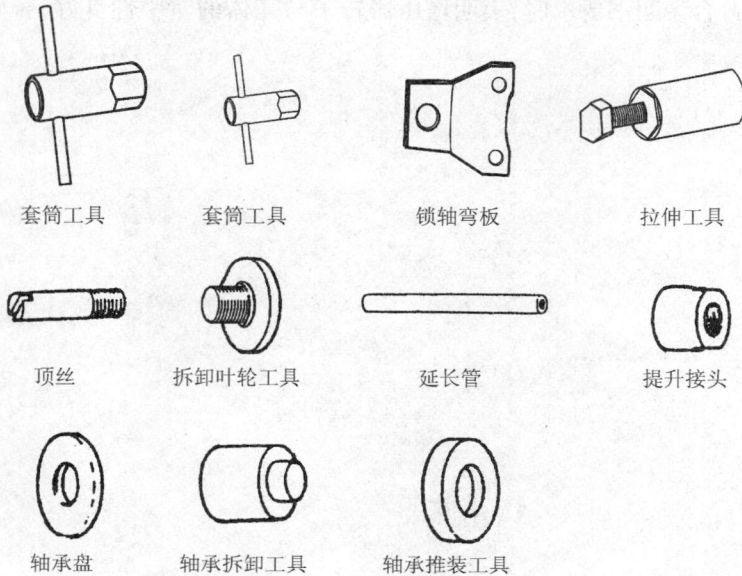

<table>
<tr><td>套筒工具</td><td>套筒工具</td><td>锁轴弯板</td><td>拉伸工具</td></tr>
<tr><td>顶丝</td><td>拆卸叶轮工具</td><td>延长管</td><td>提升接头</td></tr>
<tr><td>轴承盘</td><td>轴承拆卸工具</td><td>轴承推装工具</td><td></td></tr>
</table>

图 5-2-1　VTR200WE 增压器主要拆装工具

二、实验内容与要求

废气涡轮增压器是柴油机增压系统中的核心部件,它是一种在很高温度下用超高的速度进行旋转的机械。由于其工作特点与往复式柴油机不同,因而其维修管理也有异于柴油机。

1. 实验内容

(1)VTR200WE 型废气涡轮增压器拆装、清洁、检查及有关的间隙测量。

(2)废气涡轮增压器概述、结构、原理分析。

2. 实验要求

(1)基本掌握典型废气涡轮增压器拆装、检查及测量技术。借助于本指导书或说明书能进行一般性拆装。

(2)了解典型废气涡轮增压器的结构特点、工作原理。

(3)课后总结实验内容并做出实验报告。

三、实验目的、意义

通过本实验,学生能够了解典型废气涡轮增压器的结构特点、工作原理;掌握废气涡轮增压器拆装、检查与测量的一般方法;培养学生在实际工作中具有分析和解决增压器典型故障的能力。

四、实验设备、测量和专用工具等

（1）VTR200WE 型废气涡轮增压器 5 台。

（2）增压器拆装专用工具。

（3）扳手、手锤、铜棒、螺丝刀等常用工具。

（4）磁性千分表、钢板尺、测深尺。

五、拆装实验步骤

1. 拆装前准备及注意事项

（1）阅读领会指导书或说明书相关规定。厂家建议 VTR200WE 型废气涡轮增压器维修、保养周期为 2000 h，确切保养时间应根据具体使用情况而定。

（2）清楚拆装工艺、步骤、熟悉备件、专用工具及相关数据。

（3）从人力、物力上予以充分准备。

（4）做好压气机蜗壳与废气排气壳体之间、端盖与壳体之间、消声滤清器与压气机蜗壳之间等对应位置记号。

（5）在拆卸过程中，严禁锤击。

（6）叶轮、涡轮和轴，应轻拿轻放，严禁磕碰。

2. 增压器拆卸

（1）拆卸消声滤清器与蜗壳连接螺栓锁紧螺母并移除，见图 5-2-2。

（2）放净压气机和涡轮机端两侧油池滑油，拆卸两端端盖，见图 5-2-3、图 5-2-4。

（3）用锁轴弯板锁住转子轴；分别对压气机和涡轮机端，拆卸锁紧丝，卸下轴承座固定的 4 只六角螺栓，同时卸掉挡油板；卸下转子轴锁紧螺母和固定螺母。导钉严禁卸下，见图 5-2-6、图 5-2-7。

（4）分别对压气机和涡轮机端，用拉伸工具卸下甩油盘，同时带下锁轴弯板，见图 5-2-8、图 5-2-9。

（5）测量 K 值，见图 5-2-5。并记录于表 5-2-1 中。

（6）分别对压气机和涡轮机端，用拉伸工具卸下轴承座，见图 5-2-10、图 5-2-11。

（7）拆下蜗壳与涡轮端废气出口壳体之间的固定螺母，并移除蜗壳，见图 5-2-12。

（8）用顶丝将隔热墙与涡轮端废气出口壳体分离开，见图 5-2-13。

（9）将延长管套在涡轮机端转子轴上，水平从压气机端取出将转子轴，并放到支架上，卸下顶丝。在拆卸转子轴时，特别小心，不要损坏油、气封等，见图 5-2-14。

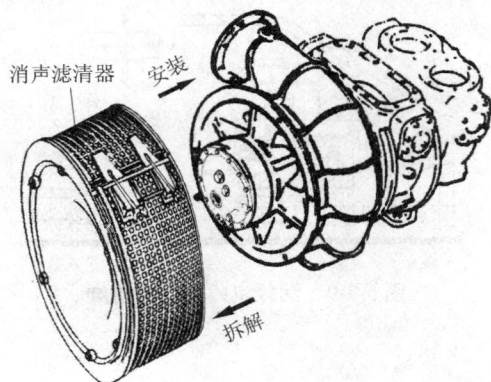

图 5-2-2　消声滤清器拆卸与安装

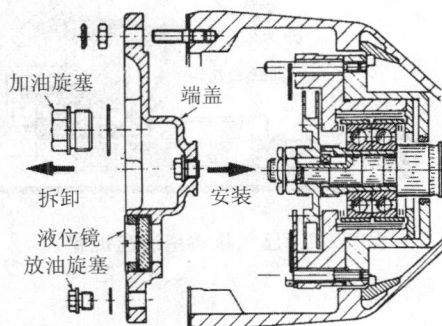

图 5-2-3　压气机端端盖拆卸与安装

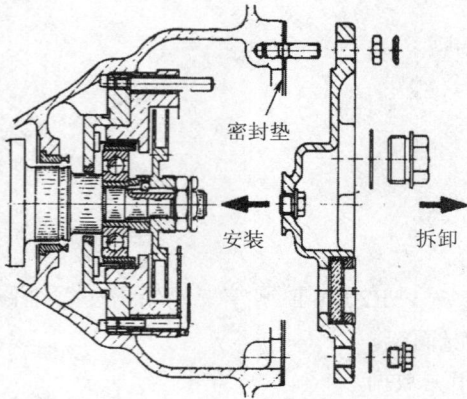

图 5-2-4　涡轮机端端盖拆卸与安装

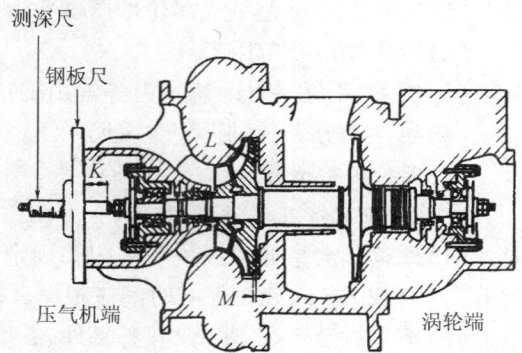

图 5-2-5　K 值测量

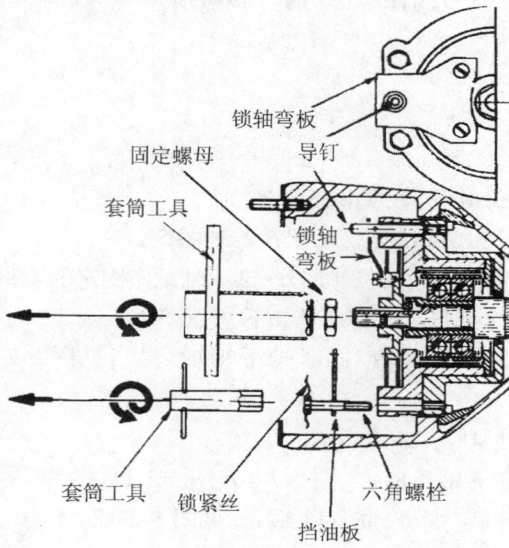

图 5-2-6　压气机端锁轴螺母、挡油板拆卸

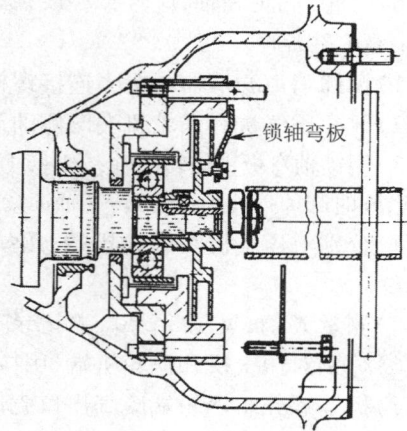

图 5-2-7　涡轮机端锁轴螺母、挡油板拆卸

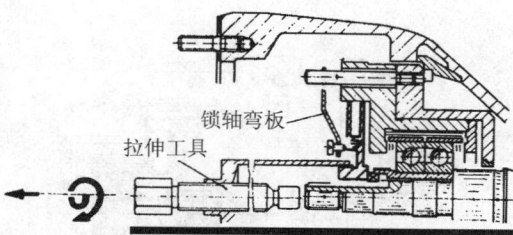

图 5-2-8　压气机端甩油盘拆卸

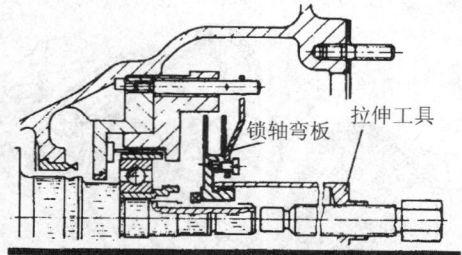

图 5-2-9　涡轮机端甩油盘拆卸

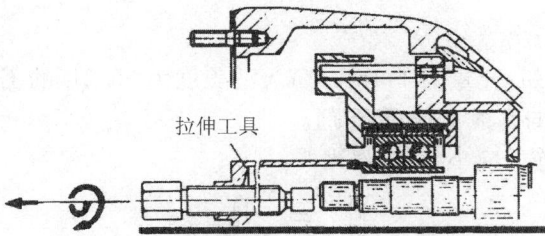

图 5-2-10   压气机端轴承座拆卸

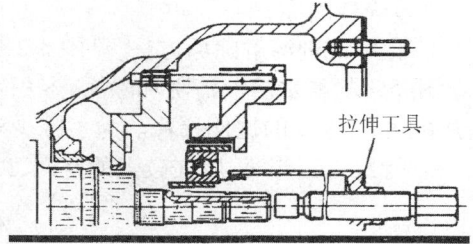

图 5-2-11   涡轮机端轴承座拆卸

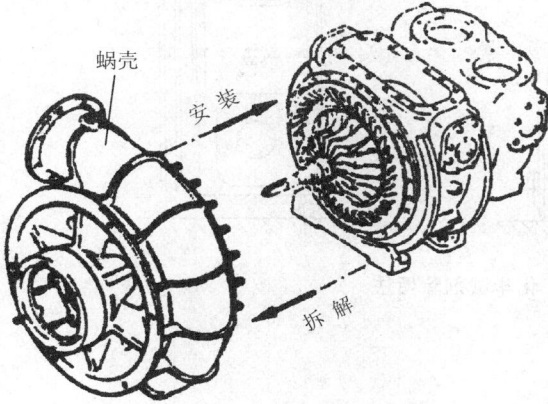

图 5-2-12   压气机蜗壳拆卸与安装

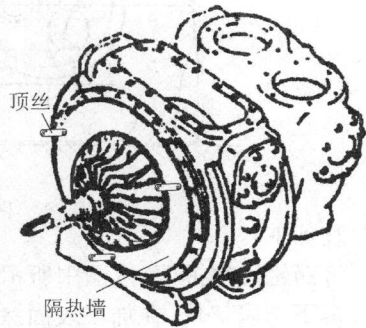

图 5-2-13   隔热墙松解

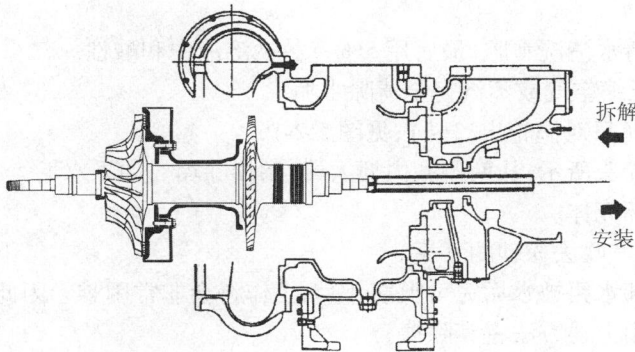

图 5-2-14   转子轴拆装

3.增压器清洁

（1）零部件的清洗：

①用煤油或柴油清洗压气机叶轮、扩压器、废气涡轮叶轮、喷嘴环、转子轴、增压器壳体等零件,清洗中要用软刷,不要用面纱。

②在充满清洗液的容器中,转动球轴承将其清洗。清洗后,浸入新滑油中。

③涡轮端气封通道 X,压力平衡通道 Z、压气机端压力平衡通道 Y 以及防护罩必须全部清洁。

（2）壳体除垢：

①化学试剂溶解除垢方法，见图 5-2-15。

用 5% 盐酸水溶液清洗和除垢，容积浓度 36%，比重为 1.16 kg/m³，波美度为 20/21°的工业用酸度按 1:6 的比例稀释。为了减少对铸铁的腐蚀，应加防腐剂。

进行这一工作时，应在较大的空间，以防爆炸。应小心，远离火源。

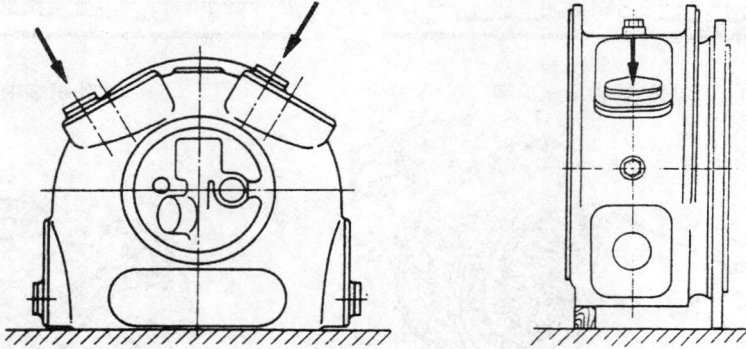

图 5-2-15　化学试剂除垢法

步骤如下：

a. 将涡轮壳体拆下，按图中所示放置。

b. 拆下防腐铲块，在加工表面涂以油脂。

c. 将盲板安装在冷却水口。

d. 按图箭头所指，方向将溶液注入壳体，根据结垢情况，按原样放置 2～6 h（轻轻敲击壳体有助于除垢）。

e. 放掉溶液，用清水清洗水腔，最后用 5% 苛性钠溶液中和酸性。

f. 拆掉盲板，用压缩空气或蒸汽完全清除水垢。

②简单除垢方法（只对涡轮出口壳），见图 5-2-16。

拆掉塞堵，按图箭头所示，从两侧孔内插入棒，用棒除垢。如果水垢太硬，用长锥或类似工具除垢，注意不要损坏壳体。

用压缩空气或蒸汽吹去松动的水垢。

注：若增压器冷却水路被水垢完全阻塞，除垢工作将会非常困难。因此，要定期检查壳体，如果发现少量水垢，用上述方法将其除掉。

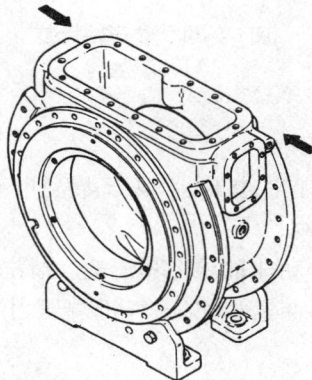

图 5-2-16　简单除垢

4.主要部件检查与维修

（1）涡轮蜗壳腐蚀与维修

①涡轮蜗壳主要腐蚀

涡轮蜗壳主要腐蚀有：柴油机燃油含硫较多的重油产生含有 SO_2、SO_3 和水蒸气的废气对涡轮蜗壳的硫酸腐蚀；柴油机排气以高速流入增压器进气壳。排气中含有未燃尽的炭粒与壳体壁面接触造成对壁面的浸蚀，对涡轮蜗壳引起的高速气流的腐蚀；增压器冷却水腔壳体壁面受到电化学腐蚀引起的涡轮蜗壳冷却水腔腐蚀。

②壳体腐蚀的防止与修理

壳体腐蚀后，其最小壁厚大于设计壁厚的 50%，壳体冷却腔经 1.5 倍工作压力（不小于 0.4 MPa）的水压试验，合格后可继续使用。对于局部最小壁厚小于设计壁厚的 50% 或破损时，允许焊补或用无机胶粘剂修补，经 1.5 倍工作压力的水压试验合格后可继续使用。在检查涡轮蜗壳时，同时应检查并更换防腐锌块。

（2）轴承的检修

①滚动轴承的检修

滚动轴承应转运灵活、无异常声音，轴承的各零件应无损伤、腐蚀、裂纹和松动等缺陷。

滚动轴承累计工作时间达到其额定使用寿命时应更换新轴承。一般累计工作时间达 8000 h 左右进行检修，更换压气机端和涡轮端的轴承。

②减振垫片

滚动轴承减振片的弹性应具有良好的均匀性，无咬毛、过度磨损和断裂等缺陷。如产生上述缺陷或间隙超过规定值时应予以换新。新换的减振片的材料、技术性能应与原来的相同。若船上条件下无法更换减振片，只能换新轴承。

（3）叶片损伤与检修

涡轮叶片和压气机叶片的损伤形式主要是碰撞引起的叶片变形、裂纹和断裂。

①涡轮叶片

涡轮叶片变形主要是异物撞击所致。

对损伤较轻的叶片仔细观察有无裂纹；必要时进行无损探伤检验，如有裂纹或断裂应换新叶片。海上条件下更换叶片不便时，可将断叶取出并将其对称位置的叶片取下，以保持转子的动平衡性，减少增压器的振动。如叶片有轻微变形可进行冷校。

涡轮叶片凹面上的撞击伤痕等少量缺陷允许修磨，磨去深度不得超过相应部位叶片厚度的 1/6，磨去的面积符合规定要求。叶片的上、中部区域内的缺陷允许焊补修复。

②压气机叶片

压气机叶片损伤是由于轴承严重磨损、吸入硬质颗粒、增压器振动等造成，或者发生碰撞破坏了转子与壳体间的正常间隙等造成撞击或摩擦，使叶片擦伤、变形或裂纹。

压气机叶轮边缘、叶片的任何部位均不允许有裂纹，否则换新。叶片表面缺陷较小时，允许修磨。

增压器的转子或叶片经修理或换新后均应进行动平衡试验，并使之符合要求。

（4）密封装置的检修

密封装置的损坏，大多是在增压器拆装过程中不慎碰伤密封带，或增压器运转中的剧烈振动，或者安装间隙不符合要求等造成的。

密封带顶部有较轻的弯曲变形时,可用平嘴钳将其夹直校正;若损伤严重时,则应换新密封带和压紧丝。在船上条件下更新密封带可按增压器说明书中规定的要求和步骤进行。

5.更换轴承总成注意事项

将压气机端轴承总成从马口铁盒取出,并用轻油或煤油清洗轴承中的滑油。清洗中要远离水分和灰尘,不能拆卸轴承总成清洗,见图5-2-17。

将涡轮机端轴承总成从马口铁盒取出,并用轻油或煤油清洗轴承中的滑油。清洗中要远离水分和灰尘,不能弄乱、弯曲、伤害径向减振弹簧片,见图5-2-18。

涡轮机轴承总成在安装中,径向减振片要按次序一片一片地装入轴承座中,要注意棘爪要装入固定槽中;轴承装在减振片组内,且棘爪要装入固定槽内,注意轴承内套的螺纹方向在装出端,见图5-2-19。

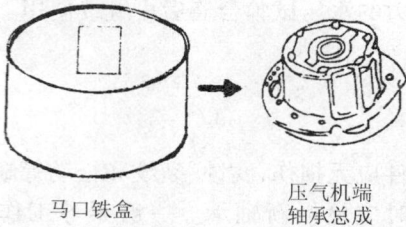

图 5-2-17　压气机端轴承　　　　　图 5-2-18　涡轮机端轴承

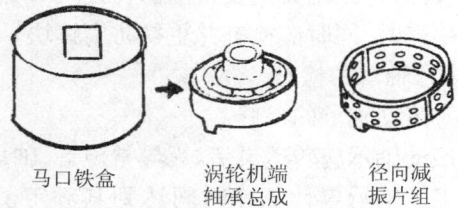

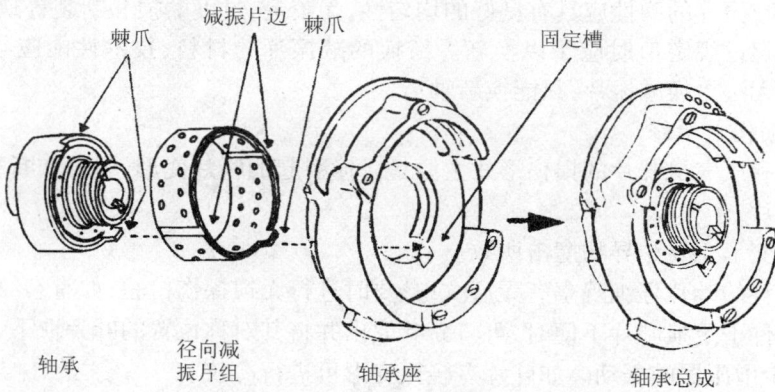

图 5-2-19　涡轮机轴承总成

6.轴承的拆解与更换

(1)压气机端轴承的拆解与更换:

①拆掉油封板后,如图5-2-20所示,用塑料锤或其他工具将轴承拔出。

②将新球轴承按配合记号对中,将其压入图5-2-21所示位置。安装油封,用垫固定。

(2)透平端轴承的拆解与更换:

①如图5-2-22所示,用塑料锤或其他工具将轴承推出。

②如图5-2-23所示,将新轴承推入指定位置。

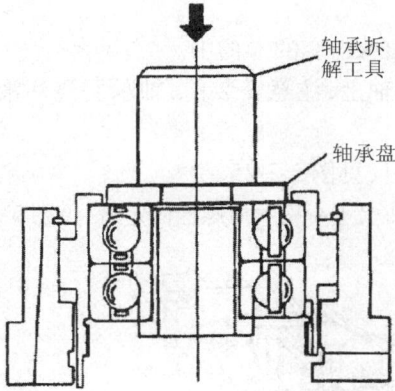

图 5-2-20　压气机端轴承的拆解

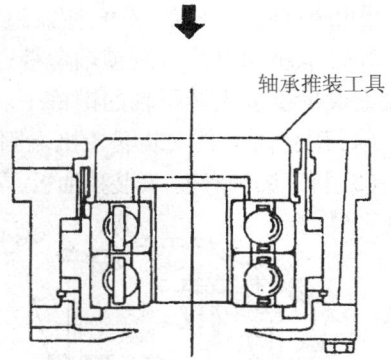

图 5-2-21　压气机端轴承的安装

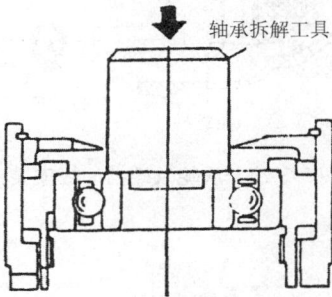

图 5-2-22　透平端轴承的拆解

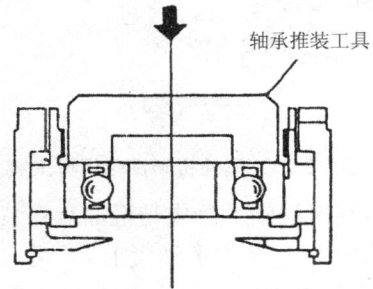

图 5-2-23　透平端轴承的安装

7. 增压器安装

（1）将延长管套在涡轮机端转子轴上，水平从压气机端安装转子轴，隔热墙与涡轮端废气出口壳体要接触牢靠，见图 5-2-14。

（2）安装压气机端蜗壳予涡轮端废气出口壳体上，二者之间的固定螺母要均匀地上紧，见图 5-2-12。

（3）涡轮机端轴承总成与甩油盘安装，见图 5-2-24。

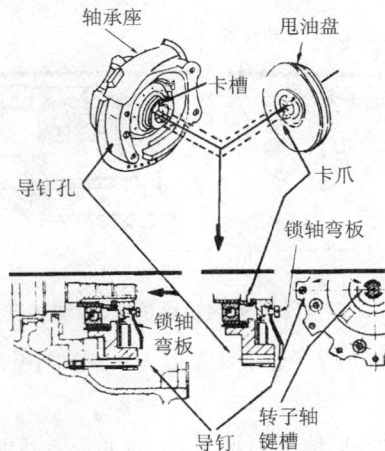

图 5-2-24　涡轮机端轴承总成、甩油盘安装

①锁轴弯板安装在甩油盘上。

②甩油盘装进轴承座内,注意甩油盘卡爪要装在轴承内套的卡槽中。

③轴承座和甩油盘及锁轴弯板通过导钉装到转子轴上,注意安装前,轴承要浇注滑油,甩油盘上卡爪要装入转子轴的键槽中。

(4)用套筒工具安装涡轮机端固定螺母和锁轴螺母,见图5-2-25。

(5)拆下锁轴弯板,安装挡油板,同时用套筒工具将轴承座4只六角螺栓固定好,见图5-2-26。

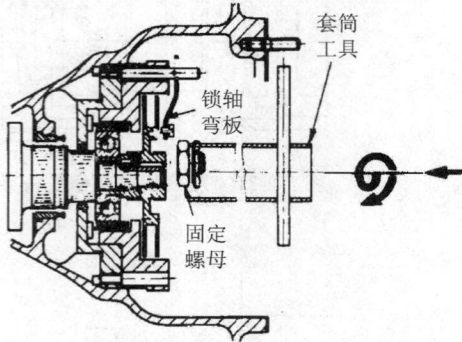

图 5-2-25　涡轮机端锁轴螺母安装

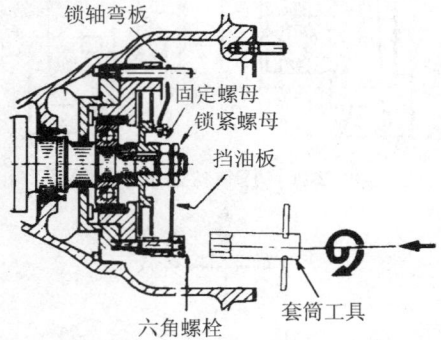

图 5-2-26　涡轮机端挡油板安装

(6)压气机端轴承总成与甩油盘安装,见图5-2-27。

①锁轴弯板安装在甩油盘上。

②甩油盘装进轴承座内,注意甩油盘卡爪要装在轴承内套的卡槽中。

③轴承座和甩油盘及锁轴弯板通过导钉装到转子轴上,注意安装前,轴承要浇注滑油,甩油盘上卡爪要装入转子轴的键槽中。

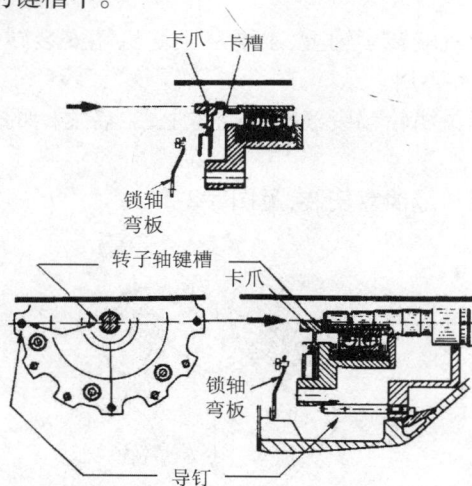

图 5-2-27　压气机端轴承总成、甩油盘安装

(7)涡轮机端向压气机端推动转子轴,使 L 值 $=0$,测量出 K_1 值,并记录在表5-2-1中,见图5-1-14。

(8)涡轮机端拉动转子轴,使 M 值 $=0$,测量出 K_2 值,并记录在表5-2-1中,见图5-1-14。

(9)测量 K 值,K 值最大不能超过拆装前所测量的 K 值0.15 mm,若超过,请检查每个螺栓和螺母。计算 L 值和 M 值,并记录在表 5-2-1 中。L 值和 M 值要符合说明书规定,否则需调整,见图 5-1-14。

(10)用套筒工具安装压气机端固定螺母和锁轴螺母,拆下锁轴弯板,安装挡油板,同时用套筒工具将轴承座 4 只六角螺栓固定好,见图 5-2-28。

(11)用锁紧丝(0.8~1.0 mm 不锈钢或钢丝)锁紧轴承座固定螺栓和导钉。防止涡轮机端和压气机端轴承座固定螺栓和导钉松动,见图 5-2-29。

(12)分别对压气机和涡轮机端,清洁油池;安装端盖密封垫,装复油池端盖;添加新透平油至油位观察镜高低位刻度线之间;锁紧加油旋塞,见图 5-2-3、图 5-2-4。

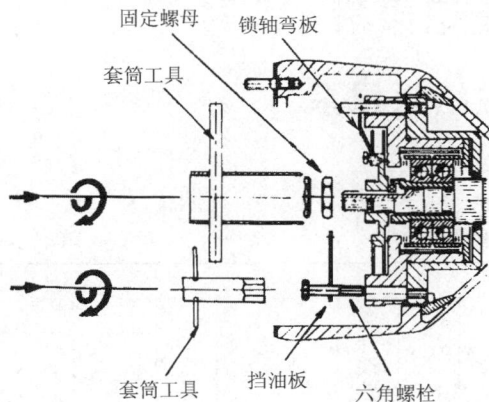

图 5-2-28　压气机端锁轴螺母、挡油板安装

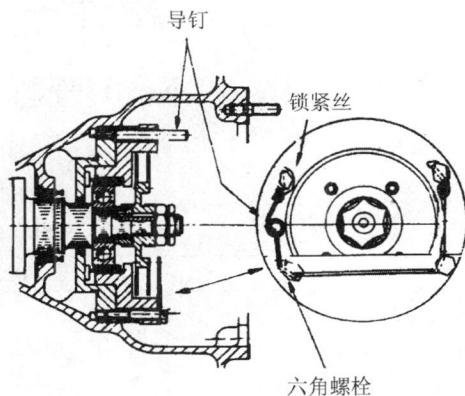

图 5-2-29　轴承座固定螺栓防松

六、实验报告

实验名称:　　　　　　　　　　　　　　　　　　实验日期:

班级:　　　　　　　　　姓名:　　　　　　　　学号:

实验设备:

(1)将增压器测量数据填入表 5-2-1 中。

表 5-2-1　增压器测量记录表　　　　　　　　　　单位:mm

K 值				K_1 值	L 值	K_2 值	M 值
出厂值	测量次数	拆装前	装复后				
	1						
	2						
	3						
	平均						

(2)简述 VTR200WE 型增压器结构、工作原理。

(3)详述 VTR200WE 型增压器的拆装及安装基本过程。

(4)简述油、气封工作原理。

(5)简述 K 值测量及调整方法。

(6)简述轴承和油气封检查和维修方法。

附　录

附件一　测量记录表

No.1 气缸套测量结果记录

船名：＿＿＿＿＿＿＿＿　　　柴油机型号：＿＿＿＿＿＿＿

位置：＿＿＿＿＿＿＿　　　柴油机序号：＿＿＿＿＿＿＿　　　　　日期：＿＿＿＿＿＿＿

气缸套的测量（见附图1）　　　　　　　　　　　　　　　　　单位：mm

缸套孔标准（mm）	缸套位置顺序	D1		D2		D3		D4		圆柱度误差	
		F－A P－S	圆度误差	F－A P－S	圆度误差	F－A P－S	圆度误差	F－A P－S	圆度误差	F－A	P－S
	1										
	2										
	3										
	4										
	5										
	6										

F－A 前后方向

P－S 左右弦方向

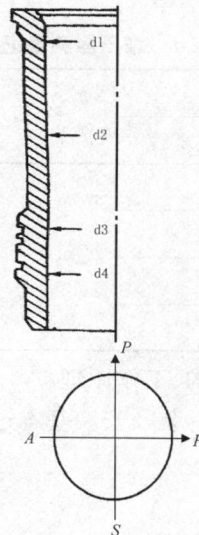

附图1　缸套

288

NO. 2 活塞测量记录

船名：＿＿＿＿＿＿　　　柴油机型号：＿＿＿＿＿＿

位置：＿＿＿＿＿＿　　　柴油机序号：＿＿＿＿＿　　　日期：＿＿＿＿＿

活塞的测量（见附图2）　　单位：mm

活塞标准（mm）	缸套位置、顺序	D1			D2			D3			D4			圆柱度误差	
		F－A	P－S	圆度误差	F－A	P－S	圆度误差	F－A	P－S	圆度误差	F－A	P－S	圆度误差	F－A	P－S
	1														
	2														
	3														
	4														
	5														
	6														

F－A 前后方向

P－S 左右弦方向

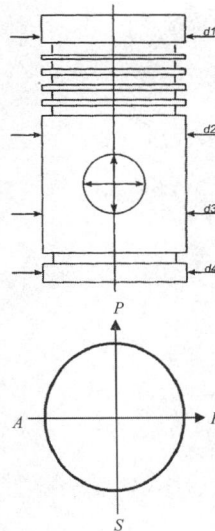

附图2　活塞

NO.3 缸套与活塞之间的间隙测量记录

船名：＿＿＿＿＿＿　　　柴油机型号：＿＿＿＿＿＿

位置：＿＿＿＿＿＿　　　柴油机序号：＿＿＿＿＿＿　　　日期：＿＿＿＿

缸套与活塞之间的间隙　　单位：1/100 mm

位置	船头		船尾		左舷		右舷	
	上部	下部	上部	下部	上部	下部	上部	下部
T. D. C 15～30°								
B. D. C 15～30°								

T. D. C 15～30°　　　上止点 15～30°

B. D. C 15～30°　　　下止点 15～30°

NO.4 活塞销/销孔/活塞连杆的上端轴承测量记录

船名：＿＿＿＿＿＿　　　　　柴油机型号：＿＿＿＿＿＿

位置：＿＿＿＿＿＿　　　　　柴油机序号：＿＿＿＿＿＿　　　日期：＿＿＿＿＿

活塞销/销孔/活塞连杆的上端轴承　　　　　　单位:mm

	位置	垂直方向	水平方向	圆度
活塞销	I			
	II			
	III			
圆度				
船头销孔	I			
	II			
圆度				
船尾销孔	III			
	IV			
圆度				
上端轴承	I			
	II			
	III			
圆度				

NO.5 活塞环和环槽测量记录

船名：_____　　柴油机型号：_____

位置：_____　　柴油机序号：_____　　日期：_____

活塞环和环槽

气缸号 环号		环径向厚度　　mm						环槽天地间隙：h　　1/100mm						
		1	2	3	4	5	6	环号 气缸号	1	2	3	4	5	6
1	A							1						
	B							2						
	C							3						
2	A							4						
	B							5						
	C							6						
3	A							环号 气缸号	活塞环搭口间隙　　mm					
	B								1	2	3	4	5	6
	C							1						
4	A							2						
	B							3						
	C							4						
5	A							5						
	B							6						
	C													
6	A							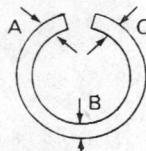		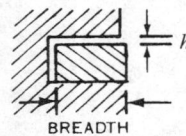				
	B													
	C													

NO.6 连杆大端轴承间隙测量记录

船名：_____　　　柴油机型号：_____

位置：_____　　　柴油机序号：_____　　　日期：_____

连杆大端轴承间隙　　　　　　　　　　　单位:1/100 mm

<table>
<tr><td rowspan="2" colspan="2" style="border:none"></td><td>缸套号</td><td>位置</td><td>左</td><td>中</td><td>右</td></tr>
<tr><td rowspan="2">1</td><td>NO.1 铅丝</td><td></td><td></td><td></td></tr>
<tr><td colspan="2"></td><td>NO.2 铅丝</td><td></td><td></td><td></td></tr>
<tr><td colspan="2"></td><td rowspan="2">2</td><td>NO.1 铅丝</td><td></td><td></td><td></td></tr>
<tr><td colspan="2"></td><td>NO.2 铅丝</td><td></td><td></td><td></td></tr>
<tr><td colspan="2"></td><td rowspan="2">3</td><td>NO.1 铅丝</td><td></td><td></td><td></td></tr>
<tr><td colspan="2"></td><td>NO.2 铅丝</td><td></td><td></td><td></td></tr>
<tr><td colspan="2"></td><td rowspan="2">4</td><td>NO.1 铅丝</td><td></td><td></td><td></td></tr>
<tr><td colspan="2"></td><td>NO.2 铅丝</td><td></td><td></td><td></td></tr>
<tr><td colspan="2"></td><td rowspan="2">5</td><td>NO.1 铅丝</td><td></td><td></td><td></td></tr>
<tr><td colspan="2"></td><td>NO.2 铅丝</td><td></td><td></td><td></td></tr>
<tr><td colspan="2"></td><td rowspan="2">6</td><td>NO.1 铅丝</td><td></td><td></td><td></td></tr>
<tr><td colspan="2"></td><td>NO.2 铅丝</td><td></td><td></td><td></td></tr>
</table>

铅丝

NO.7 发动机连杆大端椭圆度测量记录

船名：_____ 柴油机型号：_____

位置：_____ 柴油机序号：_____ 日期：_____

发动机连杆大端椭圆度 单位：mm

气缸号	位置	A	B1	B2	B=(B1+B2)/2	A－B
1	柴油机向前方向（D1）					
	柴油机向后方向（D2）					
2	柴油机向前方向（D1）					
	柴油机向后方向（D2）					
3	柴油机向前方向（D1）					
	柴油机向后方向（D2）					
4	柴油机向前方向（D1）					
	柴油机向后方向（D2）					
5	柴油机向前方向（D1）					
	柴油机向后方向（D2）					
6	柴油机向前方向（D1）					
	柴油机向后方向（D2）					

注意：内径的计算
"A"尺寸测量值
"B"=(B1+B2)/2
圆度误差=（"A"－"B"）

NO.8 主轴承间隙测量记录

船名：＿＿＿＿＿＿＿　　　　柴油机型号：＿＿＿＿＿＿

位置：＿＿＿＿＿＿　　　　　柴油机序号：＿＿＿＿＿＿　　　日期：＿＿＿＿＿＿

主轴承间隙　　单位:1/100 mm

轴承号	1	2	3	4	5	6	7
船头							
船尾							

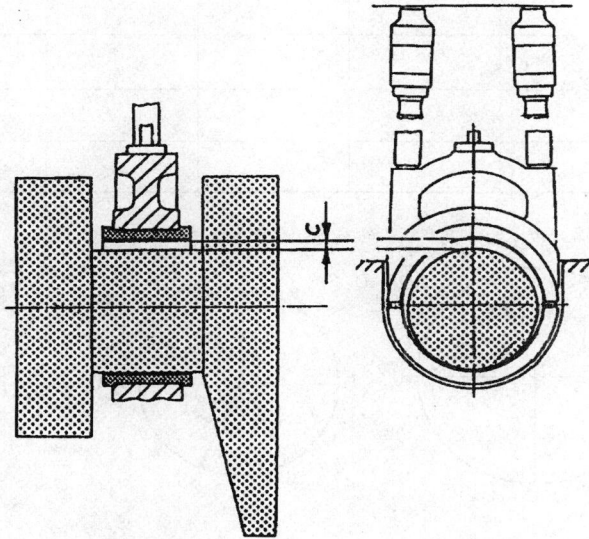

NO.9 柴油机曲轴臂距差测量记录

船名：_____　　　柴油机型号：_____

位置：_____　　　柴油机序号：_____

机舱温度：_____　　　曲轴箱温度：_____　　　日期：_____

柴油机曲轴臂距差　　　单位：1/100 mm

曲柄号 / 表位置	1	2	3	4	5	6
A(BP)						
B(P)						
C(T)						
D(S)						
E(BS)						

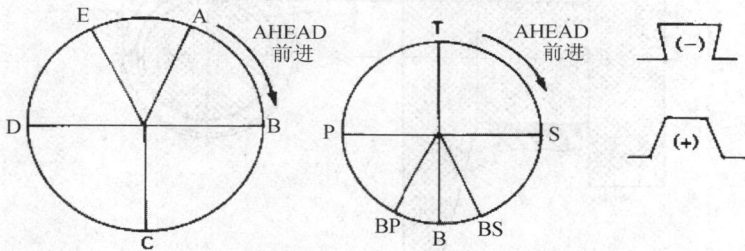

Gauge Position
表位置
Unit $\frac{1}{100}$ mm
单位

Crankpin Position
曲柄销位置

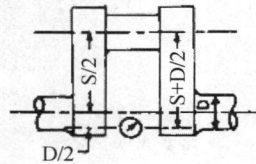

注意：曲柄号按前进/后退方向算

附件二　　阀件铭牌缩写对照

阀件铭牌缩写对照表 ABBREVIATION FOR VALVE NAME PLATE						
A						
ACCOM	:	ACCOMMODATION	居住舱室	A/E	:	AUX. ENGINE	辅机
AFT	:	AFTER	艉部	A. P. TK.		AFTER PEAK TANK	艉尖舱
ATMOS	:	ATMOSPHERIC	大气	AL	:	ALARM	报警
AUTO	:	AUTOMATIC	自动的	AV	:	AIR VENT	透气阀
AMZ	:	ATOMIZER	雾化装置				
B						
BEFO	:	BEFORE	在…以前	BF		BUTTERFLY VALVE	蝶阀
BHD	:	BULKHEAD	舱壁	BLG	:	BILGE	舱底
BLR	:	BOILER	锅炉	BOOST		BOOSTER	升压器
BRG	:	BEARING	轴承	BUNK	:	BUNKER	燃料舱
B. W.	:	BILGE WELL	污水井				
C						
CALORI	:	CALORIFIER	热水器	CAS. TK	:	CASCADE TANK	热井
C/D	:	COFFERDAM	隔离舱	C/H	:	CARGO HOLD	货舱
CHEM.	:	CHEMICAL	化学的	CENT.	:	CENTRIFUGAL	离心的
CIRC.	:	CIRCULATING	循环	CLEAN.	:	CLEANING	清洗
CLR	:	COOLER	冷却器	COMP.	:	COMPRESSED	压缩
COMPR	:	COMPRESSOR	压缩机	CK	:	COCK	旋塞
CON.	:	CONNECTION	连接	COND.	:	CONDENSATE	冷凝
CONDR	:	CONDENSOR	冷凝器	CONSL.	:	CONSOLE	控制台
CLG(C)	:	COOLING	冷却	CONSUM.	:	CONSUMPTION	消耗
CONT	:	CONTROL	控制	CONST.	:	CONSTANT	常量
C/S	:	CAM SHAFT	凸轮轴	CTR	:	CENTER	中心
C. W.	:	COOLING WATER	冷却水	CYL.	:	CYLINDER	气缸
D						
D/B	:	DOUBLE BOTTOM	双层底	D/G	:	DIESEL GENERATOR	柴油发电机
DISC.	:	DISCHARGE	排出	DK		DECK	甲板
D. O.	:	DIESEL OIL	柴油	DRN	:	DRAIN	放泄
DRINK.	:	DRINKING	饮用	DUMP	:	DUMPING	倾斜

续表

阀件铭牌缩写对照表 ABBREVIATION FOR VALVE NAME PLATE						
DISTILL.	:	DISTILLING	造水装置	DOMEST	:	DOMESTIC	国产的

E							
E. C. R.	:	ENGINE CONTROL ROOM	集控室	E. G. B	:	ECONOMIZER	废气锅炉
EJECT.	:	EJECTOR	喷射器	ELEC.	:	ELECTRIC	电的
EMCY	:	EMERGENCY	应急的	E/R	:	ENGINE ROOM	机舱
EXH	:	EXHAUST	排气	EXP.	:	EXPANSION	膨胀

F							
FD	:	FEED	供给	FILL.	:	FILLING	注入
FLTR	:	FILTER	滤器	F/M	:	FLOW METER	流量计
FM	:	FROM	从…来	FWD	:	FORWARD	艏部
F. W.	:	FRESH WATER	淡水				

G							
GB	:	GLOBE VALVE	球阀	GEN.	:	GENERATOR	发生器
GRAV.	:	GRAVITY	重力	G. S.	:	GENERAL SERVICE	通用的
GT	:	GATE VALVE	闸阀				

H							
HEAT.	:	HEATING	加热	H. F. O	:	HEAVY FUEL OIL	重燃油
HOLD.	:	HOLDING	保持	H. P.	:	HIGH PRESSURE	高压
HS	:	HOSE CONNECTION VALVE	软管连接阀	H. T.	:	HIGH TEMPERATURE	高温
HTR	:	HEATER	加热器	HYD	:	HYDRAULIC	液压的

I							
I. G. G	:	INERT GAS GENERATOR	惰气发生器	IN	:	INLET	进口
INCINER	:	INCINERATOR	焚烧炉	INTERM	:	INTERMEDIATE	中间的
ISOL	:	ISOLATING	隔离				

J							
J. C. W	:	JACKET COOLING WATER	缸套冷却水	J. W.	:	JACKET WATER	缸套水

L							
L. O.	:	LUBRICATING OIL	滑油	L. P.	:	LOW PRESSURE	低压
L. T.	:	LOW TEMPERATURE	低温				

续表

阀件铭牌缩写对照表 ABBREVIATION FOR VALVE NAME PLATE						
M						
M/E	:	MAIN ENGINE	主机	MACH.	:	MACHINERY	机器
N						
NOR.	:	NORMAL	正常的	NOZL	:	NOZZLE	喷嘴
NR	:	NONRETURN	止回的	NV	:	NEEDLE VALVE	针阀
O						
OBS.	:	OBSERVATION	观察	OFLW	:	OVERFLOW	溢流
OPER.	:	OPERATING	操作	OUT.	:	OUTLET	出口
OVBD	:	OVER BOARD	舷外			
P						
PORT	:	PORT SIDE	左舷	P/P	:	PUMP	泵
PREHTR	:	PREHEATER	预热器	PRESS.	:	PRESSURE	压力
PRIM G	:	PRIMING	灌注	PROV.	:	PROVISION	补充
PURIF.	:	PURIFIER	分油机	PURF'D	:	PURIFIED	净化的
Q						
Q/C	:	QUICK CLOSING	速关	Q. C. V.	:	QUICK CLOSING VALVE	速关阀
R						
RM	:	ROOM	房间	R. C. V.	:	REMOTE CONTROL VALVE	遥控阀
RECVR	:	RECEIVER	接收装置	RECIRC	:	RECIRCULATING	再循环
REDUC	:	REDUCER	减压器	REDUCG	:	REDUCING	减少的
REG	:	REGULATING	调节	REF.	:	REFRIGERATING	制冷的
REHARD	:	REHARDENING	再硬化	R/G	:	REDUCTION GEAR	减速装置
RMT	:	REMOTE	远距离的	RP		REMOTE CONTROL VALVE PNEUM	遥控阀气源
RSV.	:	RESERVOIR	存储器	RTN.		RETURN	回路
S						
SAMPLG	:	SAMPLING	取样	SC		SELF – CLOSING VALVE	自闭阀
S/C	:	SEA CHEST	海水箱	SCAV.	:	SCAVENGING	扫气
SD	:	SOUNDING DEVICE	测深装置	S. D. N. R	:	SCREW DOWN NON – RETURN	截止止回阀
SEP	:	SEPARATOR	分离器	SERV.	:	SERVICE	服务
SETT	:	SETTLING	沉淀	S/G	:	SHAFT GENERATOR	轴带发电机

续表

阀件铭牌缩写对照表 ABBREVIATION FOR VALVE NAME PLATE						
SLDG	:	SLUDGE	油渣	SOUNDG	:	SOUNDING	测深
START.	:	STARTING	启动	STER.	:	STERILIZER	消毒器
STBD(S)	:	STARBOARD	右舷	STM	:	STEAM	蒸汽
STMG	:	STEAMING	蒸汽洗舱	STNR	:	STRAINER	过滤器
STOR.	:	STORAGE	储存	S/T	:	STERN TUBE	艉轴管
S.T.P.		SEWAGE TREAMENT PLANT	污水处理装置	STUFF.	:	STUFFING	填料
SUC.	:	SUCTION	吸入	SUPP	:	SUPPLY	供给
SV	:	STORM VALVE	防浪阀	S.W.	:	SEA WATER	海水
SYN	:	SYNCHRONOUS	同步的	SYS.	:	SYSTEM	系统
SWIM	:	SWIMMING	游泳				
T							
T/C	:	TURBO CHARGER	涡轮增压器	TEMP.	:	TEMPERATURE	温度
TK.	:	TANK	箱、柜	TOPP.	:	TOPPING	颈部
TRAC.	:	TRACING	跟踪	TRANS.	:	TRANSFER	输送
V							
VAC.	:	VACUUM	真空	VISCO	:	VISCOSIMETER	黏度计
V/V	:	VALVE	阀				
W							
W	:	WATER	水	WARMG	:	WARMING	温暖的
WASH	:	WASHING	冲洗	W.O.	:	WASTE OIL	废油
WORK.	:	WORKING	工作				

附件三　系统图

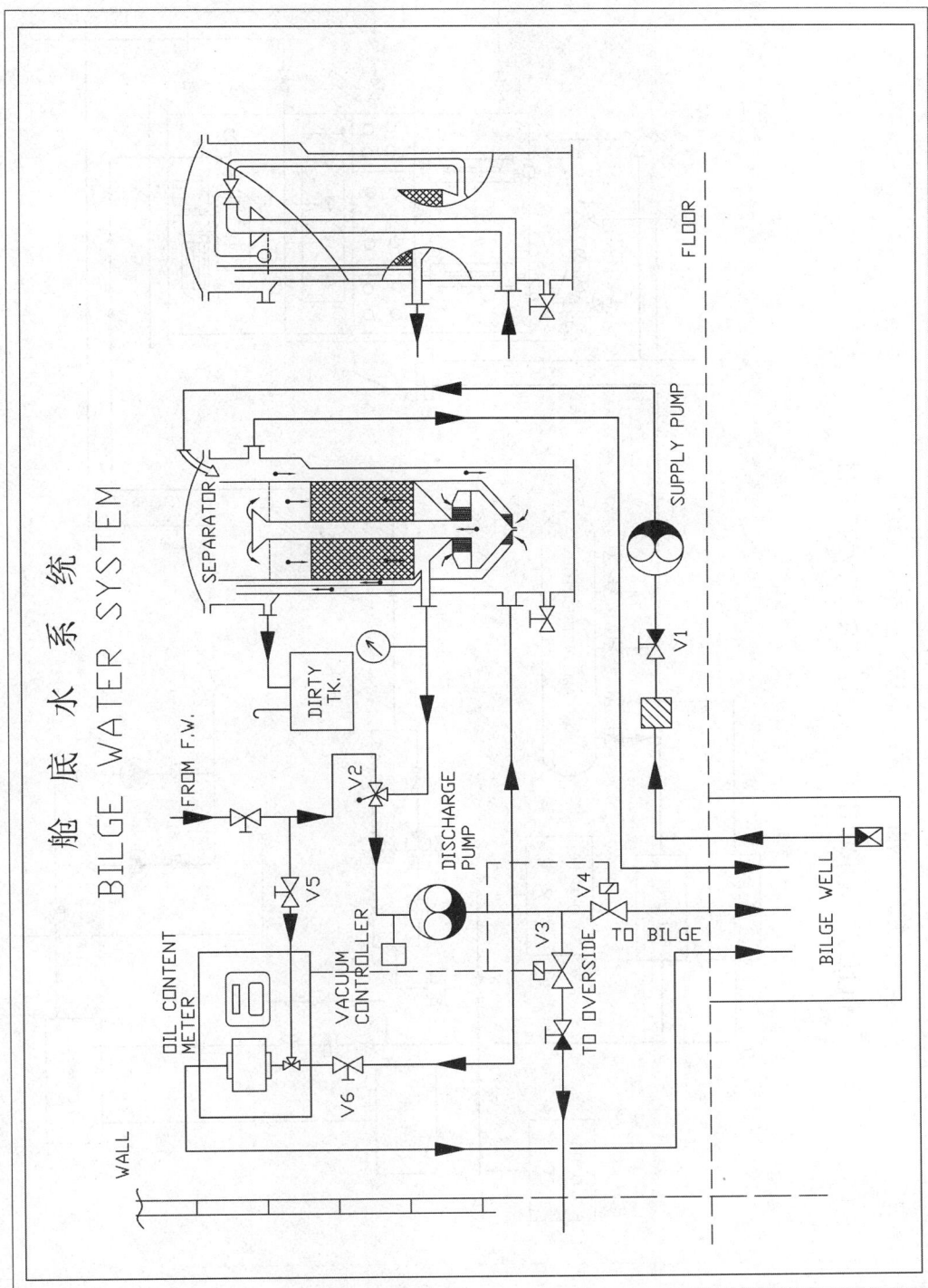

舱 底 水 系 统
BILGE WATER SYSTEM

燃 油 锅 炉 系 统
OIL-BURNING BOILER SYSTEM

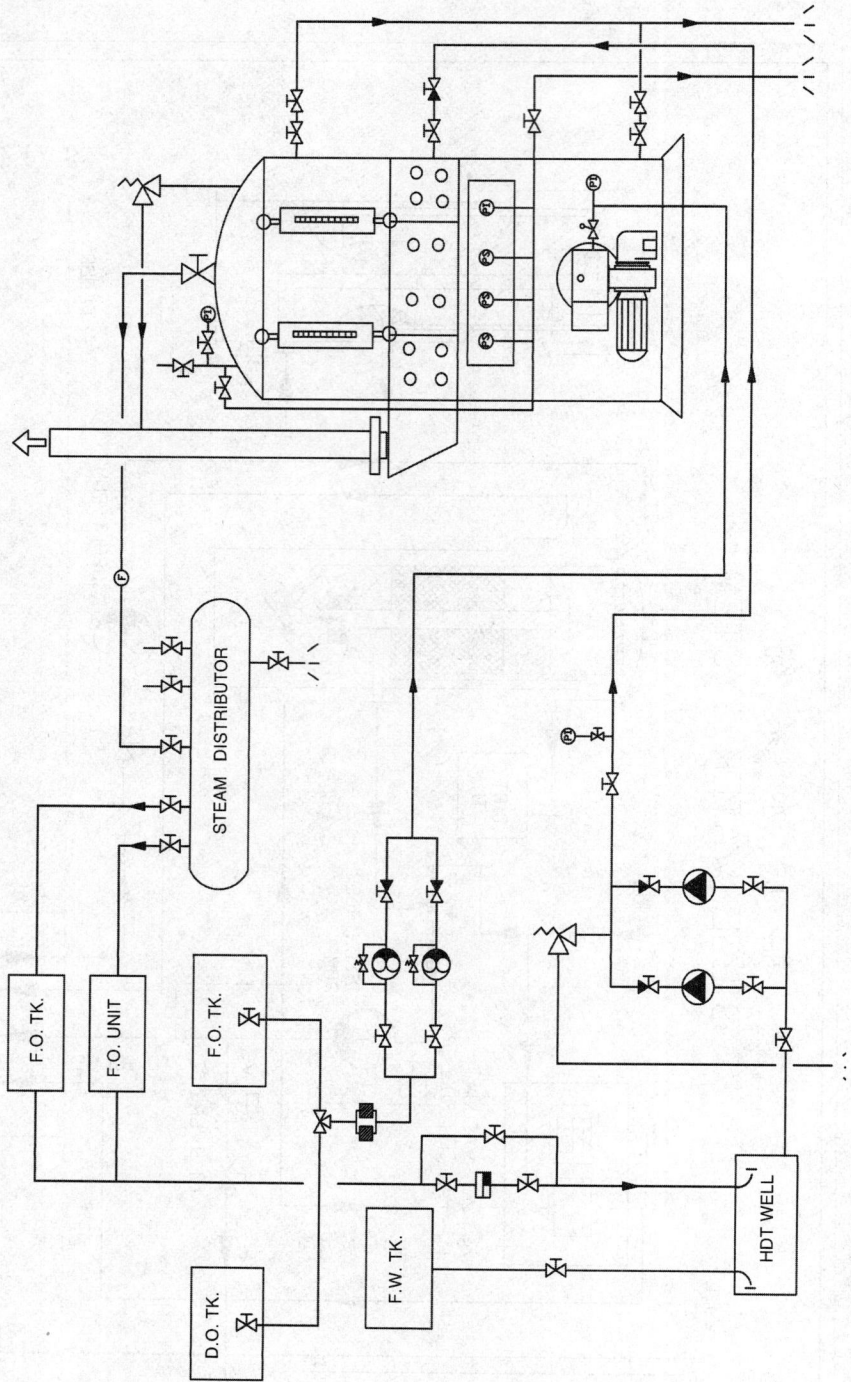

STEAM DISTRIBUTOR

F.O. TK.

F.O. UNIT

F.O. TK.

D.O. TK.

F.W. TK.

HDT WELL

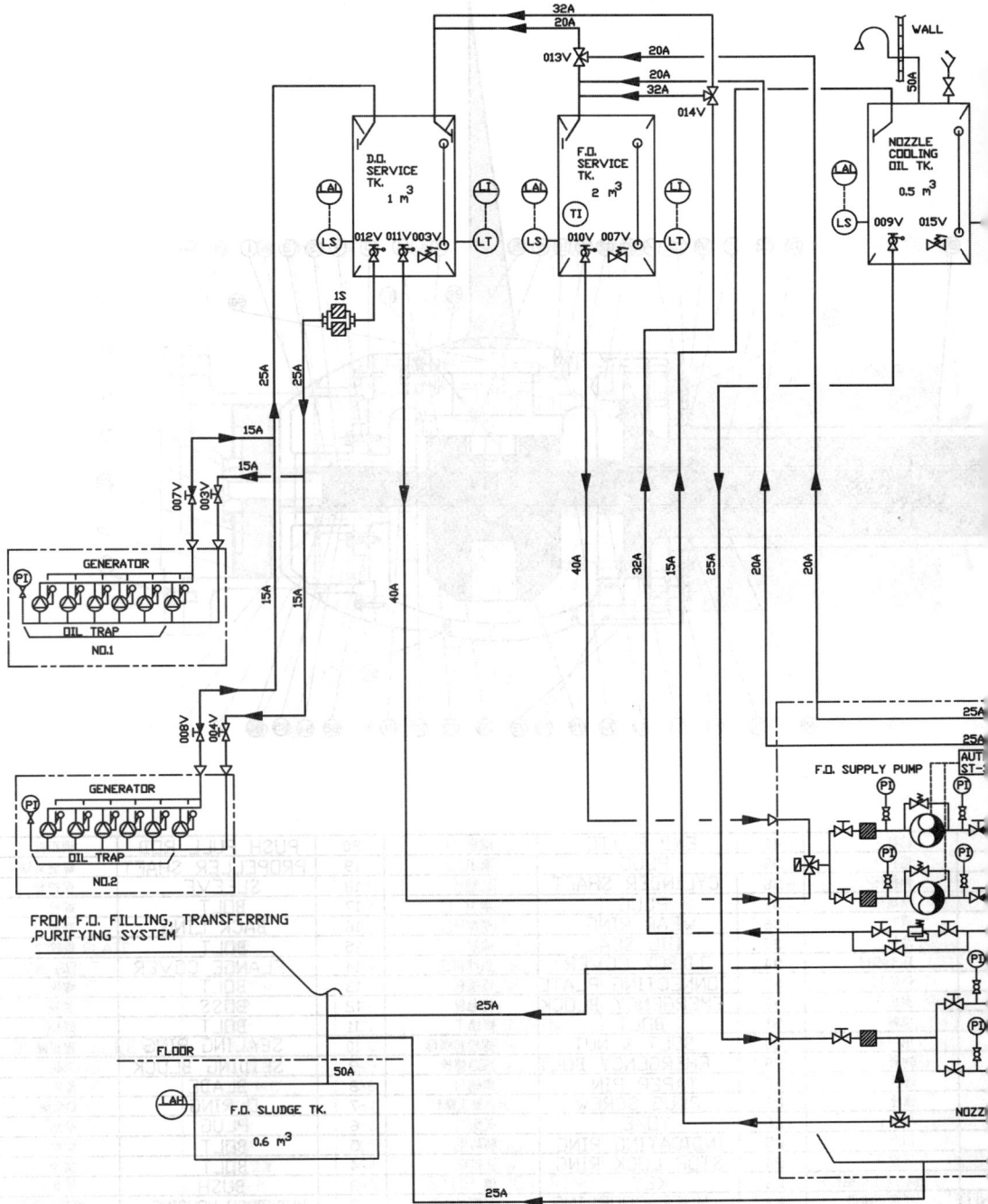

主 机 燃

M/E F.O. S

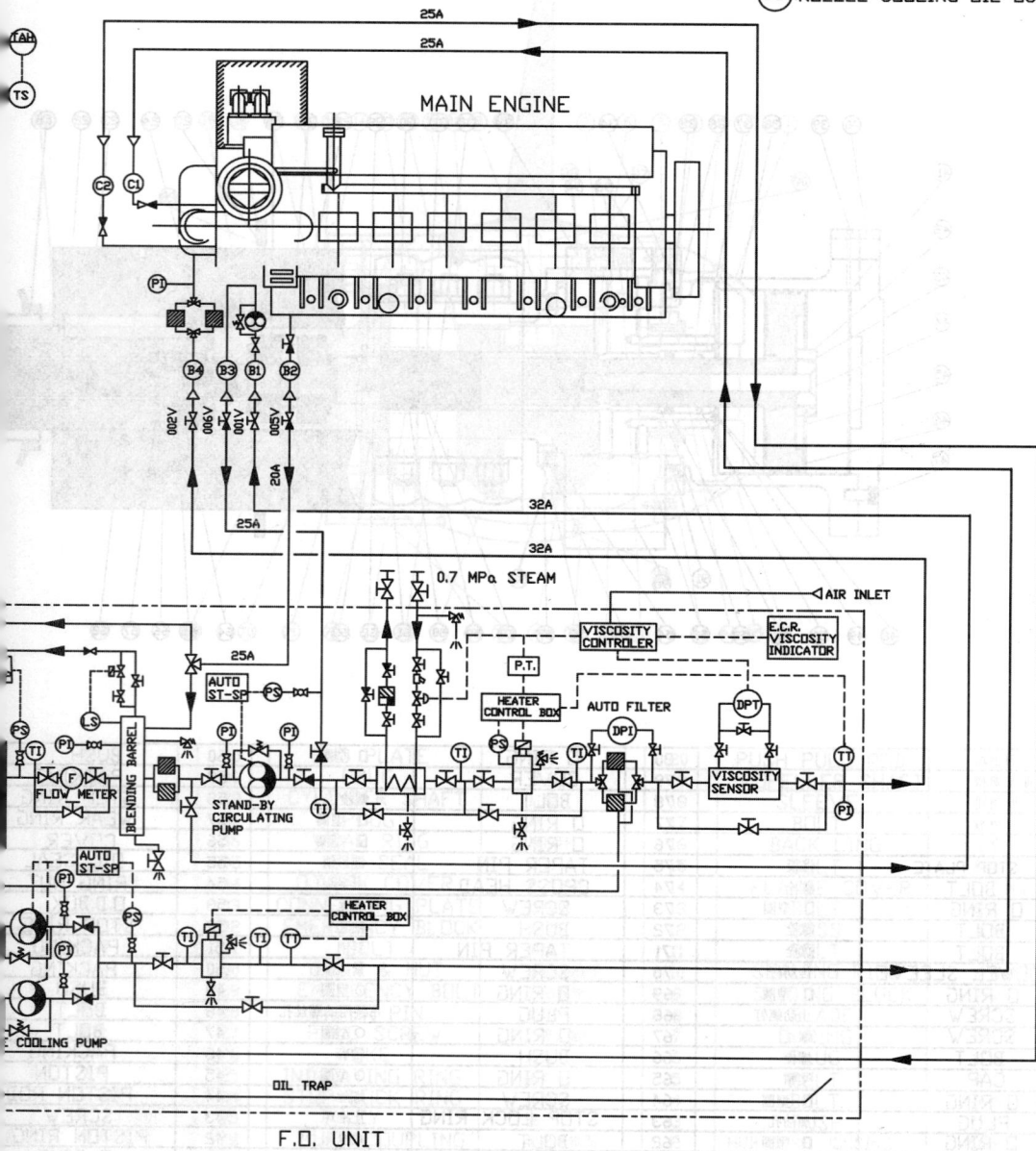

油 日 用 系 统

ERVICE SYSTEM

NOTE:

(B1) :F.O. INLET FOR CIRCULATING PUMP

(B2) :F.O. RETURN

(B3) :F.O. OUTLET FOR CIRCULATING PUMP

(B4) :F.O. INLET

(C1) :NOZZLE COOLING OIL INLET

(C2) :NOZZLE COOLING OIL OUTLET

MAIN ENGINE

25A
25A

C2 C1

B4 B3 B1 B2

25A

32A

32A

0.7 MPa STEAM

AIR INLET

VISCOSITY
CONTROLER

E.C.R.
VISCOSITY
INDICATOR

P.T.

HEATER
CONTROL BOX

AUTO FILTER

DPI

AUTO
ST-SP

DPT

VISCOSITY
SENSOR

TI

FLOW METER

BLENDING BARREL

STAND-BY
CIRCULATING
PUMP

AUTO
SI-SP

HEATER
CONTROL BOX

COOLING PUMP

OIL TRAP

F.O. UNIT